야만의 해변에서

야만의 해변에서

아메리카 원주민,
대항해 시대의 또다른 주인공

캐럴라인 도즈 페녁
김희순 옮김

까치

ON SAVAGE SHORES :
How Indigenous Americans Discovered Europe
by Caroline Dodds Pennock

Copyright © 2023 by Caroline Dodds Pennock
All rights reserved.
Korean Translation Copyright © 2025 by Kachi Publishing Co., Ltd.
Korean edition is published by arranged with Janklow & Nesbit (UK) Ltd. through Imprima Korea Agency.

이 책의 한국어판 저작권은 Imprima Korea Agency를 통해 Janklow & Nesbit (UK) Ltd.와의 독점 계약으로 (주)까치글방에 있습니다. 저작권법에 의해 한국 내에서 보호를 받는 저작물이므로 무단전재와 무단복제를 금합니다.

역자 김희순(金熙順)
고려대학교 스페인 라틴아메리카 연구원의 연구교수로 재직 중이며, 서울대학교 라틴아메리카 연구소에서 근무했다. 2006년 고려대학교 대학원 지리학과에서 신자유주의 정책 도입 이후 멕시코의 지역격차 변화에 관한 연구로 박사학위를 받았다. 라틴아메리카 지역 연구자로서 지역격차의 원인에 대해 식민 시대부터 현대에 이르기까지 관심을 가지고 연구를 지속해왔다. 라틴아메리카의 빈부격차 문제, 불량주택지구 문제, 미국-멕시코 국경 문제 등을 연구하고 있다. 저서로 『라프론테라 : 미국-멕시코 국경을 사이에 둔 두 세계의 조우』, 『빈곤의 연대기 : 제국주의, 세계화 그리고 불평등한 사회』, 『라틴아메리카 지역의 이해』가 있으며, 역서로 『파벨라 : 리우데자네이루 주변 지역의 삶에 대한 40년간의 기록』이 있다.

편집, 교정_김미현(金美炫)

야만의 해변에서
아메리카 원주민, 대항해 시대의 또다른 주인공

저자 / 캐럴라인 도즈 페닉
역자 / 김희순
발행처 / 까치글방
발행인 / 박후영
주소 / 서울시 용산구 서빙고로 67, 파크타워 103동 1003호
전화 / 02 · 735 · 8998, 736 · 7768
팩시밀리 / 02 · 723 · 4591
홈페이지 / www.kachibooks.co.kr
전자우편 / kachibooks@gmail.com
등록번호 / 1-528
등록일 / 1977. 8. 5
초판 1쇄 발행일 / 2025. 4. 28

값 / 뒤표지에 쓰여 있음
ISBN 978-89-7291-868-4 93900

제임스에게

이것은 테우아틀teuatl(바다)이라고 불리며, 신은 아니다. 단지 멋지고, 엄청난 경이로움을 뜻한다. 그 이름은 일루이카아틀ilhuicaatl이다.

 이는 굉장하고 멋지다. 거부할 수 없으며, 경이롭고, 거품이 나고, 반짝이며, 파도가 일고, 쓴맛, 매우 쓴맛이 나며, 무척이나 짜다. 이곳에는 식인 동물이 살고, 생명이 있다. 파도가 몰려오고 일렁이며, 끝임없이 나쁜 냄새를 풍겨댄다.

 나는 바다에서 살고, 바다의 일부가 되었다. 나는 바다를 건넌다. 나는 바다에서 죽는다. 나는 바다에서 산다.

— 베르나르디노 데 사아군과 그의 나우아인 협력자,
『플로렌틴 코덱스*Florentine Codex*』(1578년 완성)

차례

연대기　013
호칭이 중요한 이유　017
들어가며　023

1	노예	065
2	중재자들	117
3	가족과 친척	171
4	일상의 물건들	201
5	외교	243
6	진기한 볼거리	285

나가며　329
용어 설명　337
감사의 말　343
주　348
역자 후기　382
인명 색인　386

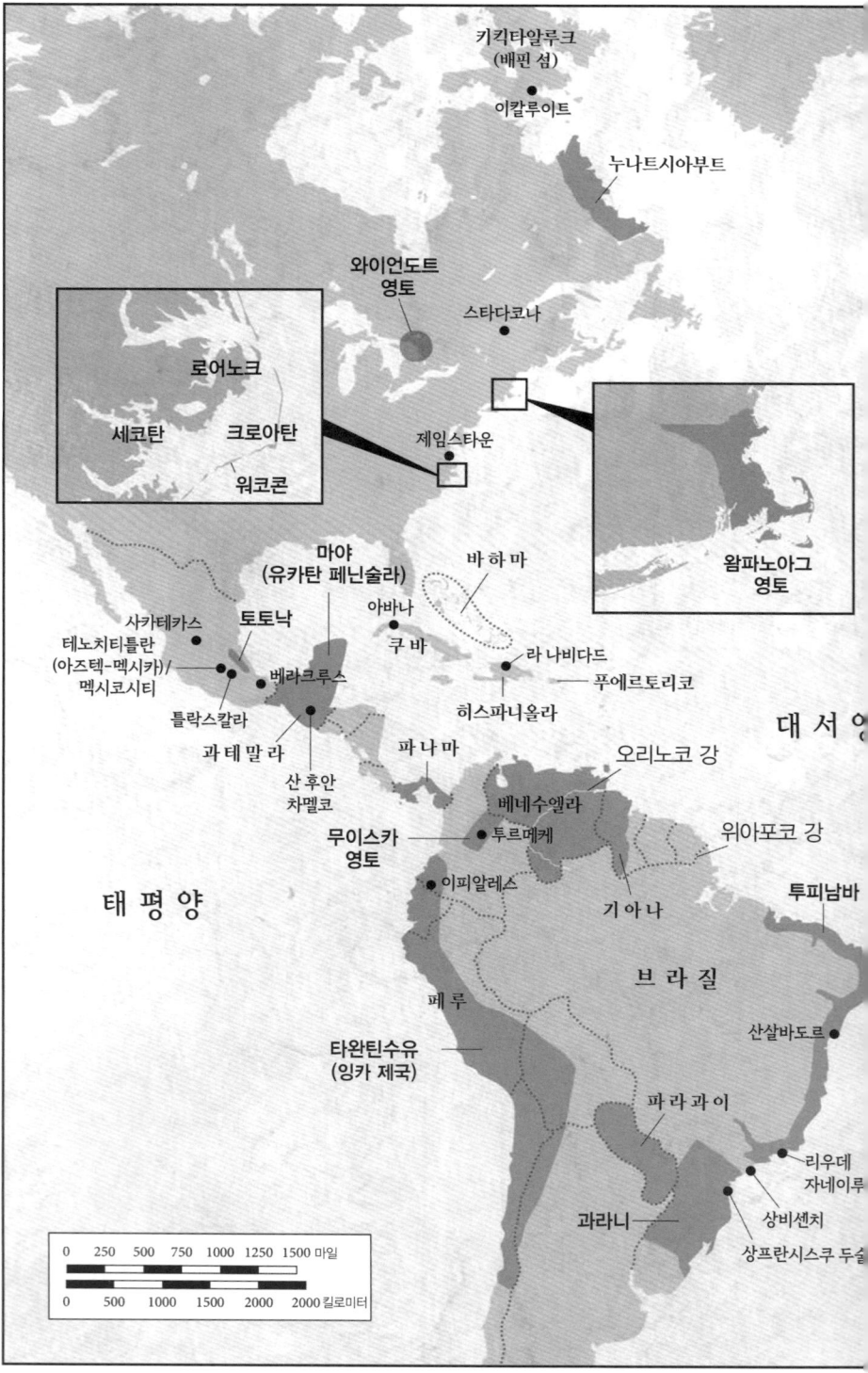

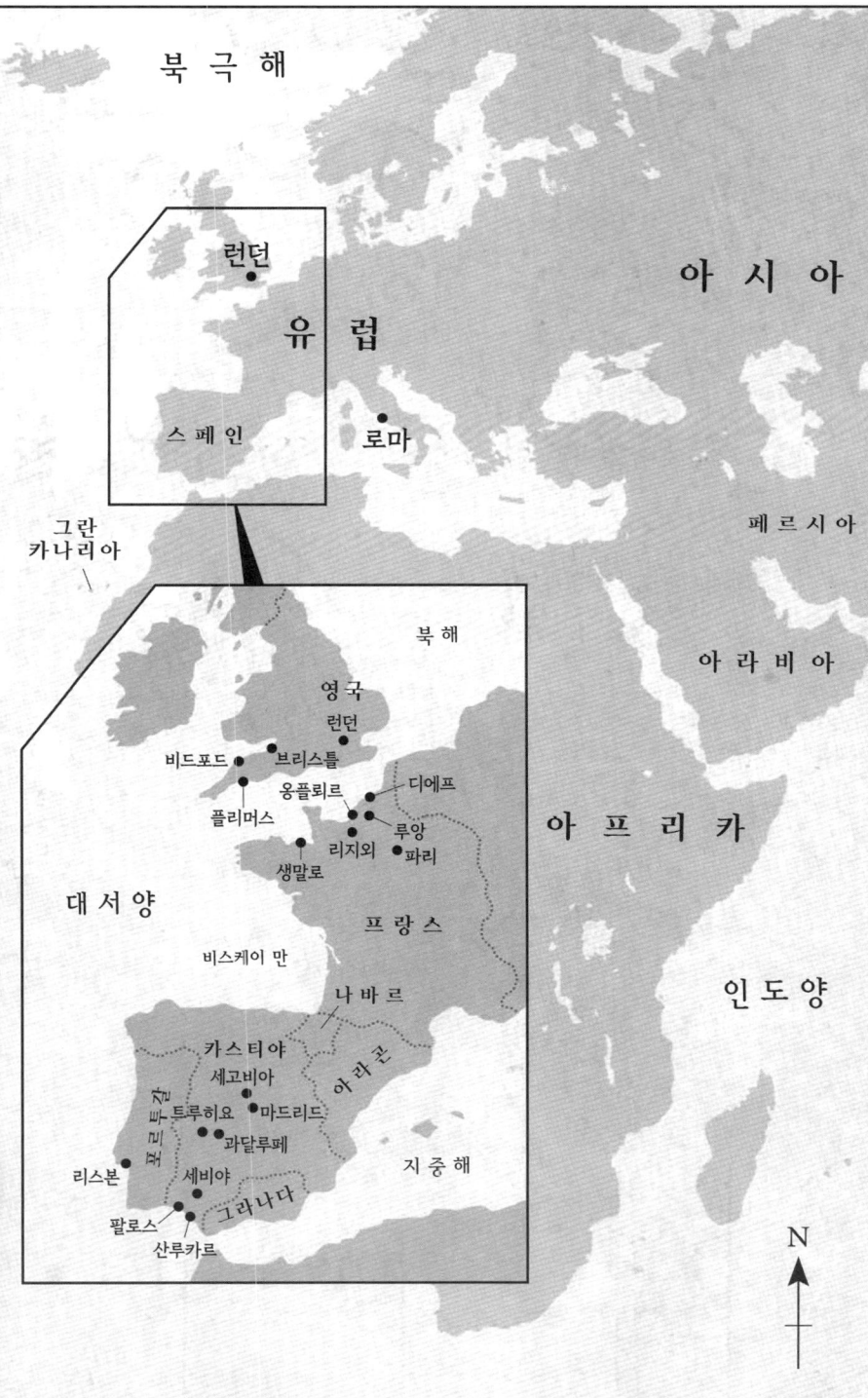

연대기

950-1150년경	메소아메리카 지역에서 톨텍의 영향력이 최고조에 달하다.
1000년경	노르스인들이 미크맥족과 다른 부족의 영토에 일시적으로 거주하다. 이 지역은 오늘날 캐나다의 랑스오 메도스를 포함한다.
1325년경	아즈텍–멕시카족이 수도인 테노치티틀란에 정착하다.
1450년경 (혹은 그보다 앞서)	이로쿼이족이 이로쿼이 연방을 구성하고 상세한 구술 헌법인 대평화법Great Law of Peace을 제정하다.
1492년 10월 11일	크리스토퍼 콜럼버스가 카리브 해의 과나아니족의 섬(오늘날의 산살바도르 지역)을 눈으로 보고 아메리카를 "발견하다."
1492년 11월	콜럼버스가 쿠바 섬에서 인디저너스들을 납치하여 스페인으로 보내다.
1492년 12월	스페인인들이 아메리카 지역 최초의 유럽인 영구 거주지인 라 나비다드를 세우다. 이 지역은 본래 타이노족의 족장 과카나가리의 소유이다.
1493년	교황 칙령에 의거해 "발견되지 않은 세계"를 스페인과 포르투갈이 나누어 가지다.
1493년 4월	타이노족이 스페인 왕궁에 나타나다.

1495년	콜럼버스가 약 500명의 타이노인들을 노예로 삼아 스페인행 배에 태워 보내다.
1497년	존 캐벗이 북아메리카 대륙을 "발견하다."
1498년	콜럼버스가 중앙 아메리카 대륙에 첫발을 내디디다.
1500년	페드루 알바르스 카브랄이 포르투갈을 위해서 브라질을 발견했다고 "주장하다."
1500년	비센테 야녜스 핀손이 아마존 지역에서 36명의 주민을 잡아 노예로 삼다. 그중 20명만 살아서 스페인에 도착하다.
1501년	가스파르 코르트 헤알이 이끄는 포르투갈 탐험대가 오늘날 미국의 메인 주에서 주민 57명을 포르투갈로 데려가다.
1502/3년	목테수마 2세가 테노치티틀란의 지배자이자 아즈텍-멕시카 제국의 황제로 즉위하다.
1505년	비노 폴미에 드 고느빌이 이샤-미림(혹은 에소메릭)을 브라질에서 프랑스로 데려가다. 이샤-미림은 이후 노르망디에 정착한다.
1519년 4월	아즈텍-멕시카 제국의 사절단이 멕시코 베라크루스에서 에르난 코르테스를 만나다.
1519년	아메리카 지역에서 첫 천연두가 발생하다.
1519년 9월	초반의 치열한 저항 끝에 틀락스칼라인들이 스페인 침략자들과 동맹을 맺다.
1519년 10월	토토낙인들이 최초로 스페인에 상륙하다.
1521년	아즈텍-멕시카 제국의 수도 테노치티틀란이 함락되다.
1528년	나우아족 귀족과 예인들이 코르테스 및 그의 메스티소 아들 마르틴과 함께 스페인을 방문하다.
1528년	구아이빔파라(브라질의 캐서린)가 프랑스를 여행하다.
1529년	틀락스칼라가 스페인 왕실이 직할하는 자치 도시임이 선언되다.
1531년	"브라질"의 왕이 영국 헨리 8세의 왕궁을 방문하다.
1532년	내전으로 분할되었던 잉카 제국이 프란시스코 피사로에게 정복당하다.

1532년	포르투갈이 브라질의 첫 번째 영구 거주지인 상비센치를 건설하다. 이후 수십 년간 수천 명의 투피인들이 노예로서 이 도시를 떠나 포르투갈로 보내졌기 때문에 "노예항"이라고도 불린다.
1534–1536년	자크 카르티에가 "새로운 프랑스령"을 주장하다. 오늘날 퀘백에 해당하는 스타다코나 지역에서 10명의 이로쿼이인을 납치해 프랑스로 데려가다.
1542년	신법Leyes Nuevas이 반포되어 스페인령 내에서의 아메리카 인디저너스 노예화가 금지되다.
1545년	케치 마야의 왕이 스페인 국왕 펠리페에게 유럽 최초의 초콜릿 음료를 선보이다.
1550년	50명의 브라질인(아마도 투피남바족)이 앙리 2세의 승전을 축하하는 축제의 일환으로 세워진 가짜 마을에 등장하다.
1550–1551년	스페인이 정복을 잠시 중단하고, 정복의 합법성을 논의한 바야돌리드 논쟁을 이어가다.
1551년	잉카의 "공주" 프란시스카 피사로 유팡키가 스페인으로 추방되다.
1555–1559년	브라질에서 프랑스의 남반구령 건설을 시도하던 니콜라 뒤랑 드 빌레가뇽이 투피인 수십 명을 프랑스로 보내다.
1576–1578년	북서 항로를 찾다가 실패한 마틴 프로비셔가 이누이트인 몇 명을 런던으로 납치하다.
1584년	월터 롤리가 만테오와 완체세를 납치하여 런던으로 보내다. 이들은 최초의 앨곤퀸어 철자법의 탄생을 도왔다.
1585–1590년	존 화이트가 만테오의 도움으로 로어노크에서 영국인 정착지를 발견하지만, 이곳은 이후 "잃어버린 식민지"가 되었다.
1594–1596년	엘도라도를 찾아서 기아나 지역을 탐험한 영국 탐험대가 인디저너스 "통역사" 몇 명을 납치하다.
1607년	오늘날의 미국에서 영국인의 첫 번째 영구 정착지인 제임스타운이 설립되다.

호칭이 중요한 이유

이름은 중요하다. 이름은 우리 자신을 부르는 것이며, 사람들이 우리를 언급하는 방식이기도 하고, 우리가 누구인지, 그리고 누구였는지를 나타내는 것이자 상대방이 그와 나의 관계를 규정하는 방식이기도 하다. 역사적으로 오랫동안 억압당하고 소외되었으며 모욕을 당해온 인디저너스Indigenous(토착민)에게는 이름이 더욱더 중요하다. 이는 단지 존중의 문제에서 그치지 않는다. 이름은 의도된 문화 말살을 통해서 그들의 언어와 신념을 말소하고, 나아가 정체성까지 없애고자 시도한 식민 지배에 대한 의도적인 저항이기도 하다. 1492년 이후 기독교 선교사들은 아메리카 대륙에서 수백만 명을 개종시켰다. 인디저너스의 신앙과 관습은 금지되었고, 원주민 공동체는 뿌리째 뽑히고 다른 문화에 동화되었다. 19세기 후반부터 1990년대까지 미국과 캐나다 전역에서는 인디저너스 어린이들을 강제로 기숙학교에 입학시켜 가족으로부터 갈라놓았다. 이 학교의 목표는 "인디언스러움을 죽이고 사람으로서 구원하는 것"이었다. 그곳에서 아이들은 머리카락을 잘리고 고유의 언어 사용을 금지당했으며 "문명화"라는 명분하에 끔찍한 학대를 당했다.1 수천 명 이상의 어린이들이 부모와 떨어져 위탁가정에서 백인 양부모와 성장했으며, 이는 그들이 자신의 정체성과 자리로 돌아가는 과정을 지연시켰다. 생존자들과 그 후손들, 그리고 그들의 공동체에서는 식민지화의 폭력이 여전히 생생하게 남아 있다. 따라서 그들에게는 이 책의 일부 진술이 불편할 수도 있다.

이 책에서 이야기하는 역사를 우리가 이해해야 하는 이유도 바로 이런 맥락의 연장선상에 있다. 최초로 대서양을 건넌 뒤에 발생한 외래 문화들 간의 불안한 충돌은 오늘날 우리가 볼 수 있는 세계화의 촘촘한 연결망의 뿌리를 형성했다. 그러나 이러한 조우는 균형적으로 이루어지지 않았으며, 그로 인한 유산은 고통스럽고 복잡했다. 인디저너스는 아메리카 대륙 전역에서 여전히 경제적으로나 사회적으로 주변화되어 있고, 불이익을 받고 있다. 또한 그들은 고정관념과 차별의 영향하에 있으며 자신들의 땅에 대한 권리를 박탈당한 상태이다. 식민 상태는 지속되고 있다.

언어는 식민화의 도구로도 쓰일 수 있다. 1492년 콜럼버스가 아메리카 대륙에 도착했을 때, 그는 곧바로 원주민들을 "인디오Indio"(영어로는 인디언Indian[인도 사람이라는 뜻/역주])라고 불렀다. 자신이 동인도에 도착했다고 생각했기 때문이다. 이 잘못된 단어가 저 멀리 북쪽 지역에 사는 이누이트인부터 브라질의 투피인, 중앙 아메리카의 마야인과 대평원과 남서부에 사는 아파치인까지 모두를 망라하게 되었다. 스페인의 법치하에서 "인디오 공화국"은 다른 곳과 확실하게 구별되지 않았다. 그들의 정체성도, 고유의 역사도 말살되었기 때문이다. 역사학자들은 이러한 지우기 대신, 지워진 것을 다시 그려넣는 일을 한다. 이 책의 제목에서

"야만savage"이라는 단어를 사용한 의도는, 자료에서 빈번하게 등장하는 이 인종적인 비방을 통해서 정복자들뿐 아니라 오늘날 독자들의 기대도 뒤집는 것이다. 이 연구에서 다룬 인디저너스 여행자들에게 유럽은 "야만의 해변"이었다. 그곳은 자원이 넘쳐나는데도 불평등과 빈곤이 만연했고, 침략 이전의 가치와 논리로는 이해할 수 없는 땅이었다. 또한 어린아이가 거대한 제국을 다스리는 곳이었으며, 평범한 사람들은 그 부당함을 불평 없이 온순하게 받아들여야만 하는 곳이었다. 나는 자료에서 비방적인 단어가 나올 경우 그 자료를 인용할 때에만 최대한 자제해서 사용하고자 한다.

백인이자 영국의 역사학자로서 글을 쓰면서, 그리고 원주민에 관한 내용이면서 원주민들이 직접 기록한 것은 아닌 자료들을 연구하면서, 나는 주로 제국주의적 관점을 의도적으로 뒤집는 접근 방식을 택했다. **나는 인디저너스를 대변할 수도 없고, 그래서도 안 된다.** 하지만 그들의 목소리와 시각에 중점을 두어 그들이 자신들의 이야기를 할 수 있도록 하고, 그들의 지식을 가치 있게 여기고자 한다. 또한 비록 태도나 외모는 많이 달라졌을지라도 그 후손들이 이룬 공동체의 시각도 존중하고자 한다.[2]

이 책은 인디저너스의 문화, 공동체, 부족민, 개인 등 다양한 주제를 다룬다. 그들 각각은 자신들이 어떻게 불려야 할지에 대해서 꽤 구체적이고도 정당한 생각을 가지고 있다. 그러나 그 용어들 중 무엇도 보편적이지 않다. 멕시코와 남아메리카에서 인디저너스들은 스스로를 "푸에블로스 인디헤나스Pueblos Indígenas"(직역하면 "토착민들")라고 칭하고, "인디오"라는 말은 쓰지 않는다. "인디오"가 누군가를 "무식쟁이peasant"라고 부르는 것과 마찬가지로 모욕적인 표현이기 때문이다. 그러나 "인디오"

든 "인디헤나스"든 모두 브라질에서 흔하게 사용되며, 내가 모은 자료들에서는 "인디오"라는 용어가 가장 많이 등장했다. 오늘날 미국에서는 "인디언"과 "아메리칸 인디언American Indian"이라는 용어가 유럽 중심적이고 부정확하다는 이유(결국 콜럼버스는 인도에 도착하지 **않았다**)로 학자들로부터 퇴출당했지만, 종종 사용되기도 한다. "아메리칸 인디언 전국 대회"는 토착 부족들의 이익을 대변하는, 미국에서 가장 유서 깊고 큰 단체이다. 또한 "아메리칸 인디언 운동"은 20세기 후반에 가장 강력한 저항 단체로 부상했으며, 여전히 많은 지부를 거느리고 있다. "인디언"이라는 표현이 사용된 인디언 법Indian Acts과 조약들의 사례는 이 단어에 사회적, 정치적 중요성을 부여한다. 미국의 인구 조사에서는 "아메리칸 인디언과 알래스카 원주민"을 하와이 인디저너스 및 다른 태평양 섬 주민들과 별개로 분류하여, 기금 지원과 보호 측면에서 그들을 서로 다르게 관리하고 있다.

  북아메리카 지역에서 여전히 많은 사람들이 다양한 이유를 들면서 자신들이 "인디언"이라고 밝히고 있지만,* 이는 점차 경멸적인 표현이 되고 있다. 또한 최근 수십 년 동안 대중적으로 사용된 "아메리카 원주민Native American"이라는 표현에 대해서도 많은 원주민들이 의문을 제기한다. 가장 큰 이유는 이 표현이 식민 시대의 인종적 범주를 토대로 한 "아메리카"가 유럽인의 도착 이전에도 존재했다는 사실을 암시함으로써 정착민 국가의 개념을 정당화하기 때문이다. 게다가 이 용어는 우리가 가장 흔히 말하는 "미국인", 즉 미합중국의 시민권을 부여받지 못한 사람들을 배제할 수도 있다. 이 지역에서 본래 살았던 주민들을 일

---

* 혹은 오래된 정체성을 새로운 정체성과 조화시켜 재치있게 표현한 "NDNNative Indian"도 있다.

컫는 캐나다 정부의 공식 명칭은 "어보리진Aborigin"이다. 하지만 "인디저너스", "이누이트Inuit"(법률 용어로는 전형적인 "인디언"이 아닌 사람이라는 뜻), "메티스Métis"(혼혈인) 등도 사용하며, 가장 일반적으로는 "퍼스트 네이션First Nation"을 쓴다. 이와 비슷하게 일부 지역에서는 "퍼스트 피플스First Peoples"라는 용어도 인기를 얻고 있는데, 이는 퍼스트 네이션에 쓰인 "nation"이라는 단어가 자칫 국가에 의해서 인정된다는, 다시 말해 원주민의 지위에 관련한 권위가 국가에 있다는 의미로 이해될 수 있기 때문이다. 이 모든 용어들 중에서 "인디저너스"라는 표현만이 상대적으로 중립적이라고 간주되며, "원주민Native"이라는 표현은 최근 들어서 덜 쓰이는 추세이다.3 프랑스의 지배하에서 "인디제나indigénes"라는 말로 억압받았던 일부 캐나다 집단들은 불편하게 여기겠지만, 국제연합이 선호하는 용어는 "인디저너스"이다.4

그렇다면 이 용어의 지뢰밭을 통과하기 위해서는 어떤 경로를 택하는 것이 좋을까? 이 모든 경로와 선호에는 각기 타당성이 있다. 따라서 유일한 해결책은 인디저너스 당사자들의 결정에 맡기는 것이다. 이 분야에는 콜럼버스 같은 사람의 분류에서부터 시작하여 불편한 연관 요소들이 너무나도 많다. 내가 말하려는 바는 사람들이 스스로를 어떻게 지칭해야 하는지에 대한 것이 아니다.5 따라서 나는 각 집단의 선호를 존중하고, 그들이 선호하는 용어를 나의 제한된 자료에서도 사용하고자 한다. "인디오/인디언"이라는 단어는 16세기 사료에서 직접 "인디오/인디언"이 사용된 경우에만 쓰일 것이다. "아메리카 원주민Indigenous American"이라는 표현은 이 책의 독자들이 볼 때 지리적 범위를 가장 명확하게 표현하는 단어일 것이므로 책의 부제에도 사용했다. 요즘 사람들은 "원주민"이나 "인디저너스"라는 표현을 인종 집단이나 정치적인 정체성을 뜻하는 말로 사용하는 경향이 있다. 전체적으로, 나는 그들이 스스로를 칭하는 이름을 사용함으로써 각 부족의, 국가의, 그리고 개인의 정체성을 존중하고자 한다.*

---

* 예외가 조금 있는데, 대표적으로는 "아즈텍-멕시카인"이라는 표현이 있다. 오늘날 중부 멕시코에 해당하는 지역에 스페인 정복자들이 당도했을 당시 그곳에 거주하고 있던 사람들을 "아즈텍-멕시카인"이라고 불렀다. 그들은 스스로를 "아즈텍"이라고 부르지 않았지만, 그 후손들에게도 이 명칭으로 알려져 있다. 나는 이들에 대한 잘못된 고정관념을 바꾸기 위해서는 이 용어를 사용할 수밖에 없다고 생각한다.

들어가며

1519년 7월, 스페인 정복자 프란시스코 데 몬테호와 알론소 에르난데스 푸에르토카레로는 어마어마한 보물을 싣고 멕시코를 떠나서 스페인으로 향했다. 그 배에는 귀한 물건이 너무나도 많아서 금덩어리를 사용하여 선박의 균형을 잡아야 할 정도였다.¹ 보물 중에는 정교하게 세공된 금속류, 아름다운 깃털로 장식된 가리개와 부채, 의류, 보석류, 목가공품 등이 있었다. 그것들은 다분히 정치적인 의도가 깔린 선물이었다. 몬테호와 푸에르토카레로는 멕시코 침공에 대한 황제의 윤허를 받아오는 임무를 띠고 있었다. 그들의 상관인 에르난 코르테스가 황제의 허가 없이 진행 중이던 임무였다. 정복자들과 함께한 이들은 다른 보물들에 비해서는 존재감이 미약하지만 결코 무시할 수 없었던, 오늘날 멕시코 동부 지역 출신 인디저너스인 토토낙인들이었다. 이 토토낙인들은 특이하고 야만스러운 차림을 하고 있었다. 그들은 스스로를 스페인 정복자들과 마찬가지로 탐험가, 개척자이자 더 나아가 선구자이며 외국의 황제에게 보내는 사신이라고 생각했다. 스페인 제국의 초기, 인디저너스들은 유럽 사회의 일부였다.

　이 책은 몬테호와 푸에르토카레로의 이야기가 아니다. 그들과 같은 식민주의자나 정복자들의 이야기도 아니며, 전 세계를 활보하며 자원과 인력을 탈취한 백인들의 이야기는 더더욱 아니다. 이 책은 그들과는 다른 경로로 여행했던 사람들의 이야기이다. 유럽과 아메리카가 처음 조우할 무렵, 수만 명의 원주민들이 유럽으로 향했다. 헨리 8세를 만났던 "브라질"*의 왕부터 브리스틀의 에이번 강에서 오리를 잡았던 이누크인도 있고, 인간 제물로 카를 5세의 궁전에 전시되었던 멕시코인, 죽기 전까지 런던 술집의 쇼에 세워지고 죽어서는 런던 하트 가의 성 올레이브 성당에 묻힌 이누이트 아기도 있다. 스페인인 아버지와 함께 "고국"으로 돌아온 메스티소msetizo(백인과 인디저너스의 혼혈/역주) 아이들도 있으며, 유럽인 가정에서 노예로 일해야 했던 수천 명의 카리브 해 및 메소아메리카 주민들도 있다. 이 책은 우리가 오늘날 "아메리카 대륙"이라고 부르는 지역과 유럽 사이에 놓인 거대한 바다를 건너고, 낯선 땅에서 낯선 사람들을 마주해야 했던 사람들의 이야기이다.

　요즘 사람들은 대부분 유럽으로 온 인디저너스 방문자들의 이름을 바르게 읽기조차 어려워할 것이다. 가령 "포카혼타스"라고 잘못 알려진 여성의 이름은 마토아카이다. 그녀는 22세가 되기도 전에 영국에서 사망했는데, 그녀의 정체성은 400년 동안 이용당하고, 허구화되었으며, 착취되었다.[2] 으레 전문적인 분야에 관심을 가지리라고 간주되는 역사학자들조차 원주민들의 유럽 여행에는 거의 눈길을 주지 않는다. 그런 방문자들은 표면에 드러날 때조차 대개 이상한 부류로 취급된다. 그들은

---

*　여러 지정학적 명칭들과 마찬가지로, 브라질이라는 지명도 유럽의 침략자들이 붙인 것이다.

제국의 특산품이며, 화려한 귀중품, 부자들의 분신, 저 먼 속지屬地의 신비로움이었다. 여기에서 간과된 점, 즉 그들의 신분이 귀족, 외교관, 하인, 통역사, 가족, 연예인, 노예 등으로 다양했다는 점은 근대 초기의 탐험과 제국에 대한 우리의 인식을 뒤집는다. 그리고 청교도들의 메이플라워 호가 플리머스 바위에 처음 발을 내딛던 순간보다 무려 한 세기 이전, 인디저너스들이 조성하고 향유했던 광대한 연결망, 즉 그들이 무역하고 약탈하고 협상하고 결혼하고 어울리고 싸웠던 그 광대한 연결망은 오늘날 우리가 사는 범세계주의적인 현대의 씨앗이 되었다.

1492년, 카리브 해의 원주민들은 가톨릭 군주의 깃발을 단 배에 탄 콜럼버스와 그의 부하들과 처음 조우했다. 이듬해, 6-7명의 카리브 해 주민들이 최초로 유럽 땅을 밟았다. 콜럼버스가 티에라 피르메Tierra Firme("단단한 땅")라고 부른 대륙에 처음 발을 내디딘 1498년 직전에, 또다른 이탈리아 탐험가가 영국의 깃발을 달고 오늘날 캐나다의 동부 해안에 도착했다. 존 캐벗이라고 널리 알려진 조반니 카보토가 북아메리카 대륙의 "발견자"가 되는 순간이었다. 물론 이 지역에서 거주하고 있던 인디저너스들이나 이미 10세기에 뉴펀들랜드와 그린란드에 정착지를 세웠던 북스칸디나비아 사람들이 들으면 놀랄 말이지만 말이다. 스페인의 첫 번째 전진 기지는 콜럼버스가 "라 이슬라 에스파뇰라La Isla Española"(스페인의 섬이라는 의미로, 현재는 히스파니올라Hispaniola라고 불리며 아이티와 도미니카 공화국으로 분할되어 있다)라고 명명한 섬에 건설되었다. 1492년 크리스마스 무렵, 타이노족 주민들은 부서진 산타 마리아 호의 몇 안 되는 선원들이 초라한 기지 라 나비다드La Navidad를 짓는 것을 도와주었다. 이듬해, 그들은 1,000명도 넘는 스페인인들이 도착하여 이 지역에서 스페인인의 입지를 공고히 하는 것을 보고 충격을 받았다. 토토낙인들이 스페인의 궁전에 나타난 1519년 무렵, 이미 대서양 건너편 수천 명의 인디저너스들은 콜럼버스가 카리브 해 지역을 탐욕스럽게 탐험하는 것을 목도한 상태였다. 그들은 대부분 노예나 이국적인 구경거리가 되었다. 즉, 그들은 소유되거나 물건 취급을 당했다.

  이 항해자들은 대부분 오늘날 타이노Taíno 혹은 카립Carib이라고 알려진 지역의 주민이었다. 이 명칭은 스페인의 침공에서 살아남은 얼마 되지 않는 것들인데, 오히려 이로 인해 이곳이 본래 역동적이고 다양한 인디저너스 문화와 사회가 존재했던 지역이라는 사실이 가려지고 있다. 나는 이러한 다양성을 반영하기 위해서 대앤틸리스 제도 사람들을 "타이노족"이라고 칭하고자 한다. 이는 그 후손들이 이 명칭을 주장하기 때문이며, 이를 대체할 뚜렷한 대안도 없기 때문이다. (카리브 해mar Caribe라는 지명의 기원이 된) "카립"이라는 단어는 스페인 제국과 가톨릭 교회에 의해서 "카니발cannibal(식인종)"이라는 단어와 고의로 혼용되어 끔찍한 함의를 지니기도 했다. 이 명칭들은 여러 무리의 다양성을 고의로 희석시킨다. 가령 오늘날 도미니카 거주민을 가리키는 칼리나고Kalinago는 16세기에는 소앤틸리스 제도 거주민을 칭하기도 했다. 우리는 인디저너스 문화를 이해할 때 카리브 해 및 그 주변 지역 원주민들의 이동성을 거의 고려하지 않는다. 그러나 강제로 노예가 된 사람들과 유럽인들의 침략으로 난민이 되어 떠돈 사람들은 인디저너스의 디아스포라를 불러왔다. 그들은 카리브 해 지역이나 아메리카를 떠났다. 오늘날 트리니다드토바고의 인디저너스 공동체에서 선출된 지도자인 카립의 여왕 노나 아쿠안(아리마 원주민)은 중국계, 카립계, 인디오계, 스페인계, 그리고 아프리카계의 후손이다.[3]

해안 지역 주민들은 1492년 이후 수십 년간 유럽인들의 간헐적인 침입을 겪었지만, 1519년 코르테스가 대륙을 침략할 때까지는 스페인인들의 영구 정착지를 감내해야 할 필요가 없었다. 그러나 1521년 (아즈텍이라고 알려진) 멕시카족의 수도 테노치티틀란이 파괴적인 포위전으로 함락되었고, 그 폐허 위에는 멕시코시티가 건설되었다. 유럽인들이 침략했을 때 아메리카 대륙에 있던 수많은 인디저너스 무리 중 상당수가 멸족되거나 통합되거나 흩어졌다. 그럼에도 그들의 다양성은 오늘날 멕시코에 아즈텍-멕시카의 나우아틀어를 포함하여 143개의 토착 언어가 남아 있다는 사실에서 확인된다(상당수의 언어가 심각한 위험에 처해 있기는 하지만 말이다). 16세기 초반, 중앙 아메리카는 도시화가 한창이던 도시국가 지역이었다(물론 그중에서도 가장 독보적인 도시는 수십만의 인구가 살던 테노치티틀란이었다). 반면 유카탄 반도의 마야 중심지들은 이미 오래 전에 그 전성기를 맞았고, "마야의 몰락"을 맞아 9세기경에 버려졌다.* 팔렝케, 티칼, 치첸이트사 등 대도시의 놀라운 유적은 밀림 한가운데에 마치 기념비처럼 서 있지만, 오늘날 수백만의 마야인들은 중앙 아메리카 지역에 거주한다. 정복자들이 마야 지역을 침공했을 때 인디저너스들은 멀리 흩어진 마을과 시내에 살았는데, 키체와 칵치켈 같은 더 큰 지역에서는 제국을 다시 건설하고자 하는 움직임도 있었다. 15세기 중엽부터 대부분 아즈텍-멕시카의 영향하에 있었던 토토낙의 영토는 멕시코 동부의 습한 지역이었는데, 이 지역은 19세기까지 세계 바닐라 재배의 중심지였다. 토토낙족은 해안 지역에서 살았기 때문에 스페인인들에 의한 납치의 초기 희생자가 될 수밖에 없었지만, 그들은 스페인인들과 동맹

---

* 고대 마야의 중심지가 급작스럽게 몰락한 원인에 대해서는 합의된 설명이 없다. 그러나 환경적 원인, 인구 증가, 오랜 전쟁 등이 모두 가능한 원인이다.

을 맺고 제국에서 자신들의 권리 또한 주장했다.

이 메소아메리카인들에게는 정교한 상형문자와 법률, 천문학, 농업 기술, 의술이 있었다. 1519년, 코르테스는 이 문명의 위대함을 깨닫고 스페인 왕에게 이들의 부유함과 세련됨을 알리고자 했다. 몬테호와 푸에르토카레로는 "라 무이 리카 비야 데 라 베라크루스La Muy Rica Villa de la Vera Cruz"라는 마을의 특사 자격으로 궁에 입성했다. 쿠바의 총독이었던 디에고 벨라스케스의 취소 명령(벨라스케스는 코르테스를 멕시코 침략의 수장으로 임명했다가 그가 독립할지도 모른다고 여겨 이를 번복했다/역주)에도 불구하고 이 지역을 정복하고자 한 코르테스에게 정당성을 부여하기 위해서 급하게 조성된 마을이었다. "진정한 십자가의 매우 부유한 도시"라는 그 이름 또한 스페인 왕 카를 5세*에게 이 "새로운" 세계의 부유함과 가능성을 노골적으로 피력했다. 코르테스의 사절단이 가져온 풍요로운 전리품들은 만약 왕이 그들의 탐험을 지지한다면 얻을 수 있는 것들에 대한 명백한 암시였다. 몬테호와 푸에르토카레로가 가져온 문서는 이 물건들이 킨토quinto 세(식민지에서 생산되는 모든 이익의 5분의 1을 왕에게 바치는 세금) 외에 추가로 주어질 "선물"임을 명시했다. 이는 왕으로 하여금 정복자들의 멕시코 침략을 지지하도록, 그리고 코르테스를 이 지역의 책임자이자 수석 재판관으로 임명하도록 했다.4

당시 스페인 내에서 도전에 직면해 있던 왕에게 몬테호와 푸에르토카레로가 가져온 전리품은 무척이나 매력적이었다. 그러나 사실 그 휘황찬란한 선물들은 정복자들의 수장인 코르테스가 보낸 것이 아니라 아

---

* 당시 스페인 국왕은 카를로스 1세였지만, 그가 신성 로마 제국의 황제도 계승하면서 카를 5세라고도 불렸다. 코르테스가 처음 편지를 썼을 당시에는 그 사실을 인지하지 못했겠지만, 일관성을 위해서 카를 5세라고 표기했다.

즈텍-멕시카 제국의 황제 목테쿠소마 쇼코요친(목테수마 2세로 널리 알려져 있다)이 보낸 것이었다.* 동쪽에서 침략자들이 당도했다는 소식을 들은 목테수마 황제는 테노치티틀란의 틀라토아니 tlatoani(지도자)에게 매우 귀하고 아름다운 선물과 함께 사자使者를 보내라고 했다. 이는 목테수마 황제의 부와 권력에 침략자들이 경외심을 가지게 하려는 의도였다. 그러나 코르테스는 목테수마의 선물을 카를 5세에게 보내 자신의 멕시코 탐험에 대한 지지를 얻어내는 데 사용했다.

  이 경이로운 보물들은 격렬한 논쟁을 불러일으켰을 것이다. 지금은 대부분 유실되거나 녹아버렸지만, 베라크루스에서 보낸 편지에 놀랍도록 자세하게 묘사되어 있다. 선물 목록에는 바퀴만큼이나 큰 금과 은으로 된 둥근 판이 있었는데, 아마도 해와 달을 상징하는 것이었을 듯하다. 그 판들에는 정교한 나무와 꽃 문양으로 둘러싸인 "괴물"**이 부각되어 있었다. 금실로 만든 거대한 크기의 깃털 장식 머리쓰개, 부채, 작살 등도 호화로운 터키석 세공품과 함께 왔다. 금과 돌로 세공된 아름다운 목걸이도 2개 있었는데, 큰 것에는 거의 400개가 넘는 붉은색과 초록색 보석이 8줄로 각각 엮여 있었다.*** 또한 가장자리부터 27개의 황금종이 매달려 있었는데, 그 중앙은 금이 박힌 4개의 장식품으로 꾸며졌고, 그중 2개에는 팬던트가 걸려 있었다. 바깥쪽에도 쌍을 이룬 4개의

---

* 그는 몬테수마라고도 알려져 있는데, 이는 스페인인들이 잘못 이해한 원어를 영어로 중역하면서 생긴 왜곡이다. 역사학자로서 나에게는 당장 다루기가 어려운 문제이다.
** 그 얼굴은 글쓴이의 시각에 따라 "악마"나 "요정" 같았다고 기록되어 있기 때문에 우리로서는 자세히 알 수 없다. 멕시코시티에서 발견된 유명한 태양의 돌 Piedra del Sol과 비슷했을 것으로 보인다. 이는 신성한 힘을 신화적으로 표현한 것이다.
*** 자세한 내용을 원하는 이들을 위해서 232개의 붉은색 보석과 163개의 초록색 보석이 있었음을 밝혀두겠다.

펜던트가 더 달려 있었다. 이 복잡하고 정교한 장신구는 인디저너스를 기껏해야 원시적인 수준의 농부로, 최악의 경우 야만적인 식인종으로 생각했던 스페인인들에게 인디저너스의 놀라운 기술을 과시했다. 역사학자인 앵글리아의 순교자 피터(그의 고국인 이탈리아에서는 피에트로 마르티레)는 1521년에 다음과 같이 썼다. "만약 이러한 작업을 할 만큼 천재적인 예술가가 있다면, 분명 그 원주민들일 것이다." 또한 그는 이 보물들을 비범하게 설명하면서, 그것들이 지닌 어마어마한 가치와 "예술가와 장인의 놀라운 솜씨"에도 감탄했다. 그의 숨 쉴 틈 없는 설명은 그 보물들이 불러일으킨 반응이 어떠했을지 짐작하게 한다. 그것은 황금과 보석의 바다였다. 순교자 피터는 인디저너스의 아름다운 상징물들을 매우 세세하게 묘사했다. 도금된 2개의 투구는 아름다운 깃털로 장식되었으며, 테두리에 황금종들이 달려 있었다. 각각의 투구에는 황금으로 된 눈, 다리, 부리가 있는 초록색 새들이 장식되어 있었다. 또한 염색된 가죽으로 만든 부츠 12켤레에는 종들이 매달려 있었고, 옥과 황금 장식이 반짝거렸다. "작은 왕관과 의식용 투구", 왕홀, 반지, 그리고 금실로 바느질을 한 샌들도 있었다.[5]

주변 세계를 매우 존중하는 문화에 흔히 기대하듯이, 아즈텍-멕시카 제국의 풍요로움 중에서도 동물과 천연자원이 단연 돋보였다. 선물에는 관상용 새나 물고기, 재규어뿐 아니라 귀중한 동물의 가죽들이 금으로 된 기이한 악어 머리와 함께 포장되어 왔다. 악어 머리에는 "푸른 돌이 세공된 2개의 커다란 귀 장식품"이 딸려 있었는데, 여기에는 "거대한 악어 머리를 위하여"라는 메모까지 꼼꼼하게 붙어 있었다. 메소아메리카 지역이 풍부한 문자 전통을 지니고 있었음은 "인디저너스가 가진 2권의 책"에 묘사된 의례적인 문구들에서 찾아볼 수 있다. 이 훌륭한 상형문자들은 유럽의 학자들에게 열렬한 환영을 받았다. 인디저너스와의 첫 번째 조우에 관한 소식은 점차 대서양 건너편으로 퍼져나가기 시작했으며, 통치자들과 지식인들은 더 많은 정보를 원했다.6

몬테호와 푸에르토카레로가 궁전으로 가져온 선물의 목록은 코르테스의 탐험에 관한 편지에 첨부되어 있다. 이 편지는 그와 동료들이 맞닥뜨린 대지와 사람들에 대해서 이야기하면서, (자연스럽게) 코르테스의 뛰어난 업적을 강조한다. 나아가 이 편지는 왕에게 보내는 그들의 청원서이기도 했다. 그러나 산타 마리아 델라 콘체치오네 성당에 도착한 토토낙인들은 어떠한 발언도 허락받지 못했던 듯 보인다. 자료들이 엉망이라서 이 개척자들의 수는 정확하게 알 수 없다. 그러나 5명의 이름이 남아 있고, 그중 2명은 지배계층이었으며, 2명 이상은 여성이었고, 1명의 젊은 남성 통역사와 몇몇의 시종들이 동행했음은 확인된다.

토토낙인들은 생식기를 가리기 위해서 화려한 그림이 그려진 리넨 옷을 입었다. 다리는 드러냈고, 머리는 길었으며, 남자들은 아랫입술에 작은 돌로 장식된 피어싱을 하고 있었는데, 그 돌들이 성긴 수염 위에 얹혀 있는 모양이었다. 남자들은 "사회적 위상이 높은" 인물임이 분명했다. 그러나 궁전에 나타난 교황의 대리인이자 코센차의 대주교 조반니 루포 디 포를리는 여성들로부터는 그러한 인상을 전혀 받지 못했고, "왜소하고 못생겼다"라고 평했다. 그의 표현으로부터는 그가 생각했던 바를 상상할 수 있을 뿐이다.7

이는 인디저너스를 연구하는 학자들로서는 심각한 문제이다. 원자료들은 대부분 해당 원주민들을 관찰하거나, 그들과 동행 혹은 그들을 납치하거나, 심지어 노예로 부린 유럽인들이 기술한 것이다. 인디저너스 여행자들의 목소리가 "사라진" 것이라고 볼 수도 있지만, 이는 초기에 그들에 대한 기록(최소한 유럽의 문자로 된 기록)이 거의 이루어지지 않았던 데에서 기인한다. 그 결과, 이 여행자들은 사물로서만 간주되었다. 호기심을 불러일으키고, 욕망이 투사되어 있으며, 탐욕을 야기하고, 편견으로 왜곡되어 있고, 야망을 심어주는 물건 말이다. 그들은 자신들의 이야기에서 중심적인 역할을 한 행위자가 아니라, 유럽인들의 사상과 열망이 깃든 일종의 암호가 되어갔다. 한편 인디저너스에 대한 유럽인의 태도와 관련된 사료를 찾는 일이 유럽인에 대한 인디저너스의 태도와 관련된 자료를 찾는 일보다 훨씬 쉽다는 점도 문제이다. 그러나 만약 우리가 이러한 약점을 인정하고 극복하고자 노력하지 않는다면, 유럽사와 세계사에서 인디저너스가 지닌 중요성을 절대 알아낼 수 없을 것이다. 베라크루스에서 보내온 편지에 토토낙인들에 대한 기록이 누락된 것은 결코 우연이 아니다. 이는 근대 초기 유럽의 역사에서 원주민들에 대한 광범위하고도 의도적인 배제가 이루어졌음을 의미한다.

인디저너스 지우기와 배제는 전 세계적으로 민족적 서사의 근간이다. "발견된" 지역이 유럽인과 그 후손에게 주어졌다는 법적 허구인 "발견의 원칙Doctrine of Discovery"은 15세기에 스페인과 포르투갈에 세계를 나누어준 교황의 칙서에 의거하는데, 이는 인디저너스를 "정치적으로 존재하지 않는" 존재로 만들었다.8 이 원칙은 미국의 법체계에도 강력한 영향을 미쳐서, 애국주의적 신화는 종종 아메리카 원주민이 "존재하지 않는다"는 전제하에 서술되고는 한다. 발견, 황야, 야생의 변경 지역, 서부 지역의 "개척"과 같은 개념들은 애써 인디저너스의 존재를 지우고, 비어 있던 땅에 근면한 "개척자들"이 정착해가는 장면들로 가득 찬 환상을 강요한다. 원주민들을 고향으로부터 폭력적으로 이주시킨 일은 잘 알려지지 않았으며, 그들은 희미해지다가 끝내 국가의 건국 설화 속에서 왜곡되고 희화된 존재로 전락했다.9 한편 라틴아메리카에서는 지우기 작업이 동화와 함께 이루어졌다. 20세기 멕시코는 이상적인 "메스티소 국가"를 만들겠다며 토착 문화유산의 "좋은 점"을 이용하는 인디헤니스모 운동Indigenismo Movement을 벌였지만, 정작 대부분의 인디저너스들은 이 과정에서 소외되었다.10 남아메리카 전역에서는 사회적 인식과 정치적 권리를 위한 인디저너스들의 투쟁이 벌어지고 있다. 브라질의 다채로운 인디저너스 역사를 알리기 위해서 고군분투해온 학자이자 운동가 아나 파울라 다 실바에 따르면, 리우데자네이루에 있는 브라질의 유명한 기념비적 건축물은 대부분 원주민 노예들의 노동력으로 건설되었지만, "사람들은 인디저너스로 보이지 않기 위해서 귀화했다."11 한편 근대 초기 유럽에 대한 대중적 이미지는 주름진 옷을 입은 화려한 차림의 백인이 중심이 되는 튜더 왕조와 황금 시대Golden Age의 환상에 머물러 있으며, 이때 아메리카, 아프리카, 아시아의 인디저너스들은 먼 나라에서 온 "호기심의 대상"일 뿐이다. 과거 유럽에서의 유색인종의 활발한 이동성을 지적한 학자들은 으레 과거를 다문화적인 현대에 짜맞추고자 하는 수정주의 역사학자들로 폄훼되고는 한다(그것이 정치적으로 정당함에도 그렇다). 가짜 역사의 환상으로 이루어진 세계에서는 심지어 이러한 문화적 패권이 되풀이되고 재생산되는데, 이는 단지 무지의 소산일 뿐만 아니라 정치적 화두이기도 하다. "역사의 순결성Historical whiteness"은 전장이 되어버렸다.

내가 보기에 대부분의 사람들은 과거 유럽이 논란의 여지없이 모두가 백인으로 구성된 사회였다그 생각하는 듯하다. 대부분이 그렇게 배워왔기 때문이다. "이주"는 오늘날에 와서야 시의성 있는 주제로 부상했지만, 지난 1,000년 동안에도 사람들은 계속해서 유럽을 드나들었다. 그들은 여행자이기도 했고, 자발적으로 또는 강제로 이주한 사람들이기도 했다. 또한 그들은 침입자이기도 피난민이기도 했고, 상인이기도 탐험가이기도 했으며, 추방당한 이들이기도 노예이기도 했다. 게다가 오니에카 누비아, 임티아즈 하비브, 올리베트 오텔, 조니 피츠, 데이비드 올루소가 등의 획기적인 연구는 과거의 유럽이 일반적으로 알려진 것보다 훨씬 다양성을 가진 사회였다는 점을 밝혀나가고 있다. 그러나 이들의 탐구에서도 원주민들은 여전히 등한시되었다. 이 책의 주석들이 이전에 이 주제를 다룬 학자들의 노고와 성과를 보여주듯이, 인디저너스 여행자들의 존재가 전혀 주목받지 못했다는 이야기는 아니다. 그러나 이러한 연구 및 주제는 애석하게도 과거 유럽에 대한 우리의 총체적인 이해에 영향을 미치지는 못한 듯하다. 이 책은 이러한 부분에 변화를 주고자 한다.

    멕시코에서 토토낙인들을 태우고 출항한 선박은 1519년 10월 스페인 남부의 산루카르 데 바라메다에 도착했다. 과달키비르 강 하구에 위치한 이 도시는 세비야로 향하는 배들이 반드시 지나야 하는 곳이었는데, "수많은 은괴들을 강 속으로 가라앉힌 무시무시한 모래톱"으로 악명이 자자했다.[12] 아메리카 대륙으로 향하는 여정의 중심지였던 이 활기찬 항구는 낯선 땅에서의 일확천금을 노리는 모험가와 기회주의자들이 몰려드는 곳이기도 했다. 20년 전 콜럼버스는 이 항구를 떠나서 인도로 향하는 자신의 세 번째 여정을 시작했고, 이 여행을 통해서 유럽인들은 서반구에 위치한 완전히 새로운 대륙의 존재를 알게 되었다. 토토낙인들이 도착하기 불과 한 달 전에는 페르디난드 마젤란의 배가 산루카르 항에서 유럽 본토를 떠나서 아시아로 향하는 서쪽 항로를 찾아나섰다(이 항해로 결국 그는 최초의 세계 일주를 한 인물이 되었다).* 1519년까지 서인도 제도에서 온 배들은 정기적으로 이 항구에 입항했다. 따라서 아메리카 대륙에서 온 2명의 토토낙 관리들은 그리 특별한 존재가 아니었다. 1519년까지 콜럼버스가 수천 명의 사람들을 노예로 잡아 유럽으로 보낸 바 있으니, 그 토토낙인들은 산루카르 부두에 발을 디딘 첫 번째 인디저너스도 아니었다.

아마 몬테호와 푸에르토카레로는 당시 제국의 많은 기회주의자들처럼 금의 일부를 하역하기 위해서 산루카르에 잠시 멈추었을 것이다(이는 강을 따라서 80킬로미터 정도 상류에 위치한 세비야 세관의 눈을 피하기 위함이었다). 그러나 그들은 그곳에서 오래 정박하지 못했다. 황급히 과달키비르 강을 다시 거슬러 올라가 11월 5일에 세비야 부두에 정박한 그들은 그곳에서 당시 서인도 제도와의 모든 교역 및 이동을 관장하던 무역 사무소Casa de Contratación의 수장 후안 로페스 데 레칼데에게 귀중한 화물과 자신들이 쓸 비용으로 가져온 약 4,000페소를 몰수당했다. 쿠바의 총독 벨라스케스는 코르테스의 항명에 관해서 코르테스의 동료인 몬테호와 푸에르토카레로에게서 무슨 말이라도 듣고자 했을 것이다. 어쨌든 다행히 그들은 정적政敵 벨라스케스보다 앞서서 왕에게 자신들의 의도를 전달했고, 자신들이 가져온 수많은 화물 덕분에 왕에게 충분히 좋은 인상을 남길 수 있었다. 오래지 않아서 그들은 궁전으로 오라는 전갈을 받았다. 이로써 그들은 보물과 함께 토토낙인들을 왕 앞으로 데려갈 수 있었다.13

카를 5세는 그 인디저너스 방문객들에게 흥미를 보이며 그들의 안위

---

* 출항했던 5척의 선박 중 빅토리아 호만이 항해를 마쳤고, 마젤란도 항해 도중에 사망했다.

의 세세한 부분까지 깊은 관심을 기울였던 듯하다. 국왕은 인디저너스들을 최대한 잘 대우하고 자신을 알현하게 하라고 명령했다. 스페인의 추운 날씨에 비해 토토낙인들의 옷이 얇다는 것을 알고는 그들에게 품격 있는 의상을 제공하라는 세심한 명령도 내렸다. 왕은 자신이 비용을 지불하겠으니 "좋은 색상"으로 된 벨벳 튜닉을 준비하라고 지시했고, 질 좋은 옷감으로 만든 망토, 새틴으로 만든 외투와 금실로 된 스타킹, 궁전으로 오는 교통수단까지 그들이 필요로 하는 다른 모든 것들을 준비하라고 일렀다. 편지에 적힌 왕의 명령을 수행할 관리들은 파란색과 초록색의 벨벳에서부터 루앙산 흰색 면직물까지 여러 종류의 호화로운 옷감을 받았다. 유명한 재단사 2명과 스타킹 제조업자 1명(후안 데 알칼라, 마르티 데 이루레, 후안 데 무르가)이 토토낙인들에게 스페인식 의상을 갖춰주기 위해서 고용되었다. 이 방문자들에게는 왕이 주문한 기본 의상뿐 아니라 챙 없는 모자와 챙 있는 모자, 망토, 신발, 셔츠, 조끼까지 모두 제공되었다. 당시의 계산서에 장갑 5켤레와 보석상 베아트리스 프랑카의 청구 내역까지 꼼꼼하게 기록되어 있는 것으로 보아, 그들은 따듯한 환대를 받고 당시로서는 잘 차려입은 상태로 세비야를 떠나 왕궁으로 향한 것으로 보인다.

  토토낙인들에 대한 환대를 보여주는 예는 또 있다. 1520년 2월 7일 손님들이 노새를 타고 왕궁으로의 여정을 떠날 때에는 무역 사무소 회계 담당자의 조카인 도밍고 데 오찬디아노가 동행했으며, 노새몰이꾼 3명과 다른 하인 3명도 함께했다. 그러나 권력이 쉽게 이동하던 시대에, 왕을 알현하기란 말처럼 쉬운 일이 아니었다. 카를 5세는 치열한 계승 전쟁을 거쳐 신성 로마 제국의 황제로서 새로 얻은 권력을 휘두르면서 카스티야 왕국에서 고조되고 있던 불만을 잠재우기 위해 자신의 왕국을 바쁘게 순회 중이었다(결국 그 시도는 실패로 끝났다). 토토낙인들이 정확히 언제 왕국에 도착했는지에 대해서는 기록상 혼돈이 있지만, 그들의 여정이 매우 힘겨웠음에는 의심의 여지가 없다. 그들은 왕궁에 도착하기 전에 카스티야 지역에서 몇 주일 동안이나 왕의 행로를 뒤쫓았는데, 그 과정에서 코르도바에서 모자와 신발을 사려고 돌아서 가기도 했고, 토르데시야스에서 강제로 세례를 받기도 했다. 왕은 추운 기후가 토토낙인들의 건강에 좋지 않기 때문에 일정을 서둘러야 함을 알고 있었고, 그들을 잘, 그리고 조심스럽게 대우하라고 명령했다. 토토낙인 중 1명인 호르헤가 코르도바에서 병에 걸려 세비야로 되돌아가야 했으니 그의 염려는 타당한 것이기도 했다.[14]

역사학자로서 그들의 총총한 여정을 추적하기 위해서 자료를 해석하는 작업은 매우 고되었다. 빠른 속도로 내용을 기록해야 했던 16세기의 관리들은 잉크를 마구 휘갈겨서 썼다. 이 과정에서 글자가 빠지기도 하고, 축약되거나 즉흥적인 기록들도 난무해졌다. 반면 인쇄된 자료들은 멕시코 고문서 판독에 능숙한 역사학자들이 읽고 이해하기에는 좀더 쉬울지언정 쓸 만한 정보는 훨씬 적었다. 인디저너스들이 새로 발견한 범세계적인 세상에서 그들을 대상이 아닌 주체로 만드는 과정은, 조그만 단서라도 찾아서 유럽인들의 설명을 자세히 조사하고, 반대의 입장에서 읽어보고, 절대 이런 의도로 활용되리라고 생각하지 못했을 문서들을 열심히 파고들어 통찰하는 것이었다. 대부분의 경우 우리의 최선은 인디저너스의 경험을 바라보는 외부자의 시선을 재발견하는 일이었다. 또한 그들에게 무슨 일이 일어났고, 그러한 일들이 왜 의미가 있으며, 그들이 그 일을 어떻게 생각하고 느꼈을지를 자신 없는 태도로 제시해보는 일이었다. 그러한 해석은 언제나 추측에 불과하지만, 그래도 인디저너스의 세계에 대한 시각과 문화적 지식의 심대한 다양성을 이해하는 데에 도움을 줄 것이다. 우리는 종종 원주민들의 반응이나 가능한 동기를 추적할 수 있다. 가끔은 구전으로 전해져 내려오는 노래인 칸타레스cantares를 통해서 대서양 건너의 경험에 대한 인디저너스들의 시각을 소소하지만 직접적으로 알려주는 단서를 얻을 수도 있다.

왕의 칙령과 회계 장부를 통해서도 인디저너스의 삶의 물질적 측면에 대한 실마리를 얻을 수 있다. 의복비, 식비, 교통비, 의료비, 숙박비, 그리고 심지어 장례 비용 등에 관한 영수증이 남아 있기 때문이다. 이런 단순해 보이는 기록들은 원주민들의 여행 일정, 이름, 그들의 생활 패턴을 보여준다. 이러한 소소한 기록들이 일상을 엿볼 수 있게 해주는 것이다. 이 기록들을 통해서 우리는 여행자들이 신었던 신발을 상상해볼 수도 있고, 그들의 경험을 유추해볼 수도 있으며, 우리가 가진 16세기의 이미지 속에서 그들을 복원해볼 수도 있다. 때때로 자료들은 풍부할지언정 더욱 주관적인 목소리를 들려주기도 한다. 그런 자료들은 인디저너스보다 글쓴이에 대해서 더 많이 이야기하기 때문에 매우 주의 깊게 살펴야 한다.

2개의 평범한 문서에는 스페인 왕궁에서 토토낙인들을 본 사람들이 작성한 정보가 담겨 있다. 하나는 루포 디 포글리가 교황 레오 10세에게 보낸 편지이고, 또다른 하나는 스페인 국왕이자 신성 로마 제국의 황제 카를 5세로부터 "신세계"에 대한 그의 위대한 연대기를 의뢰받은 순교자 피터가 쓴 것이다. 두 문서 모두 인디저너스 여행자들을 매우 상세하게 기술하는데, 현장감을 위해서 꾸며낸 부분들도 종종 보인다. 토토낙인들은 여행 도중 유럽식 의복을 제공받았지만, 궁전에 나타났을 당시에는 인디저너스 귀족의 복장인 화려한 문양이 그려진 리넨과 깃털과 털로 장식된 망토를 입고 있었다. 루포 대주교는 그들과의 만남을 묘사하면서, 그들이 허리에 두르는 천과 망토를 갖춘 전통적인 차림이었다고 썼다. 왕이 토토낙인들에게 전통 의상을 입고 입궁하라고 명령을 내렸던 것일까? 혹은 그렇게 중요한 공식 행사에서는 자신들의 전통 의상을 착용해야 한다고 스스로 결정한 것일까? 우리는 결코 알 수 없다.

그렇다면 이 토토낙인들은 **누구**였으며, 왜 스페인 왕궁까지 여행을 했을까? 루포 대주교는 그들의 겉모습에는 큰 관심이 없었지만, 그들을 강력한 권력을 지닌 인사들로 보았다. 그는 이 토토낙인들이 공식적인 "외교관"인지는 확실하지 않지만, 기독교인들과 우정을 맺고 평화를 원하는 "카시케cacique(지도자)가 보낸" 인물이라고 주장했다. 그들은 스페인에서 본 것을 보고하라는 명령을 받고 파견된 특사일 수도 있었다.[15] 토토낙인들은 결코 순진무구한 야만인이 아니었다. 그들은 멕시코의 여러 부족들 중에서 가장 세련된 부족으로 평가받았으며, 기록에 따르면 이웃 부족인 나우아족(나우아틀어를 사용하는 부족)은 토토낙족을 "인간적이고, 문명화된 생활을 하는" 사람들로 보고 존경했다. 목화의 주요 생산지에서 살던 토토낙인들은 의상 제작에 탁월하기로 유명했는데, 특히 자수에 능하고 옥과 깃털로 된 장신구를 잘 만들었다. 그들은 외양도 매우 우아해서 "남자건 여자건 모두 아름답고, 키가 크며, 날씬하면서도 탄탄했다."[16] 오늘날 유네스코 무형 문화유산으로 지정된 "하늘을 나는" 다산 의식 볼라도레스voladores(나는 사람들)로 가장 널리 알려진 이 토토낙인들은 정복의 서사에서 종종 간과되고는 한다. 그러나 그들은 지역에서의 권력을 회복하고자 했으며, 코르테스가 처음 도착한 해에는 매우 중요한 동맹이기도 했다.

토토낙인들이 베라크루스에서 코르테스가 쓴 편지에 등장하지 않는 이유를 다르게 생각해볼 수도 있다. 즉 코르테스가 그들을 "신기한 것들"의 일원으로서 스페인에 보낸 것이 아니라, 그들 스스로가 여행을 **선택했다**고 보는 것이다. 물론 이는 지나친 추측일 수도 있다. 그럼에도 불구하고 순교자 피터는 토토낙인들을 "위대한 지도자들"로 보았다. 그는 토토낙인들 중 두 여성을 "국가의 풍속에 따라서" "맡은 바를 수행하기 위해 배정된" 하인으로 생각했다.[17] 그러나 멕시코 토착 문화에서 여성들은 매우 존중받는 존재였다. 만약 귀족 출신이었다면, 그 여성들 역시 외교 사절로서의 역할을 하리라고 기대되었을 것이다.

언어적 장벽은 특히 만남이 성사된 초기에 외교의 걸림돌로 작용했다. 다행히 토토낙인들 중에는 "카스티야어(카스티야 지역의 언어로 오늘날 스페인의 표준어이다. 스페인은 이외에도 카탈루냐어, 바스크어, 갈리시아어를 공용어로 사용한다/역주)를 조금 배운 젊은이"가 1명 있었다.[18] 우리는 흔히 인디저너스와 유럽인 사이에 의사소통의 어려움이 있었을 것이라고 추측하는데, 이런 면은 특히 흥미롭다. 남아 있는 자료들은 침략자들이 원주민들에게 상당히 상세한 협상안을 제시했음을 보여주는 경우가 많다. 대개 그 협상안의 내용은, 새로 온 이들이 어떤 왕을 대리하든지 간에 원주민들이 그의 속국이 될 것이라는 데에 기꺼이 동의한다는 것이다. 그러나 이는 분명 희망사항에 불과할 것이다. 이러한 자료들은 침략을 정당화하기 위한 가장 간단한 방법으로 보인다.* 식민주의자들

---

* 코르테스는 편지에서 멕시코의 지도자들이 카를 5세의 신하가 되는 데 동의했다고 반복해서 주장했다. 그러나 "신하"라는 용어는 나우아 세계에서 거의 의미가 없었다(스페인인들조차 번역하기 곤란해했다). 그러나 주군에 대항하는 신하는 항상 "반역자"로 간주되어 합법적으로 진압되었기 때문에 이 용어는 스페인인이 멕시코인에게 행했던 폭력을 정당화하는 데 사용되고는 했다.

이 자신들의 행위를 "합법화하려고" 시도했다는 점은 침략 및 식민지화 자체가 윤리적이지 않다고 보는 오늘날의 시각에서는 이상할 수 있다. 그러나 놀랍게도 그 당시 유럽인들은 자신들의 행동의 적법성에 대해서 오랜 시간을 들여 우려했고, 최소한 자신들의 행동이 합법적으로 **보일지** 고민했다.

사건들에 적법성이라는 허울을 씌우고자 하는 그들의 의도는 우리가 가진 자료들의 의미를 퇴색시킨다. 이는 토토낙인 무리에 대한 다른 설명에서도 뚜렷하게 드러난다. 당시 왕궁에 함께 있었던 증인들은 그들을 지위가 높은 특사로 보았지만, 멕시코 침략에 대해서 유명하고도 생생한 설명을 했던 정복자 베르날 디아스 델 카스티요는 그 토토낙인들이 셈포알라의 인신공양에서 구조된 포로들이라고 주장했다. 디아스 델 카스티요에 의하면, 그들은 "목조 우리에 갇혀 살을 찌웠고, 희생되어 먹힐 때쯤에는 살이 잘 오른 상태가 되었다." 코르테스의 사제이자 연대기 서술자로서 그를 돋보이게 하기 위해 항상 노력했던 프란시스코 로페스 데 고마라 역시, 신의 분노를 살 수 있다는 인디저너스들의 거센 반대에도 불구하고 코르테스가 마치 영웅처럼 "의지가 있던" 남성 4명과 여성 2명을 풀어주었다고 주장했다.*19

그렇다면 토토낙인들은 귀족 출신의 사절단이었을까, 아니면 자유를 얻은 포로였을까? 두 경우 모두 진실일 수 있다. 이론적으로 그들은 감옥에 갇힌 귀족이었는데, 석방된 후 토토낙족을 대표하는 사절단이 되었을 수 있다. 그러나 이는 다소 지나친 억측이다. 그보다는 정복자들이 멕시코에서 자행한 일들을 정당화하기 위한 눈속임이라고 보는 편이 나

---

* 여기에서 로페스 데 고마라가 코르테스가 그 남자를 "취했다tomó"고 말한 점은 흥미롭다. 이는 "의지가 있다"고 생각되는 사람을 향한 강요가 있었음을 의미한다.

을 것이다. 야만의 세계에서 불운한 사람을 데려오는 영웅적인 유럽인에 대한 "백인 구세주" 사상은 제국의 역사에 널리 퍼져 있다.* 그중 가장 주목할 만한 것은, 누군가를 불행한 운명으로부터 구원한다는 의미의 "레스카테rescate"(구원자, 구조, 구제) 개념이다. 이는 노예제도에 대한 스페인 법률제도상의 구실로, 인디저너스를 "이용하는 일"을 정당화하기 위해서 종종 사용되었다. "구원받은" 토토낙인들의 이야기는 의심스럽게도 스페인인들의 기대와 딱 들어맞는다.**20

만약 그 여행자들이 본래 제물로 바쳐진 **포로였다면**, 여행하는 동안 분명 그들의 외모는 상당히 단장된 상태였을 것이다. 왕궁에 도착했을 무렵에는 귀족 출신의 방문자로 간주되어 부족을 대표하는 사절단 대접을 받아야 했으니 말이다. 만약 그들이 인신공양으로부터 **구원받았다면**, 왜 코르테스가 보낸 사절단, 즉 몬테호와 푸에르토카레로는 그 사실을 언급하지 않았을까? 그랬다면 아마도 좋은 이야깃거리가 되었을 텐데 말이다. 아마 코르테스는 왕궁으로 떠나는 자신들의 여행에 인디저너스 대표단을 데려가거나, 혹은 그들의 동행을 요청했을 것이다. 그러나 그 사람들이 납치된 것인지 혹은 그저 호기심이 많았던 것인지 우리로서는 결코 알 수 없다.

우리가 알고 있는 것은, 토토낙인들이 매우 영리해서 상황을 어떻게

---

* 백인 구세주 사상은 심지어 멜 깁슨이 주연을 맡은 영화 「아포칼립토」(2006)의 노골적인 구조이기도 하다. 이 영화는 "위대한 문명은 그 내부에서부터 스스로 파괴되기 전까지는 정복되지 않는다"라는 철학자 윌 듀랜트의 말을 인용하며 시작한다. 다시 말해, 유럽인에게 정복당한 것은 마야인 탓이라는 말이다.
** "살이 잘 오른 상태"라는 표현은 카스티요의 설명을 의심스럽게 한다. 이 말은 인디저너스가 동물 같은 대상이라는 인상을 심어주는데, 유럽인들이 정말로 그렇게 생각했다는 증거는 없다.

전개해야 자신들에게 이익이 될지를 잘 알고 있었다는 점이다. 토토낙인들이 왕궁에서 자신들의 젊은 통역관을 통해 말한 바에 따르면, 왕이 사려 깊고 (아마도 강압적이면서도) 공손한 태도로 그들이 세례를 받을 것을 "명령할 수 있을지" 물었을 때, "그들은 기독교도가 되는 것이 행복하다"고 답했다. 흥미롭게도, 루포 대주교는 코르테스가 왕을 감동시키기 위해서 보냈다는 엄청난 보물이 실제로는 토토낙인들이 외교적 절차의 일부로서 "가져온" 것이라고 생각했다. 만약 왕실도 그렇게 믿었다면, 그 보물은 토토낙인들에게 진정한 정치적 이익을 가져다주었을 것이 틀림없다. 그러나 몬테호와 푸에르토카레로가 그러한 소문이 오래 지속되도록 방치했다고 믿기는 어렵다. 그럼에도 도미니크회 신부 바르톨로메 데 라스 카사스는 그것과 똑같은 보물을, 그들이 국왕을 만났던 바로 그날 보았다고 주장했다. 그는 그 보물들이 "목테수마 황제가 보낸" 선물로, 스페인인들이 자신의 제국에서 떠나도록 설득해달라는, 헛된 시도에서 보낸 선물이라고 주장했다.[21]

카를 5세가 코르테스의 정성스러운 편지를 읽었는지는 알 수 없다. 그러나 당시 가져온 보물에 대한 찬사에서 추정컨대, 토토낙인들보다 그들이 가져간 보물이 훨씬 더 강한 인상을 주었다는 점에는 의심의 여지가 없다. 순교자 피터는 "수천 점의 값진 물건들을 묘사하기도 힘들다"며 감탄했고, 자신이 경험한 모든 것에 대해서 "이 물건들만큼 인간의 눈을 즐겁게 하는 아름다운 것은 본 적이 없다"고 했다.[22]

카를 5세는 1520년 신성 로마 제국의 황위를 계승하기 위해서 네덜란드로 돌아갈 때 아즈텍-멕시카의 공예품을 가지고 갔다. 플랑드르에서 태어난 군주는 낯선 스페인에서 2년 이상을 머물렀다. 아헨에서의 대관식에 앞서 자신의 존엄과 명망을 증명하고자 했던 카를 5세는 그 보물을 자신의 궁전이 있던 브뤼셀의 시청에 전시했다. 1520년 늦여름, 화가 알브레히트 뒤러는 "황금의 신세계가 왕에게 바친 것들"을 목도했다. 뒤러는 자신이 받은 감동을 기록하면서 금으로 된 태양과 은으로 된 달을 언급했고, 이렇듯 대단한 물건들에 표현된 다양한 인간의 본성에 압도되었다. 그는 "2개의 방이 토토낙인들의 무기들로 가득했다. 모든 종류의 경이로운 무기와 매우 이상한 옷, 침구, 그리고 인간이 사용하는 갖가지 멋진 물건은……아마도 10만 플로린 정도의 가치가 있을 것 같았다"고 했다. 뒤러는 화가의 관점에서 다음과 같이 쓰기도 했다. "내 인생을 통틀어 이 물건들처럼 내 마음을 기쁘게 하는 것은 본 적이 없다. 그중에는 매우 훌륭한 예술품도 있는데, 이국 예술가의 그 뛰어난 독창성이 놀라울 따름이다."23 이 유명한 말은 유럽과 아메리카의 문화적 조우를 묘사할 때 자주 인용되는데, 뒤러가 인간적 조우에 대해서 분명하게 기술한 부분은 대개 간과된다. 화가인 뒤러는 귀중한 보물만 본 것이 아니라 그것을 만든 사람도 생각했다.

1490년대 초부터 유럽에 수천 명의 인디저너스들이 있었음을 알면, 그들을 대수롭지 않은 예외라고 여길 수 없게 된다. 스페인, 포르투갈, 프랑스, 이탈리아, 영국, 네덜란드에서 유럽인들은 인디저너스를 만났다. 그들은 외교관이기도 했고, 무대에 오르는 예술가이기도 했으며, 통역사, 선원, 하인, 가족의 일원, 노예이기도 했다. 그들 대부분은 비자발적인 이주민이었고, 납치되거나 억지로 고향을 떠났다. 그러나 자유민으로서 개인적으로, 혹은 소규모 단체로 여행한 이들도 상당수 있었다. 대부분은 영국보다는 스페인과 포르투갈을 방문했다. 당시 영국의 튜더 왕조는 국내 문제로 다소 복잡했기 때문에, 처참한 실패로 끝난 1580년대 엘리자베스 1세의 로어노크 탐사 이전까지는 해외 탐험에 거의 신경을 쓰지 못했다. 그러나 만테오와 완체세를 비롯한 고위층 원주민 방문객이 영국을 찾기도 했다. 만테오와 완체세는 북아메리카 해안 지역의 앨곤퀸 부족민으로, 제국 초기의 사업에서 매우 중요한 역할을 했다. 월터 롤리의 통역사로 활약했고, 런던에서 북아메리카 오소모코묵 지역의 앨곤퀸 부족 언어의 철자법 책을 내는 데에 참여하기도 했다.[24] 또한 이들은 중재자로서 명백한 역할을 하여 "신세계"의 신비로움을 파헤치고, 유럽인들에게 아메리카인들의 시각을 알리는 데에 도움을 주었다. 이는 노예에서부터 귀족에 이르기까지 모든 계층의 유럽 사회에서 인디저너스들이 수행했던 역할과 비슷했다.

유럽의 역사에서 우리가 흔히 근대 초기*라고 칭하는 시기에 가장 "근대적인" 것은 바로 세계화의 시작이었다. 연결망이 형성되고 교류가 이루어짐으로써 전 세계의 모든 사람과 모든 부분이 연결된 것이다. 스페인이 대서양을 건너서 나아갔다면, 포르투갈은 동쪽과 남쪽으로 향했다. 그들은 미약하게나마 첫 번째 관계를 구축한 뒤, 이를 전 세계를 아우르는 정기적인 교역망으로 확장했다. 그후 오래지 않아서 영국, 프랑스, 네덜란드의 선박들이 대양으로 나아가 제국 지배의 초석을 다졌다. 이 시기에 세계 연결망은 사상과 영향력의 측면에서 서로 복잡하게 얽혔는데, 그 과정은 냉혹하고 때때로 폭력적이었다. 이 책은 발견, 혹은 우리 지식의 간극을 메우는 작업의 결과물이지만, 우리가 발자취를 좇은 원주민 여행자들은 그 간극을 뛰어넘어 우리의 이해를 넓히고 선입견을 깨뜨렸으며 역사에 대한 우리의 인상을 바꿔놓았다. 대부분 간과

---

* 정확한 시기가 언제인가를 두고서는 역사학자들 사이에서도 활발한 논의가 계속되고 있지만, 대략 1492년부터 1800년경이다.

되거나 잊혔던 그들의 삶은 오늘날 우리가 사는 세계의 토대에 녹아들어 있다.

유럽으로 간 인디저너스들은 소위 "콜럼버스의 교환Columbian Exchange"이라고 불리는 현상에서 결정적인 역할을 했다. 콜럼버스의 교환이란, 1492년 이후 사람, 식물, 동물, 미생물, 자원, 상품, 아이디어 등이 대서양을 건너감으로써 유럽에서 새로운 기호가 등장하고 폭발적인 반응을 일으켰던 현상을 말한다.25 그러나 대서양 횡단 교역, 아메리카 침략과 식민화, "특별한 관계"에 대해서는 잘 알려진 반면, 아메리카 원주민들이 유럽의 정체성에 미친 영향에 대한 인식은 별로 없는 듯하다. 그들은 우리의 상상 속 어딘가에 월터 롤리와 감자, 담배 등과 혼재되어 어렴풋한 감각으로 남아 있다. 그러나 인디저너스의 본질은 본래의 맥락에서 분리되어 사라졌다.*

담배, 카카오, 토마토, 감자, 고추, 옥수수 등에 관한 역사는 원주민들이 향유한 특성이나 중요성을 잃고 유럽인들의 이야기로 대체되었다. 토마토는 멕시코보다는 이탈리아를 대표하는 채소가 되었고, 감자는 안데스가 아니라 아일랜드를 떠올리게 한다. 우리의 일상과 문화에서 필수적인 작물들의 상당수가 아메리카에서 건너온 것이다. 우리는 초콜릿, 달콤하고 매운 고추, 감자칩이나 감자튀김, 땅콩, 바닐라, 옥수수, 덩굴제비콩, 호박, 담배가 없는 생활을 상상할 수 없다. 최근에는 하나의 대상을 다루는 미시사 연구(감자나 토마토 같은 상품의 역사)가 많이

---

* 영국에서 감자는 영국인들의 집단적 특성 같은 것이 되어 일요일 점심이면 모두가 감자를 곁들인 선데이 로스트를 먹게 되었다. 그러나 영국인들은 250년 전까지만 해도 감자를 즐겨 먹지 않았다(성탄절 만찬 때 칠면조 요리를 먹는 것도 아메리카에서 넘어온 풍습이다).

이루어지고 있는데, 이는 이러한 유럽 중심의 이야기에 세계적인 특색을 좀더 입히고는 한다. 그러나 인디저너스 여행자와 무역업자들은 대서양 무역에 대한 대중의 이해에서 주요한 자리를 차지하지 못하고 있다.[26] 원주민들은 생산과 무역, 상업에서 결정적인 역할을 했다. 그럼에도 우리가 그들에 대해서 들어본 적이 없는 이유는 무엇일까? 간단하다. 그 시기에 대서양을 횡단한 사람들이 유럽인만은 아니라는 사실이 간과되었기 때문이다.

　우리는 흔히 유럽인들이 대서양 무역을 독점했다고 생각한다. 그러나 아메리카 원주민들은 때때로 백인 식민주의자들의 탐욕과 절박함을 이용하는 노련한 무역상인 듯 보였다. 한편 때때로 그들은 싸구려 장신구를 금과 바꾸고, 뉴욕 맨해튼의 땅을 단돈 24달러에 "판매하는" 등 너무나 순진하고 순수하기도 했다. 그러나 그 어느 경우든, 원주민들은 대서양을 가로질러 이루어진 조우에서 얌전한 수용자로서 대서양을 건넌 적도 없는 것처럼 그려진다. 대서양 무역은 백인들과 신대륙 지역 간의 교류를 통해서만 이루어졌고, 결론적으로 조우와 무역 모두 유럽인이 주도했다는 것이다. 아메리카 인디저너스의 영향력과 아이디어도 동쪽으로, 즉 유럽 본토로 **흘러갔는데**, 이는 다른 누군가에 의한 것인 양 여겨져왔다. 이에 더해 교류 초기에 수천 명의 인디저너스 여행자들이 유럽을 방문했음에도(그들 중 상당수가 흡연자여서 유럽으로 담배를 가져갔다), 그리고 그들은 감자를 재배하는 아메리카 지역으로 돌아간 적이 없음에도 불구하고, 대중문화에서는 담배 및 감자와 같은 아메리카 제품을 발견하고 도입한 사람이 월터 롤리 경인 것처럼 묘사한다. 그러나 원주민들의 이동성을 인정해야만, 그리고 그들이 제국의 중심부에 존재했음을 인정해야만 대서양 무역에서의 유럽인들의 통제가 생각보다 강하지 않앉으며, 무역뿐 아니라 유럽 문화 자체에 인디저너스들이 직접적인 영향을 미쳤음을 알 수 있다.

원주민 여행자들은 범세계적인 오늘날의 기원뿐 아니라, 근대 초기 유럽에 대한 우리의 편견에 변화를 줄 것이다. 토토낙인들이 포로 출신이었든 공식 외교관이었든 간에, 그들은 적어도 순교자 피터로 하여금 스스로의 편견을 심각하게 재고하게 만들었다. 그는 한 남성이 아랫입술에 착용한 큰 장신구를 무서워하면서도 그 남성에게 매료되어 다음과 같이 썼다.

> 나는 이보다 더 흉물스러운 것을 본 적이 없다. 그러나 그들은 달의 주기 아래 그보다 품격 있는 것은 없다고 생각하는 듯했다. 이는 인류의 어리석음과 무모함을 알려주는 좋은 예로, 우리가 우리 자신을 어떻게 속이는지를 잘 보여준다. 에티오피아 사람들은 검은 피부가 흰 피부보다 더 아름답다고 생각한다. 그러나 백인들은 반대로 생각한다. 대머리인 사람들은 자신이 머리숱이 많은 이들보다 더 잘생겼다고 생각하고, 수염을 기른 이들은 수염이 없는 사람들을 비웃는다. 우리는 이성을 따르기보다는 격정으로부터 영향을 받고, 인류는 이러한 바보 같은 말들을 받아들여서 모든 나라들이 각자 자신들만의 기호를 따르게 된다. 다른 이들의 의견을 존중하면서도 우리는 바보 같은 것들을 선호하고, 견고하고 확실한 것은 거부하는 경향이 있다.[27]

토토낙 여행자들은 순교자 피터가 세계에 대해 품었던 확신을 되돌아 보게 만들었다. 초기 인디저너스 여행자들의 삶은 우리에게도 같은 경험을 선사할 것이다. 외교관으로서, 호기심에 이끌린 인간으로서, 예술가, 무역상, 하인, 배우자, 자녀, 여행자로서, 그리고 안타깝게도 대부분의 경우 노예로서 인디저너스들은 유럽 문화에 융화되는 한편 그것에 영향을 미쳤으며, 또한 자신들의 고향 아메리카에 유럽 문화를 전했다. 이들에 의한 문화 교류는, 앵글로계가 주도하는 대서양 세계가 시작된 시점으로 알려진 청교도들의 플리머스 도착보다 훨씬 오래 전부터 이루어졌다.

이는 결단코 유럽과 아메리카의 조우를 이상화하려는 것이 아니다. 홀로 외국에 남겨진 이들이 겪어야 했던 비극을 잊어서는 안 된다. 중재자에 대해서 이야기할 때 그들이 겪은 억압을 고려하지 않는다면 그 논의에는 아무런 의미도 없다. 인디저너스들은 첫 번째 조우의 순간부터 착취당하고, 노예로 전락하고, 탄압받았다. 메소아메리카의 문화와 물질적 풍요로움이 왕궁에서 전시되고 있던 바로 그때, 그들의 문명은 탐욕과 전염병, 폭력으로 파괴되고 있었다.

뒤러가 인디저너스의 보물들에 경탄한 지 고작 한 달 만에, 아즈텍–멕시카 제국의 수도인 테노치티틀란에서 대단히 파괴적인 천연두가 번져나갔다. 정복자들이 가져간 이 질병은 수많은 사람들을 감염시켰다. 전염병은 그 지역 일대를 휩쓸었고, 유럽인들의 이동 속도보다 더 빨리 전파되었다. 사망자는 800만 명에 이르렀다. 인디저너스들은 유럽인들의 폭력과 그로 인한 피난 때문에 허약해진 상태였으며, 자신도 병들었기 때문에 다른 환자들을 돌보지 못했다. 전례 없는 전염병이 창궐하면서 인디저너스 마을들은 황폐해졌다.

이듬해 8월, 테노치티틀란이 함락되었다. 호수 위에 세워진 이 눈부신 도시는 폐허가 되었고, 도시민들의 삶은 전쟁과 코르테스와 동맹을 맺은 인디저너스 부족이 자신들의 오랜 적(아즈텍-멕시카 제국/역주)에 행한 보복으로 피폐해졌다. 테노치티틀란의 지배자와 텍스코코Texcoco(텍스코코는 목테수마 황제와 동맹을 맺은 도시국가로, 목테수마 황제의 강력한 설득으로 1520년까지는 스페인인들을 방어했다) 지배자의 직계 후손인 페르난도 데 알바 익스틀릴오치틀은 대학살을 다음과 같이 기록했다. "오늘날 불행한 멕시카인들은 이 땅에서 벌어진 가장 참혹한 일을 겪고 있다. 여자와 어린아이들의 통곡이 너무나 처참해서 남자들의 마음이 찢어진다. 멕시카인들과 사이가 좋지 않았던 틀락스칼테카Tlaxcalteca(틀락스칼라/역주) 왕국과 다른 국가들은 과거의 일을 잔인하게 복수하고 가진 것을 모조리 약탈해갔다."28 인디저너스 부족들 간의 이러한 경쟁은 정복의 역사에서 자주 간과된다. 그러나 멕시코에는 수백 개가 넘는 정치적 독립체들이 존재했고, 유럽인들의 침략으로 위태로워진 세계에서 살아남기 위해서 고군분투하고 있었다. 아즈텍-멕시카 제국의 역사에서 500년 전의 그 시간은 자신들의 세계가 산산이 부서진 순간이겠지만, 본디 역사란 여러 당사자와 여러 방식으로 구성된다. 우리가 가장 자주 접하는 역사는 유럽인들의 영향을 받았지만, 더 자세히 살펴보면 그 안에서 다른 관점과 가능성을 찾을 수 있다. 우리는 흔히 "스페인의 아즈텍 정복"을 입에 올리지만, 이것은 또한 틀락스칼라인*의 "테노치티틀란 정복"이라고도 할 수 있다. 한 세기에 걸친 원한관계를 종결하면서, 틀락스칼라의 연합 세력은 그들의 오랜 적과 싸워 승리했다. 그들의 역사에서 회자되는 이 유명한 승리는 대서양을 건너 스페인 제국까지 널리 퍼졌다.

---

* 그들은 스스로를 "틀락스칼테카"라고 칭했다. 그러나 이해를 돕기 위해서, 인용구를 제외하고는 틀락스칼라인이라고 표기했다.

테노치티틀란이 함락된 이후 몇 년간 아메리카 대륙의 인디저너스들은 유럽 침략자들과 싸워야 했다. 침략자들은 협상, 협박, 직접적인 폭력을 동원해서 자신들의 권력체를 건설하고자 했다. 카를 5세(한 사람이 통치하는 것으로는 역사상 가장 넓은 영토를 소유했으며, 신성 로마 제국의 황제이기도 했다)는 좌우명인 "플루스 울트라plus ultra"("더 멀리"라는 의미의 라틴어)가 암시하듯이 자신의 권력이 알려진 세계와 그 주변의 대양을 넘어 더 멀리까지 뻗어나가기를 바랐다. 확장되는 세계 공간에서 자신들의 날개를 펼치고자 하기는 인디저너스도 마찬가지였다. 폭력과 노예제도와 질병, 마을 공동체의 강제 해체로 인해서 많은 사람들이 목숨을 잃었지만, 인디저너스들은 그로부터 수 세기 이후까지 여전히 아메리카 대륙에서 다수를 차지했다. 1570년까지 "누에바 에스파냐Nueva España"의 상징과도 같은 멕시코시티에서도 인구의 대부분은 인디저너스들이었다. 백인 인구는 5퍼센트 정도였으며, 아프리카계 인구도 그와 비슷했다. 유럽인이 다수를 차지했을 것 같다는 우리의 생각과 다르게, 18세기까지 아메리카 대륙은 대부분 인디저너스의 공간이었다.[29]

그러나 백인들이 수적인 면에서 소수였다고는 해도 유럽인들의 영향력은 거침없이 대서양을 건너갔고, 대서양을 가로지르는 제국의 관료체계와 연결망으로 인디저너스(특히 도심에 거주하는)들을 끌어들였다. 많은 이들에게 대서양은 여전히 저 멀리 수평선 너머에 있는 것이었지만, 그들은 대서양 세계가 자신의 바로 앞까지 다가와 있음을 깨달았다. 일부 집단과 가족들은 자연스레 자신들의 전통적인 삶을 유지할 수 있는, 혹은 그럴 수 있을 것 같은 지역으로 도피했다. 어떤 이들은 마지못해 유럽인들과 함께 살아가거나 그들을 상대로 격렬하게 투쟁했다. 그러나 많은 인디저너스들은 이를 기회로 여기거나 불가피한 변화로 보고 이 새로운 세계에 적극 참여했다.

그리하여 에르난 코르테스가 첫 번째 침략 이후 스페인으로 돌아온 1528년, 목테수마 황제의 세 아들과 의기양양한 틀락스칼라의 지도자 중 한 명인 돈 로렌소 데 틀락스칼라가 포함된 대규모의 나우아족 귀족들이 코르테스와 함께 유럽을 방문했다. 자연의 영주señores naturales로서 강력한 토지 소유권을 가지고 있었던 이들은, 아메리카를 합법적인 스페인 제국의 일부로 만들고자 했던 스페인 국왕에게서 공식 사절단으로 인정을 받았다. 우리가 이후 다룰 인디저너스 외교관의 전형이기도 한 이들은 토토낙인들과 달리 명백한 왕족이자 고위층 인사들이었다. 대서양을 가로질러 구성된 권력의 연결망이 희미하게나마 분명히 존재하며, 나아가 그 연결망이 중요하다는 점을 깨달은 그들은 자신들의 권리를 주장하고, "국왕에게 복종하고자 노력했다." 왕을 향한 개인적 충성은 정치적인 성공을 거두는 데에 결정적이었다. 그들은 서신에서 자신이 "전하의 손등에 입을 맞춘 사람"이라는 점을 계속해서 상기시켰다.30

로렌소는 스페인에서 사망했고, 그의 동행 중에서도 최소 5명이 사망했다. 그러나 그의 대사大使는 "틀락스칼라인들, 즉 지역의 인디저너스 및 도시민들"이 엔코미엔다encomienda*에 속하지 않도록 보호한다는 약속을 받아냈다. 따라서 그들의 도시 틀락스칼라는 변덕스러운 지역 권력으로부터 해방되어 왕의 직접적인 통치를 받는 자유 영지가 되었고, 그들은 명목상의 공물을 조금 바치게 되었다. 생존한 여행자들은 대부분 1529년에 왕이 제공한 경비로 누에바 에스파냐에 돌아갔다. 그러나 몇

---

* 엔코미엔다는 왕실의 감독관 엔코멘데로encomendero에게 원주민 공동체들로부터 공물과 노동력을 받을 수 있는 권리를 부여한 제도로, 이론상으로는 원주민들을 상대로 기독교 복음을 전파하는 대가로 주어졌다. 이는 정당하지 못한 거래였다.

몇 귀족들은 왕궁에 남아 왕실로부터 관직과 재산을 하사받았다. 그들은 제국의 중심지로 계속해서 소환되었고, 자신들의 지위와 특권을 확보하고 더 많은 보상을 받기 위해서 노력했다.[31]

누에바 에스파냐에서 자신의 권력을 공고히 하고자 분투했던 코르테스는 왕에게 깊은 인상을 주어야 한다는 점을 아주 확실히 알고 있었다. 이에 따라 그는 자신의 어린 메스티소 아들(이 아들에 대해서는 이후에 다시 이야기할 것이다)과 함께 왕을 매료시킬 휘황찬란한 수행단을 이끌고 왔다. 그중에는 코르테스가 새로 획득한 영토에서 얻은 부와 영화를 보여줄 공연 예술가, 곡예사, 마술사, "난쟁이" 및 다른 "신기한 것들"과 함께 스페인에서는 볼 수 없던 눈부신 보물과 아르마딜로, 주머니쥐, 펠리칸, 재규어 등 신기한 생명체들도 있었다. 또한 발로 통나무를 공중으로 차 올리는 저글러와 무용수, 음악가도 있었으며, 메소아메리카 지역의 전통 공놀이인 유야말리스틀리ullamaliztli 선수 12명도 있었다. 유야말리스틀리는 기술과 힘으로 공을 튕겨서 경기장을 치는 놀이였다. 유럽인들에게는 유야말리스틀리의 선수들뿐 아니라 경기에서 사용하는 공도 꽤 좋은 구경거리였다. 스페인의 식민 지배자이자 작가인 곤살로 페르난데스 데 오비에도 이 발데스는 "그 무거운 공은 어떤 나무의 수액과 다른 혼합물로 만들어졌는데, 그 덕분에 아주 잘 튄다"고 기록했다(그의 기록은 고무를 발견한 첫 번째 유럽인이라고 알려져 있는 프랑스의 지리학자 샤를 마리 드 라 콩다민보다 2세기나 앞선다). 세상을 떠들썩하게 한 코르테스의 귀환은 세간의 이목을 집중시켰고, 그에게 좋은 평판을 안겨주었다. 카를 5세도 당연히 열광했다. 빛나는 보물과 놀라운 생명체, 특이한 공연 예술가 등 아메리카의 모든 경이로움이 황제의 발아래 놓여 있었다. 카를 5세는 공연 예술가들을 보고 너무나 즐거웠던 나머지 그들을

로마의 교황 클레멘스 7세에게도 보내서 놀라움을 선사했다.32

이는 아주 매력적인 장면이다. 원주민 전문가들은 커다란 통나무를 발로 돌리고, 위험한 고무 공의 방향을 틀고, 대단한 정확성과 화음으로 노래하는 등, 자신들의 기술과 힘으로 유럽인들의 혼을 쏙 빼놓았다. 아우크스부르크의 의장가意匠家 크리스토프 바이디츠 덕분에 우리는 이들의 모습과 경이로운 재주를 엿볼 수 있다. 왕실에서 발급하는 자격증을 받기 위해서 1529년 스페인을 여행한 바이디츠는 "의상에 관한 책"을 집필했는데(출간은 하지 않았다), 여기에는 그가 궁전에서 만난 유명인들과 보통 사람들이 등장한다. 그중 13쪽에 걸친 "에르난 코르테스가 인도에서 데려온 인디오들" 부분에 따르면, "그들은 황제 앞에서 나무나 공을 가지고 공연을 했다." 바이디츠는 통나무로 저글링을 하는 사람, 엉덩이로 공을 주고받는 사람들, 잔디에 쭈그리고 앉아서 조약돌로 도박(아마도 파톨리patolli일 것이다)을 하는 사람들을 묘사했다. 한 "전사"는 삐죽삐죽한 모양의 금속 창과 깃털 장식이 된 방패를 들었다. 반면 "귀족들"은 앵무새를 데리고 다녔으며, 깃털 달린 깃발을 가지고, 깃털이 풍성하게 달린 망토를 입었다. 이들은 모두 피부가 갈색이었고, 얼굴에는 피어싱을 비롯한 장신구를 착용했으며, 짙은 색의 직모를 짧게 잘랐다. 끝으로 바이디츠는 한 인디저너스 여성을 그렸는데, 그녀는 머리에 줄무늬가 있는 띠를 두르고 있었고, 빨간색과 흰색, 초록색이 조화를 이룬 화려한 깃털 장식의 예복을 입고 있었다. 비록 만들어진 예복을 입고 있기는 하지만, 여성 여행자에 대한 이와 같은 기록은 매우 드물다. 그 기록에 따르면 "인디오 여성들은 이러한 방식으로 다니고, 한 명 이상 나타난 적은 없다."33

이러한 묘사들은 분명 스페인 왕궁에 머무르던 인디저너스 여행자들로부터 영감을 받은 것이지만, 얼굴을 보석으로 장식하는 것은 나우아족보다는 브라질에서 더 흔하다. 그리고 깃털로 화려하게 장식한 "귀족"은 코르테스와 동행한 원주민들의 실제 모습이라기보다는 이국에 대한 고정관념이 반영된 것으로 보인다.34 그럼에도 불구하고, 바이디츠의 그림들은 여유 있는 모습의 인디저너스뿐만 아니라 카를 5세를 매료시킨 매력적인 몸놀림과 우아함을 보여준다. 아마도 그들은 관찰과 상상이 함께 빚어낸 허구일 테지만, 우리는 이 그림들을 통해서 나우아인들이 미친 영향을 가늠해볼 수 있다. 또한 그들이 그곳에 있었고, 사람들이 그들을 보았으며, 그들에 대해서 이야기하고 글을 쓰고 그림을 그렸으며, 심지어 그들과 대화를 나누기도 했음을 알 수 있다. 이는 사소한 부분일지는 몰라도 자주 간과되던 사실이다.

그렇다면 궁전에서의 토토낙인들은 어떻게 되었을까? 많은 빈틈이 있지만, 그들의 이야기는 몹시 전형적이다. 관심의 중심에서 멀어진 이후 그들에 관한 상세한 이야기는 잘 발견되지 않는다. 그들이 유럽에 도착한 대부분의 인디저너스들에 비해서 훨씬 좋은 대우를 받았는데도 말이다. 토토낙인들은 잠시 왕의 수행단에 참여했는데, 이들이 추운 날씨에 빠르게 이동하는 수행단을 따르는 것을 힘들어한다는 사실을 안 카를 5세가 이들을 세비야로 돌려보내고 잘 돌봐주라고 명령했다.35 왕은 토토낙인들의 건강에 관심을 기울일 정도로 마음이 따뜻했고, 몇 주일 후에는 여행자들의 여행 경비를 지불했다. 이 지불 내역서에 토토낙인들의 이름 타마요, 카를로스, 호르헤가 처음으로 등장한다. 내역서에는 또한 "한 하녀가 그들에게 요리를 해주고, 질병에 걸린 그들을 간병했으며, 옷을 세탁해주고 약을 제공하고 의사를 불러주었다"고 기록되어 있다. 또한 비통하게도, 1520년 3월 24일 세비야에서 사망한 인디오 시스탄의 매장 비용도 적혀 있다.

 세비야의 어떠한 면이 그의 건강에 치명적이었는지 우리로서는 알 길이 없다. 거리에 쓰레기가 넘쳐나고 물은 오염되었으며 위생시설이 열악한 도시는 그곳에 본래 거주하던 사람들에게도 좋지 않았다. 게다가 인디저너스 여행자들은 대서양을 건너 그들의 동포들을 공격했던 병균에 취약했다. 원주민들은 홍역, 티푸스, 인플루엔자, 페스트, 이질, 천연두 같은 질병에 노출된 적이 없어서 그에 대한 면역력도 거의 없었다. 따라서 이 질병들은 원주민들에게 몹시 치명적이었다.

 "다른 인디오들과 함께 온" 사람이라는 언급으로 보아, 시스탄은 상류층 토토낙인은 아니었던 것 같다. 그러나 왕은 그의 장례를 잘 치러주라며 200그램이나 되는 밀랍 양초 값, 그의 시신을 운구할 일꾼 3명의 삯, 시신을 눕힐 들것의 비용 등을 지불했다. 청구서에는 꽤 괜찮은 수의壽衣 비용으로 119마라베디, 사제를 부르는 비용으로 150마라베디, 교회 지기에게 줄 비용으로 1레알을 지불했다고 쓰여 있다. 1521년 3월 말에 왕은 다른 토토낙인들이 쿠바로 돌아가는 비용을 지불했다. 그러나 쿠바에서의 그들에 대한 기록은 사라졌고, 우리는 더 이상 그들에 대해서 알 수 없다. 우리가 아는 것은 그들이 코르테스의 경쟁자인 쿠바의 총독 디에고 벨라스케스의 의심스러운 보살핌에 맡겨졌다는 점이다. 그들이 탄 배는 안전하게 도착했지만, 유럽 땅에 처음 발을 내디뎠던 첫 번째 "멕시코인들"에 대한 기록은 더 이상 이어지지 않는다.[36]

1528년 코르테스와 함께 여행한 인디저너스들도 주목할 만하다. 인디저너스 여행자들 중 가장 널리 알려진 이 사람들은 제국의 초기 역사에서 화려한 일화를 통해 수백 년 동안 회자되었다. 그러나 이처럼 놀랍고도 조사할 가치가 충분한 호기심의 대상임에도, 그들은 이야기의 핵심을 이루지 않는다. 명백한 임무와 의도를 지녔던 그들과 관련하여 가장 놀라운 점은 그들이 매우 평범했다는 점이다. 공연 예술가와 운동선수는 재주나 음악성이 놀라울 정도로 출중해서 자연스레 사람들의 이목을 끌었다. 그러나 관심의 초점은 곧 명망 있는 가문들을 대표하는 사절단으로 추정되는 귀족에게로 옮겨갔다. 그들은 자신들의 황제에게 영향을 미치고 명령을 내리게 할 수 있는 권력을 가진 사람들이었고, 곧 왕궁의 주요 손님이 되었다. 스페인 국왕에게 지배층 인디저너스들은 새로 시작하는 제국을 합법화하고 안정화하는 데에 매우 주요한 동맹 세력이었다. 또한 나우아인들과 그 이웃들은 정교한 법률체계를 겪어본 사람들이었기 때문에 자신들의 이익을 위해서 스페인 법의 수사학과 전략을 활용하는 법을 빠르게 배워나갔다.

그러나 콜럼버스에 의해서 노예로 전락한 사람들, 탐욕스러운 정복자들, 그리고 상당한 수의 사망한 여행자들은 이 교역의 어두운 측면을 드러낸다. 테노치티틀란의 후예와 그들의 적인 틀락스칼라인들이 자신들의 세계를 범대서양으로 확장하던 시기, 대도시 테노치티틀란은 전염병과 폭력에 유린되어 폐허가 되었다. 나우아족이 스페인으로 대규모 수행원을 대동한 사절단을 보낸 1528년, 마지막 황제가 제국주의자들의 탐욕과 의심으로 살해되면서 아즈텍-멕시카 제국의 시대는 이미 과거가 되어 있었다. 영영 저물어버린 세계의 영광을 보여주기란 매우 어려운 일이다.

자신들의 매력과 끈기, 그리고 온갖 호기심 때문에 유럽을 방문한 나우아족 여행자들은 빠르게 재편성되던 세계의 잔재들이었다. 스페인 왕궁에서의 행사는 테노치티틀란식 삶의 방식이 이제 사라졌음을 알리는 비문碑文과도 같았고, 스페인인들의 도착과 함께 사라진 모든 것들에 대한 살아 있는 추억과도 같았다. 스페인 왕궁의 기록가들이 이 비극적인 함의를 알아차리지 못한 것은 당연하다. 그러나 나는 신성 로마 제국의 황제를 위해서 춤을 추던 나우아인들이 더 이상 그들 자신을 위해서는 춤출 수 없으리라는 것을 알았을 때 어떻게 느꼈을지가 궁금하다. 상류층 인디저너스들은 빠르게 적응해나갔다. 자신들의 오랜 권리에 집착했고, 식민 지배라는 종잡을 수 없는 상황에서 개인과 가문의 권력을 유지하기 위해서 투쟁했다. 그러나 이 초기 여행자들 역시 두 세계의 틈바구니에 끼인 처지이기는 마찬가지였다. 그들은 자신들의 행동과 기대를 외국 문화의 요구에 맞추려고 노력하는 한편, 호기심에 가득찬 대중에게 자신들의 과거 전통*을 보여줌으로써 이득을 취하고자 했다. 그렇다면 인디저너스들은 스페인인들을 단지 지역 분쟁의 새로운 참가자로 본 것일까, 아니면 불을 던지고 새로운 신에게 복종할 것을 요구함으로써 그들의 세계를 영원히 뒤바꿀 야만인으로 본 것일까?

개인적으로나 집단적으로나 원주민들은 국제 외교의 새로운 맥락에서 자신들의 역사적 권리와 경쟁관계를 구축하면서, 유럽의 정치적 도전에 맞서서 행정적, 수사적, 법률적 기술을 배우고자 했다. 그러나 그들의 방식과 화법은 (그리고 물론 그들의 기억도) 자신들만의 "오래된 세계", 즉 아름답고 잔혹하면서도 연민 어리고 강력한 그들 세상의 관습을 끊임없이 소환할 뿐이었다.

우리는 이 세계에서 인디저너스들의 목소리를 거의 들을 수 없다. 그

---

* 혹은 유럽인들이 이 인디저너스들의 과거라고 상상했던 것. 인디저너스 여행자들이 궁정에 나타날 때 어느 정도까지 "차려입었는지"는 명확하지 않다.

러나 나우아인들의 고대 전통 시가인 멕시코 칸타레스Cantares Mexicanos를 통해서, 이 범대서양 세계에 대한 그들의 시각을 엿볼 수는 있다. 인디저너스 세계에서는 대화와 공연을 매우 중시했다. 따라서 나우아인들은 자연스레 그들이 마주한 새로운 경험과 심상을 표현하기 위해서 오래된 형식을 차용했고, 자신들의 역사와 문화를 보존하는 동시에 최근의 일들도 그 안에 담았다.37

멕시코시티에 위치한 멕시코 국립 도서관에는 16세기 중반에 기록된 "물 붓기 노래atequilizcuicatl"가 보전되어 있다. 이 시가詩歌는 기독교인들과 함께 스페인을 여행한 인디저너스의 기억을 사후 세계 및 낙원에 관한 나우아인들의 사상에 접목했다. 그 길고 호소력 있는 가사는 코르테스와 목테수마 황제의 조우, 테노치티틀란의 충격적인 패배를 묘사한다. 마지막 대목에서 화자는 자신이 대서양의 "쪽빛 물"을 건너는 위험한 항해를 마치고, 마침내 스페인의 궁전(아마도 카를 5세의 궁정일 것이다)에 있다고 이야기한다. 시가는 대양을 횡단하는 여행을 울림 있게 설명하기 위해서 인디저너스와 기독교인의 사고방식을 함께 녹여낸다. 꽃이 아름답게 피고 물이 쏟아지는 심상이 시가의 대부분을 차지하고 있는데, 이는 아즈텍—멕시카 세계에서 포로로 잡힌 전사와 피로 물든 대지를 은유한다. 다음은 데이비드 볼스의 번역이며, 첫 행은 시가의 운율을 전달하고자 나우아틀어 원어를 그대로 적었다.

Çan moquetza in ehecatl cocomecan tetecuicaya yc poçonia yn ilhuicaatl huiya nanatzcatihuaya yn acallia, ohuaya ohuaya
이제 바람이 불어온다, 울부짖듯이 그리고 신음하듯이.
바다는 소용돌이치고 배는 삐걱대며 제 갈 길을 간다.

들어가며

참으로 신의 기적이 우리에게 내리노니. 우리는 거대한 파도를 본다.

꽃비가 고요히 내리고, 배는 삐걱대며 제 갈 길을 간다.38

오, 친구여! 물 한가운데에 기적이 있도다!

마르틴 경, 너는 그 물을 가르고 지나는구나!

바다는 우리에게 밀려오는 파도로 부서진다…….

우리는 이미 이곳을 원했다.

황제의 집은 멀고도 머나니, 물이여 흘러라.

그는 존경받는다. 따라서 신이 이미 그를 보았다.

하나뿐인 신을 외치리라.

아마도 그러한 방식으로, 그와 함께, 그의 곁에서 오직 하루 동안만,

우리는 그의 가신이 되리라.

우리 멕시코인들은 그들을 찬미하기 위해서 그 바다로 간다.

그곳에서 황제는 이별을 고하고,

우리에게 "가서 교황을 뵈어라"라고 말한다.

오우아야 오우아야[각 연의 마지막에 나오는 황홀경의 후렴구이다]

그는 이미 "내게 필요한 것은 아마 황금일 것이다. 모두 경배하라.

진심으로 하늘에 계신 유일신에게 외쳐라"라고 이야기했다.

그리고 같은 이유로 우리를 로마로 보냈다.

그는 우리에게 "가서 교황을 뵈어라"라고 말했다.

우리는 기꺼운 마음으로 그의 말을 받아들였다.

그는 우리에게 "가서 교황을 뵈어라"라고 했다.

웅장한 교황청. 그 화려한 색의 무덤이 있는 곳으로.

금으로 쓰인 성서가 우리를 여명의 빛으로 인도한다.39

소라고둥 나팔이 사방을 뒤흔든다.

신의 말씀은 트로곤 새가 지키는 곳에서 보호받는다.

멋진 옷을 차려입고, 닫힌다.40 그것은 우리를 여명으로 이끈다.

귀를 기울여라, 왕자여.

교황이 우리 모두를 주시하는 로마의 교황청과 같은 이곳에서

그것은 우리 곁에서 안식을 취한다.41

   시를 문자 그대로만 해석하는 것은 결코 좋은 생각이 아니다. 그러나 이는 천국에 대한 영적 은유에 인디저너스의 인식이 덧입혀진 대서양 건너기의 사실적인 경험이다. 화자는 "황제의 집"에서 "하나뿐인 신(일신교인 기독교의 하나님에 대한 인디저너스식 이해)을 외친다." 여기에서 "그와 함께, 그의 곁에서 오직 하루 동안만" "그의 가신이 되겠다"는 표현은 그 대상이 황제인지 신인지가 모호하다. 이는 "신과 함께"인가? 혹은 "황제와 함께"인가? 종교의 권력과 제왕의 권력은 불가분하게 뒤엉켜 있다. 이후 화자는 "황금"이 신의 영광과 관련되어 있다는 놀라운(아마도 빈정대는 것 같다) 암시에 "교황을 뵙기 위해" 로마로 향한다. 교황의 "화려한 색의 무덤oztotl"이란, 화려한 색들의 모자이크로 장식된 벽과 "우리를 여명의 빛으로 인도할" "금으로 쓰인 성서"가 있는 오래된 바실리카 건물의 경이로운 이미지이다.* 이 구절은 기독교의 화려함과 현란하게 채색된 책들을 동시에 연상시킨다. 소라고둥 나팔 소리가 들리고, 화려한 모습의 케찰 새(나우아족에게는 신성한 새로 간주되며, 그 깃털들은 종교적으로 귀중하게 여겨진다)인 "트로곤"의 비호를 받으며(즉 인디저너스의 권력의 상징에 둘러싸인 채), 교황은 신의 성전에서 "우리 모두"를 계속 주시한

---

* "지하 무덤"이나 "지하 동굴"을 가리키는 오스토틀oztotl은 나우아 문화에서는 신성한 의미를 지니며 근원, 자궁, 사후 세계 등과 연관되어 있다.

다. 이 노래에는 종교 이념과 제국의 이념이 매혹적으로 얽혀 있다. 황제는 권력과 종교뿐만 아니라 황금과도 명백히 연결되어 있다. 또한 그의 권위는 로마와 분명하게 연관되어 있고, 교황청은 천국과 맞닿는다. 제시된 인용문보다 앞 구절에는 "생명의 나무"라는 개념이 나오는데, 그에 따르면 모든 아즈텍-멕시카인들은 태어나기 이전에 이 나무의 가지에 주렁주렁 달려 있으며, 나무는 아기들에게 영양분을 공급해서 키운다. 이 나무는 "파도가 소용돌이치는 대양" 너머에 있다고 한다. 여기서 우리는 대서양 횡단에 관한 경험이 메소아메리카의 이념 및 선교적 가르침과 혼합되었음을 볼 수 있다. 탄생에 관한 나우아족의 생각이 천국에 관한 기독교의 사후 개념과 합쳐지고, 제국과 교황, 신의 권위를 공동 권력의 원천으로서 융합된 것이다.

 이 시가는 대서양 횡단 여행자들의 소식과 그들의 발견이 나우아 세계에 속하게 되었음을 보여준다. 그들은 기념되고, 기억되었으며, 거리에서도 그들에 관한 노래가 불렸다. 이 시가가 지어질 당시 몇몇 무리의 나우아족 귀족들이 로마로 파견되기는 했지만, 황제가 그들을 유럽으로 보냈다는 가사의 내용은 1528년의 사절단을 가리킨다. 이 시가가 기록될 당시 많은 인디저너스들이 유럽을 방문했는데, 여기에서 언급되는 "마르틴 경"은 우리가 아는 세 여행가 중 하나일 것으로 보인다. 그 세 여행객이란 먼저 왕좌를 요청하여 이를 얻어간 목테수마 황제의 아들, 둘째로 코르테스와 그의 인디저너스 통역사 말린친 사이의 메스티소 아들, 마지막으로 틀랄텔롤코의 연대기에 의하면 귀족 신분으로서 1520년대에 약 5년간 스페인에서 지낸 마르틴 에카트신이다. 로마 교황청과 연관되어 있고, 이 시가가 멕시코 칸타레스라는 점을 고려할 때, 여기에 묘사된 이야기는 세 사람 중 마르틴 코르테스 네사우알테콜로틀의 경험일 가능성이 가장 높다. 목테수마 황제의 자녀로서 살아남은 아이 중 하나였던 그는 대서양을 여러 번 오갔으며, 나우아족의 역사와 정치와 연관을 맺었다.42 그러나 이 시가는 특정 대서양 횡단 여행을 언급하는 것일 수도, 상상의 조합일 수도 있으며, 아니면 그 둘 다일 수도 있다. 어쨌든 분명한 것은 인디저너스들의 세계관에서 대서양은 분명 생생한 화제의 반구半球였다는 점이다.

아즈텍–멕시카인들에게 대양의 우에이 아틀uei atl(거대한 물덩어리)은 중대한 의미가 있었다. 스페인인이 도래하기 전까지 그들은 세상이 바다로 둘러싸여 있다고 믿었다. 세상은 세마나우악cemanahuac(물로 둘러싸인 곳)이며, 땅은 시팍틀리Cipactli라는 악어 위에 놓인 커다란 원판으로, 아주 오래된 액체 위에 떠 있다. 바다를 뜻하는 테우아틀teuatl은 "갈라진 액체" 혹은 혈액을 의미하며, 생명을 부여하는 가장 태초의 액체로서 아즈텍–멕시카 영토를 둘러싸고 있다. 프란시스코회 선교사인 베르나르디노 데 사아군과 이야기한 인디저너스에 따르면, 일루이카틀ilhuicaatl(대양, 글자 그대로 해석하면 "하늘의 물" 혹은 "천국의 물"이라는 의미)은 "모든 방향에 위치하고 있다.……마치 물로 된 벽이 있는 것과 같다." 따라서 그들은 대양을 "하늘까지 닿는 물이라고 불렀다." 그에 따르면 세마나우악 사람들은 반짝이는, 물로 된 원圓 안에 살고 있었으며, 그 원의 경계에는 경이롭고도 끔찍한 것들이 있었다.

> 그건 굉장해요. 무섭기도 하고, 위협적이죠. 저항할 수 없고, 경이로우며, 거품이 일고, 반짝이고, 파도도 치죠. 그리고 굉장히 써요. 그리고 또 아주 짜죠. 거기에는 사람을 잡아먹는 짐승도 살아요. 조수처럼 밀려오죠. 마구 요동치고, 고약한 냄새가 끊임없이 밀려와요.43

"물 붓는 노래"는 인디저너스의 상상 속 대서양이 여전히 활기찬 영역이자 신비롭고도 위험한 장소임을 보여준다. 또한 그 시가는 형이상학적인 경계가 활동의 영역으로 변화했음을, 그리고 가능성의 장소가 되었음을 보여준다. 바다가 한 약속이 불공평하다는 사실이 명백해진 것은 나중의 일이었다.

유럽을 방문했던 초기 "멕시코인" 여행자들은 앞으로 이 책에서 자주 등장한다. 우리는 그들이 우리의 시야에서 다시 사라지기 전 아주 짧은 시간 동안 그들의 삶을 들여다볼 것이다(이는 우리가 가진 자료들 덕분이다). 그러나 그런 여행자들은 수천 명 이상이었다. 그들의 이야기를 겹쳐놓고 한 조각 한 조각 모아서 끄트머리가 희미하게 빛나는 모자이크를 만들어보면, 그들의 서사를 구성할 수 있을 것이다. 이 작업이 늘 즐겁지만은 않다. 그 서사에는 인간의 모든 약점과 잔인함, 인내심과 동정심이 담겨 있다. 그러나 이는 또한 인류애의 이야기이자, 연계의 이야기이고, 또한 범세계주의의 이야기이다. 이는 제국의 이야기이자 노예제도의 이야기이며, 인종주의의 이야기이자 또한 세계화에 관한 이야기이다. 이는 아메리카와 그 인디저너스들이 어떻게 우리의 세계를 만들어갔는지에 관한 이야기이다.

1
노예

유럽인들은 첫 만남에서부터 원주민들을 착취해야 할 상품으로 보았다. 1492년 10월 11일, 콜럼버스의 선원들이 "아메리카를 발견했다." 아니, 정확히 이야기하자면 과나아니족의 타이노 섬을 처음 보았다.* 그 섬은 이미 명확히 "점유되어" 있었지만, 콜럼버스의 선원들은 "가톨릭 공동 왕 페르난도와 이사벨의 이름으로 이를 소유했다." 그날 콜럼버스는 자신의 일기에서 다음과 같이 결론을 내렸다. "그들은 들은 것을 즉시 따라 한다. 이렇듯 굉장히 영리하니 훌륭한 노예로 만드는 것이 좋겠다. 게다가 그들은 자신들만의 종교가 없는 듯하니 기독교인으로 교화하기에도 매우 쉬울 듯하다. 신의 뜻에 따라서 그들 중 6명을 국왕께 갈 때 데리고 갈 예정이다. 그때를 위해서 말하는 것을 가르쳐야 한다."[1] 그리고 그는 정말로 그렇게 했다.

---

* 콜럼버스는 이 섬에 "산살바도르San Salvador"(성 구세주)라는 이름을 붙였다. 정확한 위치는 알려지지 않았지만, 바하마 제도의 와틀링 섬으로 추정된다. 이 지명은 17세기 이곳을 은신처로 삼았던 영국 해적의 이름에서 유래했다.

콜럼버스의 선원들이 처음 그 땅을 염탐하고 정확히 1개월 후, 산타마리아 호에 카누를 타고 접근했던 5명의 인디저너스 젊은이들이 그 배에 "억류되었다." 근처 가옥에 살던 7명의 여성과 3명의 아이도 납치되어 배에 태워졌다. 콜럼버스의 편지에 의하면, 이들은 그 섬에서 처음 납치된 사람들이 아니었다. 그는 그들을 납치한 이유가 "섬에 무엇이 있는지를 알아내고 그들이 돌아갔을 때 통역을 할 수 있게 스페인어를 가르치고자 함이었다"고 썼다. 콜럼버스는 아프리카인들을 노예화한 경험을 바탕으로 "남자들은 배우자가 함께 있을 때 스페인에서 더 낫게 행동한다"는 확신을 가지고 있었다. "여자와 함께 있으면, 여자들이 자신들에게 가지는 기대에 부응하기 위해서 좀더 협조적이게 된다"는 것이었다. 또한 흥미롭게도 그는 여성이 "스페인 남성들에게 언어를 가르치는 데 더 많은 역할을 할 것"이라고 생각한 듯한데, 이는 이후 이루어진 원주민 여성들에 대한 불법 거래(표면적으로는 중재자로, 그러나 더욱 빈번하게는 성노예로)를 암시한 것이라고 볼 수 있다. 인디저너스들이 납치된 다음 날 저녁, 45세 정도의 한 남성이 콜럼버스의 배로 와서 감옥에 갇힌 자신의 아내와 아들, 두 딸과 함께 가게 해달라고 간청했다. 그 남성은 배에 오르도록 허락을 받았는데, 아마도 "자발적으로"(물론 매우 심한 압박감을 느꼈을 테지만) 유럽으로 여행한 첫 번째 아메리카 인디저너스였을 것이다. 안타깝게도 그 가족이 유럽에 도착했는지는 알 수 없다. 섬 주민들 중 6-7명 정도만이 살아남아 1493년 4월 가톨릭 공동 왕 페르난도와 이사벨 앞에 설 수 있었으니 말이다.[2]

아마도 이 인디저너스들은 탐험가가 될 생각이 없었을 것이다. 그러나 그들은 유럽이라는 "신세계"에 처음 발을 디딘 인디저너스가 되었다. 이들은 루카야스 섬(오늘날의 바하마 제도 및 터크스 케이커스 제도/역주)의 타이노족으로, 이 이름은 아라와크어 "루쿠누 카이리Lukkunu Kaíri(좋은 섬 사람들)"에서 유래했다. 섬의 주된 거주민들인 그들의 생활양식은 어떤 면에서는 "원시적인" 부족민들에 대한 유럽인의 기대에 부응하는 듯 보였다. 그들이 목재, 짚, 야자나무 잎 등으로 지은 공동 주택에서 벌거벗고 생활했기 때문이다. 그러나 그들은 스페인인이(그리고 꽤 오랜 세월 동안 학자들조차) 알아채지 못한 정교한 정치체계와 친족 연결망을 갖추고 있었다. 타이노 족장과의 초기 교류는 점잖은 의전과 섬세한 예의를 기반으로 이루어졌다. 그러나 콜럼버스는 오늘날의 바하마 제도 지역을 따라 여행하면서 그들이 마치 물건인 양 굴었고, 원주민 남성과 여성, 아이들을 잡아들였다. 1492년 11월, 콜럼버스는 쿠바*에서 25명가량의 주민들을 납치해 "신기한 물건"이자 장래의 통역사로서 스페인에 보냈다. 타이노족 주민들에 대한 마구잡이식 대상화는 인디저너스를 대하는 유럽인들의 전형적인 태도였다. 그들은 인디저너스를 이용 가치에 따라서 평가하고 대우했다. 그러나 스페인인 역시 인디저너스가 인간이고, 잠재적인 기독교인이며, 이로 인해 향후 매우 중요해지리라는 점을 잘 알고 있었다.

여행은 타이노족 여행자들에게는 분명 무척 고되었을 것이다. 그들은 집에서 멀리 떠나 낯선 배에 몇 달을 갇혀 있어야 했다. 항해를 하는 내내 큰 바다가 주는 두려움에 떨어야 했고, 하나둘 죽어가는 일행들을 지켜보아야 했다. 그들은 해양 무역 및 교통에 낯설지 않았다. 섬 주민인 그들은 카누 여행과 물 위에서 마주칠 수 있는 여러 상황을 익히 알고 있었다. 그러나 선박에 갇힌 채 대양을 건너는 긴 여행은 전혀 달랐

---

* "쿠바"라는 지명은 타이노어에서 유래했지만, 정확한 기원은 불분명하다. 어쩌면 그곳의 수도였던 도시의 이름에서 따온 것일 수도 있다.

다. 이 시기 바다에서의 삶이 어땠는지는 거의 기록되지 않았지만, 스페인 판사 에우헤니오 데 살라사르가 1573년 산토 도밍고 부임 당시 경험했던 대서양 횡단 여행은 매우 상세히 기록되어 있다. 타이노족의 여행으로부터 약 1세기 이후에 쓰였지만, 살라사르의 이야기는 콜럼버스가 탔던 것과 비슷한 작고 낡은 범선에서의 삶을 다룬 아주 귀한 기록이다. 그가 묘사한 바에 따르면 비좁은 선실과 혼잡함은 상상하기 힘든 수준이었다. 그는 고위 관리로서 "가로 60센티미터, 세로 90센티미터의 작은 선실"을 배정받는 "큰 특혜"를 누렸다. 그곳에서 그는 아내, 딸과 함께 지냈는데, 빛이 거의 들어오지 않았고 끊임없는 뱃멀미에 시달려야 했다. 한편 그보다 운이 좋지 못했던 대부분의 사람들은 "매우 비좁고, 어두우며, 고약한 냄새가 나는 곳에 한꺼번에 수용되었는데, 그곳은 마치 납골당이나 지하 무덤 같았다." 그는 악취를 풍기는 물, 비열하고 잔혹한 선원들에 대한 불만을 토로하면서 "바퀴벌레들이 날아다니고", "쥐들이 너무 드세서 구석에 몰렸을 때에는 마치 야생 멧돼지처럼 사람에게 달려들었다"고 기록했다. 모든 계층의 사람들이 바짝 붙어서 먹고, 요리하고, 트림하고, 토하고, 아무런 제재 없이 배변하는 공동생활은 그에게 혐오감을 안겨주었다. "바다에서는 항로든 선원이든 숙박시설이든 개선되리라는 희망이 전혀 없었다. 모든 것이 점점 더 나빠졌다. 배에서의 노동은 가중되었고, 음식은 날로 빈약해지고 끔찍해졌다." 그의 기록은 노예로 끌려온 흑인들과 똑같은 노선을 오간 원주민들의 경험도 어렴풋이 반추해볼 수 있게 해준다. 자유인들의 숙박시설이 마치 "지옥의 동굴" 같고, "낮에도 어둡고 밤에는 칠흙처럼 어두웠다면", 강제로 배에 태워져서 질병과 배설물을 견뎌야 했던 사람들의 공포는 상상도 할 수 없을 것이다.[3]

타이노족 주민들이 팔로스에서 하선했을 때, 콜럼버스는 "병든 이들" 2-3명 정도를 남겨두고 "건강한 6명"만 데리고 왕궁으로 향했다. 앞에서 이야기한 대로 생존자들 중 2명은 남성이었고, 아이들은 누구도 세비야에 도착하지 못했다. 그들은 단지 기록자들의 눈에 띄지 않았을 뿐일까, 아니면 여행 도중에 사망해서 아무렇지도 않게 바다에 던져졌을까? 살아남은 소수의 타이노족은 세비야에 도착한 뒤 바르셀로나로 이동해 그곳에서 공동 왕 페르난도와 이사벨을 알현했다. 그들은 아름다운 초록 앵무새와 금세공품, 작은 진주, 화려하게 장식된 허리띠, 그 외 여러 진귀한 물건 등 "스페인인은 한 번도 본 적 없는" 물건들을 가지고 갔다. 콜럼버스가 자신의 발견을 떠벌리려고 혈안이다 보니, 인디저너스들도 엄청난 호기심의 대상이 되었다. 사람들은 아마도 그들을 보기 위해서 거리로 몰려 나왔을 것이다. 바르톨로메 데 라스 카사스는 저서 『인디아스의 역사 *Historia de las Indias*』에서 콜럼버스의 성취를 다소 냉소적이지만 상세하게 묘사했는데, 덕분에 우리는 그들의 도착에 대해서 알 수 있다(저자이자 성직자였던 라스 카사스 신부는 인디저너스의 처우 개선을 위해서 일생을 바쳤는데, 책에서 그는 인디저너스를 마치 어린아이같이 순수하여 구원이 필요한 존재로 보았다. 이 책은 평가 절하되어 영어로 번역되지 않았다). 새로 임명된 "제독" 콜럼버스는 왕궁에 도착하여 자신의 입지를 강화하고 장래의 투자를 확보하기 위해서 감동적인 연설을 했다. 그는 연설에서 금방이라도 제련해서 금덩이로 만들 수 있는 굵직한 금광석들이 여기저기 널브러져 있는 땅에 대해 설명했다. 또한 가톨릭 공동 왕의 명성을 염두에 두고 또다른 "귀한 보물"을 언급하기도 했다. 바로 단순하고, 온순하며, 옷조차 입고 있지 않아 기독교적 믿음을 전파하는 데 아주 안성맞춤인 사람들이었다. 게다가 그들은 아주 많기까지 했다. 이 지점에서 콜럼버스는 타이노족 사람들을 페르난도와 이사벨 여왕 앞으로 데려와서는, 이 불쌍한 사람들을 도와주고 개종시키겠다고 다짐하는 공동 왕 앞에 무릎을 꿇리고 성스러운 눈물을 쏟게 했다. 그리고 이 순간을 위해서 준비된 것이 분명한 왕립 합창단이 딱 맞추어 노래를 부르기 시작했다. 이는 마치 그들이 "천상의 신들과 교감하는" 황홀한 순간처럼 보였다.4

이처럼 일부러 연출된 광경에 대한 타이노족의 반응은 단지 상상만 해볼 수 있을 뿐이다. 의례적인 울음은 인디저너스 문화에서는 특이한 일이 아니었으며,* 이 시점에는 그들이 유럽인의 괴상함을 처음 겪는 것도 아니었다. 그러나 그들은 자신들의 등장에 공동 왕이 보인 격렬한 반응에 분명 당황했을 것이다. 권력의 불균형이 명확한 상황에서 공동 왕이 자신들의 발치에 무릎을 꿇었으니, 무척이나 혼란스러웠을 것이다. 이 순간에 대한 타이노족의 인상은 또한 그들이 전시되는 물건으로 취급되면서 더욱 혼란스러워졌다. 그들이 가져온 귀한 물건들 중에는 조개껍질로 만든 작은 얼굴 조각상인 과이사guaíza가 있었다. "살아 있는 얼굴"인 과이사는 타이노 문화에서 연대를 상징했고, 카시케들은 여기에 한 사람의 영혼이 깃들어 있다고 여겨 관계를 공고히 하는 수단으로서 이것을 주고받았다. 선조들의 생명력과 연결되어 있다고 여겨진 매우 복잡한 목적의 의례 용품인 세미zemi도 콜럼버스가 왕궁으로 가져온 물건들 중에 분명 있었을 것이다. 금으로 된 사람 모양의 장식품, 앵무새, 보석이 박힌 허리띠, 과이사 등은 카리브 지역의 카시케들이 보내는 선물이었다. 인디저너스 지도자들은 이 상징적인 물건들을 보냄으로써,

---

* 1493년 12월 콜럼버스의 선박 산타 마리아 호가 암초에 부딪혔을 때, 타이노족의 족장인 과카나가리와 그 부하는 보란 듯이 눈물을 흘렸다.

즉 자신들의 일부를 희생함으로써 약간의 통제권을 얻을 수 있으리라고 기대했다.5 자신들이 권력의 상징이라고 여기는 것들로 둘러싸인 채 외국의 통치자에게서 물건 취급을 받은 그 타이노족 사람들은 어떤 기분이었을까? 이 소수의 생존자들은 아마도 실망감과 당혹감을 느꼈을 것이다. 그러나 어쩌면 그들은 타이노인들의 영혼을 담은 과이사와 다른 보물들에 둘러싸여 어떤 기대를 품었을지도 모른다.

이후에 방문했던 토토낙인들과 달리, 이 최초의 여행자들에게는 통역사가 없었다. 그러나 우리가 알다시피 그들은 스페인인들과 "말이나 몸짓"으로 매우 "효과적"으로 소통했다. 순교자 피터는 라틴 문자로 된 최초의 아메리카 토착어 사전이 탄생한 것은 이들이 "[자기] 언어의 모든 단어를 라틴 문자로 적어준" 덕분이라고 말한다. 콜럼버스 역시 타이노인들이 "아주 섬세한 재치가 있다"며 그들의 빠른 적응력에 감탄하기도 했다. 오비에도*는 타이노인들이 자신들의 처지에 알맞은 처신을 할 만큼 똑똑하다고 했다. 그들은 "스스로의 의지와 주변의 조언을 따라서 세례를 받고자 했고", 이에 가톨릭 공동 왕은 흔쾌히 허락하며 큰 아들 후안과 함께 기꺼이 그들의 대부모가 되어주었다. 이들은 타이노인들에게 세례명을 골라주었지만, 세례명은 전해지지 않는다. 그러나 그들 중 가장 중요한 이들은 페르난도 왕과 후안 왕자를 따라서 "아라곤의 페르난도"와 "카스티야의 후안"이라는 세례명을 받는 영광을 누렸다. 이 "주요한 두 인디오"는 마리엔 지역의 카시케인 과카나가리의 친척들로 추정된다. 마리엔은 이후 "히스파니올라"라고 불리게 되는 곳이자, 콜럼

---

* 오비에도는 『인디아스의 역사 및 자연사 *Historia general y natural de las Indias*』를 쓴 인물로 유명한데, 이 책에는 유럽인들에게 파인애플, 담배, 바비큐, 해먹 등이 소개된 이야기가 담겨 있다.

버스가 아메리카 최초의 유럽인 정착지인 라 나비다드를 건설한 섬이다 (라 나비다드는 오래 지속되지는 못했다). 나포된 이들 중에 카시케의 친척이 섞여 있었다는 점은 우리를 혼란스럽게 한다. 카시케의 친척이라면 납치되었을 가능성이 매우 희박한 데다가, 콜럼버스가 쿠바에서 타이노인들을 나포한 이후 그 무리에 합류한 것이 확실해 보이기 때문이다. 그들은 혹시 과카나가리의 공식 사절단이었을까? 히스파니올라인들이 쓴 최초의 기록물인 18세기 자료에 의하면, 과카나가리의 두 아들은 나머지 8명의 인디오들과 마찬가지로 "자발적으로 카스티야에 가고 싶어했다"고 한다. 물론 타이노들이 역사를 서술할 때 기독교인이 쓴 기존의 히스파니올라의 역사에 맞추고자 했을 가능성은 있다. 그러나 과카나가리가 콜럼버스와 접촉하면서(비록 충분한 정보를 얻지는 못했지만) 전략적인 태도를 취했으며, 그가 자신의 아들들을 사절단으로 보냈다고 상상하기는 어렵지 않다. 우리는 앞서 콜럼버스가 처음 히스파니올라 섬에 도착했을 때 과카나가리가 그에게 허리띠와 과이사를 선물했음을 언급한 바 있다.6 이 선물들이 가톨릭 공동 왕의 진상품에 섞여 있었으리라는 점을 고려한다면, 인디저너스 페르난도의 역할은 외교관에 가까운 것이 아니었나 짐작된다. 즉 타이노족은 이 교류를 통해서 서로 간의 친선을 도모하고자 했던 것이다.

  이 두 귀족 청년들과 함께, 한 타이노 젊은이가 "디에고 콜론", 즉 콜럼버스의 아들 이름을 딴 세례명을 받았다.* 이는 그와 디에고 장군의 오랜 협력의 계기가 되어 이후 그가 여러 차례 대양을 횡단하도록 만들었다. 이렇듯 가족의 이름으로 세례를 주는 방식은 우리의 이야기에서

---

* 콜론Colón은 콜럼버스의 스페인식 이름이다.

헷갈릴 정도로 여러 번 반복된다. 이러한 방식은 오만한 상징적 소유관계의 한 형식이자, 때로는 문자 그대로 실질적인 소유관계의 형식이기도 했다. 그리고 이는 대부모 및 후원자 관계가 사회적 연결망과 기회를 형성한 방식을 보여주기도 한다.[7]

이러한 강제적 세례는 아메리카 인디저너스에 대한 겉으로는 자비로운 5세기 동안의 폭력의 시작점이었다. 식민지에서 강제적 세례는 기독교가 자행한 가장 문제적인 행위였다. 라스 카사스 신부처럼 원주민들을 위한 합법적이고도 실제적인 보호를 실천하고자 한 이들도 있었지만, 이들 역시 "문명화하는 선교"에 깊이 관여했다. 이 선교 방식은 결국 그곳의 토착 문화와 신념을 말살하고 원주민들을 "합법적으로" 밀매하는 데에 연루되어 있었다. 또한 그들은 지옥으로 향하는 기독교인의 영혼을 "구원하려는" 자신들의 "신성한" 임무를 위하여 때때로 잔인한 방법을 사용했다. 콜럼버스가 인디저너스 디에고의 "대부가 된" 일은 몇 세기에 걸쳐 자행된 인디저너스 어린이 탈취를 떠올리게 한다. 그들은 "문명화하고" "기독교도화한다"는 명분하에 아이들을 노예가 된 어머니로부터 떼어내 "기숙학교"로 보냄으로써 그들 공동체와 문화 정체성을 말살했다. 미국과 캐나다의 "학교"에서 자행된 이와 같은 참상은 인디저너스 부족들의 노력 끝에 국제 사회의 주목을 받았고, 캐나다의 진실과 화해 위원회의 2015년 보고서에서 상세히 드러났다. 인디저너스 부족들이 캠루프스 인디언 기숙학교를 비롯한 캐나다 지역에서 표식이 없는 인디저너스 아이들의 무덤 수천 기를 발굴한 것이다(이 학교가 위치한 인디저너스 구역인 트컴롭스 터 세퀘펨크는 아직도 인디저너스에게 이양되지 않았다).[8]

페르난도의 이름으로 세례를 받은 젊은이가 다른 타이노인들과 함께 콜럼버스의 두 번째 항해를 함께했다는 사실은 알려져 있지만, 과카나가리의 사절단이 무사히 집으로 돌아왔는지는 불분명하다. 베네치아 대사의 비서에 따르면 "겨우 3명만이 살아남았다. 나머지는 모두 공기가 바뀐 탓에 사망했다." 그러나 선물을 통해서 잠정적으로 형성되었던 "동맹"이 지속되지 않았음은 확실하다. 히스파니올라로 돌아온 콜럼버스가 라 나비다드에서 발견한 것은 쑥대밭이 된 시가지와 인디저너스들의 내분 및 저항으로 사망한 부하들의 널브러진 시체였다. 이 기간 동안에는 애나 브릭하우스가 소위 "미정착"이라고 부른 예들, 즉 유럽인들의 식민화 과정에 대한 적극적인 방해가 꽤 발생했다. 그러나 이러한 예들은 "성공적인" 정착 사례를 강조하는 경향 탓에 간과되고는 했다.9

한편 갓 세례를 받은 인디저너스 후안은 왕실의 요청에 따라서 스페인에 남았다. 이는 그의 세례명과 이름이 같은 후안 왕자가 "자신이라는 이유로 그를 원했기" 때문으로 보인다. 오비에도의 기록에 따르면, 후안은 매우 좋은 대접을 받았던 듯하다. 그는 신앙에 대해 배웠으며, 왕실의 후원자로부터 "충분한 사랑"을 받았다. 오비에도가 후안을 만났을 당시 그는 스페인어를 유창하게 구사했고 마치 스페인 최고 귀족의 아들인 양 생활하고 있었다. 그리고 2년 후, 그는 사망했다.10 많은 인디저너스 항해자들과 마찬가지로 후안의 삶에 대해서는 거의 알려져 있지 않다. 그는 콜럼버스의 영웅적 귀환에 단역으로 등장하여 스페인인들의 온정주의와 호기심의 대상으로 부상했다가 갑자기 무대에서 사라졌다. 그가 어떻게 사망했는지는 알 수 없지만, 사망 당시 나이가 많지는 않았을 것이다. 왕실의 신하이자 호기심의 대상을 나이 든 사람으로 선발했을 리는 없기 때문이다. 후안이 자신의 운명을 어떻게 생각했을지도 알 수 없다. 그는 동시대인들의 기준에서는 운이 좋은 편이었지만, 가족과 떨어져 타향에서 숨을 거두었다. 다른 많은 인디저너스들처럼, 후안 역시 최선을 다해 자신이 처한 상황에 융화되고자 노력했다. 여기에서는 살짝 드러날 뿐이지만, 이런 기민한 문화적 적응력은 두 세계의 조우 초기의 격동을 헤쳐나가고자 했던 수많은 원주민들의 삶 속에서 잘 드러난다.

초기 인디저너스 항해자들은 주로 유럽인의 호기심을 충족시키기 위해, 그리고 비자발적인 통역사로서 유럽에 왔다. 콜럼버스가 그들을 "강제로" 데려왔음을 인정했고, 이사벨 여왕이 그들을 당장 풀어주라고 명령했다는 점은 이러한 사실을 당시에 그들이 인식하고 있었음을 의미한다. 노예화, 납치, 강요와 설득은 구분하기가 매우 모호했고, 오늘날에도 종종 그 차이를 감지하기 어렵다. 그러나 어떤 의미에서 한 사람을 강제로 데려오는 것이 노예화인지 아니면 다른 경우인지는 중요하지 않다. 의지와 자유를 상실했는데, 노예인지 노예가 아닌지를 엄밀하게 따지는 일이 중요할까? 이 시기에는 공식적이면서도 비공식적인, 서로 겹치는 여러 범주의 의존과 강요가 있었다. 그 의미는 시간과 공간에 따라서 달라졌을지 몰라도, 억압이 가해졌다는 점은 같다. 그러나 근대 초기 세계의 모든 사람들과 마찬가지로, 인디저너스에게도 법적 지위는 실제로 그들의 삶을 형성하는 데 매우 결정적인 요소였다. 따라서 이 장에서는 인디저너스들이 개인으로서, 그리고 공동체 단위로서 겪어야 했던 여러 형태의 강압과 폭력을 다루면서, 노예제도를 통해 "노예화된" 사람들에 중점을 두고자 한다. 이 제도는 인간을 다른 이의 법적 재산으로 취급하는 것으로, 그들의 모든 인권과 사적 권리를 박탈한다.

이상하게 들릴 수도 있지만, 당시에는 노예 무역의 합법성 자체는 문제가 되지 않았다. 15세기경 노예는 삶의 일부였고, 이슬람 지역, 동유럽, 아프리카, 카나리아 제도 출신 사람들은 스페인, 포르투갈, 이탈리아의 노예 시장에서 일상적으로 거래되었다. "인디오들의 수호자"였던 바르톨로메 데 라스 카사스 신부도 섬에 사는 인디저너스의 수를 줄이기 위해서 아프리카 해안 지역 출신의 노예 도입을 적극 지지했다(훗날 그가 뼈저리게 후회한 이 결정은 그의 업적에서 치명적인 오점이 되었다). 라스 카사스 신부는 1500년대 초 세비야에서 나고 자랐는데, 이곳의 인구 10명 중 1명은 노예였고, 대부분 아프리카계 후손이었다. 그들은 가사나 산업 부문에서 일하면서 지역 경제와 사회의 일원이 되었다. 이와 같은 지역에서의 속박은 그 나름대로도 끔찍했지만, 유럽 내에서 이루어진 이 소규모 거래는 중간 항로(노예로 잡힌 아프리카인들이 이동한 아프리카에서 아메리카까지의 항로/역주)의 잔혹성을 슬며시 드러내는 것이기도 했다. 훗날 라스 카사스는 뻔뻔스럽게도 자신을 3인칭으로 칭하면서 이렇게 썼다. "몇 년이 지난 후 그 성직자는 흑인들을 노예로 삼은 것이 인디오들을 노예로 삼는 것과 한 치도 다름없이 부당하다는 점을 깨닫고 왕에게 이 문제에 대해 조언한 것을 후회했다. 그는 대서양 횡단 무역의 무자비함, 그리고 그것이 가족과 공동체를 파괴하는 방식을 알았더라면 전 세계를 위해서 이 방식을 제안하지 않았을 것이다.······아프리카인들은 처음부터 부당하고 폭력적으로, 인디오들이 그랬던 것과 똑같이 노예가 되었기 때문이다." 라스 카사스 신부는 오늘날의 관점에서 보더라도 측은지심을 지닌 사람이다. 그는 (지상에서는 아닐지라도) 신 앞에 모든 사람의 가치는 같다고 믿었고, 말년에는 대서양 노예 무역이 "잔인함, 도적질, 폭정 그 이상도 이하도 아니라는" 깊은 깨달음을 얻었다. 그러나 그 역시 당대를 살았던 사람으로서, 노예제도 자체를 비판하지는 않았다. 그가 비판한 것은 대서양 노예 무역의 잔혹성뿐이었다.[11]

따라서 콜럼버스가 아메리카에 도착했을 때, 그가 자원으로서 주목한 것 중 하나가 사람이었다는 사실은 결코 놀랍지 않다. 콜럼버스는 그로부터 10년 전 방문했던 포르투갈의 악명 높은 노예 요새 상 조르즈 다 미나 성(엘미나 성)에서 영향을 받은 듯, 카리브 해의 섬들을 빠르게 정찰했다. 그는 첫 항해에서 자신의 투자자 중 한 사람에게 "그들이 요구하는 만큼 노예를 많이 실어" 데려갈 수 있다는 내용을 담아 편지를 보냈다. 1494년, 두 번째 항해 도중 그는 스페인에 더 많은 배와 보급품을 요청했다. 그는 말했다. "우리는 이 식인종들 중 노예를 골라 비용을 충당할 수 있습니다. 이 사람들은 매우 야만스럽지만, 모든 용도로 사용할 수 있으며, 균형 잡힌 몸매에, 머리가 아주 좋습니다." 1년 후, 그는 페르난도 2세와 이사벨 여왕에게 "팔 수 있는 한 많은 노예들"을 보내면 어떻겠냐고 제안했다. 콜럼버스는 훔친 생명들로 대서양 무역을 확대하려는 공격적인 계획을 가지고 있었다. "제 정보가 맞다면, 4,000명 정도의 노예를 팔 수 있을 것입니다. 그 가치는 20쿠엔토 이상으로 추산됩니다." 이는 콜럼버스의 첫 항해 비용의 10배가 넘는 매우 큰 돈이었다. 그러나 페르난도 2세와 이사벨 여왕은 거절했다.[12]

1495년 봄, 콜럼버스는 약 500명의 타이노인들을 노예로 삼아 스페인으로 보냈다. 대부분 히스파니올라 섬의 인디저너스인 그들은 격렬한 저항 끝에 나포되었다.* 마과나Maguana의 "매우 존경받는" 카시케였던 그

---

* 이 사건은 흔히 "반란"으로 불리는데, 이러한 표현은 스페인이 이 섬에 대한 적법한 권한을 가지고 있었음을 의미하며, 나아가 타이노인들이 스페인의 침략과 학대에 대항했다는 사실을 무마한다.

노예

들의 지도자 카오나보 역시 배에 태워졌는데, 항해 중에 사망해 다른 이들과 함께 대서양에 버려졌다. 나포된 타이노인들이 도착했을 때, 페르난도 2세와 이사벨 여왕은 그들을 사고파는 일을 허락하려다가, 겨우 나흘 뒤 "우리가 그들을 판매할 수 있을지 없을지를 판단할 때까지" 절차를 중단하라고 명령했다. 본래 판매를 승인하고자 했던 페르난도 2세는 자신의 새로운 가신들을 노예로 삼을 수 없다는 아내의 끈질긴 반대에 부딪혔다.* 1499년, 카리브 해에서 새로운 "노예들"이 계속 도착한다는 데에 분통을 터뜨리던 이사벨 여왕은 결국 "감히 나의 가신들을 노예로 삼으려는 이 작자는 누구인가?"라며 콜럼버스에게 격노했다. 1500년 이사벨 여왕은 법률과 관련한 고민 끝에 마침내 "새로운 땅"의 인디저너스들은 스페인 왕실의 자유민이라고 선언했다. 이 결정은 카리브 해와 티에라 피르메("단단한 땅")에서 끊임없이 도착하는 노예들에게서 자극을 받은 것으로 보인다.13

공허한 수사라고 여길 수도 있지만, 이사벨에게 인디저너스들이 "가신"으로 인식되었다는 사실은 초기 식민 제국에서 그들을 어떻게 바라보고 대우했는지를 보여주는 중요한 단서이다. 콜럼버스가 자신의 "발견"을 처음 알렸을 당시 페르난도 2세와 이사벨 여왕이 처음 한 일은 교황 알렉산데르 6세에게 "새로운 땅"에 대한 자신들의 권리를 선언해달라고 요청하는 것이었다. 교황은 곧 인터 카에테라inter caetera 칙서를 발

---

* 스페인 침략자들에게 대항하다가 체포되어 이송된 타인노인들이 어떻게 되었는지는 확실하지 않다. 그러나 교류 초기 왕실이 반대를 표했음에도 불구하고 그들은 더 넓은 공동체로 스며들었다. 50명은 갤리 선의 노예로 팔려갔는데, 그중 프란시스코라고 불린 남성은 2년 후 두 제노바 선원에 의해서 세비야의 한 과부에게 3,000마라베디에 팔렸다. 독자는 프란시스코가 어떻게 해서 제노바 선원들의 소유가 되었다가 팔려갔는지 궁금할 것이다.

표해 이를 승인해주었다(아라곤의 보르자 가문 출신이었던 이 교황은 스페인에 매우 온정적이라는 의심을 받고는 했다). 이 광범위한 칙서는 아조레스 제도와 카보베르데의 서쪽으로 약 180킬로미터까지의 지점에 남북으로 그은 선의 서쪽에 위치한, "찾았고 찾을, 그리고 발견되었고 발견될 모든 섬들과 땅"의 소유권을 "진정한 가톨릭 왕들"에게 부여하는 내용을 담고 있었다.14 이 칙서의 조건은 그 지역의 주민들을 기독교인으로 선교해야 한다는 것으로, 인디저너스 통치자들의 권위를 완전히 무시했다.* 왕실과 그 대리인들은 아메리카인들을 기독교로 개종시키는 임무를 수행하면서도 자신들의 이윤을 추구하려고 했다. 따라서 그후 스페인은 여러 복잡한 정책을 시행해야 했다. 이사벨 여왕의 주장은 이 사람들이 단지 착취의 대상일 뿐 아니라, "신하", 즉 왕으로서 가르치고 보호할 책임을 져야 할 대상이기도 하다는 점을 나타낸다. 그러나 이들에게 어떻게 신앙을 가르쳐야 할까? 왕의 권위는 그들의 어느 부분에까지 영향을 미칠까? 이들은 어떤 사람들일까? 완전한 인간이기는 할까? 만약 그렇다면, 스페인인들은 무슨 권리로 그들에게 권한을 행사할까?

왕실, 교회, 그리고 식민지 개척자들은 인디저너스들을 마주하면서 이러한 질문들을 맞닥뜨렸다. 제국 초기, 스페인에서 인디저너스의 법적 지위는 끊임없는 논쟁의 대상이었다. 학자, 신학자, 법률가, 정치인들

---

* 1455년 포르투갈도 교황에게서 이와 유사한 칙서 로마누스 폰티펙스Romanus Pontifex를 받았는데, 이는 아프리카 탐험과 무역에 대한 독점권을 보장하는 내용이었다. 인터 카에테라가 잠정적으로 (세계의) 동쪽 지역에 대한 자신들의 권리를 침해한다고 생각했던 포르투갈은 1494년 스페인과 토르데시야스 조약을 체결했고, 이후 경계선을 더욱 서쪽으로 조정했다. 스페인은 이 조약이 자신들에게 유리하다고 확신했지만, 나중에서야 그들이 부주의하게도 풍요롭고 거대한 대륙의 일부를 떼어줬음을 깨달았다. 그 땅은 바로 브라질이었다.

은 기독교를 강요하기 위해서 전쟁을 벌이는 것이 합법적인지 합법적이지 않은지 명확히 하고자 했다. 제국 초기부터 법률과 관행은 끊임없이 변했다. 그러다 1550-1551년, 카를 5세는 그 이상의 원정을 중단시키면서 법률과 신학 전문가들로 구성된 위원회를 바야돌리드에서 소집하여 아메리카 대륙에서의 무력을 통한 기독교 전파를 반대하는 전문가들의 의견을 청취하도록 명령했다. 당시 유럽의 강대국이 해외에서 자신들이 자행한 행위가 합법적이고 정당한지 고려하기 위해 잠시 멈출 수 있었다는 점은 놀랍다. 그러나 바로 그 놀라운 일을 카를 5세가 해냈다. 오늘날 우리에게는 이상해 보일 수 있지만, 그 질문들은 실제로, 원칙적으로나 현실적으로나 매우 중요한 것이었다. 설령 그것이 메소아메리카와 카리브 해 지역의 문화에 대한 잔혹한 침략과 억압에 합법성이라는 허울을 씌우기 위한 이론적인 논쟁에 불과했다고 해도 말이다.

왕의 "가신"으로서,* 인디저너스는 스페인 시민과 마찬가지로 이론적으로는 노예화로부터 보호되었다. 그러나 식민화 초기에 왕실은 노예 제도에 세 가지 예외 사항을 두었다. 첫째, "식인종"인 인디저너스는 노예로 삼을 수 있었다. 둘째, "정당한 전쟁just war"**에서 포로로 잡았다면 노예로 부릴 수 있었으며, 셋째, 앞에서 말한 바와 같이 몸값의 대상에서 구조된 경우에도 노예화할 수 있었다. 몸값이란 인신공양 혹은 이교도들에게 잡혀 노예가 된 경우처럼 매우 불행한 상황으로부터 벗어나기 위한 돈을 말한다. 또한 그들의 "가신"으로서의 지위는 스페인의 영토

---

* 이것이 스페인의 법률적 관점임을 잊지 말기를 바란다. 다수의 인디저너스 통치자들은 자신들의 권위를 먼 곳의 황제에게 빼앗겼다는 데에 분명 할 말이 있었을 것이다.

** 그러나 무엇이 전쟁을 "정당하게" 만드는가? 이는 매우 중요한 문제로, 당대의 최고의 지성들이 동원된 문제였다. 그들에게 전쟁은 지적이고 합법적이며 신학적인 일이었다. 반면 인디저너스들에게 전쟁은 자유와 속박을 가르는 사건이었다.

내에서만 보호되었다. 즉, 누구라도 국경을 넘거나 다른 곳에서 노예가 된 경우에는 노예로 삼을 수 있었다. 이러한 법률상의 허점은 인디저너스에 대한 논의가 노예제도가 옳은지 그른지가 아니라 노예가 된 상황이 합법적이었는지, 혹은 합법적일지에 맞춰져 있었음을 의미한다.

인디저너스들이 자신들의 삶과 관련된 이러한 논쟁을 몰랐거나 그 영향을 받지 않았으리라고 생각하기 쉽다. 그러나 이는 선입견일 뿐이다. 앞으로 자세히 살펴보겠지만, 기회가 왔을 때 이러한 논쟁들을 이용하여 자유를 되찾는 일은 "정당하면서도" "부당한" 이유로 노예가 된 수천 명의 원주민들에게 매우 중요했다. 우리는 인디저너스들이 법정에서 자신이 불법적으로 속박되어 있음을 주장하며 석방을 호소한 사례를 찾을 수 있다. 1536년, 멕시코인* 마르틴은 자유를 돌려달라는 진정서를 왕실에 제출하면서 "나는 내 나라에서는 자유인이며, 자유인의 이성적인 아들"이라고 주장했다.[15] 나우아족은 소송과 기록보관 측면에서 오랜 전통이 있었고, 인디저너스들은 각자의 경험을 바탕으로 법의 요구 사항을 충족하기 위해 종교인 및 변호사의 도움을 받는 등 스페인의 방식에 빠르게 적응했다. 이론적으로 그들은 스페인의 법률에 따라 많은 보호를 받을 수 있었다. 중요한 것은 그들이 그 보호를 누릴 방법이었다.

1543년 6월 12일에 있었던 한 재판 기록에 따르면, 변호사 그레고리오 로페스는 세비야에 머물던 멕시코인 3명이 자유를 인정받도록 이끌었다. 이들은 "가장 가까운 시일에 출발하는 배를 타고" 누에바 에스파냐로 돌아가도 좋다는 허가를 받았다. 부부였던 안드레스와 마그달레나

---

* "멕시코인"과 같은 현대적인 지역 구분은 명확히 해야 할 경우나 해당 여행자의 구체적인 신원을 파악하지 못했을 때에만 쓸 것이다.

는 운 좋게도 함께 지내며 세 살배기 딸 후아니카를 양육할 수 있었다. 반면 또다른 민원인인 알바로는 그다지 운이 좋지 못했다. 그의 아내 테레사가 항해 도중 사망해 혼자 남겨진 것이다. 안타깝게도 알바로의 사례는 당대로서는 평범했다. 당시만 해도 요절은 매우 흔한 일이었다. 노예가 된 사람들은 배에서 엄청난 조밀도와 형편없는 영양 상태 때문에 고통받았고, 유럽인들의 질병에 대항할 면역력도 부족했다. 자살도 흔했다. 가족과 고향으로부터 멀리 떨어진 많은 원주민들이 자유를 빼앗긴 채 낯선 땅에서 노예가 되느니 차라리 바다에 몸을 던졌다. 1544년의 기록에 의하면 어린 자녀들과 헤어진 어머니들이 괴로움에 몸부림치다가 결국 바다로 뛰어들었다.16 노예들이 겪은 끔찍한 고통은 수 세기에 걸쳐 전해지고 있다.

안드레스 레센데스는 1492년부터 1900년까지 노예가 된 아메리카 원주민이 240만–490만 명이라고 추정한다. 노예가 된 원주민 대부분은 다른 지역으로 빠져나가기보다는 대부분 아메리카 및 카리브 해 내에서 거래되었을 것이다. 그러나 16세기 유럽의 노예 시장에서 불법 혹은 합법으로 판매된 "인디오들"도 수만 명에서 수십만 명에 이를 것으로 보인다. 안드레스 레센데스의 획기적인 저서 『또다른 노예*The Other Slavery*』를 제외하고는, 인디저너스의 노예화와 관련한 상상은 아직 대중적이지 않은 것 같다.* 인디저너스 노예화가 어느 정도까지 자행되었는가를 다루는 학술 연구가 시작되기는 했지만, 아직은 유럽 및 아메리카 역사의 일부분에 지나지 않으며, 전 세계적인 노예제도 관련 연구는 대부분 아프리

---

* 레센데스의 책 제목은 매우 영리하고도 신중하게, 아프리카 노예가 아닌 "다른" 노예, 그리고 여러 유형의 강제 노동을 포함해 오늘날의 강압 형태와 유사한 또다른 형태의 노예제도를 떠올리게 한다. 이는 "새로운 노예제도"이다.

카 및 그 후손들을 중심으로 이루어지고 있다. 아메리카 지역이 원주민의 땅 위에 흑인의 도난된 몸으로 건설되었다는 널리 퍼진 주장은 문자 그대로 사실이다. 그러나 이는 초기 식민 세계에서 많은 아메리카 원주민들 또한 유럽인들에게 삶과 노동력을 빼앗겼으며 아프리카인들과 비슷한 일을 겪었다는 사실을 간과한다.

레센데스의 연구에 의하면, 1600년 이전에 100만-200만 명의 원주민들이 노예가 되었다. 이 시기는 이베리아 반도 국가들이 대서양의 패권을 장악하고 있던 때로, 대부분의 노예들은 유럽으로 실려갔다.17 역사학자 낸시 반 듀센은 16세기 스페인에서 노예로 살았던 인디오들의 삶을 조명하는데, 그에 따르면 최소 65만 명의 인디저너스들이 그 시기에 외국으로 강제 이주해야만 했다.18 같은 시기에 약 30만 명의 아프리카인들이 대서양을 건넜으며, 이는 1492년부터 1838년경까지 자행된 악명 높은 삼각 무역을 통해서 아메리카로 유입된 것으로 추정되는 1,200만 노예 인구의 약 2퍼센트에 해당한다.19 이러한 숫자들이 노예제도의 끔찍한 현실을 그려낼 수는 없지만, 그들 덕분에 우리는 16세기를 조금 다르게 상상할 수 있다. 아프리카에서 납치된 사람들을 가득 싣고 항해했던 바로 그 배는 인디저너스들을 강제로 유럽으로 보내기 위해서 다시 떠났다. 이미 수천 명의 아프리카계 후손들이 노예로 살고 있던 이베리아 반도에 아메리카인들이 추가로 투입된 것이다. 인디저너스의 노예화와 관련된 유산은 흑인들의 전 세계적인 디아스포라 및 그들의 활기찬 문화적 유산, 강제로 흩어진 수백만 명의 아프리카인 및 그 후손들과 같지 않다. 상당수의 유럽인들은 아메리카계 조상들의 먼 후손일 것이며,*

---

* 그렇다고 조상 유전자 검사가 어떤 유용한 사실을 알려주지는 않을 테지만 말이다.

이는 스페인과 포르투갈에서 특히 그렇다. 그러나 그들의 흔적은 거의 알아챌 수 없고, 분리되지 않으며, 거의 언급되지도 않는다. 인디저너스 공동체는 질병 및 폭력으로 큰 피해를 입었고, 여행을 금지당한 채 강제로 노동까지 하면서 이베리아 지역에 녹아들었다(혹은 적어도 기록에서 배제되었다). 그들은 결국 지중해 지역민, 북아프리카의 무슬림, 그리고 신성 로마 제국의 다른 사람들과 섞였지만, 분명 그곳에 있었다. 우리는 그들을 더욱더 열심히 찾아내야 한다.

유럽인이 인디저너스의 땅에 첫발을 내디딘 지 채 10년도 되지 않아서, 수많은 인디저너스들이 납치되어 대서양을 건넜다. 원주민의 노예화 및 착취를 금하는 왕령이 내려졌지만 소용없었다. 그들은 노예, 하인으로 일했고, 엔코미엔다와 같은 또다른 형식을 통해서 폭력적인 강제 노동에 동원되었다. 엔코미엔다는 또다른 이름의 구속으로, 피해 당사자들에게는 의지할 곳이 거의 없었다.[20]

콜럼버스는 3,000명에서 6,000명에 달하는 카리브 해 주민들을 남성이든 여성이든 어린아이든 가리지 않고 잡아서 강제로 유럽으로 데려갔는데, 이는 아메리카 원주민의 노예 무역 중에서 가장 규모가 큰 단일 사례이다. 당시의 기록은 유럽으로 끌려간 인디저너스들이 어떻게 배에 실렸는지 추정할 수 있게 해준다. 끌려간 이들은 대부분 가사家事에 종사했고, 스페인 사회의 일부가 되었다. 아프리카인들과 달리 대서양 너머로 끌려간 대부분의 인디저너스들은 어린아이와 여성이었는데, 이들은 적응력이 좋고, 연약하며, 성적으로도 착취할 수 있기 때문에 선택된 것으로 보인다. 세례 기록에 의하면 인디오들은 16세기 스페인 사회의 의미 있는 소수 집단이었다. 이러한 경향은 특히 대서양 연결망과 연관

된 지역들에서 두드러졌다. 세비야와 엑스트레마두라 지역, 안달루시아의 서부 지역이 대표적이다.[21]

1494년에 콜럼버스는 수십 명의 카리브 해 주민들을 스페인으로 보내면서 "해마다 많은 수의 남자와 여자를 데려갈 수 있다"고 썼다. 그는 원주민 한 사람이 "힘이나 지능 면에서 기니에서 데려온 노예 3명보다 가치가 있다"고 평가했다. 콜럼버스의 사업은 빠르게 성장했다. 콜럼버스의 두 번째 항해에 자발적으로 참여한 제노바 출신의 미켈레 다 쿠네오에 의하면, 겨우 1년 후인 1495년 2월 콜럼버스는 히스파니올라 섬 동부에서 마코리어를 쓰는 사람 1,600명을 나포한 뒤 550명을 골라 "최상의 남자와 여자"라며 스페인 남부의 노예 시장으로 보냈다고 한다. 추운 겨울의 대서양은 매우 혹독했으며, 식량이 부족한 4척의 작은 범선에 욱여 타야 했던 타이노인들은 심히 병약해졌다. 약 200명의 주민들이 "추운 날씨에 익숙하지 않았던 탓에" (그리고 아마도 적절한 잠자리나 온기도 제공되지 않았을 것이기 때문에) 항해 도중 사망했다. 쿠네오는 일말의 동정심도 없이 "그들의 시체를 바다에 던져버렸다"고 썼다.[22]

콜럼버스의 행동은 수많은 탐험가와 기회주의자, 사냥꾼들에게 매우 참혹한 선례를 남겼다. 콜럼버스의 초기 항해에 동행했던 동료 2명은 그를 본받아 자기들끼리 탐험을 시작했다. 체구는 작지만 잔인하기로 악명이 자자했던 알론소 데 오헤다는 1499년 명령을 받고 항해를 떠났다. 그는 자신이 발견한 지역에 "작은 베네치아"를 뜻하는 "베네수엘라"라는 이름을 붙였는데, 그곳의 가옥들이 마치 베네치아처럼 기둥 위에 지어진 데에서 착안한 것이었다.* 항해로 얻은 수익이 실망스럽자, 오헤

---

* 나중에 그의 선원 중 한 사람은 그 지명이 "베네시우엘라Veneciuela"라는 인디저너스 집단에서 유래했다고 주장했다.

다는 투자자들의 투자금을 메꾸기 위해서 지역 주민들을 납치했다. 항해사이자 저술가인 아메리고 베스푸치의 편지에 의하면, 오헤다는 "빼어나게 매력적인 인디오 여성들을 얻었다."* 유럽으로 돌아갈 때, 오헤다는 다시 바하마에 들러 "222명을 잔인하게 잡아 노예로 삼았고", 1500년 6월에는 카디스에 내려 "항해 도중 사망한 이를 제외한 나머지 200명 이상의 사람들을 노예로 판매했다." 그가 데리고 간 선원 중 6분의 1만이 살아남았으며, 사업은 파산했다. 만약 스페인에서 일했다면 그 선원들은 더 많은 돈을 벌 수 있었을 것이다.23 낯선 땅에서 노예로 살아야만 했던 루카야스 섬 인디저너스들에게 이런 사실이 위안이 되지는 않았을 테지만 말이다.

콜럼버스의 첫 번째 항해 당시 니냐 호의 선장이었던 비센테 야네스 핀손은 아마존 지역의 인디저너스 36명을 배에 태우고 스페인으로 출항했다. 또다른 무익한 여행에서 나포한 사람들이었던 이들 가운데 대서양을 항해한 뒤 살아남은 사람은 20명에 불과했다. 콜럼버스의 선원들은 파업 중이었고, 인디저너스는 그들의 사업에 꼭 필요한 존재였다. 기록에 따르면 1501년 핀손은 자신에게 "반드시 필요한" 인디저너스 "노예"를 (성공적으로) 데려오려고 필사적이었다고 하는데, 이는 그 인디저너스가 스페인어를 매우 잘했기 때문이었다. 아마도 팔로스의 시장市長에게 "인디오 노예"를 데려다주기로 약속했던 듯한데, 핀손의 재정 상태가 좋지 않았다는 점을 감안하면, 빚을 갚기 위해서였던 것 같다. 그러나 그는 막상 시장이 자신의 귀중한 통역사에게 관심을 보이자 오히려 거절했다.24

---

* 독자도 여기서 "얻었다"라는 표현이 더 많은 것을 의미함을 짐작할 것이다. 그에게 여자들이 주어졌을까? 집에서 납치된 것일까? 전투 중에 납치된 것일까?

실질적인 첫 접촉 이후 수십 년 동안 인디저너스들은 유럽인들에게 납치되거나 그들로 인해서 노예로 전락할 위험에 노출되어 있었다. 인디저너스를 둘러싼 경제적 이익과 인도주의적 가치 사이에는 팽팽한 긴장이 조성되었다. 1503년부터 소위 "카리브 해 인디오"("식인 풍습을 가진 인디오")를 노예로 삼을 수 있도록 허용하는 일련의 법안들이 공표되었다. 이 조치는 카리브 해 동부의 인디저너스 대부분을 위험으로 몰아넣었다.25 1504년, 오헤다의 항해사였던 후안 데 라 코사*는 코데고 섬에서 600여 명의 "식인종"을 무자비하게 나포했다. 오늘날의 콜롬비아 카르타헤나 지역 인근 섬인 이곳에서 남성과 여성, 그리고 어린아이들이 납치되었다. 유럽인과 인디저너스가 조우한 지 얼마 되지 않아 이렇듯 도가 지나친 사건들이 일어나는 와중에도 이사벨 여왕은 인디저너스의 노예화에 대해서 억지력을 발휘하고 있었다. 그러나 1504년에 이사벨 여왕이 서거하자 남편인 페르난도 2세가 인디저너스 무역을 신속히 확장하면서 그녀의 억지력은 곧바로 사그라들었다. 그는 루카야스를 비롯한 소위 "쓸모없는 섬들" 출신 인디저너스의 노예화를 승인함으로써 "카립"의 섬이라고 간주되는 범위를 확장시켰다. 1511년, 오늘날의 소앤틸리스 제도의 대부분이 카립 사람들의 지역으로 공표되면서 이곳은 "식인종cannibal의 지역"이 되었다.26 식민 지배의 잔혹함을 축소하고자 하는 이들은 종종 인디오 노예 금지 법안을 거론하고는 한다. 그러나 탐욕스러운 노예상들은 법적 정의定義를 한계점까지 확대 해석했고, 현실은 법률의 이상과는 거리가 멀었다.

---

* 후안 데 라 코사는 보통 유럽인으로서는 최초로 아메리카가 표시된 지도를 만든 항해사이자 지도 제작자로 기억된다. 그러나 동시대를 살았던 이들과 마찬가지로 그는 "다른 이들을 노예로 전락시킨 사람"로 인식되어야 한다.

❖ ❖ ❖

우리가 가진 기록은 제한적이지만, 그럼에도 이베리아 반도 전역과 북아프리카에서 동유럽에 이르는 여러 나라에서 인디저너스가 곧 보편적인 노예 인력이 되었음을 보여준다. 스페인 왕실에 비해 훨씬 조용했던 포르투갈 왕실에서도 아메리카 사업을 확장했고, 해안 지역에 도착하자마자 노예 계약을 승인하기 시작했다. 그 해안 지역은 주요 수출품이었던 적갈색 목재의 이름을 따서 "브라질의 땅Terra do Brasil"이라고 불렸다. 이 지역의 인디저너스에 대한 내용은 1502년 대서양 노예에 관한 기록에 처음 등장한다. 당시 포르투갈 국왕은 상인 페르낭 드 로로냐와 또다른 "신기독교인"(개종한 유대인)에게 브라질우드(투피족 언어로는 붉은 나무 ibirapitanga)의 선적을 허가해주었는데, 그 계약의 항목에는 인간 거래에 대한 내용이 있었다. 1504년 4척의 배가 나무와 사람을 가득 싣고 귀환했다. 브라질우드는 수익률이 별로 높지 않아서, 탐욕스러운 선장들은 지역 주민들을 납치해 부가적인 이윤을 많이 남겼다. 이는 즉흥적인 행동이 아니었다. 그러한 일은 정기적으로, 공식 허가하에 이루어졌다.27

　포르투갈의 국왕 마누엘의 공식 연대기 편찬가였던 다미앙 드 고이스는 상인 조르즈 로페스 비쇼르다가 구매한 브라질 남성들이 1513년에 궁정에 방문한 일을 기록했다. "그들은 깃털로 된 옷을 입고 있었고, 얼굴, 입술, 코, 귀에 두꺼운 팬던트를 착용하고 있었다." 국왕은 포르투갈어 통역사를 통해서 그들에게 몇 가지를 질문했다. 남자들은 활과 화살을 들고 있었는데, 화려한 색상의 앵무새 깃털 끝에 나무와 물고기 뼈가 달려 있었다. "그것들은 매우 강해서 판자를 꿰뚫을 정도였다." 남자들은 강에 떠 있는 작은 코르크 조각들을 맞히며 뛰어난 활쏘기 실력을 선보였다. 모든 화살이 코르크를 맞혔고, 왕궁에 있던 사람들 모두가 놀

랐다. 고이스는 "내가 바로 그 자리에서 보았다"며 자랑스러워했다.[28]

포르투갈의 사업에 노예 거래가 얽히면서 그들의 첫 정착지였던 상비센치는 곧 노예항Porto dos Escravos으로 알려졌다. 브라질 탐험을 기록한 1515년 소책자에는 배가 브라질우드와 "우리가 구매한 소년 소녀들로 가득했다"고 자랑스레 적혀 있다. 그에 따르면 "포르투갈인들은 그 아이들의 몸값을 거의 치르지 않았다. 그 지역 사람들은 자신의 자녀들이 약속의 땅으로 간다고 믿었고, 대부분의 아이들은 자진해서 왔다." 이것이 비극적인 사실인지 혹은 무례한 거짓인지는 알 수 없다. 이 과라니 아이들은 오늘날의 파라과이와 브라질 남부 해안의 삼림에 위치한 비교적 평화로운 농촌 출신들로, 그들의 육신은 재산으로서 혹은 "호기심의 대상"으로서 거래되었다. 1526년 스페인의 선장 디에고 가르시아는 존 캐벗의 아들인 세바스티안 캐벗이 이들 "선한 인디오들"의 생산적이고도 평화로운 상황을 망쳤노라고 불평했다. 이 침략자는 그의 선원들이 굶어 죽을 뻔한 상황에서 지역 주민들이 베푼 선행을 지역 영주의 네 아들을 납치하여 스페인으로 보내버리는 배은망덕한 행위로 되갚았다. 스페인으로 간 이들 중 3명은 한 고위 관리에게로 보내져 호기심 어린 시선을 받으며 집안일을 해야 했다.[29]

과라니인 거주지의 북쪽에는 투피남바족(투피족 중 한 부족/역주)이 거주하고 있었는데, 독일인 한스 슈타덴은 그들에게 잡혀 있던 시기를 증언한 충격적인 글에서 그들에게 "식인종"이라는 오명을 씌웠다. 도시 문명이 발달한 중앙 아메리카와 작은 마을들이 발달한 카리브 해안과 달리 기동성이 높았던 투피족은 사냥과 화전火田을 하며 살았다. 질병과 폭력으로 인구가 줄어들기 이전에는 100만 명 이상이었으리라고 추정되는 투피인들은 수백 개의 마을을 이루며 흩어져 살면서도 공통의 언어를 사용했다. 용감한 전사이자 훌륭한 궁수였던 이들은 유럽인의 침략 초기에는 여러 지역에서 효과적으로 저항했다. 그때 포르투갈인들에게 결박되어 배에 실린 인디저너스들은 "정당한 전쟁"을 치르다가 붙잡혔다기보다는 "몸값을 요구당하다가 구조된" 경우가 더 많았다. 포로들은 종종 도끼나 가위 같은 유럽산 공산품들과 맞교환되었다. 이러한 맞교환은 때때로 포로들을 희생 및 식인 풍습으로부터 "구했을지도" 모른다.* 그러나 결국 그들이 맞닥뜨린 것은 끔찍한 항해와, 무자비하게 묶인 채 삶의 모든 것들로부터 한없이 멀어지는 일뿐이었다.

포르투갈 왕실은 1530년대 중반 이후 매년 약 200명의 투피족을 실어 나를 수 있도록 허가했는데, 이는 그로부터 15년간 3,000명 이상의 투피인들이 이러한 경로를 통해서 유럽으로 유입되었음을 의미한다. 왕실이 인디저너스 무역을 규제한 1570년 전까지, 선장 1명당 연간 최소 24명의 인디저너스 노예를 포르투갈로 보낼 수 있는 왕실 허가증이 주어졌다. 가령 1524년 페루 로페스 드 소자는 39명의 인디저너스를 면세로 수입할 수 있는 허가를 받았다. 1526년에는 포르투갈령 브라질 총독이었던 페루 카피쿠가 총독 재임 동안 소유했던 "노예와 파젠다fazenda(대농장이라는 의미이지만, 아마도 대농장에서 나온 모든 이윤을 뜻할 것이다) 전부"를 집으로 가져갈 수 있었다. 노예와 부동산의 가치는 매우 컸고, 그는 귀환하자마자 아메리카 식민지 관할청을 방문해 상당한 액수의 세금을 내야 했다.30

현존하는 기록에 의하면, 1511년 포르투갈 선박 브레토아 호가 125톤의 목재와 더불어 앵무새 및 다른 여러 값진 것들을 싣고 리스본으로 돌

---

* 종교적, 사회적으로 의식儀式을 중시하는 투피 문화에서 희생을 피하는 일은 위신을 떨어뜨리는 일이었으므로, 포획자나 포로 모두에게서 환영받지 못했을 것이다.

아왔다. 볼록한 모양의 배인 나우nau에는 35명의 선원과 함께 36명의 타모이우인들도 타고 있었다. 노예로 끌려온 이들 중 절반 이상은 아이들로, 그중 16명이 소녀였는데, 그들은 도착한 이후 선원들에게 배분되었다. 이를 통해 우리는 당시 포르투갈이 노예로 선호했던 이들의 특성을 살펴볼 수 있다. 나이 든 남성들은 어린아이들, 특히 여자아이들을 데려갔다. 소녀와 여성들에 대한 착취는 식민 지배에서 매우 치명적이지만 은폐되고는 하는 측면으로, 이 문제는 "아내"라는 표현을 사용함으로써 미화된다.31

콜럼버스의 두 번째 항해는 그의 친구인 제노바인 미켈레 다 쿠네오가 카리브 여성을 강간한 사건이 매우 상세하게 기록된 것으로 유명하다. 그 충격적인 보고서에는 제목들이 달려 있는데, 상상의 여지를 남기지 않는 이 제목들은 인디저너스에 대한 유럽인들의 시각을 보여준다.

> 배에서 저는 장군께서 하사하신 아름다운 식인종 여성을 쓰다듬고 있었습니다. 제 숙소로 데려왔을 때, 그녀는 자신의 관습대로 알몸이었습니다. 저는 그녀와 함께 놀고 싶었습니다. 그러나 그녀는 그것을 전혀 바라지 않았고, 제가 갈망을 충족시키고자 하자 손톱으로 할퀴었습니다. 그때, 그 일을 시작하지 말았어야 했다는 생각이 들었습니다. 이 일은 제가 밧줄로 그녀를 매우 쳤고, 그녀가 아마 들어보신 적 없을 큰 소리로 울어대면서 일단락되었습니다. 결론적으로 저희는 그 행위에 서로 충분히 동의했습니다. 말씀드릴 수 있는 것은, 그 여자가 마치 매춘부 학교에서 훈련받은 듯 보였다는 점입니다.32

쿠네오의 편지에는 타인의 신체를 취하고 자신의 소유물처럼 다루는 노예제도의 추악함이 그대로 드러나 있다. 그러한 폭력에 그 카리브 여성이 어떻게 반응했는지 상상할 수는 없지만, 그녀가 반항을 했으며, 신체의 권리를 지키기 위해서 그와 싸웠다는 점은 분명하다.

슬프게도 아이들은 붙잡기도 통제하기도 쉬웠다. 또한 아이들은 어리고 매력적이며 약해서 더욱 인기가 있었다. 이렇듯 세련되고 "신기한 것"은 그것을 소유한 이들에게 이국적인 분위기를 부여했다. 가정에서 일하는 노예들은 바깥에서 일하는 사람들보다 잘 먹고 옷도 잘 입었다. 그러나 그들이 입고 있던 값비싼 옷들도 그 주인들의 폭력과 성적 착취로부터 그들을 지켜주지는 못했다. 외국어를 쓰는 낯선 나라에 홀로 남겨진 아이의 처지는 그가 누구를 만났느냐에 따라서 좌우되었다. 운이 좋다면 동향인들과 함께 지내거나 친절한 조력자와 한집에서 살 수도 있었을 테지만, 그만큼 운이 좋지 않다면 주인 가족은 물론이고 다른 하인들에게서도 박해를 당하기 십상이었다. 어떤 젊은이들은 배우자와 아이들을 힘들게 먹여살리느니 새로운 삶을 받아들이는 편이 낫다고 생각했을 수도 있지만, 외로움은 모두에게 너무나 가혹했을 것이다.

브레토아 호의 선원들이 투피인을 집으로 데려갔는지 아니면 팔아서 이익을 취했는지는 알 수 없다. 그러나 각각의 투피인들은 도착하자마자 가장 먼저 리스본 노예 사무소의 관리로부터 검사를 받고 등록을 해야 했으며, 수입세를 적절히 부과받기 위해서 몸값을 결정받아야 했다 (세비야에서도 노예를 수입하거나 구매할 때에는 적절한 관세와 판매세를 결정받기 위해서 누구나 반드시 등록을 해야 했다).[33] 남녀노소 모두가 일개 재산으로 전락했고, 인간성을 박탈당했다. 그들의 가치는 오로지 나이, 성별, 건강 및 외모에 따라서 결정되었다. 수천 명의 원주민들이 이러한 비인간적인 제도를 거쳤다. 매년 그들 옆에는 유럽이나 대서양 너머로 가기 전에 리스본으로 끌려온 서아프리카인 무리가 족쇄를 차고 있었다. 리스본은 이미 인간 무역의 중심지였다. 스페인이 원주민 속박을 강력하게 규제하자, 원주민 노예 무역에 대한 장악력이 포르투갈로 넘어갔다. 그리고 이는 결국 중앙 아메리카와 카리브 해 지역에서 온 노예들에 대한 불법 매매의 우회로가 되었다.

16세기 초, 번영하는 항구였던 리스본에 거주하며 일하는 다양한 집단 중에 투피인들이 있었던 것은 확실하다. 브레토아 호의 선원 중 일부는 왕의 새 궁전인 히베이라 궁이 있던 해안가 언덕 위 알파마 거리에 살았는데, 타모이우인들을 인부나 조수 혹은 통역인으로 계속 데리고 있으려고 했을 수 있다. 지명이 아랍어로 "뜨거운 샘"을 의미하는 알-하마Al-hammah에서 기원한 이 거리는 오늘날 "리스본 구 시가지"를 체험하고자 하는 관광객들이 찾는, 골목과 계단으로 이루어진 분위기 있는 미로이다. 이곳은 (1497년 강제로 개종해야 했던) 북부 아프리카인과 개종한 유대인, 여러 나라 출신의 노예와 아프리카인이 수백 명이나 거주하던 곳으로, 그들은 당시 리스본 인구의 약 10퍼센트를 차지했다.

이 활기찬 동네는 1500년대 중반에 익명의 플랑드르 화가가 그린 "제왕의 샘"에 잘 묘사되어 있다. 그 그림에는 온갖 피부색의 사람들이 장사를 하고, 시중을 들고, 노동하고, 마시고, 입을 맞추고, 걷고, 춤추고, 끌려가는 모습이 가득 담겨 있다. 이 역동적인 그림을 통해서 우리는 아프리카계 흑인들이 엘리트 기병, 공연 예술가, 하인, 상인 등으로 활약하며 포르투갈 사회에 녹아든 모습을 볼 수 있다. 또한 우리는 알파마 거리의 수변 광장을 자주 오가던 투피족과 과라니족 인디저너스들도 상상해볼 수 있다. 그림의 중앙부에 배치된 "제왕의 샘"은 맑고 신선한 물로 유명한 리스본의 주요 식수원이었다. 따라서 물을 얻기 위해서 이 샘을 오가던 사람들 중에 원주민들도 섞여 있었을 것이다. 그림 속의 샘에는 1517년에 멋진 그늘막이 세워졌으며, 1551년부터는 물 판매업자들의 압력에 의해서 하인들과 목마른 빈곤층은 이 청동 수도꼭지를 자유롭게 사용할 수 없게 되었다. 자유인이든 노예든 원주민들은 이 도시에서 흔한 존재였기 때문에 흑인 및 물라타* 여성들과 공동으로 수도꼭지를 사용했다.34

얼마나 많은 인디저너스들이 리스본을 거쳐 매매되었는지 명확하게 알 수는 없다. 선박들이 받은 허가증과 운행의 정기성, 그리고 자신들이 리스본을 경유한 불법 거래로 노예가 되었다는 스페인 거주 인디저너스들의 주장을 고려하면 매년 수백 명 정도가 매매되었을 것으로 추산된다. 유럽이 끊임없이 노동력을 착취한 브라질에서는 수만 명의 인디저너스들이 노예로 전락하고 강제 노동으로 내몰렸지만, 대서양을 건넌 이들은 상대적으로 매우 적었다. 그러나 1501년 초, 포르투갈 항해사 가스파르 코르트 헤알이 오늘날 미국의 메인 주로 추정되는 해안 지역에서 남자와 여자, 아이를 포함한 57명의 인디저너스들을 납치해 데려왔으며, 그후로는 해마다 약 2,000명 정도의 인디저너스들이 리스본의 노예 사무소에 있는 경매장으로 실려왔다.35

프랑스와 영국은 훗날 식민지 노예 무역의 주요 국가가 되었지만, 16세기에는 두 국가 모두 노예 무역 규모가 상대적으로 작았다.36 그와는 반대로 이베리아 반도 지역에는 인디저너스 노예들이 빠르게 몰려들어 전국의 가정 및 사업장에서 노동력을 제공했다. 거대하고 흉포한 폭력 및 노예화의 광풍이 한 차례 지나가고 나자, 노예가 된 이들은 자신들이

---

* 오늘날에는 인종 비하 표현인 "물라토mulatto/물라타mulatta"는 당시에는 아프리카계와 백인계 혼혈을 일컫는 용어였다.

법원을 통해서 저항할 수 있음을 깨닫게 되었다. 우리는 이러한 기록을 통해서 당시의 상황을 단편적으로나마 엿볼 수 있다.

자료에 따르면, 자유 및 정체성의 상실을 거부하는 이러한 저항은 권리에 대한 투쟁이었고, 점차 종교계 및 지식인 계층, 왕실의 지지를 얻었다. 바르톨로메 데 라스 카사스는 아메리고 베스푸치의 (아마도 날조된) 첫 아메리카 항해에 대해서 "아메리코[아메리고]와 함께 간 사람들은 그 섬의 주민들로부터 피해도 입은 바 없고, 저항도 받은 바도 없다. 따라서 그들과 전쟁을 벌이고 그들을 노예로 데려올 명분도 없다"라고 썼다. 1542년, 라스 카사스 신부의 지치지 않는 활동에 얼마간 힘을 입어 마침내 "인디오에 대한 적절한 대우와 보호를 위한 새로운 법안들"이 마련되었다. 이 법안들은 실재하는 허점들을 보완해서 어떠한 상황이든 인디저너스들의 노예화가 원칙적으로 불법임을 분명히 했고, 노동자로서 그들의 역할을 대폭 제한했다. 그러나 이러한 법안들은 그들의 삶에 실질적인 영향을 미치지 못했고, 그들은 계속해서 억압받는 노예일 뿐이었다. 게다가 이러한 논쟁들은 합법적인 억압에 관심이 있는 사회의 철학적인 글에 불과했다. 이 "신법Leyes Nuevas"과 같은 법령들은 원주민의 권리를 보장하지 않았을 뿐 아니라 그들의 상황을 변화시키지도 못했다. 노예화는 전쟁의 결과로서만 허용되었지만, 스페인 식민주의자들로부터의 반대 여론은 아메리카 지역에서 이 법안들의 실효성을 심각하게 훼손했.* 그러나 그러한 법안이 (유명무실하더라도) 존재한다는 사실만으로도 노예가 된 이들로서는 자유를 위해서 싸워볼 수단이 생긴 셈이

---

* 유명한 잉카 정복자인 프란시스코 피사로의 형제인 곤살로 피사로는 페루 총독을 참수하고 그 머리를 마치 트로피처럼 지니고 다녔다. 식민주의자들은 인디저너스들을 착취할 권리를 박탈당한 것을 매우 불쾌해했다.

었다. 비록 불공평하고 비합리적인 제도였지만 그들은 투쟁했고, 우리가 찾을 수 있는 자료에 등장하는 인디저너스들이 대개 싸우는 모습인 이유가 바로 이것이다.

  1542년 이후의 기록에서는 인디저너스 수백 명이 스페인 전역에서 자유를 되찾고자 호소했음이 두드러진다. 놀랍게도 스페인 국왕은 이제 막 개종한 기독교도들이 붙잡혀 있기를 바라지 않았다. 그는 인디오 노예들에 대해서 알게 되었을 때 자유 법령을 공표하기도 했으며, 인디저너스 "노예"를 소유한 이들을 조사해야 한다고 했다. 1543년 국왕이 고용한 법률가 겸 왕실 관리였던 그레고리오 로페스는 많은 민원인들을 지원했으며, 세비야에 있던 인디오 노예들에 대한 조사를 실시했다. 그러나 그는 누구도 불법적으로 잡혀 있는 것이 아니라고 보았다. 이러한 기록들을 통해서 우리는 당시 노예가 된 인디저너스들이 처해 있던 복잡하고, 다양하며, 때때로 끔찍했던 경험들을 약간이나마 살펴볼 수 있다. 당시 작성된 법률 문서들을 통해 그들의 삶을 엿보고 그들의 목소리를 듣는 이와 같은 경우는 몹시 드물다.[37] 이 문서들을 통해서 우리는 당시 유럽에 왔던 인디저너스들이 유럽 문화 내에서 정착하려고 갖은 노력을 하면서도 자신들의 이탈에 대응하고, 자신들의 고향과 정서적 연대를 유지하려 노력했음을 알 수 있다.

  "신법"이 공표된 이후, 스페인 서부의 도시 시우다드로그리고에 살던 젊은 과테말라인 부부 프란시스코와 후아나는 자신들이 어렸을 때 불법으로 노예가 되었다며 자유를 달라고 탄원했다. 1545년, 지역 판사는 왕령에 의거하여 프란시스코와 후아나가 자유인이라는 판결을 내렸지만, 그들의 소유주였던 크리스토발 데 쿠에토는 판결을 받아들이지 않앉다. 1534년 칙령에 의하면 14세 이상의 소년들만이 "정당한 전쟁"에서 포로가 될 수 있었지만, 프란시스코는 다른 많은 어린아이들이 그렇듯 노예가 된 이후에 적군의 전사로 분류되었다. 재판 당시 프란시스코는 18세에서 20세였고, 그의 증인은 프란시스코가 "스페인에 왔을 당시 10-11세 정도의 매우 어리고 작은 아이였다"고 증언했다. 그에 따르면 잡혔을 당시 프란시스코는 막 사춘기에 들어선 나이였으며, 붙잡힌 후에 얼굴에 왕실의 낙인이 찍혔다. 그의 변호사인 로페 데 발데라마는 소유주들이 종종 왕실의 낙인이 합법적 소유권에 대한 결정적 증거라고 주장하는 바와 달리, 이 경우에는 낙인이 오히려 그 반대를 증명할 뿐이라고 지적했다. 즉, 스페인으로 왔을 당시 프란시스코는 너무 어렸기 때문에 왕실의 노예 허가를 받을 수가 없었다는 것이다. 후아나 역시 당시 너무 어렸기 때문에 법률에 의거하면 명백한 자유인이었다. 프란시스코와 후아나는 양심적인 변호사 덕분에 소유주가 제기한 다양한 법적 함정을 겨우 모면했다. 1549년 5월 13일에 자유인으로 선언되자, 그들은 곧바로 왕실에 고향으로 돌아갈 경비를 지원해달라고 호소했다. 그해 여름 프란시스코와 후아나, 그리고 그들의 어린 딸은 왕실의 경제적 지원하에 집으로 가는 배를 탔으며, 이후 역사 기록에서 사라졌다.[38] 그들이 살아서 귀향했다고 가정하더라도, 어린아이로서 기억하던 "고향"으로 돌아간 그들은 아마 매우 큰 충격을 받았을 것이다. 그들이 떠나 있던 기간 동안, 코콜리스틀리cocoliztli* 전염병이 크게 돌아 수백만 명의 주민들이 사망했다. 이는 역사상 가장 참혹한 전염병 중 하나로, 남아 있던 사람들 중 절반 정도가 사망했을 것으로 추정된다. 따라서 프란시스

---

* 대개 "전염병"으로 번역되는 나우아틀 단어이지만, 실제로는 부스럼을 의미한다. 이 병은 천연두였을 수도 있고, 장티푸스와 유사한 일종의 장발열일 수도 있다.

코와 후아나가 무사히 집으로 돌아갔더라도, 그들의 가족과 마을은 모조리 사라진 뒤였을지도 모른다.

질병은 식민 지배의 폭력성과도 결합되었다. 가령 "문명화" 작업을 용이하게 하기 위해서 인디저너스들을 작은 마을로 몰아넣어 밀집시킨 경우, 인디저너스들은 자신들의 전통적인 공급망으로부터 단절되어 굶주림에 시달렸다. 인구 밀도가 높았던 일부 메소아메리카의 저지대를 비롯한 몇몇 지역에서는 1600년까지 사망률이 90퍼센트에 이르기도 했다. 그 참상은 상상을 초월했다. 1500년대 중반, 프란시스코회 선교사 베르나르디노 데 사아군이 기록한 나우아인들의 증언은 당시 그들의 고통을 유추할 수 있게 한다.

> 스페인인들이 오기 전에 이미 첫 번째 전염병이 발생했어요. 종기가 생기면서 아픈 질병이었죠. 테페일루이틀 마을에서 시작되었어요. 사람들한테 큰 종기가 나는 거예요. 어떤 사람들은 온몸이 종기로 뒤덮였어요. 얼굴, 머리, 가슴 할 것 없이 온몸에 났어요. 그 병으로 엄청나게 많은 사람들이 죽었어요. 참혹했죠. 병자들은 돌아다닐 수가 없어서 집에 누워서 꼼짝도 못 했어요. 고개도 못 돌렸다니까요. 옆으로 돌아 눕지도 못하고 머리도 못 들었어요. 움직여야 할 때에는 비명을 질렀어요. 종기가 사람들을 뒤덮으면서 끔찍한 재앙이 닥쳤죠. 많은 이들이 그 병으로 죽었어요. 그리고 또 많은 사람들이 굶어 죽었죠. 굶는 건 다반사였고, 아무도 다른 사람을 돌볼 여력이 없었어요.

고향으로 돌아간 인디저너스 부부 프란시스코와 후아나의 이야기는 이별과 고통, 죽음으로 점철된 이러한 배경을 바탕으로 상상해야만 한다. 모든 이들이 공포와 슬픔을 목도했고, 생존자들도 이러한 시련이 남긴 육체적 상처를 감내해야 했다. 인디저너스의 역사를 이해하기 위해서는 이러한 불행이 남긴 영향을 고려해야만 한다. 전염병은 폭력, 노예화, 기근, 강제 노동, 이주, 공동체의 완전한 파괴와 함께 들이닥쳤다. 이로 인한 인구 감소는 너무도 빠르게 진행되어 오늘날의 인디저너스들은 이를 제노사이드genocide(집단에 대한 대학살/역주)로 여기고 있다.39

후아나와 프란시스코 가족 같은 이들에게 노예제도로부터의 해방은 당연히 고향으로의 귀환을 의미했지만, 고향에서도 그들은 외부인이었다. 그들이 가족을 다시 만나 마치 사막에서 오아시스를 찾은 듯한 기쁨을 누릴 수 있었을까? 확신할 수 없다. 그러나 우리는 노예였던 많은 인디저너스들이 고향의 상황을 전혀 알지 못한 채 왕실이 제공한 귀환 비용을 받아들였다는 점을 알고 있다. 한편 다른 해방 노예들은 상이한 선택을 했고, 이로써 노예제도는 상황, 개인적 특성 및 확률에 따라서 매우 여러 형태를 띠게 되었다. 어떤 이들은 속박에 저항하고 자유를 되찾아 아메리카로 돌아가기 위해서 투쟁했다. 그러나 어릴 때 납치되어 낙인이 찍힌 이들은 가족과 고향에 대한 기억이 거의 없었다. 그들에게는 유럽이 고향이 되었다. 이들 중에는 해방된 이후 예전 소유주를 위해서 유급 노동자로 계속 일하기를 택한 사람들도 있었다.40

자유인으로서 과테말라로 돌아왔지만, 여전히 노예라는 낙인이 뺨에 남아 있던 프란시스코와 같은 이들이 어떻게 지냈을지 궁금하다. 자신의 흉측한 모습이 부끄러워 얼굴이 화끈거렸을까? 뺨에 누군가의 소유라는 표식을 단 그들은 얼마나 여러 번 자신이 자유인임을 증명해야 했을까? 혹은 당시에는 낙인이나 다른 흉터들, 예를 들어 천연두나 홍역으로 인한 흉터나 식민체제의 일상적인 폭력으로 인한 상처들이 너무

흔해서 그 흉터는 그저 평범했을까? 인디저너스 수천 명의 신체에 구속의 상흔이 새겨졌다. 그들의 피부는 "합법적" 노예임을 표시하기 위해서 반짝이는 금속으로 찢겼으며, 결국 자유를 빼앗겼다.

낙인의 모양과 새겨진 위치는 노예가 된 이들의 여행에 대해서 여러 정보를 제공한다. 왕실 관리들이나 왕실의 권위를 강조하고자 하는 이들은 종종 전쟁을 의미하는 스페인어 "guerra"의 "G"를 사용했는데, 이는 그 희생자가 "정당한 전쟁"으로 노예가 되었음을 뜻했다. "R"은 이미 포로나 노예였던 사람을 구조하거나 몸값을 지불했다는 의미인 "rescate"에서 온 것이다. 소유주의 머리글자를 인두로 새기는 경우도 있었다. 1511년 7월, 페르난도 왕은 루카야스와 같은 카리브 해 섬 지역에서 히스파니올라 섬으로 수입된 노예들은 다리에 낙인을 찍으라는 법을 공표했다. 이는 "자유인"으로 추정되는 타이노인들과 그들을 구분하기 위한 조치였다. 낙인찍기는 매우 일반적이었으며, 납치되어 팔리는 것이 두려워 현재 "소유주"의 표식을 새겨달라고 청했다는 기록도 있다.[41]

이렇듯 낙인은 일반적으로 용인된 관행이었다. 그러나 노예제도에 관한 논쟁과 마찬가지로 우리가 법정에서 보고자 하는 것은 한 개인이 끔찍하게 신체적 손상을 입을 수 있었는지 여부가 아니라 이러한 낙인의 합법 여부이다. 카스티야 지역에서 인디저너스에게 낙인을 찍는 것은 불법이었으며, 무거운 벌금에 처해질 수 있는 일이었다. 그러나 그들의 신체가 자신의 것이었을 때조차 인디저너스들은 신체가 손상되지 않기를 바랄 수 없는 처지였던 것 같다. 바르볼라라는 인디저너스 여성은 소유주가 이발사를 시켜 낙인을 찍은 경위를 법정에서 진술했다(바르볼라는 논쟁의 여지가 있는 조상의 후손인 인디저너스 여성 펠리파의 딸로, 이에 대해서는 낸시 반 듀센이 상세하게 규명한 바 있다). 그녀는 "후라도 디에고 로페스 데 세비야의 노예"라는 낙인이 찍힌 뺨을 보여주며, 이런 끔찍한 범죄의 가해자로 "알팔파에 사는 카스트로베르데의 아들"을 지목했다. 그리고 "판사에게 자신은 자유인이므로, 그러한 낙인을 찍은 이들에게 죄를 물어 체포하고, 투옥하고, 처벌해달라고 요청했다." 피고 로페스는 그것이 일반적인 관행이며, 바르볼라에게는 그 이전에도 낙인이 찍힌 적이 있으므로 별로 중요한 일이 아니라고 자신을 변호했다. 다행히 판사는 그 말에 동의하지 않았다. 바르볼라는 자유인이라는 판결을 받고 보상금으로 1만 마라베디를 받았는데, 이는 그녀를 노예로 삼은 데 대한 벌금 3만 마라베디의 일부였다(보상금은 한 가정이 1년 동안 근근이 먹고 살 수 있는 정도였다).42

멕시코 출신(아마도 나우아족이었을 것이다) 젊은이 마르틴의 사례는 노예생활로 인한 상흔이 삶에 미치는 뚜렷한 영향을 보여준다. 1536년 자유인임을 주장했던 마르틴은 초기 식민 제국에서의 위태로운 삶에 대한 참혹한 예시이다. 마르틴이 9–10세 정도 되었을 때, 곤살로 데 살라사르라는 왕실의 팍토르fator(재정 담당 관리)가 멕시코시티 인근 마을인 마르틴의 고향 테나유칸에 와서 시동이 될 어린 남자를 찾았다. 마르틴과 그의 증인은 출생 당시 마르틴이 "자유인으로 태어났기 때문에" 낙인이 찍혀 있지 않았고, 마을 사람들도 모두 "자유인으로, 노예가 아니었다"고 강조했다.43 살라사르는 누에바 에스파냐의 역사에서 악명 높은 인물로, 1520년대 중반 정부를 찬탈하고 폭압과 탐욕으로 통치한 코르테스의 경쟁자이기도 했다. 그러나 마르틴은 이를 좋은 기회라고 생각했고, 그의 가족과 마을 원로들은 마르틴이 살라사르 아래에서 일하는 것이 좋겠다고 생각했다.

무자비한 살라사르가 소년의 얼굴에 낙인을 찍으라고 명령한 것은 전혀 예상하지 못한 일이었다. 나우아인들에게 신체 변형은 흔한 일이었다. 사람들은 대부분 귀에 정교한 피어싱을 달았고, 남자들은 나이가 들면 입술에 전사들의 장식품 중 하나인 플러그를 박았다. 가슴과 엉덩이에 난 상흔은 사제가 되려는 소년들의 표식이었고, 어른들도 피를 내는 의식에서 생긴 작은 상흔들이 있었다. 가령 아즈텍-멕시카 달력의 마지막 달인 이스칼리Izcalli에는 불꽃 별자리와 불의 신인 시우테쿠틀리를 기념하기 위해서 손목에 작은 화상을 입혔다. 신체를 불과 재탄생의 불쏘시개로 쓴 셈이다.44 마르틴의 부족 사람들에게 상흔을 남기는 행위는 성숙과 종교적 신념을 의미했다. 반면 상품임을 표시하기 위해서 강제로 낙인을 찍는 행위는 한 인간과 그의 영혼에 대한 극한 폭력일 뿐 아니라, 인디저너스들에게는 너무나 생소한 일이었다(테노치티틀란이 몰락한 이후에는 다른 인디저너스 노예가 낙인찍히는 것을 볼 수 있게 되었지만 말이다).

한동안 그 나우아족 어린이는 코르테스의 집에서 통역사로 일했다. 그러나 그는 곧 자신의 포악한 주인이 스페인으로 (일시적으로나마) 도망칠 때 함께 대서양 너머로 끌려갔다. 그는 수천 명의 이름 없는 "크리아도criado"(식솔, 수행원 등) 중 하나로, 주요 스페인 인사들과 함께 스페인으로 건너갈 수 있는 허가를 받았다(이 무리에는 가족 구성원뿐 아니라 노예가 된 이들도 속했다). 이후 마르틴은 5-6년 동안 스페인 남부의 세고비아, 세비야, 그라나다 등지의 여러 가정을 전전했고, 1536년 자유를 위한 탄원서를 제출했다. 그라나다에 있을 때 그는 페드로 데 비야테의 집에서 약 3년간 일했다. 비야테가 사제로 있던 그라나다 성당은 당시 그 유명한 알람브라 궁전 바로 옆에 건설 중이었는데, 알람브라 궁전은 콜럼버스가 국왕으로부터 1492년 탐험에 대한 허락을 받은 곳이었다. 그라나다에는 개종한 이슬람교도인 모리스코morisco가 많이 거주하고 있었기 때문에, 가파르고 미로 같은 그라나다의 거리를 걷는 많은 혼혈인들 사이에서 마르틴은 그리 눈에 띄지 않았을 것이다. 그는 이베리아 반도에 있던 대부분의 인디저너스 노동자 및 노예들과 마찬가지로 가사 노동자로서 여러 가구 구성원 중 한 명이었고, 따라서 고된 삶을 살던 당시 스페인의 대중으로부터 큰 차별을 받지는 않았을 것이다. 페드로 데 비야테가 사망하자, 마르틴은 그의 형제인 디에고 데 비야테에게 위탁되었다. 그는 디에고의 집을 찾아 그라나다에서 480킬로미터나 떨어진 세고비아로 이동했다. 이는 당시 인디저너스들의 상황이 얼마나 변화무쌍했는지를 잘 보여주는 대목이다.

우리는 마르틴이 세고비아에서 어떻게 지냈는지 거의 모른다. 그러나 그가 살라사르의 다른 크리아도들(아마도 같은 멕시코 출신이었을 것이다)과 함께 그곳으로 보내졌다는 점은 확실하다. 세고비아에서 지내던 시절에 마르틴은 다른 이들과 마찬가지로 "자유인으로서" 살았고, 자신의 상황에 꽤 만족했으리라 짐작된다. 그러나 새로운 주인마저 사망하자, 인디저너스 고용인들의 불안정한 삶은 크게 달라졌다. 몇 달 후, 포악한 살라사르가 돌아와 마르틴을 "다시 자기 집으로 데려가서는 노예로 삼으려고 했다." 마르틴이 그러지 말아달라며 간청했지만, 아무런 소용이 없었다. 마르틴의 사례는 강압의 형태가 매우 다양했으며, 그 경험 역시 서로 다르다는 사실을 보여준다. 마르틴은 생의 대부분을 노예 취급을 받으며 보냈지만, 포악한 살라사르가 그의 손목을 비틀어 강제로 노예로 부리려고 했을 때에야 자신의 상황을 법정에 호소하기로 결심하고, "나는 자유를 원한다"고 선언했다. 아마도 마르틴은 세고비아의 다른 원주민들을 통해서 자신의 권리를 더 잘 알게 되었거나, 혹은 그곳에서 만난 공동체로부터 법정 싸움을 할 용기를 얻었을 것이다. 어쩌면 살라사르의 집으로 돌아가는 것이 너무나 무서웠거나, 그것도 아니라면 또 다른 충분한 이유를 찾았을지도 모른다. 마르틴이 왕실에 자유를 되찾고자 탄원서를 제출하자, 살라사르는 격노하여 그를 위협하고 폭력을 행사했다. "그는 저를 때리고 벽에 밀쳤어요. 만약 다른 이들이 저를 데려가지 않았다면 아마 저를 죽였을 거예요.……국왕께 간청하오니 재판이 진행되는 동안 그가 저를 해치지 못하도록 저를 그의 영향권에서 멀리 떨어진 안전한 곳으로 데려다주십시오." 마르틴은 빌었고, 그의 요청은 받아들여졌다.

살라사르는 표면상 법정의 결정에 동의하는 듯 보였지만, 자신의 소유물이라고 생각하는 그를 다시 얻기 위해서 맹렬히 싸웠다. 그에 따르면 마르틴은 구조를 통해서 합법적으로 노예가 되었고, 그의 얼굴에 새겨진 "V"는 당시 그를 구해준 인물 바카Vaca의 첫 글자였다(그러나 실제로 바카는 마르틴에게 낙인을 찍은 건달에 불과한 것으로 보인다). 또한 살라사르는 자신이 마르틴에게 "자유인처럼 좋은 옷을 사서 입히고" 개인적인 시중만 들게 하는 등 매우 잘 대우했으며, 마르틴은 운이 몹시 좋았다고 주장했다. 살라사르 사건에서 핵심적인 사안은 두 가지였다. 마르틴에게 새겨진 낙인과 살라사르가 그를 내키는 대로 "처분할" 수 있었다는 사실이다. 이는 특히 외국에서 노예란 얼마든지 주인 마음대로 할 수 있는 존재였음을 잘 보여준다. 노예였든 노예가 아니었든, 안정적인 상황은 불가능했다. 그들을 보호하고자 하는 법 조항들이 존재했음에도 불구하고, 인디저너스들은 사악한 주인들의 영향력에서 벗어나기 위해서 분투해야 했다.

마르틴은 간신히 살라사르의 손아귀에서 벗어날 수 있었지만, 하인으로 지내는 동안 근근이 모았던 얼마 되지 않는 자산에 의존하는 처지가 되었다. 그러다 결국 그는 살라사르가 자신의 옷가지를 빼앗아갔다고 고소했다. 살라사르는 자기 소유라고 여겼던 물건들을 포기하라는 명령을 받고 격분했다. 1536년 9월 4일 법원이 변호사로부터 넘겨받은 옷가지 목록에는 검은색 울 망토와 상의, 흰색 코듀로이 스타킹 두 켤레(짧은 것 하나와 긴 것 하나), 그리고 흰색 리넨 안감을 댄 낡은 외투 한 벌이 적혀 있다. 살라사르에게 이 옷가지들은 형식적인 가치밖에 없는 것이었다. 그러나 마르틴에게는 얼마 되지 않는 이 따듯한 옷들이 독립과 자유에 대한 권리를 나타냈다.

마르틴의 재산과 안전에 관한 문제가 해결되자, 사건은 그의 법적 지위 건으로 넘어갔다. 양측 모두 증인들을 내세웠지만, 대부분의 증언은 마르틴이 자유인이라는 점과 그 주인의 잔악성에 관한 것들로, 마르틴에게 유리했다. 변호사였던 이니고 로페스는 "그는 항상 노예가 아닌 자유인으로서 근무했다"고 주장했다. "만약 그가 주인으로부터 일을 하라고 강요받았다면, 이는 그의 의지와는 반하며 정당한 사유나 명분도 없다. 마르틴은 인디오이지 노예가 아니며, 그는 태어난 순간부터 자유인이고……그 자신에게 유리한 권리를 가지고 있음을 주장한다." 이어서 그는 스페인 식민지의 주민을 태어날 때부터 노예로 삼는 것은 자신들의 관습이 아니며, 마르틴이 아이일 때 낙인이 찍힌 것은 "악직절인 사기 행위"로 "중대한 처벌"을 받아야 할 사안이라고 정확하게 법을 인용했다. 로페스는 멕시코에서 어린 자유인이었던 마르틴이 살라사르의 명령에 의해 "강제로 낙인이 찍혀서" 스페인의 하인이 된 과정을 상세하게 설명했다. 그는 마르틴의 오른쪽 뺨에 남은 상흔은 "주인이 있다는 표식이 아니라고" 주장했다. 스페인 법률을 충분히 검토했던 로페스는 마르틴의 착취에 대한 대가로 "3,000마라베디 이상"을 받아야 한다고 주장했다.

마르틴을 위해서 증언대에 오른 사람 중 한 명은 프란시스코 마르틴이라는 또다른 인디저너스였다. 멕시코시티 근처 산티아고 출신이었던 그는 마르틴이 테나유칸에서 살던 어린 시절부터 10년이나 마르틴과 알던 사이였다. 대서양을 가로지르는 이러한 인맥은 인디저너스들이 고향의 기억에 매달리는 경향이 있었기 때문에 가능했다. 그러나 그들의 기억은 매우 흐릿하며, 우리가 가진 기록으로는 추적하기가 어렵다. 프란스시코의 증언은 비교적 간단했고, "마르틴의 뺨에 새겨진 글자들은 국왕이 허락한 낙인이 아니었다"는 것이 요지였다. 안타깝게도 그는 이런 조악한 낙인을 "본 적이 많다"고도 덧붙였다. 프란시스코의 증언에 따르면, 테나유칸의 지도자였던 타카테클록과 테사코아틀은 "강력한 권력자였던 살라사르가 두려운 나머지" 마르틴을 시동으로 데려가는 것을 허락했는데, 이 증언은 당시 인디저너스 공동체들이 극한의 압력을 받고 있었음을 시사한다. 이런 상황에서 어린아이였던 마르틴은 형식적으로는 노예가 된 것이 아닐지 몰라도, 자유 의지가 있는 하인이 되었다고 볼 수도 없었다. 그리고 이러한 증언들을 종합하건대, 당시 그들의 일상이 매우 힘들었음을 알 수 있다.

한편 살라사르 측 증인은 세비야 출신의 안토니오 고메스라는 신부였다. 그는 마르틴이 지금 오른뺨에 남아 있는 "V" 낙인뿐 아니라 왼뺨에도 왕의 낙인이 있었는데, "약초를 써서" 그 상흔을 지웠다고 주장하며, 마르틴이 겁에 질린 노새에게 얼굴을 차여 생겼다고 주장하는 그 흉터는 그때 남은 것이라고 증언했다. 이 주장이 진실이든 진실이 아니든, 법정에 서 있던 젊은이, 즉 갈색 피부에, 스페인인 평균보다 키가 조금 작고, 스페인에서의 가사 및 밭일로 강건한 육체를 가지게 되었으며, 아마도 살라사르에게서 돌려받았을 평범한 양모 옷을 입고 있는 그 젊은이의 양쪽 뺨에는 정말로 흉터가 있었다. 오른뺨에는 선명한 "V" 자가 있었고, 왼뺨에는 희미한 짙은 갈색의 상흔이 남아 있었다. 그러나 그것들은 식민 세계에서 인디저너스들이 날마다 겪어야 했던 폭력으로 생겼을 것이다.

살라사르는 그 낙인이 식민지의 관습과 관행에 따라서 찍힌 것이라고 주장했고,* 그를 지지하는 일련의 사람들 역시 마르틴의 낙인은 누에바에스파냐에서 노예가 된 사람들의 그것과 비슷하다고 증언했다. 심지어 증인 중 한 사람인 로페 데 사베드라는 "올바른 생활을 하는 사람"의 얼굴에는 그런 글자들을 새길 수 없다는 이유로 마르틴이 틀림없는 노예라고 주장했다. 법원은 도덕성보다는 합법성을 더 중시했고, 1537년 마르틴이 자유인이라고 선언했다.

로페 데 사베드라의 주장을 비웃기라도 하듯이, 당시에는 "올바른 생활을 하는" 무고한 많은 어른과 아이들의 얼굴에 낙인이 찍혔다. 양측의 증인들에게 살이 타는 공포스러운 소리는 매우 일상적이었다. 그러나 16세기 사람들에게 낙인찍기가 흔한 일이었다고 하더라도 자유를 갈망하는 노예들에 대한 보복으로서 이용되었다는 점에서 낙인은 본질적으로 폭력적이었다. 노동자들이 법원에 자유를 청하기 시작하자 소유주들은 서둘러서, 그리고 불법적으로 "자기 소유"의 인디오들에게 낙인을 찍었다. 멕시코의 파누코 출신인 디에고는 1534년 자신의 여주인이 얼굴에 낙인을 찍고는 "'세스테리아 지역의 세비야 주민 이네스 카리요의

---

* 이는 사실일 가능성이 매우 높지만, 그렇다고 그것이 합법인 것은 아니다.

노예'라고 새겨진 목줄을 매주었다"고 무역 사무소에 신고했다. 세스테리아는 지역 바구니 생산업자 길드명을 따서 부른 별칭으로, 오늘날에는 아레날 지역으로 불린다. 이 지역은 과달키비르 강을 따라 위치한 활기찬 동네로, 도시 경제의 기반은 선박에 물건을 대는 것이었고, 주민 대부분이 이에 종사했다.

디에고는 멕시코 만 파누코 강 유역, 즉 오늘날의 베라크루스 지역 출신이었다. 스페인인들이 도착하기 전까지 우아스텍인들이 지배권을 쥐고 있던 이곳에서는 다양한 언어와 문화가 꽃을 피우고 있었다. 유럽인들의 침략 이전에 태어난 디에고는 다른 대부분의 사람들과 마찬가지로 우아스텍어나 나우아틀어를 사용했겠지만, 파메, 과치칠레, 올리베, 알라킨, 마고아코, 메코 혹은 마익시타 등의 언어를 사용했을 수도 있다. 우아스텍 지역 북부에는 10만 명이 넘는 사람들이 살고 있었지만, 코르테스와 그의 인디저너스 동맹군이 테노치티틀란을 함락시킨 이후 약탈당했다. 연대기 편찬자인 페르난도 데 알바 익스틀릴오치틀에 따르면, 그들은 "며칠 사이에 모든 것을 파괴하고 수많은 인디오들을 살해했다."* 침략자들은 곧바로 이 지역에서 잡힌 인디저너스 포로들을 불법으로 밀매하기 시작했다. 1529년의 공식 보고서에는 "수말과 암말, 그리고 다른 이윤의 대가로서 노예를 데려오는 일은 적절한 조치였다"고 노골적으로 적혀 있다.45

디에고는 초기의 이러한 아비규환에서 살아남았지만, 파렴치한 스페

---

* 비록 카스티소castizo(3/4 백인)였지만, 익스틀릴오치틀은 텍스코코와 테노치티틀란의 귀족 가문의 직계 후손으로, 자신의 저술에서 혈통의 중요성을 강조했다. 이는 테노치티틀란의 몰락과 연이은 누에바 에스파냐의 "안정화"에서 인디저너스들이 어떤 역할을 했는지에 관한 주요 사례가 되었다.

인인들에게 꾀여 배에 실렸다. 어느 오후 파누코에서 크리스토발 산체스라는 사람을 만나 배에 갇힌 뒤 카스티야 지역까지 끌려간 것이다. 그 후로 디에고는 줄곧 식탁에서나 곁에서나 크리스토발과 그의 아내 이네스 카리요의 시중을 들게 되었다. 어느 날 그가 자신의 자유를 주장하자, 이네스는 그의 얼굴에 낙인을 찍으라고 명령했다. 자신의 주장을 펼치는 인디저너스 노예들은 명백한 약자였다. 디에고가 자신의 자유를 요구했을 때, "그들은 내게 낙인을 찍고, 노예로서 함부로 대했다." 그러나 디에고는 "나는 노예가 아니다"라고 주장했다. 이런 끔찍하고 불법적인 대우에도 불구하고 1534년 8월 18일, 판사는 디에고에게 보석금을 내고 이네스에게 돌아가라고 명령했다. 디에고는 즉시 항소했다. 이네스가 자신을 "폭력적으로 7-8년이나 소유했고", 노예로서 소유하고 있음을 증명하지도 못했는데 어떻게 그들이 정당하다고 할 수 있느냐며 따졌다. 디에고는 "나는 이네스 카리요에게 속하지 않았고, 그러기로 동의한 적도 없다"며 탄원했다. "그녀가 저를 증오하고 제게 악의를 품고 있는 것은 확실합니다. 그 집에는 포르투갈 사람도 한 명 있는데, 그는 저를 함부로 대하고 제 목에 올가미를 씌워서 뽕나무에 매달려고 했습니다." 그러나 이러한 모든 "악질적인 범죄와 잘못", 그리고 그 익명의 "포르투갈인"이 "나를 해치거나 죽일지도 모른다"는 공포에도 불구하고, 디에고는 이네스의 집으로 돌아가야 했다. 생각해보면 이는 매우 이상한 판결이었다. 이네스 측 증인들은 이제까지 디에고가 파누코 출신이며, 그가 그곳에서 노예가 되었으리라고 주장했는데, 그 근거는 자신들이 배에 실려와서 팔리는 인디오들을 보았다는 것뿐이었다. 그들의 주장은 당시 인디저너스들을 사고파는 거대한 불법 거래가 자행되고 있었음을 전제로 한다. 판사가 왜 디에고를 이네스에게 돌려보내기로 판결했는지 우리로서는 알 수 없지만, 이 시점에서 디에고는 무역 사무소의 관리인 후안 데 아란다에게 도움을 청했다. 이는 매우 현명한 결정이었다. 아란다는 마젤란의 세계 일주에 참가한 적도 있는 경험 많은 행정가로, 디에고에게 유리한 증언을 해준 다수의 증인들을 물색해주었다. 또한 아메리카에서 세비야에 도착하는 선박의 조사관인 후안 데 카르데나스를 디에고의 변호인으로 고용해주었다.*

디에고가 자유를 얻기 위해서 재판을 시작한 지 거의 1년 만인 1535년 4월 16일, 재판정에서 변론을 하던 후안 데 카르데나스는 판결이 날때까지 디에고가 이네스의 집에서 나와 지낼 수 있게 조처해달라고 요청했다. "앞서 언급한 대로, 이네스 카리요와 그 집에 머무는 포르투갈인은 디에고에게 매우 심한 대우를 해왔으며, 지금도 그러합니다. 그들은 디에고를 때리고, 내쫓고, 벌거벗기고, 굶어 죽도록 방치했습니다." 이는 정말이지 인상적인 장면이다. 한 인간이 잔혹함에 무릎을 꿇은 상태에서도 그의 소유주에게 맞서서 자유를 주장하고 있는 것이다. 그 "포르투갈인"은 다른 증인인 안톤 가르시아 에스파르테로의 증언에서도 디에고를 주로 학대하는 인물로 묘사되었다. 그의 하인 후안도 같은 이야기를 했다.

> 어느 날 인디오 디에고가 수레에 나무를 싣고 자기 집 앞에 있는 푸에르타 데 트리아나로 끌고 갔어요. 그 포르투갈인이 이네스 카리요의 집에 있더군요. 그는 디에고에게 수레에서 나무를 빨리 내리지 않는다

---

* 어떤 독자는 이 사람이 1520년에 두 척의 작은 범선을 카리브 해에 보내 금, 보석, 진주, "노예"를 "구하는" 데 허가를 받은 그 후안 데 카르데나스와 같은 사람인지 궁금할지도 모르겠다.

면서 소 치는 막대기로 디에고를 심하게 때렸어요. 결국 디에고가 쓰러지자, 다른 사람들이 와서 그 막대기를 빼앗았지요. 그 사람들이 보기에도 너무 심했던 거죠. 인디오 디에고는 소동이 잦아들고 나서야 소 치는 막대기를 돌려받고 수레를 끌고 갔어요.

이런 설득력 있는 증언들과 고통에 찬 모습 덕분에 디에고는 마침내 이네스 카리요의 손아귀에서 벗어났다. 그러나 그 기간은 매우 짧았다. 5월 12일로 예정된 재판에 출두하기 전에 그녀가 자신의 "노예"가 실종되었다며 판사 앞에 섰기 때문이다. 당시 디에고는 무역 사무소에 숨어 지냈던 것으로 보인다. 아마도 판사들이 그에게 일종의 보호 감독을 실시해야 한다고 판단했던 듯하다. 이네스는 디에고를 즉시 돌려달라고 요구했지만, 그녀에 대한 신뢰가 거의 바닥났던 판사들은 이네스에게 그녀가 행한 선행을 증인을 통해서 증명하라고 명했다. 그러자 그녀를 지지하는 일련의 증인들이 디에고가 말을 잘 듣지 않았으며, 매우 게을렀고, "수치심도 없고 배은망덕한" "인디오 노예yndio esclavo"였음을 강조하며 그녀가 그를 혼낼 만했다고 주장했다. 또한 증인들은 이네스가 그에게 "다른 노예들과 같은" 대우를 했으며, 먹여주고, 입혀주고, 필요한 것을 제공하고, "이유 없이" 나쁜 대접을 하지는 않았다고 강조했다.* 디에고에게는 감사하게도, 여러 번의 항소와 반대 항소 끝에 이 사건은 마침내 여왕의 관심을 끌었다.** 그리고 1535년 10월 15일, 여왕은 그가 자

---

* 이네스의 주장을 조금만 깊게 생각해보면, 합법적으로 노예가 된 이들에 대해서 허용된 "적절한 처벌"에도 학대의 여지가 매우 많았음을 알 수 있다.
** 혹은 여왕의 대리인이었을지도 모른다. 후아나 여왕(광녀狂女 후아나라고도 알려졌다)은 1516년부터 표면적으로는 정신병을 이유로 구금되어 있었기 때문이다.

유인이라고 선언했다. 인디오인 디에고는 법적으로 노예가 될 수 없다는 판결이었다. 11월 4일이 되자 마침내 판사는 판결을 확정했고, 12월 23일 인디오 위원회가 최종 판결을 내렸다. 10년간의 노예생활과 2년에 걸친 재판 끝에, 디에고는 마침내 자유인이 되었다.[46]

이 기록은 디에고의 상황을 상당히 상세한 부분까지 알려준다. 그러나 우리는 많은 사람들이 고향을 떠나 낯선 나라에서 낯선 이들에게 굴종하도록 강요받은 상황을 상상해볼 뿐이다. 메소아메리카 지역에서 인디저너스들이 알던 노예란 단지 삯을 받지 않고 일하는 사람이었다. 따라서 인간으로서의 모든 권리를 박탈당하는 상황은 그들에게 큰 충격을 주었을 것이다. 우리가 가진 자료는 노예가 됨으로써 당사자들이 받은 정신적 충격은 물론 노예로서의 경험 자체에 대해서도 거의 알려주지 않는다. 스페인 제국에서 대부분의 시기에 인디저너스의 노예화는 불법이었기 때문에, 그 희생자들은 기록에 거의 나타나지 않는다. 그들은 사회에서나 역사에서나 거의 보이지 않으며, 따라서 그 규모가 어느 정도였는지도 추정할 수 없다. 안드레스 레센데스도 지적했듯이, 인디저너스 노예화는 "법적 근거가 없었기 때문에, 아프리카 노예와는 달리 공식적으로 폐지할 수 없었다." 이는 희생자들을 법적으로도 복잡한 상황으로 몰아갔다.[47] 인디저너스들을 명료하게 해방시키지 못한 일은 19세기 내지 20세기까지 여러 형태의 강제 노동이 잔존하는 기이한 결과를 낳았다.

16세기에 인디저너스의 인신매매 및 여행이 금지되자 노예상들은 거짓말을 하고, 자신들의 행동을 공식 기록에서 생략하거나 얼버무렸다. "loro(중간색, 갈색)", "blanco(흰색)", "loro casi negro(매우 어두운 갈색)" 등의 표현이 인디저너스를 지칭하는 데 사용되었다.[48] 노예화된 인디저너스의 노동은 엔코미엔다encomienda(위탁)나 레파르티미엔토repartimeinto(분배), 혹은 단순히 에스클라보escalvo(노예) 등과 같은 은유적인 용어로 대체되어 왕의 가신으로서 인디저너스가 누릴 수 있는 권리를 불명확하게 만들었다. 이런 강제 노동의 여러 형태들 간의 차이를 구분하는 것은 중요하다. 각각이 서로 다른 권리와 의무를 가지기 때문이다. 그러나 누구든 노동을 강요받고 이를 거부할 자유가 없다면, 실질적으로 노예가 된 것이다. 이처럼 "다양한 형태"의 노예제도의 희생자가 된 수많은 인디저너스들은 의도적으로 감춰졌고, 공적인 시야로부터 은닉되었다. 이는 우리가 이용할 수 있는 자료에서도 마찬가지이다.

  인디저너스 노예의 존재를 은폐하려는 의도적인 시도는 법적 조작을 통해서 더욱 교묘해졌다. 1561년, 누에바 에스파냐 출신의 요리사였던 크리스토발은 자신을 이사벨 데 피놀레테 부인으로부터 해방시켜달라고 법정에 호소했다. 피놀레테 부인은 크리스토발이 서인도 제도가 아니라 인도 출신이기 때문에 인디오의 자유에 관한 법의 보호를 받을 수 없다고 주장했다. 이는 16세기의 매우 흔한 형태의 변론으로, 우리는 스페인인들이 그 희생자가 포르투갈의 식민지인 브라질이나 말루쿠 제도("향신료 섬"이라고 불리던 몰루카 제도) 출신이기 때문에 "합법적"인 노예라고 주장한 기록을 종종 볼 수 있다. 이 사건을 위해서 크리스토발은 자신이 멕시코 출신임을 증언해줄 여러 명의 증인들을 내세웠다. 인디오 위원회의 변호인이었던, 매우 영향력 있고 카리스마 넘치는 법률가 프란시스코 에르난데스 데 리에바나가 증인들을 찾는 데 도움을 주었다. 목격자들은 "그의 얼굴, 머리카락, 두상만 봐도 그가 누에바 에스파냐 출신임을 알 수 있다"고 증언했다. 크리스토발이 인디오처럼 생겼기 때문에 인디오라는 말이었다. 피놀레테 부인의 증인들은 크리스토발이 스페인 관할령이 아닌 포르투갈령에서 노예가 되었다고 우겼지만, (크리스토발의 막강한 변호인의 영향을 받은 것이 분명한) 법정은 크리스토발의 손을 들어 그를 자유인으로 선언했다.49

정체성은 매우 중요했다. 정말로 너무 중요해서, 노예 소유주들은 기록에서도 그들을 지우려고 했다. 톨레도 시내에 있던 유명한 대장간에서 칼을 만들던 페드로 데 에르모시요는 법정에 자신의 "노예" 헤로니모를 "인디오"라고 칭하지 말라고 요구하기도 했다. 사건 전체에서 "인디오"라는 명칭의 타당성 여부가 매우 중요한데, 헤로니모를 "인디오"라고 확정해서 부르는 것은 옳지 않다는 말이었다. 헤로니모는 자신이 누에바 에스파냐 출신이기 때문에 "포로가 될 수 없다"고 주장한 반면, 에르모시요는 그가 아프리카 노예와 스페인 사이의 혼혈인 "물라토"로, 포도주로 유명한 도시인 헤레스 데 라 프론테라에서 태어나 말라가에서 성장했다고 주장했다. 이 사건은 노예가 된 이들 사이에 형성된 소통 창구를 엿보게 해준다는 점에서도 흥미롭다. 에르모시요는 헤로니모가 "누가 이야기하기를 그곳에서 태어난 인디오에게는 자유를 준다더라"며 자신이 자유인임을 주장했고, 실제로는 아메리카 원주민이 아니면서 자신을 고소했다고 주장했다. 인디저너스들이 차츰 자유인으로서 자신들의 권리를 알아간 것이다. 공적 조사에 관한 소문, 법의 심판을 받은 노예 소유주의 소식 등은 전국으로 퍼져나갔다. 자유를 되찾은 사람들이 거리를 활보하고 다니며 새로 찾은 자유를 마음껏 과시했다. 1558년, 베아트리스라는 이름의 멕시코 여성과 그 여섯 자녀가 20년간의 노예생활 끝에 마침내 자유를 되찾았을 때, 법원은 그녀가 어째서 1542년의 신법이 공표된 이후에 무역 사무소를 찾아가 자유인임을 주장하지 않았는지를 궁금해하기까지 했다. 그녀가 자신의 권리를 알고 있었던 것이 확실한가 싶었던 것이다. 베아트리스와 그녀의 증인들은 그녀가 자유인임을 진즉부터 알고 있었지만, 자신의 생활에 만족했다고 증언했다. 그러나 주인이 그녀의 아들을 다른 이에게 팔려고 하자, 그녀는 20년간의 노예생활 끝에 자신이 법적으로도 자유로운 지위를 지녀야 할 필요성을 느꼈다.*50

그 재판의 진실이 무엇이었든, 헤로니모는 앉아서 기다릴 사람이 아니었다. 1560년 5월, 에르모시요의 집을 방문한 왕실 변호사 크리스토발 데 산 마르틴은 헤로니모가 "귀뚜라미"처럼 발목에 족쇄를 찬 채 무릎을 벌리고 꿇어 앉아 있는 것을 발견했다. 에르모시요는 그것이 헤로니모가 도둑질을 해댔기 때문에 이를 막기 위한 조치였다고 주장했다. 크리스토발이 원고가 법정에 출두할 수 있도록 족쇄를 풀라고 명령하자, 헤로니모는 곧바로 "몇 가지 물건들"을 훔쳐 달아났다. 헤로니모는 톨레도에서 프랑스와의 국경까지 도망쳤지만, 2주일도 채 되지 않아 고원의 요새 도시인 이타에서 체포되었다. 이타의 시장市長은 "외모가 불량하다"는 이유로 헤로니모를 체포하라고 명령했다. 작은 마을에 나타난 그 낯선 이는, 그 마을에서는 드문 "삶은 모과" 같은 검붉은 피부색에 뺨에 낙인까지 찍혀 있었다. 마을 사람들이 헤로니모에게 자유인인지를 자꾸 묻자, 그는 자신이 콘차 가에 사는 페드로 데 에르모시요의 고용인이라고 밝힐 수밖에 없었다. 몇몇 군인들은 이타로 가는 길에 있는 과달라하라에서 헤로니모와 마주쳤는데, 그가 자신들에게 프랑스로 안전하게 가

---

* 낸시 반 듀센은 이것이 결정적인 순간이었을 수 있다고 주장한다. 베아트리스는 자유인 소송에서 패소했지만 그녀의 딸 카탈리나가 가족의 법적 투쟁을 지속해나갔기 때문에 사후에 자유인이 되었다.

는 방법을 물어봤다고 증언했다. 헤로니모의 출생이 어떻든, 헤로니모는 확실히 법원이 자신에게 자유를 주리라고 믿지 않았다. 따라서 그는 직접 자유를 쟁취하려고 결심했던 것 같다. 그가 원하는 바를 얻었는지는 우리로서는 알 수 없다.

헤로니모의 사례는 인디저너스의 권리에 관한 인식이 노예가 된 사람들 사이에서 얼마나 널리 퍼져 있었는지를 보여준다. 또한 그 권리가 그것을 이용할 능력이 있었던, 혹은 그것을 기회 삼고자 했던 이들에게 한 줄기 빛과 같은 것이었음을 잘 보여준다. 한편 이 사례는 원주민의 정체성이 지워지는 방법도 비극적으로 잘 보여준다. 헤로니모의 소송에 관한 기록에서 표면적인 사실 하나는 실제로 매우 치명적인 단서를 내포하고 있다. "원고인 칼 대장장이 페드로 데 에르모시요가 그의 안타오 노예 헤로니모의 해방과 관련해 제기한 소송의 변호를 [왕실] 변호사가 맡았다……."⁵¹ 헤로니모가 스스로를 인디저너스라고 주장했음은 이 기록에 글자 그대로 남아 있다. 만약 노예가 된 사람이 자신이 인디저너스임을 내세워 자유인임을 주장하다가 패소하면, 법원의 판결은 그들을 인디오indio/인디아india가 아니라 노예escalvo/escalva라고 기록했다. 그들의 정체성은 그들의 권리와 함께 삭제된 것이다.

2
중재자들

인디저너스와 침략자들의 직접적이고 상세한 대화를 기록한 보고서를 읽다 보면, 그들 사이에 있었을 언어적 장벽을 놓치기 쉽다. 유럽인들의 기록은 유창한 연설과 복잡한 협상 등을 자신 있게 기술하면서 서로 상대방이 무엇을 이야기하는지 거의 혹은 전혀 알아듣지 못하는 상황이었음은 언급하지 않는다. 물론 이렇듯 놀라운 확신은 문학적 상상력의 결과일 수도 있다. 코르테스와 목테수마 황제가 주고받은 웅장한 연설들은 상대방을 거만한 지도자로 자리매김하는 전통적인 장면을 연상시키는데, 이는 사실이라기보다 독자의 기대에 맞춘 상상의 산물이다. 언어적 장벽은 식민주의자들에게는 오히려 좋을 수도 있었다. 상대방이 내가 하는 말을 알아듣지 못하면, 그가 모든 것에 동의했다고 주장하기가 용이해졌기 때문이다. 식민화와 관련된 설명은 보이는 대로 창작되고는 했다. 스티븐 그린블랫에 의하면 "유럽인과 그들의 통역사는 자신들이 이해한 대로 그러한 조각들을 번역했고, 혹은 자신들이 이야기의 맥락을 이해했다고 생각했으며, 이야기가 그들이 실제로 들은 그대로라고 쉽게 믿었다."[1]

그러나 이러한 대화들 중 많은 것들은 우리의 생각만큼 이해하기 어렵지 않았다. 교류는 일찍이 1493년부터 중재자들 덕분에 원활하게 이루어졌다. 대개는 인디저너스였고 가끔 유럽인이기도 했던 이 중재자들은 두 세계 사이에서 의사소통과 문화적 교류의 통로로 일했다. 사람들이 서로 다른 언어로 말하는 상황을 면밀히 살펴보면, 그들은 부재함으로써 선명해진다. 가령, 그때 그 사람들은 서로를 어떻게 이해했을까? 그 사건의 한가운데에는 또다른 누군가가 분명 존재하지만, 그들은 전혀 보이지 않는다. 그들은 상호 작용의 과정에서 필수적이지만, 기록에는 절대 드러나지 않는다. 이 장에서는 이러한 사이 공간, 즉 유럽인과 인디저너스 사이에, 언어와 문화 사이에, 그리고 보이는 것과 보이지 않는 것 사이에 존재했던 인디저너스들의 전형을 다룰 것이다. 그들은 언제나 배경에 존재했고, 사이에 끼어 있었다.

기록에서는 잘 드러나지 않지만, 중재는 양측 모두에게 매우 중요했다. 제국의 사업을 확장하기 위해서 현지에 관한 지식이 절실했던 유럽인들은 놀랍지 않게도 인디저너스들을 납치했고, 나아가 그들을 통역사로 훈련시켜 활용하고자 했다. 콜럼버스가 카리브 해에 도착했을 때 처음 한 생각 중 하나도 인디저너스 몇 명을 스페인으로 데려가서 "스페인어를 배우게 해야겠다"는 것이었다. 콜럼버스의 주장에 따르면, 그가 처음으로 카리브 해에서 "강제로" 데려온 원주민들은 스페인어를 매우 빨리 배워서 몇 달 만에 말과 몸짓으로 매우 효과적인 의사소통을 할 수 있게 되었다.[2] 인디저너스들과의 조우에 관한 유럽인들의 설명에서 인디저너스 중재자를 납치했다는 내용은 매우 빈번하게 등장한다. 여기에는 탐험가와 식민주의자들이 자신들의 목표를 위해서 "조력자"를 얻으려고 저지른 우발적인 폭력 또한 부주의하게 묘사되어 있다. 반면 인디저너스들이 그러한 납치를 어떻게 느꼈을지에 관한 기록은 거의 없는데, 1807년에 기록된 어느 인디저너스의 구술口述은 오늘날의 미국 메사추세츠 주인 왐파노아그 지역에 영국 배가 도착한 상황을 다음과 같이 증언하고 있다.

> 지난 몇 세대 동안 전해진 인디언 구전에 따르면, 한 무리의 백인들이 강에 새 한 마리를 타고 도착했대. 그 백인들은 인디언들을 인질로 잡아서 그 새로 데려갔어. 그러고는 물을 길러 가까운 샘에 들렀지. 그때 인디언들이 그 샘에 들이닥쳐서 백인들을 모조리 죽여버렸어. 그 난리법석 속에서 그 새가 천둥 번개를 마구 내뿜었어. 그 사이에 인질로 잡힌 사람들은 새에서 도망을 나왔지. 그 샘을 지금은 흰 샘White Spring 이라고 부르는데, 거기서 시냇물이 흐르거든. 그 시내를 그 사건 이후로 백인천White Man's Brook이라고 불러.3

다른 많은 인디저너스 인질들과는 달리, 이 "인디언들"은 가까스로 도망쳐 멀리까지 납치되지 않았다. 그러나 침략자들이 동부 삼림 지대의 문화 및 신앙에서 중요한 상징인, 종종 사람을 잡아간다는 거대한 새로 묘사되었다는 점은 그들의 행동이 인디저너스들에게 어떻게 인식되었는지를 잘 보여준다.

콜럼버스가 납치한 타이노인 중에는 우리가 세례명인 디에고 콜론으로만 아는 한 젊은이가 있었다. 디에고는 콜럼버스를 만났을 때 어린아이였으며, 콜럼버스의 아들과 같은 이름을 가지게 되면서 그와 긴밀한 유대, 즉 과티아오guatiao(우정 또는 형제애)를 형성하게 된 것으로 보인다.4 타이노인들은 "과티아오"를 친족이나 동맹 사이에서 유대를 형성하기 위한 의식으로 사용했다. 이름을 교환하는 과티아오 의식은 그들을 "영원한 친구이자 형제"로 묶어주는 것으로, 카리브 해 발견 초창기 인디저너스 사회를 이해하는 데에 매우 핵심적이다. 1503년, 스페인인과 타이노인 사이에 벌어진 며칠간의 격렬한 히스파니올라 섬 전투 끝에 휴전 절차로서 과티아오 의식이 거행되었다. 원주민은 유럽인의 예상과는 달리 수동적인 수용자가 아니었다. 그들 역시 관계를 성립해나간 것이다. 그러나 인디저너스의 의식을 행하는 바로 그 과정에서도 스페인인은 영향력을 발휘했다. 타이노인의 관습과 달리, 인디저너스는 스페인인의 이름을 받은 반면, 스페인인은 인디저너스의 이름을 받았다는 흔적이 없다. 이름을 받아들이는 의식에서 계층적인 관계가 형성된 것이다.5 이와 관련해서 우리는 스페인인들이 과티아오 의식을 통해서 사람들을 자신들의 관계망으로 끌어들이려고 했다고 생각할 수도 있고, 혹은 반대로 원주민들이 과티아오 의식을 통해서 이 강력한 새 침략자들에게 자신들의 영향력을 확장하고자 했다고 생각할 수도 있다. 이 모든 것은 결국 관점의 문제이다. 스페인인의 입장에서, 이는 인디저너스가 스페인인 가족으로 "입양되는" 가부장적인 행위였다. 그러나 이는 또한 두 세계의 조우 이전에 존재했던 인디저너스식 친족관계와 입양 관행이 반영된 조치이기도 했다. 그러한 맥락에서 스페인인의 타이노식 이름이 기록에 없는 것은 단순히 모든 기록이 스페인어로 이루어졌기 때문일지도 모른다.* 어쨌든 콜럼버스의 아들과 같은 이름을 사용하게 된

---

* 인디저너스식 이름을 받은 사례는 다른 곳에서 종종 발견된다. 한 예로 수도사 토리비오 데 베나벤테는 인디저너스들로부터 "모톨리니아"라는 이름을 받았는데, 이는 나우아틀어로 "불쌍한 사람"이라는 의미였다. 아마도 그들은 그 프란시스코회 사제

일은 디에고 콜론과 콜럼버스의 관계를 실질적으로 이어주었다. 그리고 이는 디에고 콜론의 나머지 인생 여정에 매우 큰 영향을 미쳤다.

　유럽에 발을 내디딘 최초의 인디저너스들과 마찬가지로, 디에고도 긴 항해에서 건강하게 살아남은 소수에 속했다. 당시 인디저너스 사이에서는 전염병이 창궐했고, 그중 대부분이 목숨을 잃었다. 전염병에 면역이 없는 데다가 유럽의 침략으로 약해지기까지 한 원주민 수백만 명이 사망했다. 무슨 이유에서인지 디에고는 자신의 동포를 매섭게 공격했던 세균들을 견뎌냈고, 자신의 과티아오 아버지 콜럼버스 및 형제와 매우 친밀해졌다. 왕실에 정통한 역사학자 순교자 피터에 의하면, 그는 "[콜럼버스의] 자녀들과 함께 자랐고, 그의 전담 통역사가 되었다." 1495년 2월 26일, 콜럼버스는 왕에게 자신의 가장 최근의 업적을 적어 보내면서 "제가 카스티야로 데려온 이들 중 한 명인 이 인디오는 이미 우리 말을 매우 잘합니다"라고 했다. 당시 디에고는 이미 경험 많은 탐험가로서 대서양을 횡단하는 고된 여행을 네 차례나 겪었고, 타이노인들을 상대로 콜럼버스에게는 그들을 해칠 의도가 없다는 점을 설득한 바 있었다.

　콜럼버스가 디에고를 "아기일 때부터" 키웠다는 순교자 피터의 주장은 과장일 것이다. 그러나 그는 확실히 콜럼버스 가문의 일원이 되었다. 카리브해로 돌아갔을 때, 디에고는 자신의 과티아오를 역으로 이용해 섬에서 입지를 다졌다. 콜럼버스와 "좀더 긴밀한 친선관계"를 맺고자 한 카시케 과리오넥스의 누이와 결혼한 것이다.6 안타깝게도 디에고의 아내에 대해서는 거의 알려진 바가 없다. 다만 1493년 콜럼버스가 두 번째 항해를 마치고 스페인으로 돌아갔을 때, 디에고가 히스파니올라 섬

의 소박한 옷을 보고 이름을 이렇게 지은 듯하다.

에 남기로 결정했던 이유 중의 하나이리라고 추정해볼 뿐이다. 그로부터 약 10년 후에, 디에고는 다시 한번 대서양 횡단 여행을 감행했던 것으로 보인다. 한 기록에 따르면 3명의 카시케가 스페인으로 여행을 했는데, 그 카시케들과 동행한 그들의 아들 중 한 명이 디에고 콜론이라는 이름의 소년이었다고 한다. 콜럼버스가 입양했던 타이노인 "아들"이자 통역사였던 그 디에고가 자기 아들을 데리고 여행한 것인지는 확실하지 않다. 그러나 아버지 디에고(그와 함께한 나머지 두 카시케는 여러 난관을 겪다가 스페인에서 사망했다)가 히스파니올라로 돌아온 1505년에 그의 아들 디에고가 왕실에 남아 왕실의 후원으로 교육도 받고 생활도 하게 되었다는 점을 보면, 이는 가능성이 높은 가정으로 보인다. 보고서에 의하면, 루이스 데 카스티요 신부가 카시케의 아들인 "인디오 디에고를 양육하고 교육하는 명목으로 8,000마라베디라는 상당한 연봉을 받았으며……총독은 우리의 신성한 믿음을 가르치기 위해서 그를 관리들에게 보냈다"고 한다. 그들은 또한 그 돈의 절반 정도를 그의 옷을 구입하는 데 썼는데, 이는 매우 큰 금액이었다. 아마 유럽식 신발, 모자, 셔츠 등 고급스러운 의복을 구매했던 것으로 보인다.

아버지와 마찬가지로 어린 디에고도 스페인 문화에 동화되었다. 이는 인디저너스 귀족들의 권력 전술이기도 했지만, 원주민들이 기독교를 통해서 "문명화"될 수 있음을 보여주려는 유럽 권력계층의 의도적인 식민화 전술이기도 했다. 무역 사무소의 법령집을 보면, 그들은 이 젊은 귀족들에게 신앙의 중재자로서의 잠재력이 있음을 잘 알고 있었다. 1505년 8월, 국왕은 "기독교로 개종한 인디오 카시케의 아들"에게 영적으로나 세속적으로 필요한 모든 부분을 잘 돌봐주라고 명령했다. 그들은 그렇게 하면 "하느님께서 기뻐하실 무렵에 그가 이곳 유럽을 떠나 히스파니올라로 돌아가서……인디오들이 이곳에서 얼마나 좋은 대접을 받았는지를 기억할 것이며, 신앙과 관련된 일들을 더욱 친근하게 느끼리라"고 생각했다.7

그러나 불행히도 어린 디에고는 스페인에서 병에 걸려 그를 향한 국왕의 (그리고 그 아버지의) 열망을 끝내 실현해주지 못했다. 그는 1505년 심각한 병(갑상선종의 일종이었던 것 같다)에 걸렸다가 잘 이겨냈지만, 이 병 때문에 몸이 쇠약해져서 1506년 8월 세비야의 가르시아 산체스 데 라 플라사라는 사람의 집에서 눈을 감았다. 그는 디에고가 병을 앓았던 두 달 동안 그의 병간호 비용을 부담한 사람이었다. 디에고의 부모가 이 비극적인 소식을 알게 되기까지 얼마나 걸렸을까? 바로 다음 선단이 카리브 해에 도착했을 때 그 소식을 들었을까? 디에고가 병상에 누워 있는 동안 콜럼버스의 가족들이 병문안을 갔을까? 그는 형식적인 치료만 받다가 죽었을까? 아니면 그가 죽는 순간까지 그 끈끈한 과티아오 관계가 유지되었을까?

아버지 디에고는 아들이 죽은 후 10년 정도를 더 살았다. 스페인인으로 간주되었던 그는 토지와 그 토지에서 일할 인디저너스 "노동력"도 하사받았다.8 그러나 분명 강한 면역력을 지녔을 이 강건한 통역사도 사망 당시 30대에 불과했다. 그는 16세기 인디저너스 마을들을 강타했던 유럽의 질병들 중 하나에 걸려 목숨을 잃은 것으로 추정된다. 1518년, 아메리카의 카리브 해 지역에서 처음으로 천연두가 발병했다는 기록이 남아 있다.9 이 병원균은 아메리카 내륙에 당도하자 인류 역사상 가장 파괴적인 전염병이 되었다. 나우아틀어로 코콜리스틀리 cocoliztli라고 불린 이 병은 역사상 가장 높은 치사율을 기록했다.10 유전학 덕분에 인구와 전염병 간의 역사적 변화에 대한 이해가 깊어지고 있기는 하지만 통계는 어디까지나 추측에 불과하며, 목숨을 빼앗기는 일은 분명 재앙이었다. 코콜리스틀리는 아메리카에서 유행한 것으로 알려진 첫 전염병이었고, 이후 독감, 홍역, 콜레라, 장티푸스, 열병 등이 연달아 창궐했다. 전염병들의 연이은 대유행은 1600년대 초반까지 아메리카 인디저너스 인구의 절반 정도를 죽음으로 몰고 갔다. 왐파노아그에서는 이를 "거대한 죽음Great Dying"이라고 불렀다.[11]

외래 바이러스에 대한 선천적 혹은 후천적 면역이 전혀 없었던, 소위 "순수한 인구"에게 도래한 치명적인 질병은 아메리카 역사에서 가장 위협적인 결과를 초래했다. 그러나 이는 비단 아메리카에만 해당되는 이야기는 아니었다. 대서양을 건넌 수많은 인디저너스도 동포들이 겪은 이 파괴적인 질병들을 목격하거나 경험했을 것이다. 즉 유럽에 거주한 원주민 남성, 여성, 어린아이들 역시 상당수가 이러한 질병들로 고통받고 사망했을 것이다. 이는 대서양을 가로질러 나타난 재앙으로, 멀리 떨어진 곳뿐 아니라 유럽인의 바로 옆에서도 일어난 일이었다.* 프랑스의 탐험가 자크 카르티에가 이로쿼이족의 정착지인 스타다코나(오늘날의 퀘백)에서 납치한 10명의 인디저너스 중 9명은 도착한 지 몇 년 되지 않은 1536년에 브르타뉴 지역에서 사망했다. "살아남은 이는 겨우 열 살 정도 된 소녀 한 명뿐이었다."[12]

살아남은 인디저너스는 대개 성인 남성이었는데, 그들 중 일부는 대서양의 격동기 초반에 오히려 수익 창출과 번영의 기회를 얻기도 했다. 나

---

* 공평하게도 당시에는 유럽인들도 전염병에 꽤 많이 걸렸다. 전염병의 발생은 흔했고, 이는 종종 불치병이기도 했다. 그러나 유전적 영향과 식민주의로 인한 피해가 결합된 아메리카 지역의 치사율은 비교가 불가능한 수준이었다.

우아어로 네판틀라nepantla, 즉 "사이 공간"이라고 하는 문화들 간의 틈은 이를 이용할 만큼 영리하고 건강한 이들에게 많은 기회를 제공했다. 식민화는 폭력적이고 억압적인 과정을 떠올리게 하고 실제로도 그러했지만, 유럽인들의 전략은 소위 "소프트 파워"에 맞춰져 있었다. 그들은 여행자들이 대서양을 횡단하게 만들었고, 대부분의 여행자들은 앞에서 언급한 2명의 디에고와 같이 젊은 상류층이었다. 유럽의 통치자들은 인디저너스 귀족들을 물질적으로 지원하고 지위를 주는 등으로 일종의 빚을 지움으로써 그들을 자신의 세력하에 두었다. 또한 의도적으로 원주민들(특히 아이들)을 대서양 너머로 데려와서 기독교와 "문명"을 주입했고, 그들을 돌려보내면서 그들이 그곳에서 모범이 되도록 만들었다. 이미 1512년경 (자신의 아버지가 그러했듯) 서인도 제도의 총독이었던 콜럼버스의 아들 디에고는 인디저너스들을 스페인으로 데려가서 기독교 사제로 만든 뒤 다시 카리브 해로 들려보내면, 그들이 "매우 생산적인" 사람들이 되리라고 주장했다. 이러한 계획과 이후의 많은 열망은 인디오의 종교직 부임을 금지함으로써 좌절되었지만, 16세기 초반까지 스페인에서는 아직 유효했고, 놀랍게도 많은 원주민이 수도원에 맡겨졌다.

    프랑스인들도 식민화 초기부터 원주민 중재자들을 전략의 한 부분으로 여겼다. 카르티에는 스타다코나 원주민을 중재자로 활용하고자 조직적으로 납치했다. 1534년, 그는 그 지역의 아고우아나agouhanna(지도자)인 도나코나의 두 아들을 납치했다. 프랑스에서 8개월 이상을 보내며 프랑스의 언어와 생활양식을 익힌 두 젊은이 타이노아니와 도마가야는 기독교 세례의 관습뿐만 아니라 유럽 상품의 가치에 대한 감각도 지니게 되었다(이는 카르티에에게는 매우 성가신 일이었다). 마지못해 고향을 떠났던 이 젊은이들은 1536년에 속아서 프랑스를 재방문했는데, 이번에는 그의 아버지 도나코나를 비롯한 다른 8명과 함께였다. 도나코나는 "자신의 의지"로 프랑스에서 세례를 받은 것으로 추정된다. 1540년, 프랑스 국왕 프랑수아 1세는 카르티에에게 캐나다에서 식민지를 찾아보라고 명령할 때 이미 다음과 같이 중재자의 중요성을 인지하고 있었다. "그 나라에서 다양한 사람들을 데려옴으로써 오랫동안 우리 제국은 이익을 취했다. 우리는 그들에게 신의 은총과 신에 대한 두려움을 알려주고, 성스러운 기독교 교리도 가르쳤으며, 우리의 신성한 신앙을 믿는 그 나라 주민들을 더욱 잘 인도하기 위해, 다수의 선한 의지를 지닌 이들과 함께 그들을 그들의 나라로 되돌려 보냈다."[13]

1516년 7월, 카를 5세는 (출신이 알려지지 않은) 여성 6명과 남성 4명에게 가톨릭의 필수 교리를 배우라고 명령했다. 이는 드문 일이었다. 여성이 포함되어 있는 데다가, 그들의 교육이 세비야 대주교인 디에고 데 라 데사의 소관이었기 때문이다. 도미니크 수도회 소속이었던 그는 종교재판관으로서 유대인과 무슬림을 "개종시킨" 일로 유명한 인물이었다. 그러나 대주교는 그들과 자주 만나지 못했다. 그들 중 일부가 여름철 전염병으로 사망했기 때문이다. 10월쯤 되자 산 레안드로 수녀원에서 지내던 남성 1명과 여성 4명만이 살아남았다. 오늘날 여행객들은 이 소박한 수녀원에 들러서 달콤한 사탕 예마$_{yema}$를 산다. 달걀 노른자로 만든 이 사탕은, 세상을 등진 채 은둔하는 아우구스트회 수녀들의 400년 넘은 조리법으로 만들어진다. 인디오들이 당시 이런 음식을 먹을 수 있었을 것 같지는 않다. 그러나 국왕은 그들을 잘 대접하도록 배려했고, 그들의 의복, 음식, 숙소, 그리고 의료비도 아낌없이 지불했다.[14]

그러한 유지 비용에 관한 청구서는 원주민 수련인들과 관련하여 찾을 수 있는 얼마 없는 증거들로, "그들에게 신성한 가톨릭의 신앙을 잘 가르치라"는 공식 명령과 함께 보관되어 있다. 1526년, 카를 5세는 "가장 능력 있고 이해력이 탁월한(그리고 가능하면 상류층 출신의)" 인디오 20명을 "선구자로서" 스페인에 데려와서 신앙을 가지게 하고, "그들이 다시 고향으로 돌아가 원주민들을 가르치게 하라"는 명령을 내렸다. 그후 원주민 수련인들이 대거 유입되었다.15 가족의 품을 떠나 끔찍한 바다를 건너 멀리 떠나와야 했던 어린아이들이 자신을 데려가는 이의 기대에 부응해야 하는 현실을 어떻게 느꼈을지는 가늠하기 어렵다. 그의 부모들도 그러한 조치를 억지로 따랐을 것이다. 그들의 관점에서 보면, 이는 교육을 위한 여행이라기보다는 인질로 잡혀가는 것에 가까웠다. 이는 특히 귀족 어린이들이 선택되었던 이유이기도 하다. 그럼에도 불구하고, 복음 전파를 향한 가톨릭 교단의 열의를 폄하할 수만은 없다. 비록 근본적으로 폭력적이었다고는 하나, 그들은 원주민을 대하는 방식에 점차 모양새를 갖추었다.

왕실의 기록들을 주의 깊게 살펴보면, 1530년 무렵 적어도 5개의 수도원에 인디저너스들이 거주하고 있었다(이들은 대부분 "어린이"나 "젊은이", 혹은 그냥 "인디오"라고 표기되어 있다). 대부분은 인디저너스 매매의 중심지인 세비야에 거주했고, 도시 전역에서 마주칠 수 있었다. 그들은 산토 도밍고 수녀원, 산타 마리아 데 두에냐스 수도원, 라스 쿠에바스 수도원에서 살았고, 프란시스코 수도회의 모원母院인 산프란시스코 수녀원*에는 히스파니올라 섬에서 온 2명의 인디저너스가 거주했다.16 타이노인으로 추정되는 이 2명의 인디저너스는 최소 4년 동안 프란시스코회 수도

---

* 혼란스럽게도, 여기에서 말하는 "수녀원convent" 및 "수도원monastery"은 보통의 수녀원 및 수도원이 아니라 (떠돌아다니며 구걸하는) 탁발 수도회 및 봉쇄 수도회를 의미한다.

사들과 함께 생활했으며, 국왕이 이들의 경비를 모두 지급했다. 덕분에 살아남을 수 있었으니, 국왕은 그들이 구원에 관한 소문을 퍼뜨리기를 바랐을 것이다. 날마다 경건한 사제들의 삶을 마주했던 이 인디저너스 사절단은 어쩌면 자연스럽게 동화되어 신앙을 가지게 되었을 수도 있다. 혹은 집으로 빨리 돌아가기 위해서 신앙을 가졌을지도 모른다. 실제로 사제단의 일원이 되어 아메리카 대륙으로 돌아간 경우도 있었다. 가령 1532년 3명의 인디저너스(아마도 가톨릭 신앙의 "중요성"을 익힌 젊은 남성들이었을 것이다)는 7명의 프란시스코회 수사와 함께 누에바 에스파냐로 향하는 산타크루스 호에 승선했다. 1580년대에는 "호드리구 드 프레이타스 신부와 함께 리스본에 다녀온 인디오 암브로시오 피레스"도 있었다. 그는 예수회의 브라질 도착을 기념하는 축제 때 아냥가anhangá(사슴의 모습을 한 투피 숲의 신) 역할을 했다고 전해진다.17 포르투갈에서 돌아온 이 사람은 개종인이었을까, 아니면 중재자였을까?

  이렇듯 선교를 맡은 중재자 중에서도 디에고 발라데스는 주목할 만하다. 그는 신부이자 학자로, 세 가지 인디저너스 언어(나우아틀어, 타라스칸어, 오토미어)를 구사했으며, 멕시코에서 프란시스코 수도회에 최초로 입회한 메스티소로 알려져 있다. 1570년 바티칸의 고위직에 오르기 위해 여행할 당시 스페인과 프랑스를 경유한 그는 그곳에서 『기독교 수사학*Rhetorica christiana*』을 완성했다. 이는 멕시코에 복음을 전파하기 위한, 진정한 범대서양적인 작업이었다. 그림도 있고 크기도 작아서 가지고 다니기 좋았던 이 수사학 책은 많은 독자들로부터 인기를 얻었다. 한편 좀 더 논란의 중심에 섰던 인물로는 메스티소 출신 예수회 신부 블라스 발레라가 있다. 그는 인디저너스 문명과 독특한 안데스식 기독교의 용기 있는 옹호자였다. 스페인 정복자와 케추아어 사용자인 원주민 어머니

사이에서 태어난 메스티소인 발레라는 자신의 신앙 때문에 6년간 투옥된 후 (고문으로 인한 골절과 심한 병을 앓는 채로) 스페인으로 추방되었다. 1596년, 인문학 강의를 허가받아 스페인 카디스로 간 발레라는 이탈리아 나폴리에 위치한 예수회 사무소를 방문하기도 했다. 그러나 안타깝게도 그의 주장이 유럽 사회에서 회자되기 시작하던 때에 영국군과 네덜란드 군이 카디스를 점령하면서, 그는 심각한 부상을 입었고 그의 업적은 불타버렸다. 그러나 유럽에서 인디저너스의 기독교는 계속해서 형성되었다.[18]

세비야에서 북쪽으로 약 240킬로미터 떨어진 엑스트레마두라 지역의 시에라 데 라스 비유에르카스 산맥 가장자리에, 과달루페 성모의 성당을 지키는 수도사들과 10여 명의 인디저너스가 살았다. 과달루페 성모를 모시는 이 왕립 수도원에서 예로니모회 수도사들은 하루 8시간에서 14시간을 성무 일과를 낭송하며 기도하는 삶을 살았다. 인디저너스들은 수도회에 처음 온 개종인들처럼 그 일과를 함께했을까? 아니면 그저 수도원 옆에 위치한 여행자용 숙소의 손님이었을까? 당시 순례자와 왕족을 위한 곳이었던 그 숙소는 현재 4성급의 멋진 파라도르parador(주에서 운영하는 호텔)로 개조되었다. 지난 500여 년간 많은 여행자들이 그러했듯이, 우리도 그곳에서 묵을 수 있다. 현재 세계문화유산으로 지정된 그 수도원은 많은 이들에게 초월적인 신앙심과 열렬한 믿음의 장소이다. 이 교회에 있는 성모 마리아 목조상은 4대 복음의 저자인 성 루카가 조각했다는 전설이 전해지는데, 크기가 매우 작고 수 세기에 걸쳐 색도 바랬지만, 화려하게 수를 놓은 의상을 입힌 덕분에 매우 위엄 있어 보인다. 희망과 구원의 상징인 그녀는 6세기 로마를 전염병으로부터 구했다고 전해진다. 그러나 무엇보다도 눈에 띄는 것은 그녀의 피부가 짙은 색이라는 점이다. 멕시코에서 처음으로 천연두가 유행해서 카리브 해 지역을 휩쓴 시기로부터 10년 뒤, 인디저너스들은 친숙한 외모의 성모 마리아상에 자신들의 공동체를 파괴한 전염병으로부터 구원해달라고 간절하게 빌고는 했다.

1530년, 4명의 어린이가 "교육"을 받기 위해서 수도사들에게 맡겨졌다. 그 아이들은 분명 떠나온 가족을 몹시 그리워하고 집을 떠올리게 하는 사소한 징표나 기억의 조각에 매달렸을 것이다. 그러나 이 아이들은 숙박 건물에 있던, 요즘으로 치면 유치원 같은 곳에 다니면서 유아기부터 복종과 근면을 훈련받아 빠르게 적응했을 것이다. 어린아이들인 만큼 스페인어를 비교적 쉽게 습득했을 것이며, 사제들이 들려주는 "진실"도 잘 흡수했을 것이다. 반면 수도원으로 보내진 타이노인들과 그 밖의 성인들에게 이 짙은 피부의 마리아는 좀더 혼란스러운 존재였을지도 모른다. 눈부신 자수와 금으로 장식된 것으로 보아 그녀가 매우 힘있는 존재임은 분명했다. 어머니로서, 자신이 낳고 기른 아이를 품에 안은 그녀는 타이노인들의 자연 어머니인 아타베이Atabey나 나우아인들의 출산의 여신인 토난친Tonantzin 등 인디저너스들의 대지의 어머니 여신을 떠올리게 했다. 토난친은 멕시코 가톨릭에서 성모 마리아와 매우 깊은 관련을 가지는 "성스러운 어머니"이다. 유럽의 침략 이후 아메리카 대륙 전역에서 기독교와 토착신앙의 혼종, 즉 싱크레티즘syncretism이 나타났다는 점은 널리 알려져 있다. 우리는 이러한 일이 가톨릭 신앙의 중심지에서 일어났다고는 생각하지 않는다. 그러나 여기, 많은 정복자들의 고향인 엑스트레마두라 지역의 산자락에서 "진실"에 의문이 제기되었고, 믿음 또한 변하고 있었다.19

과달루페라는 마을은 대서양 양안에서 모두 중요한 장소이다(스페인과 멕시코에는 성모 마리아가 현신했다는 전설이 있는 성지 과달루페가 각각 존재한다/역주). 콜럼버스와 코르테스, 피사로도 이곳의 성당으로 성지 순례를 갔다. 성모 마리아가 험난한 정복의 여정에서 자신을 지켜주리라고 믿은 코르테스는 성모 마리아의 깃발을 들고 전투에 임했고 그 깃발을 인디저너스들의 사원에 꽂기까지 했다. 콜럼버스는 이곳에서 이사벨 여왕과 페르난도 2세를 만났으며, 자신의 무사 귀환을 신과 성모 마리아에게 빌었다. 마리아상 위에 자리한, 금박을 입힌 작은 그림은 성모 마리아의 은총이 대서양을 넘어 온 세상에 이르렀음을 보여준다. 한편 서쪽인 멕시코에도 "또다른" 과달루페 성모를 그린 그림이 있다. 그곳의 마리아는 인디저너스의 망토ti.matli를 입은 모습으로, 오늘날 멕시코인들의 정체성을 상징한다. 멕시코시티 북쪽에 위치한 과달루페 성모 성당은 세계에서 가장 많은 이들이 방문하는 성지 중 한 곳이다.* 이곳에서 후안 디에고라는 독실한 치치멕인(멕시코 북부에서 중앙 고원 지역으로 이주한 유목민으로, 스페인의 침략에 대항했다/역주)이 성모를 보았다고 전해지는데, 그는 2002년 교황 요한 바오로 2세의 멕시코 방문 당시 인디저너스로서는 최초로 성인에 추대되었다.** 정복자들이 전장에 모시고 다니던 성모 마리아가 인디저너스의 신앙과 멕시코 문화의 상징으로 변한 것이다.

    스페인의 과달루페에서 언덕을 오르면 위엄이 서린 과달루페 왕립 수도원이 자리하고 있는데, 계단 아래쪽에 있는 산타 마리아 광장에는 예

---

* 멕시코시티의 과달루페 성모 성당도 대중에게 매우 인기가 있다. 순례자와 관광객들은 무빙워크를 타고 과달루페 성모를 볼 수 있다.
** 2012년 교황 베네딕토 16세가 모호크족 여성 카테리 테카크위타를 "최초의 아메리카 원주민 성인"으로 시성했을 때, 사람들은 기이하게도 후안 디에고를 잊고 있었다.

스러운 서체로 "콜럼버스가 두 번째 항해에서 데려온 아메리카인들이 인디언로서는 최초로 세례를 받은 곳"이라고 적혀 있다.[20] 이는 어느 정도 과장이지만, 약간의 진실을 품고 있다. 수도원의 기록에 의하면 1496년 7월 29일 크리스토발과 페드로라는 콜럼버스의 크리아도(수행원) 2명이 세례를 받았는데, 그들은 콜럼버스가 두 번째 항해에서 데려온 인디오일 가능성이 매우 높다고 한다. 두 기록과 그에 대한 우리의 해석은, 인디저너스의 목소리를 억누르고 외면하며 그들이 드러나는 것을 막았던 유럽인들의 시각에서 구성된 것이다. 그러나 밖으로 눈을 돌리면, 바위로 된 수도원 벽 너머로 이미 초기부터 "유럽인"의 영역에 녹아들고 그들을 변화시키고 있던 인디저너스 항해자들을 볼 수 있다.

중재자가 된다는 것은 두 세계 사이에서 매우 세심하게 균형을 맞추는 일이기도 했지만, 두 세계 모두에 속하지 못하게 되는 일이기도 했다.[21] 이들 네판틀레라스nepantleras(중재자들)가 항상 인디저너스인 것은 아니었다. 치카나(치카노/치카나는 미국에 거주하는 멕시코인을 가리키던 경멸적인 표현이었으나 1968년 치카노 운동 이후 멕시코인의 정체성을 나타내는 용어가 되었다/역주) 운동가이자 작가인 글로리아 안살두아에게서 영감을 받은 클라우디아 로저스와 인류학자인 그레그 데닝은 첫 번째 조우에서 두 종류의 중재자들이 존재했음을 밝혀냈다. 초기 조우에서 상대편에게 "붙잡힌" 인디저너스를 뜻하는 네판틀레라스와, 난파나 나포의 결과 인디저너스 마을에서 살게 된 유럽인을 의미하는 비치코머beachcobmer가 그것이다.[22] 유명한 비치코머로는 곤살로 게레로가 있는데, 그에 대해서는 잠시 후에 다시 이야기할 것이다. 스페인 배가 유카탄 지역에서 난파되면서 마야인들과 뒤섞여 살게 된 그는 마야 여성과 결혼도 하고 훌륭한 전사도 되었다. 이는 초기 유럽인이 인디저너스 문화에 완벽하게 동화된, 매우 드문 사례이기도 하다.

  반면 유럽인의 가치와 기대에 자신을 맞추는 원주민들은 매우 흔했다. 1490년대 초부터 스페인 왕궁에서는 중재자들이 매우 친숙한 존재였는데, 그들에 대한 잦은 언급을 통해서 우리는 그들이 대양을 건너 기독교인들의 세계로 들어온 것이 의도된 일임을 알 수 있다. 이들 중재자들 중 몇몇은 기록에 매우 자주 나타나며, 이 시기에 대해 우리가 한 이야기들 속에서도 등장한다. 유명한 인물인 마토아카(포카혼타스), 첫 번째 추수감사절에 참가한 티스콴툼(스콴토)은 대중 역사에서 식민주의자들의 목숨을 구하고 침략자들과 손을 잡은 "착한 인디언들"로 신화화되어 있다.23 그러나 역사적으로 유명한 이들의 아마도 가장 흥미로운 점은 그들이 매우 평범했다는 데에 있을 것이다. 특별히 숙련되고, 운이 좋거나 혹은 성공한 통역사는 일부였다. 다른 많은 이들은 초기의 거의 모든 상호 작용을 도왔다. 16세기 기록에는 통역사의 필요성이 계속해서 언급된다. 초기에는 스페인, 프랑스, 영국에서만 그들에 대한 수요가 나타났지만, 세기가 지나면서 유럽 전역에서 통역사에 대한 수요가 커졌다. 이는 인디저너스 통역사들이 유럽 여기저기에 있었음을 보여준다. 1587년, 프랑스인 탐험가 자크 카르티에의 조카인 자크 노엘은 자신의 사업 동료인 에티엔 샤통 드 라 자냐예와 함께 캐나다 모피 무역 독점에 지원했다. 그들은 무역 독점을 따내기 위해 노엘의 경험을 떠벌리면서, 그가 예전에 인디저너스 몇 명을 프랑스로 데려와서 통역사로 만들었다고 했다.24 기록에서 언급되지 않은 이들이 얼마나 많을지 알 수 있는 대목이다.

  가장 유명한 통역사일지라도 현존하는 자료로는 그들의 삶을 이야기하기 어렵다. 통역사들의 화자 및 협상가로서의 역할이 매우 중요함에도 불구하고, 기록에 그들의 생각과 시각이 거의 나타나지 않는다는 점은 역설적이다. 나는 직접 그들의 행동에서 의도를 찾아내거나, 의뢰인의 이익 및 반응 사이사이에 스며 있는 단편적인 개인사를 모아서 그들에 관한 이야기를 종합해보고자 한다. 그러한 모호한 사례로는 1539년 스페인령 플로리다 지역에서 붙잡힌 뒤 에르난도 데 소토(유럽인으로서는 최초로 미시시피 강을 건넜던 인물)*의 통역사로 활약했던 마달레나라는 이름의 토코바가족 여인을 들 수 있다. 마달레나는 노예가 된 후 오늘날 쿠바에서 데 소토의 부인인 이사베야 데 보바디야의 집에서 일했으며, 1542년 그녀가 세비야로 이주할 때 함께 유럽으로 왔다. 1년 후 마달레나는 펠리페 왕자에 의해서 명목상 자유인이 되었으나, 뛰어난 통역 능력 때문에 왕실의 재산으로 귀속되었다. 10년간의 외국 생활 이후 어떻게든 쿠바의 아바나로 돌아온 마달레나는 그 지역 선교 활동에서 가장 중요한 역할을 했다. 그녀는 도미니크회 신부인 루이스 칸세르에게 자신들의 언어를 가르쳤으며, 직접 종교 의식을 주관하기도 했다. 이러한 활약은 칸세르 신부와 그 동료들이 지역 주민들에게 살해당하면서 모든 임무가 끝날 때까지 계속되었다.

이 사건 이후 마달레나에게 무슨 일이 일어났는지 우리는 모른다. 아마 그녀는 고향으로 돌아갔을 것이다. 그러나 역사학자 스콧 케이브가 한 논문에서 어렵사리 밝혀낸 그녀의 삶은 다르다. "나로서는 그렇지 않다고 믿고 싶지만, 이 마달레나라는 인물은 실제로는 비슷한 경로를 걸은 여러 명의 이야기를 합쳐놓은 형상일지도 모른다."[25] 이는 우리

---

* 에르난도 데 소토는 첫 번째로 **중요한** 유럽인이다. 그의 동료 중 누군가가 그보다 먼저 발을 디뎠을 수도 있지만, 책임자가 데 소토였기 때문에 그것은 그의 공이 되었다.

의 기록에서 나타나는 퍼즐 맞추기의 전형이다. 마달레나는 한 사람이 었을까, 여러 명이었을까? 디에고 콜론은 한 사람이었을까, 여러 명이었을까? 어쨌든 가장 중요한 것은 수많은 중재자, 통역사-네판틀레라스, 판독사들 사이에 여러 사람들이 있었다는 점이다. 우리는 최선을 다해서 그들의 행적을 추적해야 한다. 도중에 선택의 기로에 설 때면 한 길을 택해야 하고, 그들의 흔적이 끊기면 이어서 그러나가야 한다. 몇몇 흔적들은 이러한 불확실성의 수렁 속에 남아 있다.

어떤 사건이 발생하면 기록에서 서술하는 것과 사람들이 말하는 것 사이에 간극이 생긴다. 이러한 간극을 통해서 우리는 모르는 사이에 유럽인의 관점에 매몰된다. 콜럼버스는 지역 정보를 알기 위해서는 타이노족 정보원들이 꼭 필요했다고 말하면서, 동시에 그들은 유럽인들이 "하늘에서 온 존재"라고 확신하고 있었다고도 이야기한다. 여기에서 우리는 기대가 실체와 충돌함으로써 실제로 무슨 일이 일어났는지에 대한 진실이 엉키는 것을 본다.

유럽인들이 "흰 피부의 신"이라고 여겨졌다는 것은 유명한 이야기이지만, 이는 사건을 회고하는 일부 자료에만 나타난다. 이는 정교하게 꾸며낸 신화로, 자신들이 입은 엄청난 손실을 이해해보려던 인디저너스들이 지어냈을 것이며(신의 침략에 감히 누가 맞설 수 있겠는가?), 또한 유럽인들의 우월감에 매우 잘 부합했을 것이다. 따라서 콜럼버스의 통역사들이 동네마다 집집마다 뛰어다니며 "나와봐요, 하늘에서 사람이 내려왔어요"라고 외쳤다는 이야기에 대해서는 매우 깊은 의구심이 든다.[26] 물론, 그들이 실제로 그렇게 했을 수도 있다. 자기 주인을 기쁘게 하기 위해서였을 수도 있고, 혹은 콜럼버스가 그저 그들의 단어를 잘못 알아들은 것일 수도 있다. 그러나 그렇다고 해도 그것이 반드시 유럽인이 신적인 존재로 받아들여졌다는 의미는 아니다. 모든 것이 혼란스러운 첫날에는 그렇게 믿었을지 몰라도, 그 믿음이 끝까지 지속되었을 리는 없다. 선상에서 그들과 몇 달간 함께 지내며 험한 삶을 공유한 타이노인들이 유럽인을 인간보다 더 고귀한 존재라고 믿었을 리 없다. 그럼에도 불구하고, 아직도 식민지에서의 조우를 이야기할 때면 "백인 신" 신화가 빠지지 않고 등장한다.

백인들의 창백한 얼굴, 신기한 옷차림, 천둥과 번개를 다루는 능력(습기로 총기가 작동하지 않는 일도 꽤 잦았지만)에 눈이 휘둥그레진 원주민들은 세련된 백인들 발아래에 엎드렸다. 16세기 후반 페루의 연대기 기록자들은 정복자 피사로에 대해 "비라코차Viracocha(잉카 문명의 신들 중 가장 중요한 신으로, 만물의 창조주/역주)가 환생하여 돌아왔다. 그가 멀리 떠나면서 돌아오겠다고 약속한 대로"라고 적고 있다. 태평양 지역에 도착했을 당시 제임스 쿡 선장은 로노Lono(하와이의 다산, 농업, 강우, 음악, 평화의 신/역주)의 현신으로 여겨졌다. 백인 식민주의자들 역시 세계의 반대편에서 그들이 만난 순진한 사람들에게 자신들이 "신으로 보였노라"고 뻔뻔하게 주장했다.27

이러한 종류의 이야기 중 아메리카 대륙에서 가장 널리 알려진 것은 코르테스가 인신공양을 막기 위해 동방에서 돌아온 깃털 달린 뱀의 신 케찰코아틀Quetzalcoatl의 현신이라고 믿어졌다는 이야기이다. 이 이야기는 정복 이후에 지어낸 것일 가능성이 매우 높지만, 케찰코아틀의 현신으로서의 코르테스 이미지는 정복 신화에서 중요하게 다루어진다. 이 이야기는 유럽인들의 거만함이 역사에 대한 인디저너스들의 형이상학적이고 윤회적인 신념과 결합한 것으로, 진부한 가정에 걸맞는 깔끔한

설명이며, 좋은 이야깃거리이고, 위대한 아즈텍-멕시카 제국의 몰락에 매우 타당한 설명을 제공한다.[28]

그러나 인디저너스의 믿음을 바탕으로 만들어진 이야기와 학술적 설명들은 훨씬 더 흥미로운 현실을 간과하고 있다. 실제로는 서로가 상대방의 목소리를 듣고, 평가하며, 그들이 무엇을 원하는지를 알아내느라 매우 분주했다는 점이다. "위대한 바닷가"에서 경비병이 달려와 "바다 한가운데에 산인지 큰 언덕인지 모를 거대한 것이 보이는데, 여기저기 떠 다니면서 해안에 상륙하지는 않고 있다"고 보고한 순간부터, 목테수마 황제는 경비병과 사절단을 보내서 이 새로 도착한 이들을 알아보고자 했다. 이러한 만남에서는 스페인인들에게 대리인을 보내는 것이 일반적이다. 그러나 아즈텍-멕시카인들은 정보를 얻고자 했고, 상대방을 시험해보려고 했다. 그들이 혹여 신일지도 몰라서 그들에게 사람의 피를 먹여봤을 수도 있다.[29]

코르테스는 테노치티틀란에 도착하기 전부터 인근 도시국가의 지도자들을 만나서 그들과 싸우고, 화해하고, 동맹을 맺었다. 그는 목테수마 황제의 사절단과도 여러 번 대화를 나누었는데, 황제는 많은 선물을 보내면서도 수도인 테노치티틀란에서의 만남은 원하지 않는다고 밝혔다. 코르테스는 쿠바를 떠난 지 10개월 만에 수만 명의 틀락스칼라인 동맹군과 함께 멕시코 계곡에 도착했다. 어떻게 이런 일이 일어났을까? 스페인인들이 완전히 낯선 언어를 구사하는 멕시코 지도자들과 어떻게 상세한 협상을 체결할 수 있었을까? 답은 간단하면서도 놀랍다. 역사의 방향을 결정한 것은 앞으로 이야기할 이러한 우연들이었으며, 그 장면에는 1명이 아닌 2명의 통역사가 있었다.

1519년 초반, 코르테스는 유카탄 반도에 상륙한 후에 이웃한 부족민들로부터 수염을 기른 백인 이야기를 들었다. 8년 전 배가 난파되어 그곳에 도착한 두 스페인인 곤살로 게레로와 헤로니모 데 아길라르 이야기였다. 그들은 모두 마야인들의 노예가 되어 마야어를 배웠다. 게레로는 자신의 새 인생을 잘 꾸려나가서, 착테말(오늘날의 체투말/역주)의 지도자인 나찬 칸의 전투 대장으로서 명성을 얻었고, 그의 딸 사실 아와 결혼도 했다. 그들 사이에서 태어난 세 아이는 멕시코에서 태어난 최초의 메스티소로 여겨진다. 그는 "구조해주겠노라"는 코르테스의 제안을 거절했을 뿐 아니라, 이후 스페인인들과의 전투에서 마야 군을 이끌고 과거의 동료들과 싸우기도 했다. 1536년 전장에서 게레로가 전사했을 때, 그의 몸에는 문신이 새겨져 있었다. 그가 온두라스의 티카마야 근처 마야 지역을 식민지화하려던 스페인 군에 대항해 활약했던 거대한 전투 선단의 일원이었음은 명백하다.30

반면 아길라르는 마야에서의 생활을 경멸하고 자신의 신념을 버리지 못했다. 따라서 그는 코르테스의 통역사가 되어 그와 함께하기를 원했다. 그러나 코르테스에게는 더 큰 행운이 찾아왔다. 그가 마야 지역에서 전진하고 있을 때 한 족장이 노예 여성 몇 명을 "주었는데", 그중에 차후 전설로 남을 여성이 있었던 것이다. 후에 말린친, 도냐 마리나, 라 말린체 등 여러 이름으로 불린 그녀의 역할을 한마디로 요약하자면, "혀"였다. 나우아족인 그녀는 귀족 태생으로 추정되며, 마야에서 노예로 전락한 후 코르테스를 위한 완벽한 중재자로 변신했다. 처음에 그녀와 아길라르는 연속된 통역체계를 구축해 코르테스에게 통역을 해주었다. 아길라르가 스페인어를 촌탈 마야어로 통역하면 말린친은 마야어를 나우아틀어로 통역하는 식이었다. 그 반대의 경우에는 나우아틀어를 마야어로, 이를 다시 스페인어로 통역했다. 해안에 위치한 토토낙 지역에서는 전혀 다른 언어를 사용했기 때문에 2명의 나우아틀어 통역사가 토토낙인이 하는 말을 나우아틀어로 말린친에게 통역해주면, 말린친이 이를 아길라르에게 마야어로 통역해주고, 아길라르가 마야어를 스페인어로 바꾸어 코르테스에게 전해주었다.[31] 이 복잡하고 긴 통역의 과정에서는 오해와 오역이 끊이지 않았다. 이에 따라 민첩하고 영리했던 말린친은 스페인어를 빠르게 익혔고, 이내 코르테스의 수석 통역사가 되었다. 그녀는 단순히 언어를 통역하는 데 그치지 않고 관습과 문화 측면에서도 코르테스에게 도움을 주었다. 코르테스는 편지에서 말린친을 거의 언급하지 않았지만, 그녀는 언제나 현장의 중심에 있었고 그의 삶에서도 중요한 위치를 차지했다. 그녀는 여러 전투에서도 그와 함께했고, 1522년에는 코르테스의 아들을 낳기까지 했다. 아이는 정복자의 이름을 따서 마르틴으로 불렸다. 마르틴은 코르테스의 합법적인 자녀로 인정받았으며, 스페인에서 성장하여 펠리페 2세의 수행원이 되었다.

말린친은 한 번도 대서양을 건너지 않았다. 그녀는 1528-1529년 겨울에 알려지지 않은 이유로 숨을 거두었다. 그러나 그녀의 아들 마르틴(우리는 뒤에서 마르틴의 여정을 따라갈 것이다)은 스페인으로 건너간, 정복자의 첫 번째 메스티소 자녀였으며, 대서양 건너 유럽인의 일상에 침투했던 인디저너스 디아스포라의 일부가 되었다.[32] 말린친은 거의 드러나지 않던 인디저너스 행위자의 가시적인 상징으로, 이 이야기의 중심이자, 그들의 삶과 혈연관계가 대륙과 대양에 걸쳐 형성된 방식을 잘 보여주는 인물이기도 하다. 대서양 횡단 이주는 일반적으로 서쪽으로의 이주로 인식되고는 하는데, 이는 유럽을 중심지이자 출발점으로 인식하게 만든다. 대서양 횡단 이주와 연계를 살펴보기 위해서는 조우에 관한 우리의 인식을 뒤집어서, 서쪽으로 향하기만 한 것이 아니라 서쪽으로부터 도래하기도 했음을 인지해야 한다. 인디저너스들에게는 이윤을 좇아 대서양을 건널 필요가 없었다. 그러나 많은 원주민들이, 특히 대부분 젊은이들이 개인적인 야망과 가문과 공동체를 위해서 동쪽으로 여행했다. 유럽인들이 남긴 자료에는 인디저너스들이 자신들의 영토를 침범한 탐험가 및 침략자들에 의해서 중재자로 "이용되었다"는 이야기들이 남아 있지만, 이들은 침략자의 대리인이면서 동시에 동포들을 위한 외교관이자 브로커이기도 했다. 놀랍게도 굉장히 많은 이들이 자발적으로 대서양 횡단 여정에 올랐다. 이 과정에서 그들의 이중 신분은 문제가 되기에 충분했으며, 그들의 충성심 역시 의심의 눈초리에서 자유롭지 못했다. 그러나 그들이야말로 진정한 네판틀레라스, 즉 두 세계 사이에 존재하는 사람들이었다.

심지어 침략자들에게 붙잡혀서 강제로 정보를 제공해야 했던 비자발적 중재자들도 조우 초기에는 상당한 영향력을 발휘했다. 이 시기에 작성된 상형문자 기록에 등장하는 말린친은 스페인식 가면을 벗고 그 뒤에 있던 진짜 자신을 드러낸다. 인디저너스들의 기록에서 말린친은 부분적인 역할을 맡는 데에 그치지 않고, 코르테스 앞에 서거나 그와 어깨를 나란히 하고 지도자이자 연사로서 역할을 수행한다. 그녀는 협상가이자 선동가이다. 그녀는 침략 세력의 대변인이자, 대규모의 인디저너스 전사들, 그중에서도 특히 틀락스칼라인들의 대변인이다. 그러나 이 충돌에는 두 세력(스페인-인디저너스 동맹과 아즈텍-멕시카 제국/역주)만 존재한 것이 아니었다. 따라서 말린친은 복잡한 다자 협상을 이끌었다. 탐험에 대해 자세한 기록을 남긴 침략자 베르날 디아스 델 카스티요에 의하면, 인디저너스들 사이에서는 코르테스 그 자신이 "말린체"라고 알려졌는데, 이는 "마리나 부인(말린친)이 늘 그와 함께 있었기 때문이다. 어떤 사절단이 도착해도 그녀는 그들에게 멕시코어로 말을 걸었다." 대장과 그 통역사는 거의 한 사람이다시피 했다.33 그러나 언어가 완전히 낯선 상황에서 통역이 과연 정확한지 누가 알겠는가? 나우아족에 의해서 팔려갔던 말린친이 멕시코의 상황을 일부러 악화시켜서 자신의 예전 노예주들과의 폭력적인 충돌을 일으켰을 수도 있지 않을까? 전혀 불가능한 것만은 아니다. 오늘날 멕시코에서 말린친은 그런 모호함 때문에 여전히 논란의 여지가 많은 인물이다. 자신의 문화를 배신한 이들의 대명사로서 말린치스타malinchista라는 말까지 생겼을 정도이다. 그녀는 최고의 반역자였을까? 아니면 미스티소 국가의 억압된 어머니였을까? 피사로가 페루를 정복할 당시 함께한 젊은 통역사 중 한 명의 이름인 펠리피요* 역시 오늘날 부패를 상징하여, 거짓말을 하는 정치인들을 언론에서 비꼴 때에 사용된다.34 우리는 교류 초기에 관한 정확한 내용을 거의 모른다. 통역사들이 그 자리에 있었다고 해도, 양측 모두 그 사건을 이해했는지 확신할 수 없으며, 통역의 고된 과정도 대부분 기록되어 있지 않다. 그러나 기록에 없다고 해도, 정보를 한 언어에서 다른 언어로 옮기며 해석하고 재구성하는 일은 중재자들에게 독특한 관점을 지닐 상당한 기회를 제공했다. 많은 중재자들과 그 가족들이 이 틈새에서 영향력을 발휘할 기회를 찾고 이를 이용해 재산을 축적했다.

조우의 초기에는 언어의 습득이 매우 중요했다. 그러나 남아 있는 기록

---

* 펠리피요의 정확한 지위는 알려져 있지 않다. 그가 포에초스 출신인지 툼베스 출신인지 푸나 출신인지 우앙카빌카 출신인지도 기록상 명확하지 않다. 다만 유언장에서 스스로 자신이 친차 지역 카시케의 조카라고 밝히고 있다는 점을 고려할 때, 오늘날 페루 서부 해안 지역 출신으로 보인다.

들의 특성상 통역에 관한 기존의 논의는 그것이 유럽인들에게 유용했는지, 그들이 이 새로운 언어를 어떻게 관리하고자 했는지에 맞춰져 있다. 그러한 노력은 흔히 가시적인 성과를 얻었다. 문자, 사전, 문법, 외래어 목록 등을 이용해 인디저너스 언어를 유럽인에게 익숙한 구조로 정리한 것이다. 음소문자를 사용하지 않는 인디저너스 언어를 자신들에게 익숙한 라틴 문자로 변환하는 과정은 그 자체로 섬세한 형식의 식민화였다. 다양하고 유연하며 융통성 있는 음가音價들은 고작 26개의 유럽 문자로 치환되었다.35 그러나 이러한 부분을 다룰 때 그 과정에 인디저너스가 직접 기여했다는 사실은 흔히 간과된다.

늘 그렇듯이, 초점은 위대한 백인에게 맞춰진다. "최초의 인류학자"로 알려진 프란시스코회 신부 베르나르디노 데 사아군이 나우아 문화, 종교, 언어를 이해하는 데 평생을 바쳤다는 이야기처럼 말이다. 물론 그는 훌륭한 학자였다. 그는 단어 목록을 작성하고 면담을 수행했으며 정보원을 통해서 조사도 시행했다. 이러한 사례로는 영국의 박식가 토머스 해리엇도 있다. 그는 1588년 『버지니아 뉴펀들랜드 지역에 관한 간략하고 정확한 보고서*A Brief and True Account of the New Found Land of Virginia*』를 출간했는데, 이는 앨곤퀸 문자로 발간된 최초의 서적으로 인정받고 있다. 그러나 우리의 초점을 이 "위대한 남성들" 대신 그 뒤에 서 있는 이들에게로 조금만 옮겨보면, 그림은 갑자기 달라진다. 이 시기에 유럽 침략자나 작가의 모든 성공 뒤에는 인디저너스 조력자가 존재했다. 이들은 결코 혼자 작업하지 않았으며, 원주민들에게 둘러싸여 있었다. 그 인디저너스들이 여성이었든 남성이었든, 자유로웠든 자유롭지 않았든 그들의 도움을 받았다는 점을 간과해서는 안 된다.

앨곤퀸 문자에 관한 이야기는 인디저너스 여행자들에게 초점을 맞추면 역사에 대한 이해가 뒤바뀔 수도 있음을 보여주는 좋은 예이다. 이 이야기는 옥스퍼드에서 출생하여 교육받은 백인 남성 토머스 해리엇으로부터 시작되는 전형적인 연출을 따른다. 그는 1580년 오리엘 대학교를 졸업하고 항해를 공부하기 시작했다. 월터 롤리의 수학 교사로 취직한 해리엇은 천문학과 항해 전문가로서 뛰어난 자질을 보였고, 결국 롤리의 첫 번째 로어노크 탐험 때 함께했다. 그들은 그곳에서 운명의 식민지를 발견했다. 롤리의 집에 머물 때 해리엇은 앨곤퀸어를 구사하는 두 남성을 만났다. 각각 만테오와 완체세로 불린 두 남성은 아메리카 지역에서의 정주 가능성을 타진하기 위한 탐험을 지원하던 롤리의 탐험대와 함께 1584년에 영국으로 이주했다. 그후, 해리엇은 "그들에게 영어를 가르치고 또한 그들로부터 앨곤퀸어를 배웠으며 앨곤퀸어를 표현할 표음문자를 만들었다."36 모든 공은 해리엇에게 돌아갔다. **해리엇**의 독창성, 지적 호기심, 지성 등에 관심이 쏠렸다. 그러나 시선을 조금만 옆으로 옮기면, 우리는 전혀 다른 방식으로 이 이야기를 바꿀 수 있다.

이 항해에 관한 첫 출간물에는 오늘날 노스캐롤라이나 주의 외곽 해안으로 향했던 탐험대가 1584년에 영국으로 돌아왔는데, "그 나라에서 야만인 2명을 데려왔다"고 쓰여 있다. 이 두 사람이 "완체세와 만테오라는 이름을 가진 투박한 이들"이었는지는 명확하지 않지만, 그들은 런던에 도착했다. 그들은 자발적으로 온 것일까? 납치된 것일까? 빈약한 자료들은 그들이 강요당하다기보다는 설득되어서 런던까지 왔다고 암시한다.37 사회적 지위가 높았으리라고 추정되는 두 사람은 해안가에서 떨어져 있는 각기 다른 작은 섬 출신이었기 때문에 서로를 잘 알지 못했을 것이다. 완체세는 훗날 "잃어버린 식민지"라는 오명으로 유명해진 로어노크 출신이었고, 만테오는 크로아탄족으로 "이야기하는 마을"(토킹

타운) 출신이었다(그가 나중에 통역사가 되었음을 생각하면 잘 어울리는 지명이다).38 당시 지역 상류층이 영국과 우호적인 관계를 맺고 교역하기를 원했다는 점을 고려하면, 아마도 그들은 자발적인 사절단이며 영국의 뛰어난 기술을 이해하는 임무를 맡고 있었을 것이다. 해리엇은 "[당시 영국의 기술력은] 그들의 이해도를 너무나 앞서는 것이어서……그들은 그것을 사람의 기술이라기보다는 신의 작업이라고 여겼으며, 어쨌든 우리가 신의 작업을 자신들에게 가르쳐준다고 생각했다"고 주장했다. 이 대목에서 해리엇이 "백인 신"을 암시하는 것 같지는 않다. 다만 정교한 철학 세계를 구축한 동부 삼림 지대 거주민들이 유럽인 침략자들을 이해하는 자신들만의 방식을 형성했다는 데에는 일말의 진실이 있다.39 인디저너스들이 앞바다에 나타난 침략자를 더 알고 싶어했으리라는 점은 충분히 상상할 수 있다. 당시 침략자들은 "수학용 도구들, 항해용 나침반, 쇠를 끌어당기는 자석, 이상한 광경들을 보여주는 망원경……총, 책, 읽고 쓰는 법, 자명종 시계, 그리고 그 외의 많은 것들" 등 뛰어난 도구와 역량을 갖추고 있었다.40 그러나 당시의 경이로움은 만테오와 완체세가 초가을경 영국 해안에 도착해서 경험한 바에 비하면 극히 일부에 불과했다.

1584년 10월 런던에서 만테오와 완체세를 본 독일의 여행작가 루폴트 폰 베델은 정확성보다는 호기심 어린 기록을 남겼다. "그들은 얼굴 생김새나 체격이 흰 피부의 무어인 같았다. 그들은 평소 무두질한 야생동물 가죽으로 된 망토를 입고, 셔츠는 입지 않았으며, 주요 부위를 생가죽으로 가렸다. 그러나 요즘에는 갈색 호박단 옷을 입는다. 정말 유치하고 우스꽝스러운 모습으로, 아무도 그들을 이해할 수가 없다."41 용병으로 튀르크 군과의 전투에 참여했던 베델이 "외국인들"에게 동정적인 관찰

자일 리는 만무하다. 그러나 그의 시각은 유럽인들이 인디저너스 방문객을 볼 때 편견과 호기심 어린 시선을 보냈음을 잘 보여준다. 이들 초창기 여행객들을 묘사한 그림은 없다. 그러나 그들은 런던의 추운 날씨에 적응하기 위해, 그리고 현지인들의 기대에 부응하기 위해 영국식 복식에 적응했을 것이다. 캐롤라이나의 해안가에 거주하던 앨곤퀸인들은 남성이든 여성이든 사슴 가죽으로 만든 앞치마 모양의 치마를 입었다. 치마의 앞쪽 길이는 허리에서부터 허벅지 중간까지였고, 종종 뒷면도 같은 길이였다. 남성들은 머리카락을 길게 길러서 귀 뒤나 옆, 뒤통수에서 묶었고, 다른 한쪽은 조개껍질로 짧게 밀었다. 아마도 활을 쏠 때 머리가 엉키지 않도록 하기 위해서였을 것이다. 문신은 대개 여성들이 했고, 남성들은 의례 행사 때 얼굴과 몸을 칠했다. 따라서 만테오와 완체세가 런던의 일반 대중처럼 외모를 바꾸었을지 혹은 독특한 머리 모양과, 깃털 및 조개로 된 장신구를 고집했을지는 미지의 영역이다.[42] 후원자였던 롤리가 그들의 외모에 어디까지 간섭을 했을지는 알 수 없지만, 베델의 비하 발언을 통해서 그들이 런던에서 어떤 대우를 받았는지는 짐작할 수 있다. 우리에게는 다행히도, 엘리자베스 1세는 자기 백성들이 옷을 어떻게 입는지에 매우 관심이 많았다. 따라서 만테오와 완체세가 빳빳하고도 버석거리는 호박단 옷을 입었다는 이야기는 사실일 것이다. 아마도 리넨 셔츠와 더블릿 외투, 바지도 입었을 것이며, 망토를 둘렀을 수도 있다. 이는 그들이 최소한 기사나 부유층의 자녀와 얼추 비슷한 대우를 받았음을 의미한다. 즉, 아주 부유하거나 중요하지는 않지만, 어느 정도 부유하고 중요한 사교계의 일원으로 대접을 받은 것이다.[43]

만테오와 완체세가 런던에서 보낸 시간에 대해서 알려진 바가 없다는 것은, 그들이 해리엇과 롤리 때문에 몹시 바빴으며, 탐험가들의 오소모코묵 지역에 대한 두 번째 원정 계획에서 매우 중요하게 여겨졌음을 의미한다. 그들은 롤리의 식솔이 되어 더럼 하우스로 들어갔다. 스트랜드 지역에 위치한 이 집은 엘리자베스 1세가 그에게 하사한 아름다운 저택이었다. 템스 강의 북쪽 제방에 위치한 이 웅장한 저택에서 만테오와 완체세는 영어를 배우고, 런던을 알아가고, 아메리카의 "단 하나뿐인 위대한 물건"에 대한 지식을 공개하여 하원의원들의 호기심을 불러일으키며 겨울을 보냈다. "대人상인"이었던 토머스 하비가 쓴 1591년의 탄원서에는 롤리가 만테오와 완체세를 이용해서 아메리카 사업을 홍보했다는 내용이 있다. 하비는 같은 나라 출신의 두 인디저너스 만테오와 완체세의 주장을 믿고 사기 원정에 투자하여 많은 투자금을 날렸다며 항의했는데, 이를 통해 볼 때 여행자들은 정보원뿐 아니라 의도치 않게 선동가도 되었던 것 같다.44

만테오와 완체세는 많은 앨곤퀸어 사용자들 중에서도 처음으로 튜더 왕조의 수도에 발을 내디딘 사람들이었다. 희미하지만 알아볼 수는 있는 그들의 자취는 채링크로스 역(채링은 한때 그곳에 있던 거대한 궁전의 마지막 흔적을 품은 좁은 도로의 이름이다) 근처의 더럼 하우스에서부터 강변의 빅토리아 제방(한때 롤리 영지와의 경계선이었다)까지 지금은 사라져버린 런던으로 우리를 이끈다.* 더럼 하우스는 오늘날 거대 도시의 중심부에 있지만, 1580년대에는 우울하고 분주한 도심 서쪽의 우아한 시골에 자리 잡고 있었고, 막 개조된 화이트홀 궁전이 근처에 있었다.

롤리는 아마도 최소한 한 번(1584년 10월 18일) 이상은 만테오와 완체

---

* 콜 트러시의 경이로운 책 『인디저너스의 런던*Indigenous London*』에는 당신이 인디저너스 여행자의 발자취를 따라 걸을 수 있는 런던의 도보 여행 경로가 실려 있다.

세를 데리고 도시 외곽의 햄프턴 궁전을 방문했을 것이다. 그곳에서 그들은 루폴트 폰 베델을 만났고, 어쩌면 여왕도 알현했을지 모른다.* 그날은 일요일로, 엘리자베스와 수행원들은 화려하게 차려입고 교회에 가서 성대한 의식을 치렀다. 만테오와 완체세의 갈색 호박단 옷은 왕궁의 호사스러움과 심한 대조를 이루었을 것이다. 롤리는 왜 그런 결정을 했을까? 롤리의 수행원 중 일부에 지나지 않았을 만테오와 완체세의 초라한 갈색 옷은, 롤리가 자신의 사업에 대한 왕실의 지지를 끌어내려고 했음을 보여준다. 혹은 롤리는 그들이 상당한 매력을 과시하는 자신보다 돋보이기를 원하지 않았을지도 모른다. 여왕은 롤리를 총애했다. 3개월 후 여왕은 그에게 기사 작위를 수여했으며, 버지니아의 주지사이자 영주에 임명했다. 만테오와 완체세도 그 의식에 참관했을 것이다. 분필처럼 하얀 얼굴에(마맛자국을 가리기 위해 화장을 한 탓이다), 아주 잘 차려입기는 했지만 이렇게나 작은 여성인 여왕에게 그렇게 많은 강건한 남자들이 극도의 경의를 표하는 것을 보고 놀랐을지는 몰라도, 세심한 의식을 중시하는 사회의 출신으로서 만테오와 완체세는 엘리자베스 여왕을 둘러싼 복잡한 예법의 의미를 이해했을 것이다. 앨곤퀸 여성들은 강인하고 존중받았고, 상당한 영향력과 주체성을 지녔으며, 심지어 정치 지도자로 활약하기도 했다. 그들이 런던에서 목격했던 남성 지배적인 사회와 그곳에서 만났던 정치가 및 투자자들, 그리고 엘리자베스 1세에게 바쳐지는 경의 사이에 존재하는 차이점이 무엇인지 만테오와 완체세는 알아차렸을까? 햄프턴 궁의 웅장한 크기도 그들에게는 매우 인상적이

---

* 학자들은 만테오와 완체세가 궁정에 나타난 적이 없다고 주장하고는 한다. 그러나 루폴트 폰 베델이 1584년 10월 18일 여왕도 있던 궁정에서 만테오와 완체세를 보았다는 점을 고려하면 롤리가 그 두 사람을 자랑할 기회가 없었던 것 같지는 않다.

었을 것이다. 여행 경험이 많은 루폴트 폰 베델도 이 궁궐을 멀리서 보면 마치 하나의 마을처럼 보인다고 했을 정도이니, 동부 삼림 지대에서 온 이 두 남자의 마음에는 강렬한 기억을 남겼을 것이다. 과연 그들은 경외심을 느꼈을까, 아니면 그저 섬뜩하다고 생각했을까?

두 사람에게는 런던이라는 도시 자체도 놀라웠을 것이다. 그들은 스물에서 서른 위그왐wigwam(원형 천막으로 만든 아메리카 원주민의 주거 양식/역주) 정도가 한 부족을 이루어서 여름에는 이동하고 겨울에는 사람과 짐승이 함께 기거하는 공동 주택longhouse을 지어 마을에서 다 같이 사는 문화에서 왔다. 해안 지역에 사는 앨곤퀸 부족들은 더 많은 가족들로 구성되었을 수도 있지만, 인구가 20만 명에 육박하는 영국의 수도는 그들로서는 아주 새로웠을 것이다. 물론 그 인상이 꼭 긍정적이었으리라는 보장은 없다. 인디저너스 여행자들은 런던의 규모뿐 아니라 소음과 먼지, 그리고 빈곤에 충격을 받았다. 포우하탄인 우타마토마킨(토모코모)이 1616년 마토아카를 따라서 런던을 방문했을 때, 그는 플리머스부터 런던까지 가는 동안 자신이 본 사람들의 수를 세어보다가 "곧 포기해야 했다."[45] 앨곤퀸인들에게 벽돌과 돌로 이루어진 섬들은 외계 같았다. 반면 많은 메소아메리카인들에게는 분주하고 인구 밀도 높은 유럽의 중심지가 그리 놀랍지 않았을 것이다. 메소아메리카에는 크고 작은 도시들과 도시민들이 넓게 퍼져 분포하고 있었고, 정교하게 설계된 대도시인 테노치티틀란은 인구가 10만이 넘었으며, 이는 런던에 버금가는 규모였다.*[46]

---

* 북아메리카 인디저너스 문명 역시 오랜 도시 정착의 역사를 지니고 있으며, 가장 유명한 것은 대규모 정복 이전에 존재했던 카호키아 및 차코 캐니언 지역의 도시들이다. 그러나 이보다 더 큰 대도시들도 조우 초기에 확산된 질병 및 폭력으로 쇠퇴했다.

제1차 "거대한 죽음" 이후 태어난 세대인 만테오와 완체세는 현대의 기준으로는 인구 밀도가 낮은 지역 출신이었다. 그러나 오늘날에는 "작은 마을"이라고 여겨질 그곳들은 당시 북적이는 마을 중심지였다. 그들은 도시의 규모, 거리에 가득 찬 사람들, 그리고 경관을 압도하는 거대한 석조 건축물 등을 보고 놀랐던 것으로 보인다. 영국인들이 자원이 부족해서 서쪽으로 왔다고 생각했던 우타마토마킨은 런던으로 오는 도중 많은 양의 옥수수와 나무를 보고 매우 놀랐다고 한다.[47] 그러나 인디저너스 통역사들이 런던에서 무엇을 겪었는지는 기록되어 있지 않다. 그들은 고위층하고만 교류했을까, 아니면 그들도 선술집에 들르고 구불구불한 무법 천지여서 "버뮤다 지구"라고 불리던 더럼 하우스 주변을 헤매고 다녔을까? 우리는 모른다. 런던에서의 만테오와 완체세의 경험도 대부분 드러나지 않는다.

이런 와중에 템스 강이 내려다보이는, 롤리 저택의 다소 어둡고 추운 방에서 그들이 나누었던 대화는 마치 한줄기의 빛과 같다. 템스 강을 오가는 선박들을 바라보며 그들은 배를 타고 다니는 고향의 섬사람들을 떠올렸을지도 모른다. 1584-1585년 겨울, 그곳에서 만테오와 해리엇은 언어의 장벽을 허물기 위한 작업에 착수했다. 그 노력의 결과는 양측 모두에 대한 이해를 증진시켰을 뿐 아니라, 독창적인 문서도 남겼다. 앨곤퀸어를 알파벳으로 표기한 최초의 시도를 담은 문서였다. 웨스트민스터 스쿨 기록보관소의 리처드 버스비(17세기경 이 학교의 교장이었다)의 논문들 사이에 끼어 있던 이 문서는 1980년대에야 발견되었다. 그때까지 망각되었던 이 문서는 오랜 세월 동안 잊힌 노력의 한 조각이며, 두 문화를 아우른 공동 노력의 결실이자, 새로운 형태의 언어 기록에 대한 시도라는 점에서 굉장한 가치가 있다.

이 "보편적인 알파벳"은 "언어의 종류와 상관없이, 생생한 인간의 목소리"를 담기 위한 시도였다. 이는 만테오와 해리엇이 창의성과 이해력을 발휘하여 언어의 기본 요소를 구축하고 문화 사이에 존재하는 불협화음의 간극을 메우는 모습을 보여준다.* 36개의 음성을 기호(구불구불한 곡선과 갈라진 삼지창의 질서 있는 행렬)로 표현한 알파벳은 각각의 소리를 예를 들어서 세심하게 설명하며, 소리를 문자로 변환할 수 있도록 설계되었다. 우리가 이 문서를 "존 해리엇의 알파벳"이라고 부르면, 우리는 그 인디저너스 협력자의 업적을 지우는 셈이다. 그 저서는 유럽인, 즉 한 백인 남성의 관찰 결과가 아니라, 만테오와 해리엇이 공동으로 수행한 작업의 결과물이었다(아마도 완체세도 함께했을 것이다).**

유럽인과 아메리카인이 만나서 새로운 언어를 배울 때마다 그 과정에서 협력이 일어났으리라는 점은 **분명하다**. 콜럼버스가 납치한 통역사들도 어떤 의미에서는 서로 알아듣지 못하는 말을 통하게 하는 법을 (위협을 받아서라도) 배우기 위해서 자신을 납치한 이들과 **더불어** 일을 해야 했다. 만테오는 그러한 과정의 상호 호혜적인 특성을 명확하게 인식하고 기록했다. 고작 열 글자만으로도, 유럽으로 향한 원주민 여행자들의 흔적을 엿볼 수 있다. 이해와 지식의 간극을 메운 중재자들은 종종 통역사이자 해설사였을 뿐만 아니라 지식의 창조자이자 권력의 통로이기도 했다.

---

* 그러나 그 표기가 완전하지는 못했다. 해리엇은 두 가지 소리가 "야만적인 단어에서만" 발음된다고 표시해두었다.
** 혹은 아닐 수도 있다. 이후의 사건에서 알 수 있듯이, 완체세는 영어를 배웠어도 영국 여행을 그리 좋아하지는 않았다.

1585년 4월, 만테오와 완체세는 두 번째 대서양 여행을 떠났다. 그들은 리처드 그렌빌 경이 지휘하는 선단에 속해서 플리머스로 항해했다. 600여 명의 원정단은 엘리자베스 1세 여왕이 월터 롤리와 그 자손에게 수여한 관대한 특권의 덕을 톡톡히 보았다. 그들이 부여받은 특권은 "원거리의, 이교도의, 야만인의 땅, 나라, 영역, 즉 기독교 왕이 실제로 소유하지 않거나 기독교인들이 거주하지 않는 지역에 대한"(정주, 무역, 착취의 권한과) "발견, 수색, 파악, 조사" 등의 권한이었다. 이러한 계획에서 통역사이자 잠재적 중재자인 만테오와 완체세는 꼭 필요한 존재들이었으며, 이는 롤리에게 부여된 특권에도 명확하게 언급되어 있었다. 그 특권은 그들의 대서양 항해에 관한 가장 초기의 기록으로, "[만테오와 완체세는/역주] 사람들에게 그 땅이 우리 영국인의 것임을 분명하게 이해시키고, 우리에게는 그 땅에서 나는 최상의 상품에 대해 알려줄 것이다"라고 말하고 있다.49 이는 유럽인의 모험과 포부에 인디저너스 여행자들이 매우 중요했음을 암시한다. 인디저너스 여행자는 자신들의 세계를 침략자들에게 노출시키고, 그에 대한 정보를 제공했다. 침략자들은 그 세계를 무엇보다 착취해야 할 "상품"으로 봄으로써 비극적인 결말을 초래했다.

 선단에 속한 7척의 배 중 어떤 배가 이들을 로어노크로 데려갔는지는 확실하지 않은데, 아마도 타이거 호에 승선했을 것으로 보인다. 이 배는 엘리자베스 1세가 선단에 빌려주거나 사용했던 160톤급의 "대형 선박"이었다. 분명 이 소중한 통역사들은 원정대의 지휘관 가까이에서 사건들에 대해 조언했을 것이다. 타이거 호가 산 후안 근처에서 스페인 호위함을 나포했을 때, 그 배에 타고 있던 에르난도 데 알타미라노는 영국인들과 함께 있던 "키 큰 인디언 2명"이 "좋은 대접을 받고 있었고, 영어를 구사했다"고 보고했다. 아바나의 경비병은 영국인 무리 중에 "잘 차려입

은 인디오 2명이" 있었다며 스페인의 펠리페 2세에게 보고했다.50

만약 만테오와 완체세가 타이거 호에 타고 **있었다면**, 오소모코묵 지역에 도착했을 때 그들은 이전에 협상했던 것보다 더 많은 것을 얻었을 것이다. 선박의 항해 일지에 의하면, 그들이 워코콘 섬(오늘날 노스캐롤라이나의 오크라코크) 근처에 정박 중이던 6월 29일, 타이거 호는 "육지에 부딪혀 기울어졌다."51 식민화를 위한 원정대의 지휘관인 랠프 레인은 여왕의 비서에게 보내는 편지에서 이 시련을 언급했다. 전 함대에 만으로의 진입을 일시적으로 금지했지만, 타이거 호는 끝에 있는 모래톱에 몇 시간 동안 계속해서 부딪혔다(아마도 그 거대한 크기 때문이었을 것이다). 레인은 배가 총 89번이나 부딪혔다고 했는데, 이는 승선한 이들 모두에게 매우 공포스러운 상황이었을 것이다. 우리는 만테오와 완체세가 거의 1년 만에 돌아온 고향 코앞에서 죽을 위험에 처했을 때 느꼈을 두려움을 그저 상상만 할 수 있을 뿐이다.

레인은 "우리 모두 난파될지도 모를 극한 위기에 처했다"며 두려워했다. 그러나 믿기 힘든 행운 덕에, 혹은 신의 은총으로 타이거 호는 마침내 뭍에 도착했고, 승객들은 해안가에 하선할 수 있었다. 잠재적 식민주의자들로서는 불행히도 일부를 제외한 모든 보급품(옥수수, 소금, 밀, 쌀, 비스킷 등)이 물에 젖어 못쓰게 되었고, 그들은 졸지에 인디저너스들에게 의존하게 되었다. 7월 3일, 영국인들은 "자신들이 워코콘에 도착했다는 소식을 로어노크의 (지도자인/역주) 윙기나에게 보냈다." 완체세가 무리에서 빠져나가 로어노크의 동포에게로 돌아갔다는 데에서 추정컨대, 그는 이때 전령傳令과 함께 간 것으로 보인다. 그는 영국인들의 환대에 지쳐 있었다. 3일 후 만테오는 보급품을 구하려고, 혹은 동료 완체세를 찾으려고 존 아룬델 선장과 함께 섬을 떠나 본토로 향했다. 결국 완체세는 배로 돌아오지 않았다. 원정대에 남은 유일한 통역사로서 만테오는 향후 탐험에서 매우 귀한 존재가 되었을 것이다.[52]

7월 11일, 대규모의 영국인 무리가 본토의 포메이오옥, 아쿠아스코곡, 세코탄 등의 마을을 방문했다. 이 원정대에는 만테오의 협력자인 토머스 해리엇, 그리고 그곳에서 만난 이들을 정확하게 그린 화가 존 화이트도 함께했다. 존 화이트의 매우 상세한 그림들은 오늘날에도 여전히 인디저너스에 대한 유럽인의 시각을 형성하고 있는데, 분명 만테오가 인디저너스와 화이트, 혹은 해리엇이 의사소통을 할 때에 도움을 주었을 것이다. 유럽인들은 자신들이 "어린아이 같은 원주민들"의 선생님이라고 생각하고 싶어하지만, 종종 그들은 학생이기도 했다. 자신이 "인디저너스 사제들 몇몇과 친한 덕분에"(물론 이는 만테오를 통해서만 가능했다) [로어노크] 사람들의 천성과 예의범절을 "잘 이해하고 있다"고 했다던 해리엇의 언급은 그들이 배우는 입장이기도 했음을 뒷받침한다. 왐파노아그 족장인 메타콤(필립 왕으로 많이 알려져 있다)이 설명했듯이, 초창기에는 인디저너스들이 보호자이자 선생님이었다. 그의 아버지 마사소이트는 "위대한 사람이었고 영국인들은 작은 어린아이였다."[53]

초창기 영국인과 오소모코묵(이 단어는 "우리가 사는 땅" 혹은 "거주하는 집"이라는 의미이다)인 사이에 형성되었던 우호적인 관계는 오래 지속되지 못했다. 완체세는 영국의 정착지 건설을 적극 반대했던 이들의 편에 섰다. 랠프 레인은 이들의 의견이 반식민주의자들의 영향을 받았다며 비난했는데, 그에 따르면 완체세는 "우리의 거대한 적"이었다. 완체세가 영국인에게서 등을 돌린 이유로는 만테오를 우대하는 데 대한 환멸이나 혐오, 짜증, 혹은 자기 민족에 대한 충성심 등 여러 가지를 추측해볼 수 있다. 그러나 그 어떤 이유에도 증거는 없다. 종종 간과되는 측면

중재자들

중 하나는 완체세가 자신의 임무를 완수했을 가능성이다. 로어노크로 돌아온 완체세는 윙기나(훗날 페미사판이라고 불렀다)의 최측근이 되었다. 그는 로어노크 일대의 여러 마을을 지배하던 웨로언스weroance(지도자)로, 크로아탄, 다사몬그푹이라고 불린 해안 마을 등을 이끌고 있었다.54 로어노크 출신의 전사인 완체세가 윙기나의 사절단이자 내탐자로서 대서양을 건넜고, 다시 고향의 바닷가에 도착하자 집으로 돌아간 것이다. 이는 가능성이 매우 높은 가정이다.

영국인의 시야에서 사라진 후 완체세는 기록에도 거의 등장하지 않는다. 따라서 이후 그의 삶을 추적하기란 사실상 불가능하다. 그러나 그가 영국인들을 동맹이 아닌 위협으로 간주했음은 확실하다. 아마 롤리를 향한 인디저너스들의 저항을 선동한 사람 역시 완체세일 것이다. 그는 런던 여행을 다녀온 뒤 그 누구보다도 먼저 영국인들이 그저 사람일 뿐이라는 사실을 깨달았으며, 영국인들이 많은 전사와 물자를 보유하고 있다는 점도 인지했을 것이다. 이 불길한 집단이 더 큰 침략 세력의 선봉대에 불과하다는 점을 그가 깨달았다고 가정하면, 그의 적대감을 이해할 수 있다. 그는 기회를 포착하자마자 유럽인을 배신하고 로어노크의 자기 부족에게로 돌아갔고, 영국에 대한 자신의 지식을 영국에 저항하는 데 활용했다. 그러한 탈주는 드문 일이 아니었다. 1590년, "도미니카 일부 지역 카시케의 아들인" 두 젊은이가 존 화이트와 함께 항해에 나섰다. 당시 존 화이트는 로어노크의 "총독"으로, 오랜 기간 방치되었던 식민지를 "구제해야" 했다. 두 젊은이는 배가 버진 제도의 세인트 크루아섬에서 바닥짐을 정비하는 동안 도망쳤다. 아마 집으로 돌아가고 싶었던 듯하다.55

반면 만테오는 계속해서 영국에 충성했고, 후원자들의 지원하에 여러 차례 대서양을 건넜다. 그는 인디저너스 최초의 개신교 신도로도 기록되었다(아마 롤리에 의한 개종이었던 것 같다). 1586년 3월, 그는 롤리로부터 당시 인디저너스들에게는 거의 주어지지 않던 자신만의 총을 선물받았다. 만테오는 1586년에 영국인들이 로어노크에서 황급히 떠날 때 함께 런던으로 돌아갔다. 1년 뒤 그는 자신의 네 번째이자 마지막 대서양 횡단에 나섰는데, 이는 로어노크에 "도시"를 건설하겠다는 롤리의 재앙과도 같은 최후의 시도를 위해서였다. 존 화이트에 의하면 만테오는 이를 통해서 스스로가 "가장 충성스러운 영국인"임을 증명했다.56

런던으로 향하는 마지막 여정에서 만테오는 롤리와 해리엇을 비롯한 지식인 집단과 어울렸을 것이다. 이들 중에는 수학자이자 지리학자였던 로버트 휴스(토머스 캐번디시와 함께 세계 일주를 했다), 지구본 제작자 에머리 몰리뇌, 노섬벌랜드의 9대 백작 헨리 퍼시(과학과 지도 제작에 재능을 보여 "마법사 백작"이라고도 불렸다) 등이 있었다.57 이들은 아마도 만테오에게서 지식을 얻고자 모였을 것이다. 당시 만테오는 "새로운 땅"에 대한 뛰어난 지리학적 지식을 지녔을 뿐 아니라 해리엇 및 화이트와의 학술적 협업을 통해서 자신의 능력을 입증한 터였다. 영리한 만테오가 그들 및 그들의 열정을 어떻게 생각했을지는 알 수 없지만, 1587년 그가 오소모코묵에 다시 돌아왔을 때, 영국에 대한 그의 확고한 지지는 보상을 받았다.

> 8월 13일, 야만인이었던 우리의 만테오는 월터 롤리 경의 명령으로 로어노크에서 세례를 받았다. 그는 충실한 헌신에 대한 보상으로 "로어노크와 다사몬그푹의 주인"이라는 칭호를 받았다.58

중재자들

다사몬그푹 땅에 롤리가 무슨 권한이 있었는지는 미심쩍지만, 그가 만테오에게 그 지역에 대한 "주권을 부여해야" 한다고 했다는 점은 주목할 만하다. 만테오가 세례를 받은 것은 일종의 상징이었던 같다. 말하자면, 첫 번째 인디저너스가 버지니아 땅에 세워진 영국 교회에 환영을 받으며 입교한 것이다. 만테오가 정말로 개종을 했는지, 아니면 단지 자신의 동맹자들을 기쁘게 하기 위해서 그 의식에 참여하기만 했는지는 알 수 없다. 또한 로어노크와 다사몬그푹의 새 주인이 정말로 권력을 행사할 수 있었는지 아니면 영국의 하수인일 뿐이었는지도 알 수 없다. 확실한 것은, 그의 통치가 유지되지는 않았다는 점이다. 화이트가 3년간 멀리 떠나 있다가 1590년에 다시 식민지로 돌아갔을 때, 버려진 마을에 남은 생명의 흔적이라고는 말뚝에 새겨진 "CROATOAN"이라는 글자뿐이었다. 소위 "잃어버린 식민지"라고 불리는 이 지역은 이후 당혹스러우면서도 매력적인 수수께끼의 장소로 남았다. 어떠한 살해나 폭력의 흔적도 없었기 때문에, 학자들은 그 글자가 정착지의 위치를 나타내는 단서라고 추측했다. 만테오가 영국 출신 동료들을 크로아탄 마을로 데려간 것일까? 아마도 결국 인디저너스의 방식에 동화된 것은 영국인들이었을 것이다.

로어노크 식민지의 불행에 얽힌 인디저너스 여행자는 만테오와 완체세뿐만이 아니었다. 롤리 및 그의 동료들과 연관된 원주민들은 꽤 많았으며, 그 두 사람이 가장 눈에 띄었을 뿐이다. "1587년 버지니아에 무사히 도착해서 그곳에 정주하게 된 남성과 여성, 어린이의 목록"의 가장 아래에는 "영국에 있다가 버지니아로 돌아간 원주민"이라는 하위 분류가 있는데, 여기에 만테오와 함께 토와예라는 이름이 등장한다. 알려지지 않은 여타 인디저너스 여행자에 대한 단편적인 흔적을 감안할 때, 얼마나 많은 이들이 기록의 표면 아래에 있을지 궁금할 따름이다.59

몇몇 사람들은 부지불식간에 나타나기도 한다. 1586년 그렌빌이 보급품을 공급하려고 로어노크에 도착했을 때, 섬은 버려져 있었다. 그는 나무에 매달린 영국인과 인디저너스의 시신 한 구씩을 발견했다. 남아 있는 주민은 3명뿐이었는데, 그렌빌의 선원들은 그중 한 명을 "붙잡아" 조사했다. 붙잡힌 주민은 프랜시스 드레이크가 남아 있던 사람들에게 이곳을 떠나라고 했다고 말했다. 이러한 사실을 기록한 스페인 항해사는 그 로어노크인이 영어를 할 수 있었는지, 아니면 선원들 중에 통역이 가능한 이가 있었는지는 언급하지 않는다. 그러나 그 인디저너스가 자기 섬을 탈취하려던 영국인에 대해서 잘 알고 있었다는 점은 분명하다.60 만약 그가 영어를 할 줄 알았다면, 이는 그가 왜 영국으로 갔는지를 설명해준다. 그는 아마도 데본의 해안가 비드포드 마을에 위치한 그렌빌의 집에 머물렀을 것이다. 그곳에서의 그의 삶에 대해 우리가 가지고 있는 유일한 기록은 교구 기록집에 남아 있는 간단한 내용뿐이다.

> 안노 도미니 1588년에 세례를 받다.······
> 롤리 A. 윙간디토이아인······3월 26일
> 안노 도미니 1589년에 묻히다.······
> 윙간디토이아인 라울리를 ∠월 7일 [매장하다].61

그렌빌의 사촌의 이름을 딴 "롤리"는 영국에 도착하고 1년 후에야 세례를 받았는데, 이는 그가 자발적으로 개종했거나 적어도 교육을 받았음을 시사한다. 당시 납치를 당한 다른 이들처럼 영국식 행동양식을 받아들인 그는 지역 주민들에게는 호기심을 불러일으키는 존재였을 것이다. 또한 그렌빌이 재빨리 다음 원정을 준비한 것으로 보아 그는 납치범들에게 매우 중요한 자원이기도 했으리라고 짐작할 수 있다.

1580년대 당시 비드포드는 번화한 항구 도시였다. 일반적으로는 월터 롤리가 싣고 온 담배가 처음 도착한 곳이 이곳 비드포드라고 알려져 있지만, 실제로는 그렇지 않다. 선원들이 몇 년 전부터 파이프 담배를 피웠고, 인디저너스 방문객들이 이곳에서 동향 출신의 사람이나 물건을 쉽게 볼 수 있었기 때문에 그렇게 보였을 뿐이다. 앨곤퀸 출신으로서 세례를 받은 "롤리"(혹은 "라울리")는 기독교 세례를 받고 나서 정확하게 1년 후에 사망했다. 사망 원인은 독감으로 추정되는데, 그가 사망하고 몇 주일 후에 눈을 감은 그렌빌의 10대 딸과 같은 병이었다. 그는 강 근처에 위치한 비드포드의 성 메리 교회에 묻혔다. 다른 많은 사람들처럼 그 역시 흔적 없이 외국 땅에 잠들어 있다.

비드포드는 런던에서 320킬로미터 정도 거리에 위치해 있다. 수는 상대적으로 적었지만, 1580년대에 인디저너스들은 튜더 왕조의 영국에 널리 퍼져 있었다. 게다가 거미줄 같은 대서양 교역망도 형성되기 시작했다. 1590년대가 되어 여왕의 총애로부터 멀어지고 왕궁에서 망신을 당한 롤리*는 남쪽의 기아나(오늘날의 가이아나)로 관심을 돌렸다. 그는 기아나에 금이 많이 매장되어 있다고 확신했고, 그곳이 자신의 운을 바꿔주리라고 기대했다. 1594년, 롤리는 제이컵 위던을 대리인으로 보내서 이 지역을 정찰하게 했다. 위던은 4명의 기아나 인디저너스들을 데려왔는데, 그중 최소 2명이 "영어를 잘했다." 이들은 1595년 롤리와 함께 기

---

* 놀랍지 않게도, 엘리자베스 여왕은 자신이 총애하던 이가 자신의 시녀 중 한 사람과, 심지어 임신 후 비밀리에 결혼한 사건을 대수롭지 않게 생각했다.

아나로 돌아갔고, 이후 지역 주민들과의 복잡한 일이 시작되었다. 영국인은 이들의 땅을 침략한 첫 유럽인이 아니었다. 이미 인디저너스를 노예로 잡아가려는 스페인 선원들이 해안 지역과 오리노코 강을 휩쓸고 다니고 있었다. 그런데 새로 도착한 이들이 트리니다드에 있는 스페인 기지들을 파괴하고 다닌다는 소문이 돈 것이다. 지역 지도자들은 자신들을 괴롭히던 스페인인에게 대항하기 위해서 영국인과 동맹을 맺기를 바랐다. 롤리가 "영국에서 데려온 인디언 통역사"가 지역 지도자들과의 협상에 도움을 주었다. 그의 이름은 아마도 "존 프로보스트"(오늘날 프로보스트는 버지니아 주 포우하탄 카운티 지역의 지명이다. 존 프로보스트는 "포우하탄의 존"을 영어식으로 표기한 것으로 보인다/역주)이거나 "트리니다드의 존"일 것이다. 존은 나중에 롤리의 후원을 받아 1596년에 두 번째 원정을 떠났던 로렌스 키미스의 여정에 함께했으며, 지역에 대한 상세한 민속학적 정보와 지리적 정보를 수집하는 데에 결정적인 역할을 했다. 카시케들을 만난 롤리는 엘리자베스 1세의 자비로움을 자세히 설파하며 여왕이 "스페인의 폭정"으로부터 그들을 해방해줄 것이라고 말했다. 이 협상 과정에서 통역사인 존의 역할은 결정적이었다. 그는 여러 경우에 대해서 명쾌하게 설명하면서, 롤리의 부하들 중 "비열한 부류"가 저지른 절도나 피해는 **보상**하겠다며 지역 주민들에게 확신을 심어주었다. 존은 영국인의 대변인이었을 뿐 아니라 조력자이자 신뢰할 수 있는 동료였다.

아로마이아라고 불린 이 지역의 최고 지도자인 토피아와리는 롤리의 무리와 동맹을 맺을 경우 이점이 있으리라는 점을 충분히 납득해서, 2명의 젊은 영국인을 인질로 받는 대신 자신의 외아들인 카요와로코와 다른 왕족 젊은이를 영국으로 보냈다. 그는 "앞으로 살날이 얼마 남지 않앉고", "자신이 사망한 이후 아들이 지도자로 추대되기를 원했기" 때문이다. 1596년 항해에서는 또다른 "인디언 통역사" 헨리의 이름이 갑자기 등장한다. 프랑스와 스페인의 기록에 따르면 롤리는 트리니다드 지역 지도자의 아들과 다른 3명에게도 대서양을 건널 것을 강요했다고 한다. 그리하여 1590년대에 소수이지만 의미 있는 원주민 무리가 계속해서 영국으로 떠났으며, 그중 일부는 대서양을 여러 번 건넌 경험을 바탕으로 노련한 여행가가 되었다. 이 소식은 롤리의 동료들과 왕궁에까지 알려졌다. 1596년 7월 롤리의 아내 베스는 정치가 로버트 세실에게 "여왕 폐하의 신하인 토페아와레TOPEAWARE 왕이 사망했으며, 그의 아들은 돌아왔습니다"라는 내용의 편지를 썼다. 토페아와레(토피아와리/역주)가 과연 자신을 엘리자베스 여왕의 "신하"로 여겼을지는 의문스럽지만, 어쨌든 그의 아들 카요와로코가 왕궁에 있었기 때문에 영국의 상류층은 그를 알고 있었던 듯하다. 카요와로코가 영국에서 무슨 일을 했는지는 알 수 없다. 그가 영국 여왕 앞에 등장한 것은 에식스 백작이 꾸민 쇼일 수도 있다. 그러나 그는 롤리와 동맹을 유지했고, 평생 영국에 머무른 것으로 보인다. 대서양 횡단 외교는 사적인 관계를 통해서 강화되었고, 롤리의 인디저너스 집단은 광범위한 영향력을 발휘했다.62

  1604년, 찰스 리가 이끈 백인 남성들이 위아포코 강(오늘날 오야포코 강) 어귀에 나타났을 때, 이 지역의 이아요(혹은 야요아)와 사파요 지도자들은 이들과의 협상에 "영국에 가본 적이 있어서 영어를 조금 할 줄 아는" 통역사를 2명이나 투입했다. 영국과의 동맹이 지니는 잠재적 가치를 충분히 인지하고 있었던 인디저너스들은 찰스 리와 동료들에게 자신들의 땅에 정착하기를 권했다. 여기에는 자신들이 적과 싸우는 데에 영국인들이 협력한다는 조건이 걸려 있었다. 자신이 그런 결정을 내릴 만한 위치에 있는지 자신하지 못했던 리는 "협상 내용을 영국에 보내기를 요구했다." 아마도 그는 그렇게 많은 인디저너스들이 자신과 함께하기를 원한다는 점에 놀랐을 것이다. 그가 자신의 형제에게 보낸 편지에 따르면, 지역 주민들은 언제 영국에 갈 계획이냐며 날마다 그를 괴롭혔다. 6월이 되자 마침내 4명의 "주요 인사"가 영국으로 향하는 배에 올랐다. 이 시점에 기아나인들은 대서양 횡단 외교의 중요성을, 리는 실력 있는 통역사의 중요성을 인지하고 있었다. 리는 "인디언 월터 롤리 경, 혹은 나의 제독"에게 이곳으로 통역사를 보내달라고 간청했다. 지역 주민이었던 플루아인마(그 무렵에는 지역의 지도자였다)와 윌리엄이 전혀 도움이 되지 않는 데다가 "모든 일을 거의 이해하지 못했기" 때문이다.63 17세기경 인디저너스 통역사와 협상가는 대서양 횡단 연결망에서 확고한 위치를 확보하고 있었던 것이다.

1609년 로버트 하코트*가 같은 지역에 상륙했을 때, 그는 유럽풍으로 옷을 입고 자신을 맞이하러 나온 2명의 남자와 예상치 못하게 마주쳤다(대조적이게도 나머지 사람들은 "배를 드러낸 채 헐벗고" 있었다). 게다가 지역 주민 중 한 명은 "영국에 살면서 존 길버트 경(롤리의 조카)을 몇 년간 모셨다"며 유창한 영어를 구사했다. 이 사람은 롤리의 통역사인 존 프로보스트가 틀림없다(그 역시 다른 사람들처럼 자신이 모셨던 사람의 이름을 따랐다). 존은 동포들이 있는 고향으로 돌아왔지만, 그의 정체성은 여전히 대서양 양안에 걸쳐 있었다. 죽기 직전 그는 영국인들을 불러 함께 찬송가를 부르게 해달라고 요청했으며, "자신은 사악한 죄인이며, 구세주 예수 그리스도의 이름으로 구원받기를 원한다"고 고백했다. 삶의 마

---

* 『옥스퍼드 영국 인명 사전』에는 "식민지의 모험가이자 작가"라고 기재되어 있지만, 그보다는 "형편없는 투자자이자 실패한 식민주의자"라고 쓰였어야 하는 사람이다.

지막 순간에 그는 참석자 모두에게 "제가 기독교인으로 죽었다는 증인이 되어주세요. 그래요, **영국**의 기독교인으로 말이에요"라고 부탁했다. 하코트의 이야기가 사실이라면, 존은 고향으로 돌아오기는 했어도 영국에 있던 시절의 영향을 매우 깊이 받았던 것 같다. 하코트의 원정대가 도착했을 때 존이 느꼈을 감정은 호기심을 자극한다. 그 원정대에 2명의 인디저너스 네판틀레라스, 즉 중재자들이 같이 타고 있었다는 점도 이러한 궁금증을 증폭시킨다. 2명의 중재자는 "마틴"과 "앤서니 캐너버"*로, 지역 지도자인 마틴은 영국에 4년이나 살았다. 마틴이 자신의 대서양 횡단을 일시적인 여행으로 여기고 "자기 고향으로 다시 돌아오게 되어 매우 기뻐한" 반면,** 캐너버는 영국에서 14년을 보내면서 기독교로 개종까지 한 상태였다. 하코트는 지역 주민들에게 "여러분의 동포인 마틴을 집으로 데려왔다. 여기 사람들은 대부분 그가 죽었다고 생각하고 있더라"고 자주 이야기했다. 그러나 이는 이들 여행자들이 남겨두고 떠나간 마을과 가족의 입장에서는 매우 혼란스러운 일이었다.

원주민들이 이러한 항해에 대한 이해의 틀을 짜고, 해석하며, 감내한 방식은 중요하지만 곧잘 간과된다. 인디저너스 사회에서는 이러한 항해를 어떻게 보았을까? 떠나간 이들을 간절히 기다렸을까, 아니면 영원히 떠났다고 생각했을까? 아들이, 형제가, 아버지가, 남편이 죽었다고 단

---

* 정확히 알 수는 없지만, 이들은 아라와크족이나 투피족에 속했을 가능성이 높다. 하코트는 그들 중 일부를 "야이오Yaio"라고 설명했는데, 어떤 이들은 이것이 조너선 스위프트의 『걸리버 여행기Gulliver's Travels』에 등장하는 "야후Yahoo"의 기원이 되는 단어라고 보았다.

** 마틴이 기독교인이 되었다는 기록은 없다. 그러나 하코트는 마틴이 일식에 대한 인디저너스들의 "단순한 믿음"을 비웃었다는 점을 근거로, 그가 영국식 지식에 무지하지는 않았다고 주장했다.

념하기까지 얼마나 기다렸을까? 마틴이 떠나자 그의 동생이 족장이 되었다는 점을 생각하면, 여행자들의 귀환이 온전히 환영받았을지도 고려해야 한다. 하코트의 이야기를 자세히 살펴보면, 귀향 당시 마틴이 족장으로서 자신의 권위를 어떻게 재확립했는지에 대한 실마리가 보인다. 집안에서는 "족장의 자리는 그가 부재할 때에만 그의 동생의 것"이라며 잔치가 벌어졌고, 마틴이 영국인들에게 한 겸손한 환영 연설은 "참석한 나머지 인디언들로부터 인정을 받았으며" 이후 차례로 공식적인 환영 인사가 이어졌다. 하코트는 이러한 의식들이 자신하고만 관련되어 있다고 생각했지만, 이 신중한 승인은 마틴이 족장으로서의 지위를 회복했음을 나타내는 듯 보인다. 하코트는 이 행사 이후 마틴을 더 이상 자신의 통역사로 칭하지 않았으며, 존과 앤서니 캐너버의 도움에만 주목했다. 마틴은 고향에 다시 정착하기 위해서 돌아온 것으로 보인다.[64]

우리는 인디저너스 귀족들이 무엇 때문에 자신의 인생과 지위까지 위태롭게 할 낯선 나라로의 위험한 횡단 여행을 감행했는지 궁금해할 뿐이다. 호기심 때문이었을까, 아니면 이전에 수없이 들었던 영국의 통치자를 만나고 싶어서였을까? 어쩌면 그들은 점차 빈번해지는 백인과의 교류에서 주도권을 잡고자 했을지도 모른다. 하코트의 이야기 중 코나위니 강 유역 일화에서는 대서양을 횡단한 또다른 족장이 등장한다.* 바로 영어를 구사할 줄 알았던 학식 있는 기독교도 레너드 라가포이다. 그는 월터 롤리와 함께 영국으로 떠났으며, 롤리를 매우 좋아했던 듯하다. 라가포는 영국에서 롤리와 함께 3-4년 정도를 지냈으며, 고향 사람들 사이에서는 "레너드 선장"이라고 알려질 만큼 범세계적인 유명 인사가

---

* 하코트가 가는 곳마다, 사람들은 그가 롤리가 아니어서 실망한 듯했다.

되었다. 하코트에 따르면 그는 "진심으로" 영국을 사랑했으며, 하코트의 사촌이 귀중한 토파즈를 찾는 데 도움을 주었고, 그를 훌륭하게 환대해주었다. "보통의 무례한 인디언의 예의범절이 아니라 훨씬 문명화된 방식으로, 그것도 무한한 존경과 사랑을 담아서 말이다." 그러나 이런 모든 "문명화된" 외관 뒤에는 다소 조심스러운 묘책이 있었다. 그는 당시 "지배권"을 가지고 있던 족장 아나키-브-리에게 저항하기 위해, 4명의 영국인을 자기 고향에 남겨두라고 하코트를 끈질기게 설득했다. 라가포는 이러한 조치를 통해서 자기 영토를 위협하는 적에게 얼마간 저항할 수 있으며, 지역에서 자신의 권력을 공고히 할 수 있다고 생각했던 듯하다. 하코트에 따르면 "인디언 **레너드의 정책**"은 "그들의 두려움을 이용하고 우리 부하들을 자신들의 수호자이자 최고의 보호자로 만드는 것이었다." 레너드는 자신의 대서양을 넘나드는 인맥을 이용하는 법을 알고 있었다.

한편 앤서니 캐너버는 영국에 머물던 기간에 대한 상당한 이익을 취했다. 하코트가 충성스러운 캐너버의 임무 수행에 대한 보상으로 왕을 대신해 자신이 소유하고 있던 산의 "소유권"을 그에게 넘겨준 것이다. "나는 그 산의 소유권을 내 인디언 **앤서니 캐너버**에게 양도했다. 이러한 조치는 그와 그의 후손이 이 산을 **영원히 소유하고 유지하며, 점유하고 즐길 수 있게** 하기 위함이다." 캐너버는 기꺼이 세금을 납부함으로써 그의 가문이 "폐하의 충실한 신하"임을 증명했다. 하코트의 "선물"은 그 영토에 대한 영국의 소유권을 확고히 굳히고, 지역의 귀족들을 제임스 1세의 "신하"로 묶어두기 위한 것임이 분명하다. 인디저너스에게 이러한 개념은 보통 낯선 것이었기 때문에, 그들은 이러한 교환을 복종보다는 협력관계를 공고히 하는 것으로 보았다. 다만 롤리의 가솔로 14년이나 지낸 캐너버는 이것을 다르게 생각했을지도 모른다. 우리는 여기에서 스스로 낯선 사람이 되어버린 고향 땅에서, 자기 미래의 영달을 확고히 하기 위해서 영국인을 이용하는 한 남자를 본다. 이는 순진하게 영국에 자율권을 양보한 경우와는 매우 다르다. 그가 여행 경험을 토대로 고향에서 가장 좋은 기회를 잡을 수 있었음은 분명하다. 마틴과 캐너버 중 누구도 하코트와 함께 돌아가려 하지 않았다. 결국 하코트는 이들을 대신할 통역사로 "인디언 소년 한 명을 데려갔지만, 그는 항해 도중 사망했다."

청교도들이 왐파노아그의 땅에 상륙하기 10년도 전에, 남쪽으로 수천 킬로미터 떨어진 곳에서 인디저너스들은 의미 있는 대서양 횡단 연결망을 형성하고 있었다. 제2차 방문객의 물결은 런던이 과거와는 사뭇 다른 상황을 겪도록 만들었다. 당시는 엘리자베스 1세가 1603년에 세상을 떠나고, 롤리가 예상치 못한 음모 혐의로 런던 탑에 갇힌 때였다. 더럼 하우스는 그의 다른 영지들과 함께 몰수당했고, 런던에 머물던 "롤리의 인디언들"은 그의 지인들의 관용과 지지에 기댈 수밖에 없었다. 롤리가 탑에 갇혀 있는 동안 인디저너스 2명이 그의 시중을 들며 같이 지냈는데, 이는 제법 편하게 감금되어 있었음에도 절망에 빠진 롤리가 자살을 시도한 적이 있기 때문이었다. 이 인디저너스들은 해리라고만 알려진 카시케 출신과 레너드 라가포였다. 롤리는 2명의 하인을 둘 수 있었는데, 그중 해리는 2년이나 롤리와 함께 탑에서 지냈다. "한 명은 감방에서 그의 시중을 들고, 다른 한 명은 외부로 다니며 일을 보았다."[65] 영어를 완벽하게 구사했던 해리는 아마 롤리의 개인적인 감방 시중뿐만 아니라 그의 아내와 아들의 시중도 들었을 것이다. 이는 결코 감옥이 아니었다. 롤리의 지인과 친구들이 정기적으로 그를 방문했고, 아들의 가정교사도 그곳을 드나들었다. 공간이라고는 방 2개뿐인 그곳은 늘 붐볐다. 이러한 감금 상태와 그 기운 넘치는 롤리가 통제되고 있다는 것에 대해서 이 기아나인들은 어떻게 생각했을까? 막강한 힘과 활기를 자랑하던 롤리가 감금되어 감옥 정원에서 빈둥거리거나 아메리카산 식물이나 가꾸는 상황은 그들의 생각에 어떤 영향을 미쳤을까? 롤리의 투옥에 관한 이야기는 그의 지적 추구, 과학적 탐구, 원예학적 실험 등으로 가득 차 있고, 그와 줄곧 함께했던 인디저너스들을 전혀 언급하지 않는다. 롤리가 담배와 사사프라스 재배를 시도하는 동안 그의 곁에는 해리가 있었다. 그가 『세계사History of the World』를 집필하는 동안에도 그의 바로 옆에 해리가 있었다. 해리엇과 만테오의 관계처럼, 이 기간 롤리의 업적에서 그의 협력자 해리는 인정되지 않았다. 이 시기에 롤리가 자신의 단출한 식솔에 인디저너스 남자를 포함시켰다는 점은 매우 주목할 만한 일이다. 감금된 상태에서도 그는 토론과 협력을 통해서 미지의 세계를 계속 탐험하고 싶어했던 듯하다. 강과 들판, 숲에서 살아왔던 해리에게 롤리를 모셨던 탑은 분명 심란한 환경이었을 것이다. 해리가 이를 기꺼이 받아들였는지는 명확하지 않다. 그러나 나중에 그들이 서로 존중하는 관계를 이어나갔다는 점으로 미루어보아, 해리는 이 템스 강이 내려다보이는 유혈 낭자한 탑Bloody Tower*에서 지냈던 시기와 화해했던 것 같다.

롤리가 투옥되어 있던 1603년, 탑의 울타리 밖 런던에서는 인디저너스 방문객들에게 매우 당황스러운 두 가지 큰 변화가 일어났다. 그해, 엘리자베스 1세가 왕위에 오른 지 거의 반세기 만에 세상을 떠났다. "거리에서, 집에서, 창가에서, 발코니에서, 지붕에 올라서" 횃불을 밝힌 채 여왕

---

* 원래는 더 매력적인 이름인 가든 타워Garden Tower라고 불렸으나 탑에 갇힌 두 왕자가 살해되면서 나중에는 이 별명으로 불렸다.

의 시신을 운구하는 바지 선이 템스 강을 따라 내려오는 모습을 지켜보던 군중 속에 인디저너스들도 있었을까? 화이트홀에 안치된 여왕을 보고 "한숨짓고, 울먹이고, 눈물짓던" 사람들 사이에 그들이 있었을까?[66] 아마 그들은 여왕을 애도하기보다는 그저 보고자 했을 것이다. 또한 자신들의 후원자였던 롤리에게 많은 의미를 지녔던 그녀에게 경의를 표하고자 했을 것이다. 혹은 단순한 호기심에 보러 갔을 수도 있다. 어쩌면 그들은 사람들에 떠밀려서 장례식장 안까지 갔을 수도 있다.

그해에는 실내에 머물면서 사람들을 피해 지낼 이유도 생겼다. 1603년 여름, 런던에 무서운 전염병이 창궐하여 3만 명 이상이 사망했다. 제임스 1세는 신민을 보호하기 위해서 감염자가 발생한 집은 "증상이 사라진 후에도" 6주일간 폐쇄하고, 감염자는 "사적으로든 공적으로든 다른 이들과 함께 있지 말 것"을 명령했다. 명령을 어긴 자는 누구든 당사자의 집 옆에 있는 우리에 가두어 본보기로 삼았다. 방역 기간이 끝나면 "감염자가 사용했던 의복, 침구류를 비롯한 모든 물건"을 소각했다.[67] 근대 초기 사람들은 세균의 존재를 몰랐지만, 감염이 어떤 결과를 초래할 수 있는지는 알았다. 우리가 런던 기아나 인디저너스들의 운명을 알지 못하는 것은 전염병 때문일지도 모른다. 앞선 여행자들처럼 이들도 다수가 전염병으로 목숨을 잃어 집으로 돌아가지 못했다.

롤리는 1616년 제임스 1세에 의해서 석방되었고, 1년 후, 황금과 영광을 찾아 기아나로의 마지막 원정을 떠났다. 그의 이야기는 우리 주제의 범위를 벗어나지만, 당시 그가 부를 좇기만 한 것이 아니라 자신의 예전 중재자이자 동맹이었던 인디저너스들을 찾아가기도 했다는 일화는 언급할 가치가 있다. 11월 초, 병에 걸려 선실에 누워 있던 롤리는 자신의 오랜 동료인 레너드 라가포에게 연락을 취했다. "영국에서 3-4년간

중재자들

나와 동고동락했던 나의 오래된 하인, 인디언 레너드에게 작은 배를 보냈다." 롤리는 라가포가 50킬로미터나 떨어진 내륙으로 이주했다는 사실을 알게 되었지만, 그를 찾아가거나 그가 오기를 기다리기에는 병세가 너무 위중해서 칼리아나 강(오늘날의 카옌 강)으로 향했다. "그곳에는 예전에 그 탑에서 나와 2년을 같이 지낸 카시케 출신의 내 하인이 있었다." 그곳에서 그는 자신의 하인이었던 인디저너스 해리를 찾기 위해서 해안가로 바지 선을 보냈다. 그러나 토착 귀족이던 해리는 롤리의 부름에 당장 달려갈 수 없었다. 따라서 그는 자신의 남동생과 다른 두 카시케를 보내, 롤리가 여전히 꼼짝할 수 없는 상태라면 보급품을 가지고 직접 방문하겠노라고 약속했다. 하루에서 이틀 뒤, "나의 하인 해리가 찾아왔다. 그는 영어를 거의 다 잊어버린 상태였다." 해리는 롤리의 원정대가 1주일 이상 충분히 먹을 수 있는 많은 양의 보급품을 가져왔다. 롤리는 해안가로 실려가 그곳의 천막에서 쉬었다. 다시 하루나 이틀 뒤, 그는 신선한 파인애플과 구운 돼지고기와 아르마딜로 고기를 먹고 싶어했고, 그후로 "조금씩 기운을 차렸다." 해리는 롤리만 돌본 것이 아니라 그의 원정대 전체를 후하게 대접했다. 이는 권력이 명백히 이동했음을, 그리고 그 두 사람 사이에 진정한 친밀함이 있음을 롤리에게 보여주고자 하는 열망을 드러낸다(해리가 은인이자 이곳의 지도자임을 말이다). 자신의 주변인들로부터 큰 충성을 받은 것으로 유명했던 롤리는 서신에 "나의 오랜 세월 지인인 인디언으로부터 도움을 받고 먹을 것을 얻었으며, 많은 사랑과 존경을 받았다"고 흐뭇하게 적고 있다. 이들은 주인과 하인, 통역사를 넘어선 그 이상의 관계였던 듯하다. 동맹이자 동료이며, 아마도 친구였을 것이다.[68]

영국이 식민화를 처음 시도하던 1580년대부터 1607년 제임스타운을 건설하기까지 영국을 방문한 인디저너스들을 추적하다 보면, 롤리의 식솔이었던 인디저너스들의 구체적인 "집단"이 나타난다. 이들은 탐험의 중재자로서만이 아니라 지적 탐구 과정에서도 매우 중요한 역할을 했다. 롤리의 집단에는 뛰어난 학자, 정치가, 사업가 등이 있었다. 탑에 갇힌 상황에서도 그는 과학, 식물학, 의학 등을 연구했고, 정치학 및 역사학 분야에서 영향력 있는 저서들을 집필했다. 그의 인맥을 통해 런던 사회에서 유명해진 인디저너스들 역시 이러한 기회를 가능한 한 대담하게 활용했다. 이토록 빈번하게 교류가 이루어진 것은, 비록 기록에는 남아있지 않더라도 초창기 항해부터 문화 간의 연결망이 광범위하게 형성되었음을 시사한다. 오늘날 마서스 비니어드로 알려진 곳에서 온 나우셋인 에페나우가 납치되어 런던에 도착한 1611년, 그는 아사쿠멧이라는 아베나키인에게서 영어를 배웠다(아사쿠멧은 1605년부터 런던에 거주하고 있었다). 대서양을 가로지르는 두 문명 간 지식의 축적은 식민지에서만이 아니라 유럽에서도 이루어진 것이다.[69]

흔히 강제로 통역사가 되고는 했지만, 중재자들은 단순히 "두 세계" 사이에 "갇힌" 식민주의자들의 도구가 아니었다. 문화 사이를 오가는 법과 언어를 배운 "중재자들"은 중간 지대에서 자신들에게만 허락된 기회와 통찰력을 지닐 수 있었다. 이들 영리한 통역사들의 경험, 즉 두 문화를 넘나들고 협상하며 통역하는 일은 일부만이 얻을 수 있는 대서양 횡단 경험의 기회들이었다. 만테오와 같은 이들은 자기 자신의 더 큰 야망을 위해서 문화적 기동성을 이용했다. 한편 완체세 같은 이들은 대서양 횡단 경험으로 자신의 공동체에 기여했다. 많은 이들이 살아남아서 가족에게 돌아갈 수 있기를 희망하며 버티거나 자신의 상황에서 최선을 다했다. 펠리피요와 포에초스 출신으로 돈 마르틴이라고 불린 피사로의 한 통역사는 1528년 피사로를 따라 스페인으로 떠났고, 다시 그와 함께 파나마로 돌아와 잉카 정복에 참여했다. 훗날 펠리피요가 반역죄로 처형된 반면, 돈 마르틴은 충성심을 인정받아 "총괄 통역사"라는 칭호를 얻고 리마의 부유한 시민이 되었다. 그러나 이후 (잉카 제국의 분할을 놓고/역주) 스페인 정복자들 사이에서 벌어진 내전으로 그의 후원자가 떠나버리자 그는 재산을 몰수당하고 채찍질을 당했다. 1549년, 돈 마르틴은 자신의 땅을 돌려달라고 청원하다가 세비야에서 사망했다. 20여 년 후 그의 메스티사 딸인 프란시스카는 다른 인디저너스 귀족 후손들과 함께 왕실에 영지 하사를 청원했다.[70]

노예라는 신분과 여성이라는 성별 때문에 제약이 있었음에도, 코르테스의 통역사인 말린친은 언어 능력으로 쟁취한 기회를 이용해 자기 자신과 자녀들의 재산을 축적했다. 1528년, 말린친은 코르테스와의 관계에서 얻은 아들 마르틴이 스페인으로 향하는 배에 오르는 것을 보았다. 안타깝게도 그것이 그들의 마지막 만남이었다. 1540년 마르틴이 돌아왔을 때, 그의 어머니는 10년 전에 이미 숨을 거둔 뒤였다. 그 광대한 대양을 건넜던 수많은 사람들과 마찬가지로, 마르틴은 유럽에서 시간을 보내며 다른 사람이 되어 돌아왔다.

3
가족과 친척

1505년 6월 16일, 한 카리호 남성이 프랑스의 옹플뢰르에 도착했다. 우리에게 에소메릭으로 알려진 그는 태어났을 때는 이샤-미림(작은 족장)*이라고 불렸다. 그의 아버지가 과라니족이 거주하던 브라질 남부의 족장 아로스카였기 때문이다. 과라니족은 매우 영적靈的이었으며, 농사를 지었고, 자신들을 단순히 아바abá(사람) 혹은 냔지오리ñande ore(우리 모두)라고 불렀다.¹ 그러나 1년 전인 1504년 1월, 한 낯선 선원이 이상한 배를 타고 그들의 땅에 도착했다. 그 배는 과라니인들의 통나무 카누보다 컸고, 여러 조각의 나무로 되어 있었다. 비노 폴미에 드 고느빌이라는 프랑스인 선장은 먼 거리까지 엄청난 속도로 구슬을 발사하는 금속 튜브 무기, 작은 거울, 유리구슬, 과라니족의 것보다 더 강한 칼과 도끼 등 온갖 신기한 물건들을 가지고 왔다. 아로스카와 그 부족민들은 고느빌이 음악을 틀고 무기들로 소리를 내는 굉장한 의식을 치르면서 2개의 나무

---

* 이는 확실하지 않은 이름인 데다가 널리 사용되지도 않기 때문에, 그의 원주민 이름의 프랑스식 표현인 에소메릭이라고 쓰겠다.

십자가를 세우는 모습을 참을성 있게 지켜보았다. 고느빌은 높이가 10미터 정도 되는 십자가를 바다가 보이는 언덕에 세우고, 다른 하나는 그들의 묘지 바로 앞에 세웠다. 고느빌의 주장처럼 과라니인들이 프랑스인을 두려워했는지는 알 수 없다. 그러나 1504년 부활절에 대포를 전시한 일은 분명 과라니인들의 시선을 끌었고, 동맹으로서 외국인들의 잠재력에 대해 어떤 암시를 주었을 것이다.

고느빌의 이야기에 신빙성이 있다면, 족장 아로스카는 이 새로운 기술들을 배워서 "자신들의 적을 통제할" 좋은 기회로 삼았을 것이다. 그는 기꺼이 자신의 어린 아들 에소메릭이 고느빌과 함께 프랑스로 떠나도록 허락했으며, 나모아라는 이름의 35–40세의 나이 든 이가 그들을 호위하게 했다. 아로스카는 프랑스 배 에스푸아 호에 많은 음식을 제공하고, 프랑스 국왕에게 보내는 아름다운 깃털들을 비롯한 호화로운 보물들을 실었다. 그는 또한 "선장에게 20개월 안에 돌아올 것을 맹세하게 했다." 아로스카는 절대 아들을 잃고 싶어하지 않았고, 이에 따라서 자신의 친척을 탐험가 및 사절 자격으로 보냈다. 나모아는 수행원이자 경호원, 그리고 길동무였던 것 같다. 그는 아마도 15세 정도였을 그 젊은이를 안내하고 그와 동행할, 풍부한 경험의 보좌관이었다. 그러나 불행하게도 에소메릭은 홀로 남겨져 고군분투해야 했다.

험난했던 프랑스로의 항해 도중, 많은 선원들이 "악성 열병으로 고통받았으며", 나모아를 포함한 4명이 사망했다. 이 비극은 프랑스인들 사이에서 격렬한 철학적 논쟁을 불러일으켰다. 그들은 과라니인들의 "영혼을 지옥으로부터 구하기 위해서" 세례를 주어야 하는지를 두고 토론했다. 공통된 의견은 나모아는 가톨릭 신앙을 알지 못한 채 사망했으니 세례를 받아도 아무 소용이 없겠지만, 그 시점에 매우 심각하게 앓고 있던 에소메릭에게는 세례를 주어야 한다는 것이었다. 선장과 다른 두 선원이 에소메릭의 대부가 되기로 했지만, 대모가 되어줄 여성은 없었다. 그렇게 9월 14일 에소메릭은 "선장의 세례명을 따라서 비노라는 이름으로 세례를 받았으며" 그후 기적적으로 회복하여 프랑스인들에게 "세례가 영혼과 육신에 약이 되었음"을 확신하게 했다.

브라질 해안을 따라 올라가던 에스푸아 호는 대서양을 횡단하기 이전에 두 차례 더 정박했다. 그들은 과라니족 지역의 북쪽으로 항해하다가 투피족의 땅을 침범했다. 프랑스인들은 투피족을 "천박한" 사람들, "식인하는" 사람들이라고 생각했다. 이 전사 부족은 프랑스인들을 별로 환영하지 않았고, 헐벗은 그들의 모습은 유럽인들이 생각하는 "문명"과는 거리가 멀었다. 그럼에도 불구하고, 고느빌과 그의 동료들은 "프랑스로 데려가려고 인디언 2명을 납치했다." 그러나 헤엄치는 솜씨가 훌륭했던 두 투피인은 첫날 밤 바다로 뛰어들어 탈출해버렸다. 에소메릭은 이 사건을 어떻게 받아들였을까? 그가 투피인들을 자신의 친척이라고 생각하지는 않았을 것이다. 그러나 자신들의 의지에 반하여 강제로 승선해야 했던, 자신과 비슷한 외모의 그들은 그를 잠시 멈춰 세웠을지도 모른다. 이제는 혼자가 된 연약한 존재였던 그 젊은이는 엄습하는 공포를 감추려 했을까? 어쩌면 왕자였던 그는 전쟁에서 포로가 잡히는 일에 익숙한 나머지 아무런 감흥도 느끼지 않았을 수도 있다.

이미 많이 다녀본 항로를 통해 프랑스로 돌아가는 중에, 에스푸아 호는 저지 섬과 건지 섬 근처의 익숙한 바다에서 해적의 공격을 받았다. 배에 타고 있던 많은 이들이 살해당하고 배가 난파되었다. 승선한 이들 중 28명만이 살아남아서 옹플뢰르에 도착했다. 그들 중에는 선장과 "비노라고도 불렸던 인디언 에소메릭도 포함되었다. 이후 그들이 지나간 모든 지역에서 그는 많은 주목을 받았는데, 그가 이제껏 프랑스를 방문한 사람들 중 가장 먼 곳에서 온 사람이었기 때문이다."[2] 이러한 일들은 에소메릭이 구경거리가 되고 호기심의 주요 대상이었음을 의미하지만, 유럽에 대한 그 어린 카리호의 경험은 다소 이례적으로 흘렀다. 그는 이용당하거나, 사람들 앞에서 행진을 하거나, 사람들의 추파를 받는 대신, 한 가족의 일원이 되었다.

더 이상 다른 원정대에 참여할 수 없게 된 고느빌은 아들을 무사히 돌려보내겠노라고 한 아로스카와의 약속을 지키지 못하게 되었음을 깨달았다. 그는 약속을 이행하기 위해서 다른 방법을 찾았다. 에소메릭이 비노로서 10년 이상 살며 30세가량의 건장한 남성이 된 1521년, 고느빌은 자신의 친척(아마도 조카) 중에서 그에게 어울리는 신부를 물색해주었다. 마리 물랭과 결혼한 에소메릭은 비노, 올리비에라는 두 아들을 비롯해 14명의 자녀를 두었다. 다복했던 그는, 노년에 아내가 먼저 세상을 떠나자 재혼하여 7명의 딸을 더 얻었다. 고느빌이 후사 없이 사망하자, 에소메릭은 그의 성씨인 폴미에를 물려받았고, 그의 무기들과 얼마간의 재산도 상속받았다. 에소메릭 비노 폴미에는 프랑스 북부 리지외에 정착하여 오래오래 살았다. 장 르블롱이 발견한 문서의 1523년 리지외 "양말류의 상인 및 관련 직종의 숙련공과 작업자들"의 명단에는 "비노 폴미에"라는 이름이 있다. 20년 후 리지외의 세금 기록에는 폴미에라는 성을 쓰는 서로 다른 세 가구가 등장한다. 하나는 에소메릭의 집으로 추정되는데, 그는 55솔의 세금을 냈다. 이제 막 세금을 내기 시작한 다른 양말업자는 장 폴미에로 추정되는데, 갓 결혼하여 살림을 차린 에소메릭의 아들이었다. 비노 폴미에(1560년대부터는 "연장자 비노"라고 불렸다)는 몇 번 더 문서에 등장한다. 그는 시 의회의 심의위원회에 여러 번 참석했고,

리지외에서 멀지 않은 마을인 쿠르통 라 뫼르드라크에서 두 번이나 공증 서명을 했다. 에소메릭은 1583년에 사망했는데, 아마도 90세를 넘기며 장수했을 것이다. 그의 후손들은 그 마을에서 몇 세대 동안 거주했으며, 비노와 올리비에라는 이름도 반복해서 사용했다. 그의 장남 비노가 귀족인 잔 드 로비야르드와 결혼한 것을 보면, 그의 가족은 지역에서 꽤 유력한 집안이었던 듯하다. 다산하는 가문의 일원답게 이 부부도 11명의 아이를 출산했으며, 그들의 장남인 장 바티스트는 왕실 재무부의 지역 관리가 되어 후작과 결혼했다.3 칼바도스 지역의 기록에 등장하는 가장 연장자인 비노 폴미에를 에소메릭이라고 가정하면, 그는 지역 공동체의 활동적인 일원이었고, 성공한 사업가였으며, 부유한 대가족의 가장이었다. 불과 두 세대 만에 그의 후손들은 유럽 사회의 부유한 중산층에서 지역 상류층을 거쳐 귀족에까지 이르렀다. 외국의 귀족과 결혼한 것이 가족의 번성에 도움이 되었을까? 혹은 에소메릭이 자수성가했던 것일지도 모른다.

이 카리호-프랑스 왕조는 그후 오랫동안 노르망디 지역에서 조용히 번영했다. 그러나 1658년, 프랑스에 거주하는 외국인 가문에 세금을 부과하라는 명령이 내려오자 이 가족의 구성원들은 격노했다. 그들의 조상은 자신의 의지에 반하여 프랑스에 발이 묶였을 뿐 아니라 왕자이기도 했으므로 이는 매우 불공평한 처사로 여겨졌다. 리지외 성당의 참사회원이었던 26세의 젊은 장 폴미에는 자기 가문의 기원을 증명하기 위해서 온갖 편법을 동원했고, 고느빌이 자신의 항해에 대해 작성한 보고서의 사본을 해군으로부터 받아내서 결국 세금을 면제받았다. 1659년 장은 다양한 서류의 사본을 근거로, 에소메릭으로부터 이어지는 자신의 자랑스러운 혈통을 증명하는 서류 하나를 작성했다. 당시 프랑스인들은 오늘날의 캐나다 지역에 자신들만의 식민지를 세우려고 하고 있었으며, 이 집안의 사례는 인간적인 복음 전도의 한 형태로 장려되었다. 우리로서는 불행하게도, 네 가지 판본이 존재하는 것으로 알려진 이 서류는 고느빌의 항해와 에소메릭의 프랑스 도착에 관한 가장 오래된 증거이다. 설명에 일관성이 없고 거짓이 많으며 고느빌이 처음에는 오스트레일리아에 도착했었다는 잘못된 주장 때문에 일부 학자들은 장 폴미에의 이야기가 자신의 혈통을 빛나게 하고자 꾸며낸 환상이라고 주장한다. 이 문서에 에소메릭은 등장하지 않는다. 역사학자로서 보자면 카리호인 "왕자"가 자신의 입양 가정과 가족에 너무도 잘 적응해서 기록상 (그가 정말로 그 자리에 있었다면 말이지만) 다른 프랑스인들과 구별할 수 없다는 점도 문제이다.[4]

그러나 오늘날 에소메릭은 유럽과 아메리카 양측에서 특별한 의미를 가진다. 2018년, 서류상 에소메릭의 14대손인 도로테 드 리나레스라는 프랑스 여성이 조상의 흔적을 찾고자 브라질을 방문했다. 그는 고느빌이 상륙했다고 전해지는 브라질의 상프란시스쿠 두술에서 지역 공무원 대표의 환영을 받았으며, 라디오 프로그램에서 인터뷰도 진행하고, 인디저너스 마을도 방문했다. 그곳에는 이샤–미림(에소메릭)의 이름을 딴 도로와 학교가 있었고, 지역의 자연 공원에는 깃털 치마를 입고, 손으로 앵무새를 잡고 원숭이를 안은, 작은 소년의 동상도 있었다. 그로부터 수천 킬로미터 떨어진, 에소메릭이 묻혔을 것으로 추정되는 프랑스의 쿠르통 라 뫼르드라크 마을 역시 그를 지역 역사의 일부로 여긴다. 이 마을은 지역 문서에 그가 나타나지 않는 이유가 마을의 기록이 시작되기 2년 전에 그가 사망했다는 사실로 쉽게 설명될 수 있다고 주장하며, 마을 웹사이트를 통해서 그의 존재가 신빙성 있음을 강력하게 설명하고 있다. 이렇듯 정보가 부족함에도 불구하고, 그들은 "비노 폴미에"의 후손을 마리안 폴미에가 한 영주와 결혼했던 1743년 1월 7일까지 추적했다. 그녀의 삼촌인 신부 로크 장 바티스트 2세 폴미에가 집전한 결혼식이었다. 에소메릭은 조우와 호기심, 그리고 정체성을 상징하며 가족, 지역, 국가의 유산 속으로 스며든 것이다.5

에소메릭이 실존 인물이었는지 확인할 방법은 없다. 하지만 16세기 프랑스 시민들 사이에서 인디저너스들이 조용히 살 수 있었느냐고 묻는다면 대답은 확실히 "그렇다"이다. 기록보관소의 단편적인 기록들에 따르면, 일찍이 1511년 오늘날의 캐나다 뉴펀들랜드에서 온 한 남자가 트헤기에서 "투드골"이라는 이름으로 세례를 받았다고 한다. 한편 1529년 상인 장 앙고 소유의 선박 라 팡세 호를 타고 디에프로 돌아온 6명의 "인디언들"도 있다. 지금의 브라질 출신이었을 것으로 추정되는 이들은, 포르투갈인들이 세인트 헬레나 섬에 버린 사람들이었다. 1575년에 그 항해를 기록한 옹플뢰르의 항해사 기욤 르페브르는 "가장 오래 산 사람이 죽은 것이 겨우 6년 전이다. 그는 디에프에서 결혼도 했었다"고 적었다. 1539년에는 자크 카르티에가 납치한 스타다코나인 중 적어도 3명이 세례를 받고 프랑스(아마도 브르타뉴 지역)에 살았는데, 이들은 국왕의 경제적 지원을 받았다. 한편 프란시스코회 탐험가이자 지리학자인 앙드레 테베는 자신이 캐나다의 종교 관행에 관한 책을 저술할 때 돈나코나족의 아고한나agohanna(지도자)가 정보를 제공했다고 주장했는데, 테베에 따르면 그는 "프랑스에 4년이나 머물면서 프랑스어를 구사했고 선한 기독교인으로" 죽었다고 한다. 그의 새로운 신앙이 그에게 큰 위안을 주었으리라고 상상하기는 어렵지만 말이다.6

1552년, 브라질에 파견된 첫 번째 선교사들 중 한 명인 포르투갈 예수회의 마누엘 다 노브레가는 예수회의 선교회장에게 곧 인디저너스 소년 2명을 보내겠다고 편지했다. 날짜로 추정해볼 때, 그들은 해안 지역에 살던 투피니킴족이나 투피남바족이었던 듯하다. 그는 편지에 "1년간 덕행과 라틴어를 조금 가르치려 합니다.……이 땅에 처음 당도하는 인디오들이므로, 국왕께서도 기꺼이 만나시리라 생각됩니다"라고 썼다. 노브레가에 의하면, 이 전략에 깊이 감명받은 프랑스인들이 이를 따라하여 인디저너스(아마도 타모이우족이나 투피니킴족) 몇몇을 구아나바라 만에서 제네바로 보냈으며, 칼뱅이 이들을 개신교 성직자로 개종시키려고 했다고 한다. 한편 프랑스의 연대기 학자이자 목사이며, 투피남바인들 사이에서 오래 지낸 것으로 유명한 장 드 레리는, 이웃한 마르가이아족 출신으로 포르투갈어를 할 줄 알며, 쇠사슬에 묶인 채 감옥에 갇혀 있던 사람을 만난 일을 기록했다. 그는 자신이 포르투갈에 다녀온 계기와 그곳에서 "안토니"라는 이름으로 세례를 받았다는 사실을 말해주었고, "몇몇 야만적인 방식은 버렸노라"고 덧붙였다. 전쟁 포로였던 안토니는 투피족으로부터 자신을 구해달라고 유럽인들에게 간청했다(투피와 마르가이아는 오랜 세월 적대관계였다).[7] 레리는 안토니를 만나고도 전혀 놀라워하지 않았다. 16세기 중반에 원주민 여행자들은 흔했기 때문이다.

15세기 말에서 16세기 초, 투피남바의 모루비샤바 morubixaba(지도자)가 딸을 낳았다. 아버지인 타파리카는 딸에게 구아이빔파라(대양)라는 이름을 지어주었다. 그녀가 태어날 무렵, 수평선에서는 파괴적인 힘이 어른거렸다. 1500년, 페드루 알바르스 카브랄이 이끄는 13척의 배로 구성된 함대가 투피남바족 영역으로 들어왔다. 그들은 포르투갈의 이름으로 그 땅이 자신들의 소유라고 주장했다. 식민화 초창기였던 이때부터 투피족들은 저항했다. 그들은 야자수의 땅인 핀도라마Pindorama를 그렇게 쉽게 내어줄 생각이 없었다. 이 과정에서 구아이빔파라는 상상의 보물을 찾아 동쪽에서 정기적으로 도착하는 백인들의 침입을 겪으며 성장했다.

유럽인의 배가 투피인의 앞바다에 나타나고 불과 몇 년 후, 오늘날 브라질의 바이아 지역에서 난파된 배에 타고 있던 디오구 알바르스 코헤이아라는 포르투갈 선원이 밀려왔다. 아마 조심성 없는 침입자들을 잡으려고 기다리고 있던 암초의 희생자였을 것이다. 해안에서 화승총 한 자루와 탄약만 지닌 채 투피남바의 열대 지역으로 들어가려고 분투했던 코헤이아는, 인디저너스들이 자신을 살려주고 지역 사회에 받아들여준 점에 깊이 감명받았다. 그러나 브라질 선교 사업과 연관된 포르투갈의 종교 편찬자들(예를 들면 예수회 선교사 시망 드 바스콘셀루스)은 유럽인의 우월성에 관한 극적인 이야기를 들려준다. 그들의 이야기에서 코헤이아는 겁먹은 지역민들을 압도한 영웅적 인물로 그려진다.

> 그 야만인들은 불의 남자(코헤이아를 부르는 그들의 명칭)가 자신들에게 다가오는 것을 알아차리자마자, 그리고 그가 먼 곳에서도 그들에게 고통을 안기고 목숨을 앗아갈 수 있음을 알아차리자마자, 화산의 분노를 본 듯이 기함하여 숲으로 도망쳤다. 이는 (그들의 의견에 따르면) 디오구 알바르스의 용감하고 초인간적인 예술을 증명했다. 그의 명성은 곧 지역에 퍼져나갔다. 그들의 화살은 아무 소용이 없었고, 그는 권력을 손에 쥐었다. 그들은 그를 위대한 카라무루Caramuru라고 불렀다.……얼마 지나지 않아서 그는 포로에서 모든 것을 지배하는 영주로 올라섰다.

권력이 있는 침략자들과의 동맹을 통해서 기회를 얻을 수 있다고 생각한 타파리카는 딸 구아이빔파라에게 그 난파된 선원과 결혼하기를 권했다. 그를 투피남파의 혈통과 전통 속으로 끌어들이고자 한 것이다. 코헤이아는 카라무루라는 이름도 받았는데, 이는 "용 한 마리가 바다에서 뱉어냈다"는 곰치를 의미했다.8 구아이빔파라와 그의 결혼은 종종 믿기 어려울 만큼 낭만적으로 미화되는데, 어떤 이야기에서는 그에게 반한 소녀가 그의 목숨을 구했다고까지 한다.*

결혼식 당시 구아이빔파라는 어린아이였을 테지만, 1528년 카라무루(코헤이아는 이후 이 이름으로 알려졌다)가 프랑스로 가는 배에 오르기로 결심했을 때에는 어엿한 성인이었을 것이다.9 그해 7월 30일, 프랑스의 생말로에서 구아이빔파라는 "카타리나 두 브라질"(브라질의 캐서린)이라는 이름으로 세례를 받았다.** 지역 기록보관소에 보관되어 있는 세례 장부에 의하면, 그녀의 대모이자 이름을 준 사람은 카트린 드 그랑슈로, 그녀는 지역에서 가장 영향력 있는 가문의 딸이자, 탐험가 자크 카르티에의 아내였다.10 이 지점에서 우리의 이야기는 예기치 않은 방향으로 전개된다. 그로부터 10년 후 카트린 드 그랑슈는 남편이 "캐나다 어딘가"에서 데려온 세인트로렌스 강 유역의 이로쿼이 마을 스타다코나

---

* 딸이 영국인과 사랑에 빠졌다고 오해한 아버지의 노여움으로부터 그 영국인을 구해낸 디즈니 영화 속 "포카혼타스"(마토아카)와 존 스미스 이야기와의 유사성을 무시할 수 없다.
** 페히느라는 이름의 "또다른 인디아"가 "카타리나"와 함께 세례를 받았다는 언급이 있는데, 카라무루의 인디저너스 아내들 중 한 명으로 보인다(증명할 방법은 없지만 말이다). 카라무루는 브라질에 여러 "아내들"이 있었을 것이고, 다른 투피남바인들도 그와 함께 승선했을 것이다. 그러나 그는 프랑스인들에게 일부다처자로 보이고 싶지 않았던 듯하다. 이는 이 주제를 다룬 산타 리타 두랑의 서사시 『카라무루*Caramuru*』 속 인디저너스 여성 "모에마"와의 혼동일 수도 있다.

출신의 세 인디저너스 중 한 명인 샤를의 대모가 되었다. 즉, 자크 카르티에가 서쪽으로 모험을 떠나기 5년 전에 그의 아내는 이미 프랑스를 방문한 투피남바 여성의 대모가 되었던 것이다. 그렇다면 카르티에도 그녀를 만난 적이 있을까? 카라무루의 문화적 적응 능력과 유창한 투피어 구사 능력, 그리고 그의 아내와의 협력관계 등의 덕으로 카르티에는 스타다코나인들이 알려진 것보다 더 설득 가능한 사람들이라고 생각하지 않았을까? "새로운 땅"에 대한 그들의 이야기가 서쪽으로의 항해에 대한 그의 의지를 불러일으켰을까? 카트린이 구아이빔파라의 대모가 되어준 이유는 무엇일까? 이 순간이 이후 구아이빔파라의 인생에 영향을 미쳤을지 궁금해진다. 종교를 통해서 영향력을 키워가던 귀족 여인 카트린이 구아이빔파라에게 귀감이 되었을까?

  온전히 추측에 불과하지만, 우리가 구아이빔파라의 생애에 대해서 "알고 있는" 것의 대부분은 이런 식이다. 그녀는 여러 이야기와 기록에서 나타나고 또 나타나서, 종국에는 그녀의 진짜 이름마저 지워질 정도이다. 그녀는 일반적으로 파라구아수(위대한 물)라는 이름으로 알려져 있는데, 이는 17세기 예수회 신부 바스콘셀루스가, 그녀가 브라질의 자연과 풍요로움을 상징한다는 의미로 그 지역의 강 이름을 따서 붙여준 것이다. 이렇듯 만들어진 정체성은 "브라질의 캐서린"이나 "카타리나 알바르스 카라무루"를 설명할 때에 마치 그녀의 "진짜 이름"처럼 언급된다. 그녀의 생애 또한 신화와 복잡하게 얽혀 있어서 구분하기가 무척 어렵다. 구아이빔파라는 다양한 정체성을 지니고, 다양한 언어로 긴 시간에 걸친 여러 기록에서 등장하지만, 정작 그녀의 일생에 대한 기록은 거의 없다.[11]

  카라무루에 대한 가장 오래된 기록은 그의 아내에 대해서는 전혀 언급하지 않는다. 그녀의 삶에 대해서 우리가 발견할 수 있는 가장 오랜 기록은 1627년 프란시스코회 신부 프레이 빈센트 두 사우바도르의 기록이다. 그는 구아이빔파라를 직접 만났다고 하는데, 그에 의하면 그녀는 세례를 받은 후 자신을 남편의 성姓을 따라 "루이자 알바르스"라고 불러달라고 했다고 한다. 대부분의 사람들이 일상에서 공식 세례명과는 다른 이름을 사용했기 때문에 이는 충분히 가능성 있는 일이지만, 이 내용은 다른 자료에서는 등장하지 않는다. 카라무루와 구아이빔파라는 프랑스에서 결혼식을 올린 후 브라질로 돌아갔다. 브라질에 도착한 구아이빔파라는 작은 집을 지어 성모 마리아에게 봉헌했다. 오늘날 브라질에서 가장 오래된 마리아 예배당의 기원이 된 이 작은 집은 포르투갈인들이 그들의 "구세주"를 기리기 위해 이름 붙인 바이아 지역의 상사우바도르에 아직 남아 있다.[12] 1663년, 바스콘셀루스는 희미한 얼개를 바탕으로 "카타리나 알바르스 파라구아수"를 종교적 환영을 보고 감화되어 기독교에 헌신하게 된 여인으로 재탄생시켰다. 구아이빔파라가 곶 위에서 성모 마리아의 현현을 보고 그곳에 예배당을 지었다는 것이다. 구아이빔파라와 카라무루(그리고 이야기에 거의 등장하지 않는 그의 다른 아내들)는, 식민화 초기 정치에서 영향력 있는 중재자였으며, 많은 수의 자녀와 손주들을 두었고, 이들 중 다수가 브라질의 포르투갈계 귀족과 결혼했다. 남편을 먼저 보내고 생의 마지막 30년을 홀로 살았던 구아이빔파라는 성모 마리아에게 헌신했으며, 그녀의 예배당은 교황이 몇 가지 성물을 수여한 이후 성지 순례에서 매우 중요한 장소가 되었다. 숨을 거두기 얼마 전, 그녀는 자신의 예배당을 베네딕토 수도회에 기증했다. 그녀를 위한 기념비는 아직도 교회에 세워져 있다.[13]

성모 마리아가 사랑한 인디저너스 여성이라는 이미지는 수 세기 동안 기독교 연대기 작가들의 영감의 원천이 되었다. 바스콘셀루스를 시작으로 많은 이들이 카라무루와 파라구아수를 브라질의 아담과 이브로 보는 식민지 신화를 지어냈다. 이 영웅적 이야기는 1781년 아우구스투스회 신부 산타 리타 두랑이 쓴 『카라무루』라는 메시아적 서사시를 통해서 널리 알려졌다. 서사시에 따르면 이 부부는 파리에서 앙리 2세와 카트린 왕비를 알현했다. 국왕 부부는 그들이 화려한 결혼식을 치를 수 있도록 준비해두었고, "파라구아수"는 대모인 왕비 카트린 드 메디시스의 이름으로 세례를 받았다.14 그들이 왕실과 관련되어 있다는 이러한 이야기는 믿기 어려운 신화인데, 그녀의 세례 기록이 따로 남아 있음에도 불구하고 구아이빔파라의 생애에 대한 학술 연구에서도 등장한다. 유럽인과 그의 후손은 왕비에게 입양돈 이 "인디오 공주"의 이야기를, 포르투갈 선원과 결혼한 투피남바 여성이 거친 뱃사람과 상인들이 길거리에 가득한 생말로의 바위투성이 항구에서 세례를 받기 위해 브르타뉴까지 왔다는 이야기보다 좋아할 것이다. 그러나 시선을 돌려서 살펴보면 인디저너스들은 유럽에서 그 어떤 팡파르도 없이 조용히 자신들의 공간을 만들어갔으며, 대서양 횡단 가문의 일원이 되어가고 있었다.

흥미로운 것은, 이런 일이 매우 흔했다는 점이다. 코르테스가 멕시코에 도착하기도 전에 이미 아메리카 원주민들은 프랑스의 거리를 활보하고 있었고, 유럽의 교회에서 세례를 받았다. 그러나 오늘날 브라질 사람들에게 투피남바 여성 구아이팀파라는 종교적 선구자로 여겨지며, 역사에서 매우 극적인 자리를 차지하고 있다. 그녀와 카라무루의 결혼은 브라질에서 기록된 첫 번째 기독교인의 결혼식으로, 이는 포르투갈과 새로운 식민지 간의 상징적인 결합으로서 인디저너스에 대한 "문명화"의 가치를 나타낸다. 나아가 이는 혼종성을 격찬하는 이야기로 발전했으며, 파라구아수는 이상적인 혼혈 국가의 어머니로 칭송받게 되었다.15 그녀의 13대손인 시리스토방 드 아빌라는 면밀한 연구 끝에 구아이빔파라와 카라무루가 4명의 딸을 두었으며, 그들의 이름이 아나, 제네브라, 아폴로니아, 그라시아였다고 밝혔다. 그들은 어머니와 마찬가지로 아버지의 성姓인 알바르스를 물려받았고, 유력한 포르투갈 가문으로 시집을 갔다. 우리가 구아이빔파라의 삶에 대해서 알 수 있는 부분은, 그녀가 남편의 사망 이후 적극적이고 성공적인 가장이 되었다는 점이다. 바이아 지역 베네딕토 수도원의 기록에는 그녀가 유산 문제로 소송을 제기한 기록이 남아 있으며, 그 기록에 따르면 그녀는 매우 장수해서 제네브라의 장남인 디오구가 투피남바 혼혈인 토메 드 소자의 손녀와 결혼한 것을 보았다고 한다(소자는 브라질의 초대 총독이다). 구아이빔파라는 브라질에서 최초로 문해력을 갖춘 여성으로 유명한 마달레나 카라무루의 어머니로도 알려져 있지만, 이는 사실이 아니다. 마달레나는 카라무루의 또다른 "부인"의 딸로, 그 부인은 역사적 기록에서 전략적으로 지워졌다. 이렇듯 두 사람 사이에 혈연관계는 없지만, 훗날 마달레나가 인디저너스의 교육과 아동 복지의 옹호자가 된 데에 독실한 의붓어머니의 영향이 있었을 가능성은 있다.16

구아이빔파라가 사망한 지 400여 년이 지난 1999년, 그녀의 시신이 안치된 성당에서 미사가 거행되었다. "카타리나 파라구아수"는 후손들이 참석한 이 자리에서 "브라질 역사상 가장 위대한 여성의 상징"이자 "브라질 사회를 형성한 인종적 통합에서 근본적인 역할을 한 인물"로 칭송되었다. 오늘날에도 인디저너스들은 편견과 존재에 대한 부정을 맞닥뜨리며 살고 있는데, 전략적 동맹의 일환으로 포르투갈 남성에게 넘겨진 어린 투피남바 여성이 브라질 사회의 탄생 과정에서 "주인공"이 된 것이다. 2012년 사우바도르의 시장은 그녀의 탄생 500주년을 기념하여 "카타리나 파라구아수의 날"을 선포했다. 구아이빔파라의 생애의 윤곽은 추적하기가 어렵다. 우리는 세례증서와 법적 기록들, 그녀의 유언 및 증언 등과 같은 단편들을 통해서만 그녀의 삶을 추정할 수 있다.17 그러나 브라질 인디저너스의 어머니로서 그녀의 유산은 무한하다.

에르난 코르테스의 사생아이자 말린친의 아들인 마르틴은 1522년 오늘날 멕시코시티에 위치한 아름다운 코요아칸의 아즈텍-멕시카 궁전에서 태어났다. 마르틴은 멕시코에서 태어난 혼혈 1세대로, 10년 후 그의 배다른 동생(혼란스럽게도 그 역시 마르틴이라고 불렸다*)이 태어나고부터 "엘 메스티소El Mestizo"라고 불렸다.18 정복자의 아들은 절반은 인디저너스이고 절반은 스페인인 복잡한 삶을 살았다. 그는 어머니와 아버지의 문화 사이에 존재했으며, 이는 16세기 대서양을 가로지르는 공간에서 살았던 일부 원주민의 삶의 방식이었다.

마르틴이 겨우 걸음마를 할 무렵인 1528년, 코르테스는 정복 이후 자신의 첫 귀국 길에 아들을 데려갔다. 화려한 귀족과 예능인, 그리고 노예들 사이에서 작은 어린아이는 거의 눈에 띄지 않았을 것이다. 따라서 그는 이 항해를 이야기할 때 거의 언급되지 않지만, 이 항해는 세계에서 그의 위치를 변화시켰다. 스페인에 도착하고 얼마 지나지 않은 1529년, 교황 클레멘스 7세는 마르틴의 지위를 합법화해달라는 코르테스의 청을 받아들여 그를 코르테스 가문의 정식 일원, 즉 합법적인 자녀로 인정

---

* 동생 마르틴은 "엘 크리오요El Criollo"(크레올, 멕시코 태생 스페인인을 일컫는 말)라고 불렸다. 두 마르틴은 코르테스의 부친의 이름을 사용했는데, 이는 에르난 코르테스와 이 사생아들과의 개인적인 관계를 보여주는 또다른 지표이기도 하다.

가족과 친척

했다. 이는 사회적 오점이었던 그의 출생의 문제를 해결해주었다. 클레멘스 7세 역시 피렌체의 그 유명한 메디치 가문의 줄리아노 데 메디치의 사생아였고(줄리아노는 아들이 태어나기 전에 살해당했다), 그 역시 아프리카 하녀와의 사이에서 알레산드로라는 이름의 사생아를 두었다는 소문이 있었다. 아프리카인과 이탈리아인 혼혈의 이 19세 소년은 1529년 당시 이미 펜네 공작이었고 향후에는 더 높은 지위까지 올라갈 예정이었기 때문에, 교황이 정복자 코르테스의 아들에게 동정심을 느꼈을 가능성이 있다. 어쩌면 그는 멕시코 출신 예능인들의 화려한 행사를 감상한 후 코르테스의 청을 승인했을지도 모른다. 이들은 코르테스가 원정 중에 기독교 복음을 전파하기 위해서 확보한, 새로 개종한 이들 중에서 선발된 사람들이었다. 교황의 동기가 무엇이었든, 1529년 코르테스의 변호사는 마르틴 코르테스와, 멕시코에 있는 그의 이복동생들(남동생과 여동생)을 "합법적인 자녀로 인정한다. 제국의 법이든 지방의 법이든 그 어떤 법도 로마 교황의 법보다 위에 있지 않다"는 교황의 칙서를 법원에 제출했다.[19]

코르테스는 스페인에서 자리를 잡는 데 시간이 다소 걸렸다. 이 시기에 그는 마르틴과 함께 팔로스 데 라 프론테라에 있는 산타 마리아 데 라 라비다 수도원에서 휴식을 취했다. 이 수도원은 1490년 국왕에게 인도로 갈 서쪽 항로를 찾게 해달라고 간청하러 갈 때 콜럼버스가 자신의 어린 아들을 프란시스코 수도회에 맡겼던 곳이었다. 알려진 바로 코르테스는 바르셀로나에서 왕을 알현하고 와하카 후작이라는 새로운 작위를 받을 때 자신의 아들을 데려갔다고 한다. 그리고 1529년 7월, 코르테스는 증인 4명의 도움을 받아 스페인에서 가장 명망 있는 군사 단체인 산티아고 기사단의 기사장이자 수도원장에게 자신의 일곱 살배기 아들 마르틴을 기사단의 기사로 인정해달라고 설득했다. 기사의 영예를 누릴 자격이 부족한 아버지 코르테스와 달리, 멕시코 정복 과정에서 주도적인 역할을 했던 후작과 "주요 인디오"의 아들인 마르틴은 성 야고보의 기치를 지닐 만한 충분한 덕목과 이유가 있다고 여겨졌다. 마르틴에게 자격이 있음을 뒷받침한 증인들은 그의 어머니가 인디저너스라는 점을 강조했다. 그녀는 "인디오 나라의 원주민 성모"이며, "매우 명예로운 원로"이고, "그 땅과 우리 사이의 진정한 통역사"라는 것이었다. 마르틴의 인디저너스 혈통은 그가 이 사회적 명예를 수여받는 데 아무런 장애도 되지 않았다. 오히려 그의 어머니가 "누에바 에스파냐에서 처음으로 세례를 받은 기독교인" 중 한 명이라는 점은 그의 모계 혈통의 고귀함을 강조했다. 조우의 초창기에 인디저너스라는 지위는, 적절히 배치되었을 때, 특히 제국의 우선권과 일치할 때에는 이점이 될 수 있었다.[20]

코르테스의 메소티소 아들인 마르틴은 이로써 스페인 사회에서의 입지를 확고하게 다졌다. 정복자는 멕시코로 돌아가면서, 자신의 아들을 왕궁에 두고 갔다. 마르틴은 스페인 제국의 황후인 포르투갈의 이사벨 가족의 수행원이 되었다. 역사학자 애나 래니언은 시망카스 지역의 기록보관소에서 마르틴의 어린 시절에 대한 흥미로운 언급을 발견했다. 한 영수증에 "나, 디에고 페레스 데 바르가스는 마르틴 코르테스 씨의 가정교사로서……마르틴 코르테스 씨에 대한 노동의 대가를 지불받았음을 확인합니다.……1530년 9월 1일 마드리드에서"라고 적혀 있었던 것이다. 이를 통해 보건대 마르틴은 8세에 왕궁에서 생활하고 있었으며, 다른 많은 귀족 소년들과 함께 교육을 받았다. 그의 아버지는 멕시코에서 새 아내 및 아이들과 지내며 정치를 하는 와중에도 종종 마르틴에게 편지를 보내며 그의 안부를 물었다. 1533년에는 아들이 병에 걸렸다는 소식을 듣고 스페인에 사는 자신의 사촌에게 편지를 써서 더 많은 소식을 전해달라고 부탁하기도 했다. "나는 하느님께서 아내와 내게 허락하신 다른 아이들과 마찬가지로 이 아이를 사랑하네. 따라서 나는 항상 이 아이에 대해 알고 싶다네." 귀족 교육의 모범을 따라 마르틴은 유년기 대부분을 왕실에서 보낸 듯하다. 1539년 이사벨 황후가 유산으로 인한 감염으로 사망했을 때, 그는 황후의 아들 펠리페(훗날의 스페인 펠리페 2세)와 함께 지낸 70명의 수행원들 중 한 명으로 이름을 올렸다. 당시 마르틴은 17세 정도였을 것이다. 귀족 출신이거나 권력자와 가까웠던 인디저너스와 메스티소가 스페인 사회에 적응하는 일은 특별히 어렵지 않았던 듯하다. 마르틴의 삶은 부와 지위를 갖춘 상태에서 스페인에서의 성공을 꾀했던 대서양 횡단 연계의 전형이었다.[21]

 1년 후 코르테스는 작은아들을 데리고 스페인으로 돌아왔다. 마르틴은 이때 자신과 이름이 같은 동생을 처음 만났고, 무슨 이유에서인지 고작 1년 후 아버지와 동생을 스페인에 두고 멕시코로 돌아가기로 했다. 그는 어머니쪽 의붓여동생인 메스티사 마리아를 방문했을 것으로 보이는데(마르틴의 어머니 말린친은 코르테스의 오른팔이었던 후안 하라미요와도 결혼했다/역주), 이를 통해 볼 때 스페인에 가족들이 도착하자 자신의 상속분과 관련하여 의문이 생겼던 것 같다. 마르틴이 찾던 것이 무엇이었든, 그는 멕시코에서 만족감을 얻지 못했다. 1년 후 그는 다시 스페인으로 돌아와 왕궁생활에 복귀했으며, 국왕을 위해서 유럽을 가로지르며 싸웠다. 이 인디저너스 기사는 프랑스, 독일, 이탈리아 북부, 알제리까지 전장을 누볐다. 이후 동생 마르틴도 펠리페의 왕궁에 합류하여 1554년 왕자가 영국의 메리 1세와 결혼할 당시 두 형제 모두 대규모의 신랑측 수행단의 일원으로 영국을 방문했다. 한 연대기 편찬자에 따르면, "당시 런던에는 스페인인들이 너무 많아서 거리에 영국인 1명당 스페인인 4명 정도가 있었다. 영국인들로서는 심히 불편한 상황이었다." 메스티소 마르틴이 그들 사이에 있었다면, 영국 해안에 발을 내디딘 역사상 다섯 번째 아메리카 인디저너스였을 것이다.[22]

대서양을 걸쳐 형성된 가족의 연계를 추적하기란 쉬운 일이 아니며, 그들이 "평범한" 사람들이라면 더욱 그렇다. 상류층 인사들은 아메리카를 오가는 여행 허가증에 이름을 기재하지만, 가족 구성원을 포함한 다른 많은 이들은 익명의 귀족이나 사제, 행정가나 크리아도(수행원)로서, 그리고 종종 속거나 강제로 배에 탑승한 포로로서 유럽에 도착했다. 기록에 따르면 인디오 위원회는 파렴치한 주인에게 속아 스페인에 당도한 뒤 결국 가난해지고마는 불행한 사람들의 귀환 비용을 정기적으로 보전해주고자 노력했다. 1555년부터의 기록 중 한 평범한 사례를 보면, 카스티야 지역 토로 출신의 프란시스코 베세라는 "인디오" 프란시스코 마르틴과 그의 아내와 아들이 페루의 친차 지역으로 귀환할 비용과, "속아서" 스페인으로 온 것이 확실한 그가 무보수로 일한 노동에 대한 보상으로 30두카트를 추가로 지불하라는 명령도 받았다.[23]

다소 혼란스러웠던 원정을 마치고 세바스티안 캐벗이 스페인으로 귀환하던 1530년, 그는 한 무리의 인디저너스를 데리고 왔다. 브라질의 상비센치에서 포르투갈인으로부터 구매한 50-60명의 노예들 중에는 카리호나 타페스로 추정되는 페드로와 후아나라는 이들도 있었고, 토착 귀족과 그들의 부인, 그리고 파라과이의 카시케와 그의 세 아들도 있었다. 또한 그 무리에는 배가 난파되어 10년 이상을 과라니인들과 함께 살았던 포르투갈인 엔히크 몬치스도 포함되어 있었다. 몬치스는 인디저너스 여성과 결혼하여 가정을 꾸리면서 원정대의 다른 이들과 함께 지역 주민들에게 잡아먹혔다는 흉흉한 소문을 불식시켰고, 나중에는 캐벗의 통역사로서 그와 함께 유럽으로 귀환했다. 그 배에는 몬치스가 데려온 "과라니 출신 인디아 오라india horra(노예였던 자유인 여성) 2명과 [남성] 노예 1명"이 더 있었다. 그 노예는 "상비센치 출신으로, 포르투갈인 노예상으로부터 구입한 사람이었다." 기록에 의하면 몬치스는 한 여성을 카스티야에 두고 다른 여성만 포르투갈로 데려갔다고 한다.24 포르투갈로 간 여성은 그의 부인이었을까? 아니면 몬치스가 브라질 파투스에서 꾸린 가정을 버리고 돌아오는 길에 두 여성을 우연히 만나서 함께 돌아온 것일까? 그의 아이들은 어떻게 되었을까? 이는 애정과 관련된 이야기일까, 아니면 강요에 관한 이야기일까? 그도 아니라면 둘 다에 관한 이야기일까?

우리가 가진 짧은 기록에서 그 인디저너스 여성들은 몬치스의 하녀들처럼 취급받은 반면, 이 "조난자"는 그의 배가 브라질 남부의 습윤한 해안가를 따라 펼쳐진 석호 라고아 두스 파투스 근처에서 좌초된 후에 과라니인들로부터 베풂을 받았을 것이다. 캐벗이 몬치스와 그의 동료 멜쇼르 하미레스를 발견했을 때, 그들은 브라질 남부의 비옥한 땅을 자랑했다. 그 조난자들은 여전히 풍요로운 강에 대한 유럽인의 꿈에 사로잡혀 있었던 것일까, 아니면 자신들의 가치를 증명하기 위해서 캐벗의 편견을 확인해준 것뿐일까? 몬치스의 아내는 어쩌면 직접 캐벗의 선원들을 안내했거나, 혹은 함께 떠나자는 제안을 거절하고 아이들과 집에 남았을지도 모른다. 이러한 가족의 역사는 우리가 그들에게 닿고자 할 때 쉽사리 손아귀에서 빠져나가거나 부서진다. 그러나 함께일 때 그들은 감정적으로나 지적으로 다채로운 세계를 이루며, 대서양의 거친 바다를 건널 때에도 연대감으로 하나가 된다. 이는 이 시기 스페인 제국에서 특히 흔했다. 초창기 북아메리카의 영국과 프랑스 식민지에서는 교회의 금지 때문에 백인 남성과 원주민 여성 간의 결혼과 성적 접촉이 드물었지만, 16세기 스페인령 아메리카에서는 훨씬 일반적인 일이었다.25

자료는 별로 없지만, 우리가 가진 증거들로 추정컨대 식민 초기 아메리카에 거주하던 스페인 남성 중 3분의 1 정도가 인디저너스 여성과 결혼한 것으로 보인다(비록 모든 경우가 합의에 의한 결합은 아니었고, 많은 여성들이 성폭력에 취약한 상황이었지만 말이다).26 침략 초창기에 스페인 여성이 아메리카로 이주하는 경우는 매우 드물었으므로, 많은 남성들이 인디저너스 아내를 선택하거나 강제로 취한 것은 놀라운 일이 아니다. 그러나 그들이 아무리 식민지에서의 변화무쌍한 관계를 쉽게 받아들였을지라도, 인디저너스 아내나 연인과 함께 유럽으로 귀환하는 것은 전혀 별개의 문제였다. 인디오를 완전한 국왕의 신민으로 여기고 기독교도로 취급하는 온정적인 서사가 흘러넘쳐도, 스페인 남성이 자신의 인디저너스 파트너를 유럽으로 데려가는 일은 거의 없었다. 실제로 최상류층의 원주민 여성을 제외한 인디저너스 여성이 스페인 사회의 구성원으로 받아들여지기는 매우 어려웠다.27

보통은 결혼과 같은 가족관계보다는 파트너 학대 희생자 등 비공식적인 관계가 훨씬 일반적이었을 것이다. 이런 사례들은 추적하기가 어렵지만, 가끔 법적 기록에 등장한다. 1539년, 베아트리스라는 이름의 한 베네수엘라 여성(아마도 쿠마나가토 출신일 것이다)이 알론소 폰세라는 스페인 남성과 함께 대서양을 건너 스페인으로 향하는 긴 여행을 떠났다. 4-5세 정도의 메스티사 딸 후아나와 함께였다. 어릴 적에 노예가 된 베아트리스의 턱에는 속박의 표시인 왕실 낙인이 매우 뚜렷하게 찍혀 있었다. 이 낙인은 그녀가 스페인 사회로 편입되는 데에 어려움을 주었다. 노예로서 그녀가 진짜 동의를 했는지는 알 수 없지만, 성인이 된 베아트리스는 자신의 세 번째 주인인 폰세의 집에 들어간 지 얼마 되지 않아서 아이를 가졌다. 폰세는 결혼을 하지 않은 상태인 데다가 법적 상속인에게 물려줄 재산도 거의 없었기 때문에 관계 측면에서 잔꾀를 부릴 이유가 적었다. 따라서 그는 마을 사람들에게서 받을 질타를 감수하겠다고 각오하고 아내와 딸을 스페인으로 데려가기로 결정했다. 그러나 안타깝게도 베아트리스는 다른 많은 원주민들과 마찬가지로 유럽 땅에 발을 디딘 지 얼마 지나지 않아서 사망했다. 1년만 더 살았다면 그녀는 1542년부터 시행된 신법에 의거해 자유인이 될 수 있었을 것이다. 그녀의 시신은 그녀의 영혼을 위한 미사가 행해진 알칼라 데 과다이라의 산 아구스틴 성당에 잠들어 있다.

  베아트리스의 사망 이후 폰세는 여동생의 도움을 받아 딸 후아나를 돌봤다. 그러고는 후아나가 거의 성인이 되어 집안일을 할 줄 알게 되자, 마치 집안일을 맡길 적자嫡子라도 생긴 양 혼자서 푸에르토리코로 돌아가버렸다. 후아나 데 베라는 사실상 세비야 가정집의 하녀가 되고 만 것이다. 서인도 제도를 오가는 항구의 국제적인 도시 분위기 속에서, 베네수엘라 출신 어머니에 대해서 알기에는 너무 어렸던 후아나는 스페인 사회에 어떻게든 섞여든 것 같다. 그녀는 낸시 반 듀센이 밝혀낸 1552년의 놀라운 사건에서 다시 등장한다. 비올란테라는 이름의 한 물라타 여성이 베아트리스 행세를 하며 자유를 찾으려 한 것이다. 베아트리스의 사망 직후 폰세의 집에 들어온 비올란테는 후아나에게 뇌물을 주며 자신의 거짓말을 뒷받침해달라고 간청했지만, 갓 17세가 된 후아나는 "거짓말쟁이에 사기꾼"이라며 오히려 비올란테에게 불리한 증언을 해버렸다. 몇 달 동안의 감금과 폭행, 모욕 끝에 비올란테는 다음과 같이 패배를 인정하고 소송을 취하했다. "나는 국가의 포로이고 흑인이 며……내 주인인 알론소 로페스에게로 돌아가서 노예로서 그에게 봉사하고 그의 통제하에 남아 있기를 간청한다." 16세기 카스티야의 복잡한 세계에서는 정체성 때문에 해방될 수도, 위험에 빠질 수도 있었다.28

혼혈 가정은 흔했고, 개중에는 사랑으로 맺어진 가족도 있었다. 그러나 법적 기록에서 발견되는 원주민 여성의 삶은 위태로웠다. 법적으로 맺어지지 않은 상태였던 그녀들은 상황의 변화에 매우 취약했다. 배우자의 사망은 심각한 결과를 초래할 수 있었는데, 특히 가진 것이 많았던 귀족 가문의 경우에는 더욱 그러했다. 스페인 파트너 페드로 데 오로페사와 함께 카스티야로 건너온 페루 인디저너스 여성 이사벨과 그녀의 메스티소 아들 로렝코, 그리고 입양한 아들 가스파르에게 인디저너스 파트너의 법적 취약성은 재앙이 되었다. 아마도 이사벨은 자신은 괜찮으리라고 생각했을 것이다. 그녀는 페드로의 아미가amiga(연인 혹은 첩)로 알려져 있었고, 스페인에 도착해서는 "목에 금 목걸이를 두르고, 방석 위에 앉아서 노새를 탔다." 페드로는 이 인디저너스 가족과 함께 9년이나 스페인에서 살다가, 갑자기 이사벨 구티에레스라는 스페인 여성과 결혼했다. 인디저너스 이사벨은 큰 충격을 받았다. 더구나 결혼한 지 불과 4개월 만에 페드로가 갑자기 세상을 떠나자, 이 인디저너스 파트너의 삶은 더욱더 곤란에 빠졌다. 페드로의 새 부인은 이사벨과 그 자녀들이 노예가 되어야 한다고 했는데, 이는 분명 페드로가 이사벨의 자유인 증서를 잃어버린 탓일 것이다. 집안에서 어떤 음모가 꾸며져서 이런 일이 벌어졌는지 우리로서는 알 수 없다. 페드로가 유언으로 로렝코에게 상당한 유산을 남겼으니, 새 부인이 남편의 파트너와 가족을 시샘했는지도 모른다. 로렝코와 가스파르는 페드로의 새 부인이 자신들을 "흑인 노예처럼 다루고 무어의 개라고 부른" 데에 격분했다. 다행히 그들은 인디오 위원회에 소송을 제기할 수 있었고, 1570년 펠리페 2세는 이사벨과 두 아들이 자유인이며 보상을 받아야 한다고 판결했다.29

이사벨과 페드로는 적어도 스페인에 도착할 때까지는 합의된 관계였던 듯하다. 그러나 이러한 종류의 사건들은 불분명하고 어두운 권력의 역학관계 때문에 매우 복잡할 수밖에 없다. 착취, 성폭행, 학대가 만연했지만, 정서적 유대에 이끌려 원주민들이 대서양을 건너는 경우도 있었다. 스페인인들은 때때로 집으로 돌아가면서 인디저너스를 가족의 일원으로 데리고 가기 위해서 애를 썼다. 인디저너스 여성들은 일반적으로 가사와 돌봄 노동을 담당했고, 따라서 아이들은 이들과 특별한 애착을 형성하고는 했다. 1540년, 루이스 데 라 세르나는 다섯 살배기 손녀 마리아와 그녀의 인디아 유모 엘레나를 다시 만나게 해달라고 탄원했다. 엘레나는 그 가족과 함께 스페인으로 왔지만 여행 허가를 받지 못했다는 이유로 어딘가로 끌려간 상태였다. 1536년에는 또다른 인디아 후아나가 한 스페인 소녀를 그 가족이 있는 스페인으로 데리고 오는 일을 맡기도 했다.30

그러한 애착관계가 대서양을 건넌 이후까지 항상 지속되었던 것은 아니다. 파트리아 포테스타스patria potestas(16세기 스페인 법에서 아버지가 자녀에 대해 가지는 권리)가 가족을 둘로 갈라놓는 데에 이용되었다. 아버지에게서 적자로 인정받은 메스티소 자녀는 대서양 여행 기록에 곧잘 등장하는데, 그 배경에는 스페인인 아버지가 아이를 "고국"으로 보내고자 하면 인디저너스 어머니는 아이를 빼앗겨야 했다는 현실이 놓여 있다. 낸시 반 듀센이 뛰어난 자료 연구로 밝힌 바에 의하면, 스페인 남성과 "인디저너스, 여성, 노예라는 삼중 속박에 갇힌" 원주민 하녀 및 여성 노예 사이에는 정서적 유대와 뿌리 깊은 폭력이 공존했다. 후안 플로레스는 자신의 다섯 메스티소 자녀를 가족이 있는 스페인으로 데려가라는 유언을 남겼다. 이 유언은 자녀들의 생모인 두 인디저너스 여성의 의사와 상관없이 집행되었다. 생모 중 한 명인 파나마의 쿠에바 출신 원주민 마리아는 자신이 버려졌음을 깨달았다. 후안 플로레스는 유언장에서 꽤 깊은 유대를 느끼고 있던 마리아를 잘 대우해주라고 당부했지만, 그녀는 갓난 딸을 후견인에게 보내야 했다. 일정한 나이가 되면, 딸은 스페인으로 보내질 터였다. 국왕은 혼혈 자녀들을 교육시킨다는 명분하에 이런 식의 이별을 적극 장려했다. 이 아이들은 1524년 이후 인디저너스의 여행 금지령에서 제외되어 스페인으로의 여행에 부모와 함께할 수 있게 되었다.31

노예로서든 자유인으로서든 얼마나 많은 인디저너스가 최종적으로 이베리아 반도에 정착했는지는 알 수 없다. 그러나 그 규모가 꽤 크다는 점은 분명하다. 수백 건의 법원 기록들은 인디저너스의 디아스포라가 갑작스레 증가했음을 보여준다. 1558년 한 법정 소송에서 증인들에게 누구든 메스티소를 알고 있냐고 질문하자, 증인들은 모두 "서인도 제도에서 온 인디오도 알고, 스페인에서 온 이들도 안다"고 대답했다.32 법적 기록은 많은 인디저너스 여행자들이 스페인 사회에 온전히 동화되었음을 시사한다. 그들은 언어를 배우고, 고해성사와 영성체를 하는 등 가톨릭의 의무를 다했다. 어린아이일 때 잡혀서 노예가 된 사람들은 모국어를 잊기도 했지만, 어느 정도 나이가 든 뒤 고향을 떠난 이들은 기억을 일부나마 간직하고 있었다. 나우아틀어로 물어보면 자신의 일상어가 된

가족과 친척

스페인어로 대답하는 식이었다. 성인들은 스페인 사회에 동화될 동기가 충분했음에도 그 다수가 노예가 되어 헤어진 가족을 계속해서 그리워하고, 자신의 정체성을 유지하는 데 도움을 줄, 비슷한 경험을 겪은 이들을 반려자로 맞았다. 기록에서는 가족이나 부부 단위로 자신들이 자유인임을 탄원한 경우들이 정기적으로 발견된다. 고향과 가족으로부터 유리되어 절망한 사람들이 자신과 처지가 비슷한 사람들에게서 위안을 받았음을 상상하기는 어렵지 않다.

멕시코시티에 거주하던 카탈란 사람 헤로니모 트리아스는 자신의 집에서 약 10년 동안 노예생활을 한 알바로와 마그달레나, 안드레스를 카스티야로 데려가기로 결정했다. 1543년 그들을 자유인으로 선언한 법정 소송에 따르면, 다른 스페인인이 그들의 신체를 구매해서 낙인을 찍고 노예로 삼았을 당시 그들은 어린아이였다. 가장 나이가 많았던 안드레스는 그가 두 번 이상 매매되었던 것으로 보이는 1528년에 15세였다. 멕시코시티의 남동쪽에 위치한 푸에블라 데 로스 앙헬레스 출신의 알바로는 그보다 1년 후에 도착했지만, 그때 겨우 10세였다. 12세였던 마그달레나는 그다음 해에 트리아스의 집으로 팔려왔다. 트리아스는 테레사라는 이름의 또다른 인디저너스 소녀도 노예로 데리고 있었다. 그들이 어느 부족 출신인지는 알 수 없다. 그러나 그들은 아마도 지역 공용어였던 나우아틀어를 알고 있었을 것이고, 이전의 노예생활을 통해서 스페인어도 어느 정도는 익힌 상태였을 것이다. 가족으로부터 분리된 그 아이들은 자기들끼리 유사 가족을 꾸렸을까? 이제 막 어른이 된 안드레스가 그 집에 팔려온 더 어린아이들을 돌봐주었을까? 아이들은 자신의 어린 시절을 이야기하고, 고향과 가족을 떠올리게 하는 칸타레스(노래)를 불렀을까? 우리로서는 알 수 없다. 그러나 그들이 함께 뭉쳐 서로를 지지해주었음은 알고 있다. 애정으로 맺어졌는지는 알 수 없으나, 트리아스가 모두를 스페인으로 데려가기로 결정했을 때 안드레스는 마그달레나와, 알바로는 테레사와 결혼했다. 잔혹한 항해는 20세의 알바로에게서 아내를 앗아갔다. 마그달레나와 안드레스가 스페인에서 낳은 딸 후아니카와 지내는 모습을 보며 알바로는 위안을 얻었을까? 자신은 가지지 못한 행복 때문에 그들을 원망했을 수도 있지만, 그들과 함께 기뻐했을 수도 있다. 사람들이 논쟁 거리로 전락하고마는 기록물 속에서는 삶의 상세한 부분을 찾을 수 없다. 우리가 기록을 통해서 알 수 있는 것은, 인생의 절반을 함께 노예로 지낸 안드레스, 마그달레나, 알바로가 세비야의 법정에서 "자유인"으로 선언되는 그 짜릿한 기쁨을 함께 나누었다는 점이다.[33]

세비야에서 당일치기로 다녀올 수 있는 작은 마을 카르모나에는 눈에 띄는 인디저너스 집단이 있다. 인디아 노예 마리아와 이네스는 오래된 건물에 첨탑이 도드라지는 산티아고 교구 교회에서 처음 세례를 받은 1504년 이후 이곳에서 살았다. 멕시코시티 출신으로 추정되는 베아트리스의 여섯 아이들도 그곳에서 세례를 받았다. 1530년 여름, 베아트리스와 "라 메히카나"(멕시코 여자/역주) 펠리파는 20명이 넘는 인디저너스들과 함께였다. 그중에는 자유인이 된 멕시코인인 레오노르 데 라 미야도 있었는데, 그는 펠리파의 딸 바르볼라가 태어날 당시 그 자리에 있었다. 베네수엘라의 섬인 쿠바과 출신의 인디오 양복사, 멕시코 출신의 자유인 부부 최소 한 쌍도 이곳에 살았다. 인디저너스들은 스페인에 뿌리를 내리고 자신들만의 정체성과 공동체로 이루어진 경관을 형성했으며, 주변 사람들의 눈에 띄지 않는 조용한 삶을 살았다.[34]

코르테스의 메스티소 아들 마르틴에게 유럽은 삶의 대부분을 보낸 고향이었다. 마르틴과 동생은 일생 동안 연락을 주고받고, 싸우고, 서로 돌봐주는 등 여느 형제들처럼 지냈다. 그들은 국왕 펠리페의 플랑드르 및 영국 행에 동행하는 등 1562년까지 유럽에서 살다가 멕시코로 돌아왔다. 이후 마르틴이 자신과 가문의 권력을 위해 싸우면서 이 형제의 이야기는 급격히 어두워진다. 결국 음모에 휘말리고 말았을 때, 마르틴과 대서양 너머의 연관성은 치명적인 것으로 판명되었다. 1568년 1월 10일, 그는 "모든 스페인령 아메리카에서 추방되었다." 그리고 다시 1년 후, 그는 개종한 이슬람교도 모리스코를 제압하기 위한 전투에 참전하라는 국왕의 명을 받고 싸우다가 스페인에서 사망했다.35

마르틴 가족의 연대는 대서양을 가로지르는 정체성이 인디저너스 여행자들에 의해서 구성되는(또한 해체되는) 과정을 보여준다. 일부 젊은 인디오와 메스티소에게 대서양 횡단 여행은 자신을 재창조할 기회였다. 스페인에 첫발을 내딛는 순간부터 마르틴은 멕시코의 뿌리는 던져버린 채 스페인 사회에 거의 동화되었다. 당시를 묘사한 그림은 없지만, 설령 어머니를 닮았더라도 스페인의 여느 상류층 소년처럼 옷을 입은 마르틴의 외모는 역사적으로 북아프리카인과 이슬람인들의 영향을 깊게 받은 스페인 사회에서는 크게 생경하지 않았을 것이다.*

스페인에서 확고하게 자리를 잡은 유력한 인디저너스계 가문 중에는 목테수마 황제의 딸 가운데 한 사람인 테쿠익포트신의 후손들도 있다. 당시 식민 제국에 알려진 바에 의하면 테쿠익포트신, 즉 도냐 이사벨 목

---

* 알 안달루스Al-Andalus(이베리아 반도의 이슬람 영토로, "안달루시아"라는 지명의 유래이기도 하다)는 1492년 그라나다가 기독교도들에게 항복하면서 공식적으로 멸망했다. 당시 코르테스는 어린아이였다.

테수마는 그 파란만장한 삶 동안 여섯 차례나 결혼했다고 한다. 그녀의 결혼생활은 아즈텍-멕시카 제국의 마지막 해부터 스페인의 지배 시기까지 이어진, 격변과 폭력으로 점철된 세월 동안 계속되었다. 두 번째 남편인 "마지막 아즈텍 황제" 쿠아우테목이 세상을 떠난 이후 그녀는 코르테스에게 "입양되어", 그의 보호를 받으며 이복자매들과 함께 기독교 신앙을 배우고 세례를 받았다. 코르테스는 그녀를 위해서 여러 차례 결혼을 "준비해주었지만", 그는 그녀의 첫아이인 딸의 친아버지이기도 했다. 그들의 딸 도냐 레오노르 코르테스 데 목테수마가 성폭행의 결과인지 유혹의 산물인지는 알 수 없지만, 강력한 두 권력이 결합한 결과였던 그녀는 이후 영향력 있는 왕조의 어머니가 되었다. 그러나 우리가 주목하는 사람은 도냐 이사벨의 마지막 결혼, 즉 정복자 후안 카노 데 사베드라와의 자녀이다. 사베드라는 스페인 카세리스 출신의 미력한 귀족이었다. 그러나 그의 가문은 왕궁과 고향에서 영향력을 행사하고 있었고, 도냐 이사벨이 목테수마 황제의 "유일한 적통 후계자"임을 인정받아야 한다고 주장하며 아내의 상속권을 공고히 하기 위해서는 전쟁도 불사할 태도를 취했다. 대서양을 즐쳐 벌어진 이 분쟁은 그녀의 막내아들인 돈 후안 카노 데 목테수마에게로 넘어가 계속되었으며, 결국 그들은 테노치티틀란의 유산에 대한 가문의 권리를 국왕으로부터 인정받았다(그러나 이미 대부분의 자산이 다른 사람의 수중에 확고하게 넘어가 있었기 때문에 그러한 인정은 실질적이라기보다는 명분에 불과했다). 이후 원주민 왕가의 이 메스티소 아들은 스페인에서 가장 유력한 가문의 일원이 되었다. 그는 도냐 엘비라 데 톨레도와 결혼하여 광대한 범대서양 혈통인 톨레도 목테수마 가문의 시조가 되었다. 후안의 후손들은 지금도 스페인에서 거주하고 있으며, 그가 이곳저곳에 세운 왕궁들 역시 카세리스에 남아 있다. 이곳의 벽 높은 곳에는 아직도 목테수마의 문장이 새겨진 휘장이 걸려 있다. 인디저너스가 미친 영향력의 상징이 스페인의 벽돌에 새겨져 있는 것이다.[36]

4
일상의 물건들

"상품"이라는 단어는 소유, 가치, 교환을 상기시키며, 생산과 소비, 거래와 이윤 등의 의미와도 연결되어 있다. 조우의 첫 순간부터, 아메리카 대륙의 찬란하고도 다채로운 경관과 동식물은 탐욕스러운 유럽인의 눈에 상품으로 비쳤다. 이는 자연을 상호 연결된 생명체로 이해하는 인디저너스의 문화와는 판이했다. 콜럼버스는 금융업자 루이스 데 산탕헬에게 편지를 쓰면서, 자신이 히스파니올라라고 이름 붙인 이 섬의 풍요로운 대지와 비옥한 토양, 풍부한 자원들을 자랑했다.

> 해안가에는 내가 아는 기독교 세계 그 어느 곳과도 비교할 수 없이 많은 항구들이 있고, 넓고 긴 강들이 여럿 흐른다네. 경이롭지. 지대가 높아서 산등성이와 높은 봉우리들이 많은데……산세도 아름답고 형태도 각양각색이야. 하늘까지 닿을 듯 높은 산들에는 수천 종의 나무들이 자란다네……히스파니올라 섬은 놀라워. 산세도, 봉우리도, 평야도, 들판도, 대지도 너무나도 아름답고, 씨를 뿌리고 재배하기에 좋고,

온갖 종의 소를 키우기에도, 마을과 도시를 세우기에도 적합하다네. 항구는 직접 보지 않은 사람은 상상조차 할 수 없을 정도로 훌륭해. 거대한 강들에는 풍부한 물이 흐르는데, 대부분 사금을 품고 있지……
이 섬에는 향신료도 나고 금이랑 다른 금속 광산들도 있다네.[1]

콜럼버스는 울창한 봉우리와 멋진 야생동물, 맑고 푸른 물이 일렁이는 바닷가 등 아름다운 카리브 해 지역을 목도하고도 오로지 잠재적인 이윤만을 떠올렸다. 바다는 무역을 하기에 알맞고, 비옥한 땅은 농사를 짓고 가축을 기르기에 좋으며, 귀금속과 목재도 충분했다. 그리고 역사가 들려준 바에 의하면, 토지와 노동력은 근대화와 세계 경제, 그리고 제국의 권력에 동력을 공급했다.

서점에는 이미 토마토, 고추, 파인애플과 고무를 소재로 삼은 포괄적인 세계사 책들이 있다. 그 책들은 감자가 어떻게 서구 세계를 먹여살렸는지, 담배가 어떻게 문명을 유혹했는지, 옥수수가 어떻게 전 세계적인 작물이 되었는지, 코치닐 염료와 코카인 무역이 어떻게 세계를 제패했는지를 다룬다.[2] 아메리카에서 건너온 상품들은 우리 삶의 중요한 일부이며, 우리는 상품의 역사를 통해서 세계가 어떻게 구축되었는지를 설명할 수 있다. 여기에서 대부분의 이야기들은 항상 생산과 소비, 이윤에 대해서 이야기한다. 시드니 민츠는 『설탕과 권력 Sweetness and Power』이라는 유명한 책에서 설탕의 대량 생산이 자본주의와 산업혁명으로 이어졌음을 보여주었다.[3] 설탕은 유럽인들에게도 새로운 작물은 아니었다. 그러나 카리브 해의 이상적인 기후와, 노예 무역으로 대서양을 건너온 노동력의 결합은 설탕을 매우 귀한 사치품에서 일상의 식료품으로 탈바꿈시켰다.

부와 소유라는 단어는 유럽인들이 소위 "신세계"를 어떻게 바라보았는지를 잘 나타낸다. 그들의 눈은 땅속에 묻혀 있으리라 예상되는 귀금속이 가져다줄 부를 상상하며 탐욕으로 반짝였다. 유럽인들은 금을 찾는 일에 집착했다. 콜럼버스는 이를 거의 성스러운 탐구의 대상으로 보았고, 일기에 "성모 마리아께서 나를 가엾이 여기셔서 내가 이 금을 찾을 수 있도록 인도하셨다"라고 적었다. 코르테스의 공식 연대기 기록자로서, 모든 이야기를 가장 아부하는 투로 쓴 사람인 프란시스코 로페스 데 고마라에 따르면, 코르테스는 목테수마에게 스페인 사람들은 "심장에 병"이 있으며, 이 병은 금으로만 낫는다고 했다고 한다. 반짝이는 사람, 혹은 금으로 된 도시를 의미하는 엘 도라도El Dorado에 대한 열망으로 많은 이들이 아마존과 안데스의 정글과 산악 지역에서 위험에 처하거나 목숨을 잃었다. 유럽인들에게는 부를 획득하는 것이 전부였다. 그리고 그들의 탐욕은 보상을 받았다. 1550년부터 1800년 사이, 아메리카는 세계 은 채굴량의 80퍼센트와 세계 금 채굴량의 70퍼센트를 차지했다. 이는 인디저너스와 흑인 노동자들이 끔찍한 여건의 광산에서 캐낸 것들이었다. 자본주의 사회에서 가치는 부, 금전적 가치, 효용성 등에 의해서 매겨진다. 세계화의 초창기에 문화, 생태계, 사람들 간의 연결, 제국, 침략, 노예화, 전용轉用으로 인한 폭력은 자본주의의 부상 및 "세계 경제"의 발달과 동의어였다. 이렇듯 착취를 통한 자본주의 체제는 상품과 아이디어의 범대서양 교환을 본질적으로 상품화하면서 1492년 이후 세계 체제를 형성했지만, 우리는 암묵적으로 유럽 중심의 입장을 가정하게 된다. 이 시기의 역사에서 인디저너스들이 자주 지워졌듯이, 그들이 가지고 있던 귀중한 것들도 이야기에서 사라진 것이다.[4]

인디저너스에게는 "유럽의" 신념체계처럼 단일한 "인디저너스의" 신념 체계가 없다. 미국에는 567개의 연방 정부 공인 부족이 있고, 63개의 주 정부 공인 부족이 있다. 중앙 아메리카 및 남아메리카에는 600개의 서로 다른 언어를 쓰는 부족들이 있다. 캐나다에는 630개가 넘는 퍼스트 네이션이 존재한다. 이들에게는 모두 자신들만의 전통이 있다. 그리고 당연하게도 이들은 각기 다양한 태도와 가치를 지닌 개인들이다. 그러나 살아남은 사람들 사이에 차이점들이 많음에도 불구하고, 유럽의 침략 이전 대부분의 원주민 문화에 대지와 그 거주민이, 그리고 공동체와 주민들이 서로 교감한다는 세계관이 존재했다. 이는 침략자들의 착취적이고 개인적인 사고방식과는 정반대되는 것이었다.*5

서반구 전역에 존재했던 인디저너스의 세계관은 일상에서 영적인 힘의 존재와 효용을 인정했고, "성스러운 생명계"에 대한 철학적인 신념을 가지고 있었다. 이곳에서는 물질적이든 비물질적이든 "모든 존재가 평등하며 독립적"이었다. 아메리카 인디저너스의 전통은 본질과 이야기, 관습 측면에서 다양하다. 그러나 대부분이 상호 호혜적인데, 이는 그것들이 지구와 그 위에 사는 모든 생명체들 간의 복합적인 측면을 나타내는 존재와 힘, 그리고 신들의 관계에 근거하기 때문이다. 2,000년 된 흙판에 새겨졌고, 구전으로 전해져 내려오다가 16세기에 이르러 문자로 기록된 마야의 창조 신화 "키체 포폴 부 K'iche' Popol Vuh"는 신이 땅을 감사히 여길 인간을 창조하려고 여러 번 시도한 이야기이다. 마침내 위대한

---

* 거시적인 상에 대한 여느 역사 분석과 마찬가지로, 나도 이 부분에서 단순화를 피해 가지 못했다. 유럽인들은 인디저너스들과 다르지 않았고, 다수의 평범한 사람들은 자연 세계에 근본적으로 영적인 것과 사회적인 것이 얽혀 있다고 생각했다. 반면 일부 원주민들은 그보다 개인주의적인 가치관을 가지고 있기도 했다.

어머니인 슈무카네Xmucane가 노란 옥수수와 하얀 옥수수를 땅에 심어 첫 번째 인간의 형상을 만들었다. "옥수수로 그들의 살을 만들었다." 인간은 옥수수로부터 태어나고 옥수수를 통해서 생존했다. 한편 나우아인들에 의하면, 우리는 창조와 멸망의 순환에서 마지막 다섯 번째 태양의 시대에 살고 있으며, 신이 세계를 창조하기 위해서 희생한 대가로 피를 바쳐야 한다. 아즈텍-멕시카의 공적 의식에서 핵심을 차지하는 것은 태양이지만, 가정과 부엌에서 여성들은 신성한 주식인 옥수수에 끊임없는 경의를 표해야 한다. 디네인(나바호족)들도 4개의 세상이 창조되었으며 최초의 인간은 동물 및 식물과 함께 나타났다는 신화를 가지고 있는데, 역시 옥수수가 이야기의 중심이다. 이렇듯 조화와 균형, 그리고 지구와 그곳에 사는 것들에 대한 우리의 의무를 강조하고 가르치는 신화들은 아메리카 전역에서 발견된다. 클라라 켈리와 디네인인 해리스 프랜시스는 종종 거짓을 의미하기도 하고 은연중에 폄하하는 뜻을 담기도 하는 용어 "신화"를 "권능의 이야기들empowering stories"로 개념화함으로써 생존*에 관한 강력하고 존중받는 인디저너스 이야기의 정신을 포착한다. 결국 "진실이냐 거짓이냐는 해석에 달려 있는 것이다."[6]

  인디저너스들의 전통에서 눈에 띄는 또다른 이야기는 물로 뒤덮인 세계에 관한 것이다. 이 이야기에서는 동물이나 신이 땅과 인간이 쉴 곳을 만들었다. 나우아인들에게 지구는 거대한 악어인 시팍틀리의 등에 올려진 원반 모양의 땅인 세마나우악(물로 둘러싸인 곳)이었다. 시팍틀리는 대지를 형성하기 위해서 자신을 희생했다. 하우데노사우니족, 레나페

---

* "생존survivance"은 아니시나베족 학자인 제럴드 비제너가 원주민들은 활동적이고 역동적인 존재이며 그들의 전통은 현대 세계에서 계속되는 존재이자 과정임을 표현하기 위해서 창안한 용어이다.

족, 아니시나베족 등을 비롯한 동부 삼림 지대 출신의 사람들 역시 거대한 거북이에 대한 이야기를 한다. 사향쥐 한 마리가 깊은 바다로부터 지구를 구해오기 위해서 자기 목숨을 희생한 거북이의 껍질을 최초의 땅에 놓아두었다는 것이다. 이에 따라 아메리카 대륙을 "거북이 섬"이라고 부르는 것은 식민주의자들이 붙인 이름을 거부하고 인디저너스의 세계관을 상기시키는 행위로서, 이 대륙을 보는 새로운 관점을 제시한다. 오늘날 파나마와 콜롬비아 지역의 구나둘레인(혹은 쿠나인)들은 "생명의 땅", 혹은 "성숙한 땅"이라는 의미로 아비야 얄라Abya Yala를 사용하는데, 이 또한 비슷한 맥락에서 남아메리카 일부 인디저너스 활동가들이 쓰는 단어이다.7

유럽인들이 거북이 섬, 아비야 얄라 혹은 세마나우악에 첫발을 내디뎠을 때, 탐욕스러운 상품화를 통해 세계를 뒤바꿀 교환의 과정이 시작되었다. 콜럼버스는 타이노인들을 만나자마자(왕실의 기준을 적용하여 그곳을 상징적으로 스페인의 땅이라고 주장하고, 거주민들은 고려하지 않고 이 땅의 소유권을 가져간 뒤에) 그들과 교역을 개시했다. 왕실 재무 담당자에게 보내는 편지에서 콜럼버스는 타이노인들이 "거래를 했습니다, 바보처럼"이라고 썼는데, 이는 그들이 귀중한 면직물이나 금을 부러진 화살 및 유리와 바꿨다는 뜻이었다. "그들은 자기 자신보다도 더 우선하여 다른 이들에게 애정을 표시합니다. 그들은 매우 값진 것을 주고는 사소한 것을 받지만, 그 아무것도 아닌 것에 매우 만족해합니다." 1607년 제임스타운 탐험대 중 하나는 체나코모코의 포우하탄이 "그 어느 나라와도 교역을 하지 않고, 어떤 이익도 취하지 않는다"며 비슷한 내용을 기록했다. 인디저너스들에게 배타적인 사유재산 개념이 없다는 생각은 그들의 권리와 영토를 찬탈하는 행위를 정당화하기 위해서 오랫동안 동원되었다. 그러나 사실, 프란시스코 데 비토리아 같은 학자들은 16세기에도 인디저너스들이 자신들의 땅에 대해 "완벽한 소유권"을 가지고 있었음을 증명했다. 그들에게는 소유에 대한 명확한 인식이 있었고, 그 가치가 **자신들에게** 어떤 의미가 있는지 완벽하게 이해하고 있었다. 그러나 유럽인들과 달리, 그들은 상품에 굴종하지 않았다. 존 스미스 선장(제임스타운을 세운 영국의 정복자/역주)이 포우하탄에게 "당신이 내게 준 선물이 당신이 무역으로 얻는 것보다 더 크다"고 말했을 때, 그는 인디저너스의 세계관에 감사할 지경이었다.[8]

아메리카 대륙 전역의 인디저너스들은 과거에도 복잡하고 다양한 가치체계를 가지고 있었고, 지금도 그렇다. **모든 것**이 공유되고 갈등이 존재하지 않는 유토피아는 존재하지 않는다. 마오리(응가티 아와 그리고 응가티 포로우) 출신 학자 린다 투히와이 스미스는 "가끔 인디저너스들이 대지 및 우주와 우리의 관계를 설명할 때 차용하는 신비롭고 희미한 담론"에 대해서 경고한다. 투히와이 스미스가 볼 때 "민족으로서 우리의 생존은 우리의 배경과 환경에 대한 우리의 지식 덕분에 가능한 것이지, 자연 어머니의 적극적인 은혜로부터 기인한 것이 아니다." 그러나 정신적이든 실용적이든 대지와 자연환경에 대한 해박한 지식은 인디저너스 이념 대부분의 핵심이다. 포타와토미어로 대지는 에민고약emingoyak이라고 하는데, 이는 "우리에게 주어진 것"이다. 원주민들은 포타와토미족 과학자 로빈 월 킴머러가 말한 "영예로운 수확"의 필요성을 오래 전부터 이해해왔다. 영예로운 수확이란 "상호주의와 지속가능성의 윤리에 기초한, 대지와의 관계"를 의미한다. 북동부의 하우데노사우니의 밭에서부터 유카탄 반도의 밀파milpa(소규모 혼작 경지/역주)에 이르기까지 북아메리카 대륙 어디에서나 볼 수 있는 옥수수, 콩, 호박의 소위 "세 자매

농법tres hermanas agricultura"도 이러한 방식의 예로 들 수 있다. 이들 세 작물을 함께 심으면 옥수수는 콩의 성장을 돕고, 호박은 땅에 그늘을 드리우고 잡초를 예방하며 수분을 유지해주고, 콩은 토양에서 유실되는 질소를 보충해준다. 유럽인들은 이러한 노동집약적이지만 토양을 윤택하게 하는 농법을 이해하지 못했고, 대신 단일 작물 중심의 대규모 농법을 들여왔다. 이는 (소 방목과 같이 토지와 물을 집중적으로 소비하는 방식과 함께) 토양을 유실시키고 땅을 황폐하게 만든다. 유럽인의 가치체계는 자원을 공유하고 지속가능성을 유지하기보다는 자원을 추출해서 이윤을 얻는 식이었다.[9]

조공을 받아 지탱되었던 도시 테노치티틀란에서도 이론적으로 토지는 땅을 효과적으로 경작할 권리와 함께 공유되었다. 대부분의 사치품들은 부유함보다는 지위를 과시하는 데에 쓰였고, 포츠테카pochteca(상인) 계급은 공공 축제를 통해서 자신들이 누리는 부를 재분배했다. 사회는 곡물 창고를 공유하고 다른 형태의 재분배 체제를 갖추는 등 공동의 성공을 위해서 설계되었다. 이는 오늘날 캐나다와 미국의 북서 해안 지역 인디저너스들이 행하던, 선물을 주는 축제 포틀래치potlach와 어느 정도 유사하다. 그들은 문화적 지식을 가르치고 명성을 쌓으며 선물을 나누고 땅과 그들의 관계를 기념하는 포틀래치를 중요한 행사로 생각했다. 원주민들에게 포틀래치의 "나눔 관행"은 자신의 부를 축내는 것이 아니라 오히려 불리는 것이었다. 남기스족의 원로인 악수 앨프리드는 포틀래치의 의미를 생생하게 설명하면서, "세상 사람들은 돈과 권력을 쥔 사람들을 많이 가진 이라고 생각한다. 콰키우틀어를 하는 콰키우틀 사람들은 돈과 권력이 있는 사람은 가장 많은 것을 주는 사람이라고 생각한다"고 말했다.[10]

그와는 반대로, 유럽인 침략자들은 거북이 섬 동맹의 와이언도트족 족장인 칸디아롱크가 "나의 것과 너의 것이라는, 세상의 가장 거대한 두 방해꾼들"이라고 말한 것에 따라서 움직였다. 이는 1703년에 출간된 바롱 드 라혼탕의 책 속에 등장하는 가상의 대화에서 나온 발언으로, 이 대화에서 아다리오Adario(위대하고 고귀한 친구)의 모습을 한 족장은 유럽인의 "문명"보다 훨씬 우월한 인디저너스 문화의 가치를 보여준다. 앨곤퀸-이로쿼이족(오늘날 퀘백 지역에 사는 사람들) 사이에서 살았던 저자 라혼탕에 의하면 "고귀한 야만인" 수사의 예행 연습이었다며 생략되고는 하는 이 발언은 유럽 사회의 "야만적인" 특성에 대한 명확한 비평이며, 인디저너스 여행자들이 유럽을 겪고 느낀 바이기도 하다. 프랑스 사회와 와이언도트를 비교하며 "프랑스 사람 중 행복한 단 한 사람"은 부유한 국왕인 반면, 와이언도트는 "벌거벗고 있지만 영적으로는 충만하다"고 말한 아다리오는 유럽 사회의 엄청난 불평등에 당황한 다른 원주민들(그보다 앞서든 나중이든)의 의견을 대변한다. 다른 많은 자료들에서처럼, 원주민들은 "직접 목소리를 내는 것"이 허락되지 않았기 때문에, 우리는 문헌 속에 "숨어 있는" 그들의 목소리를 읽어내야 한다. 그러나 칸디아롱크의 유명한 재치와 지성, 웅변 실력 등을 여러모로 고려할 때, 이 대화는 진짜일 수도 있다. 몇몇 원주민 학자들로부터 받아들여지는 이 혁명적인 문헌은 원주민적 관점을 중심으로 하는 하나의 출발점을 제공한다.[11]

초창기 인디저너스는 유럽인들과의 교역을 어떻게 이해했을까? 아메리카의 물건*이 갓 세계화되는 과정을 볼 때 상품화를 제외하고 이야기

---

* "물건stuff"은 우아한 단어는 아니지만, 상업적 의미를 완전히 배제하면서 그것들을 지칭할 말이 있을까? "생산품product"은 시장을 위한 "생산"을 내포한다. "재화goods"

할 수는 없을 것이다. 원주민들은 자신들의 영토를 침범하여 깃발을 꽂고 소유권을 주장한 백인들에 대해서 고정되거나 획일화되지 않은 매우 다양한 시각을 가지고 있었고, 많은 공동체들이 새로운 교역망을 맺기로 했으며(혹은 그러기를 강요당했으며), 탐나는 재화의 생산자나 공급자, 혹은 거래 당사자가 되었다. 북동부 지역에서는 모피가, 메소아메리카 지역에서는 코치닐 염료가, 남쪽에서는 브라질우드가 특히 매력적이었다. 원주민의 물건은 16세기 유럽에서 "신선한" 것들이었다. 그들은 유럽인에게 담배나 카카오 같은 작물을 소비하는 방법을 알려주었고, 자신들이 가진 지식과 기술을 전수해주었다. 또한 그들은 잘 보이지 않는 연결망에 깊이 관여되어 전 세계에 자신들의 방식을 차츰 새겨넣었다. 인디저너스가 이러한 무역 및 상업에 초연한 사람들이었다고 이상화하는 것은 그 과정에서 그들이 행한 진취적이고도 단호한 참여를 무시하는 처사이다. 정의로운 역사를 위해서는 인디저너스의 신념체계를 기억하면서도, 이러한 참여를 인식해야 한다.

흡연은 대서양 지역을 중심으로 퍼져나가 이제는 떼려야 뗄 수 없게 된 (종종 유감스럽기도 한) 인디저너스 관습의 대표적인 예라고 할 수 있다. 그러나 유럽의 연대기에는 인디저너스와 관련된 맥락이 지워져 있기 때문에, 담배가 어떻게 교환되었는지를 살피면 원주민의 흔적을 좇는 일이 얼마나 어려운지를 알 수 있다. 담배는 유럽인과 아프리카인 사이에서 빠르게 유행했지만, 그 유통과 생산 과정의 대부분이 원주민들에 의

는 "소비재" 혹은 무역 품목을 연상시킨다. "상품commodity"은 명백하게 상품화된 것이고, "물체object"는 아메리카 지역의 동, 식물상의 정신과 삶을 모호하게 만든다. 따라서 "물건"이라는 단어를 썼다.

해 이루어졌음에도 인디저너스의 의식이나 그 물질적 중요성은 무시되고 단순한 식물이나 생산품으로만 여겨졌다. 유럽인이 담배의 경제적 잠재력을 인식한 것은 영국이 카리브 해 지역에 정착하기 시작한 1590년대 이후부터였다.12

담배는 아메리카 대륙에서도 지역별로 매우 상이하게 소비되고 이해되고 있었기 때문에 유럽인들이 담배를 받아들인 방식 또한 그들이 만난 인디저너스가 누구냐에 따라서 달라졌다. 메소아메리카 지역에서 담배는 파이프 및 시가로 연기를 흡입하는 방식으로 소비되었고, 의례 행위로서나 상류층이 주로 사용했다. 이에 비해 노동자들은 담배잎을 라임과 함께 씹으며 노동의 고단함과 갈증, 허기를 달랬다. 카리브 해 일부 지역과 남아메리카의 고원 지대에서는 말린 담배 가루를 코로 들이켰다. 북동부 해안 지역에서는 돌로 된 파이프가 고고학 유적지에서 발견되고는 하는데, 이는 유럽인들이 도착하기 오래 전부터 제례 의식에서 흡연이 이루어졌음을 시사한다(흡연의 대상이 반드시 담배였던 것은 아닐지라도 말이다). 일각에서는 인디저너스의 역사를 유럽 중심적으로 전용하여, 북서부 원주민들에게 담배 피우는 법을 알려준 것이 유럽의 모피상들이라고 주장하기도 한다. 그러나 네즈 퍼스 부족과 협력하여 워싱턴 주 남동부에 위치한 그 선조들의 영토에서 나온 파이프 파편을 분석한 최근의 고고학적 연구는 흡연이 인디저너스 문화의 일부였다는 오래된 구전 역사가 사실임을 확인했다. 그 구전에 따르면 인디저너스들은 유럽인이 도착하기 2,000년 전부터 담배를 피워왔다. 의료 목적의 담배는 흡연하기도 하고, 연고나 음료, 습포제의 형태로 두통부터 찢어진 상처에까지 여러 용도로 사용되었다. 담배를 이용하고 음미하는 다양한 방법은 각기 다른 시점에 대서양을 건너 유럽으로 전해졌다. 담배는 부

지불식간에 유럽 사회에 스며들었는데, 이는 인디저너스가 유럽 사회에 존재하고 알려지던 방식이었다. 그러나 이러한 이야기의 실제 주역이었던 인디저너스들을 찾기란 쉽지 않다.13

담배는 많은 인디저너스 공동체 의식에서 중요한 역할을 수행했고, 지금도 하고 있다. 그리고 이는 유럽의 연대기에서도 종종 발견된다.* 1518년, 유카탄 반도의 인디저너스 대표들이 정복자 후안 데 그리할바와 친선 및 동맹을 맺기 위한 담배 의식을 거행했다. 그리할바와 그의 부하는 넓은 잎사귀 나무 아래에 앉아서 "한쪽 끝에 불을 붙인 파이프(혹은 튜브)"를 건네받았다. 이는 "불꽃을 일으키지도 않고" 천천히 타들어갔으며, "연기에서는 매우 좋은 냄새가 났다." 이 의식을 치른 후 그들은 귀한 선물과 친선의 표식을 주고받았다. 그후, 기독교인들은 특유의 미개하고 배은망덕한 방식으로 금을 요구했다.14

담배와 그것을 연초로, 코담배로, 씹는 담배로 소비하는 인디저너스의 방식은 1570년대 유럽에, 특히 이베리아 반도에 제대로 정착했다. 출처는 알 수 없으나 널리 알려진 이야기에 의하면, 1566년 브리스틀에서 한 선원이 "코로 연기를 내뿜어서" 소동이 빚어졌다고 한다. 이 이야기가 진실이든 진실이 아니든, 선원복을 입은 뱃사람들, 의사와 박물학자들이 먼저 흡연을 즐겼음은 분명하다. 1560년, 주 포르투갈 대사인 장 니코(니코틴이라는 용어가 그의 이름에서 유래했다)가 파리에서 샤를 9세에게 말린 잎과 씨앗을 바쳤다. 이 "매우 아름답고" 약효가 있는 식물은 불과 몇 년 안에 프랑스와 이탈리아에서 논쟁의 대상이 되었다. 1571년

---

* 아마 가장 잘 알려진 예는 칼루메트calumet(유럽인들이 "평화 파이프"라고 곧잘 단순화하는)일 것이다. 이는 칼루메트 의식에서 기도 및 춤과 함께 사용되던 성스러운 물건으로, 협정 체결, 전쟁 방지, 동맹 체결 혹은 강화 시에 사용되었다.

세비야의 의사 니콜라스 모나르데스는 아메리카 대륙에서 온 흑인 노예들이 피로를 풀기 위해서 흔히 담배를 사용한다고 보고했다. 흡연은 인기가 매우 많아져서 노예들이 담배를 피우러 몰래 나갔다가 벌을 받을 정도였다.[15] 노예가 된 인디저너스들이 전통적인 방식으로 담배를 피우면서 친선을 도모하고 휴식을 취하면서 긴장을 풀지 않았으리라고는 생각할 수 없다.

메소아메리카와 동부 삼림 지대에서와 마찬가지로, 유럽에서도 흡연은 친분을 다지고 중요한 기회를 만드는 하나의 의식이자 사회적 관습이 되었다. 1600년대 초반, 스페인의 부자들은 "연회"를 베풀 때, 시가리요스zigarillos(담배나 시가를 지칭하는 마야 고원 지역 주민들의 말 시카르sikar에서 유래한 단어)를 피웠다. 의료용으로, 오락용으로, 향정신성 물질로 담배를 이용하는 원주민식 사용법은 기록되고 전파되었으며, 이윽고 전 세계의 모든 사회적 계층이 인디저너스들의 이 습관을 향유하게 되었다. 16세기 말에 이르자 흡연은 아프리카와 필리핀에까지 전파되었고, 1642년 베이징을 방문한 한 여행자는 "모든 거리의 모퉁이마다 흡연자들"이 있었다고 했다. 담배(대개 파이프로 피웠다)는 17세기와 18세기 유럽의 커피 하우스 문화와 접목되면서, 휴식을 취하고 사람을 만나고 과시하는 수단으로 사용되었다. 전 세계가 인디저너스들의 습관을 받아들인 셈이다.[16]

자유인이든 노예든, 인디저너스들이 세비야에 흡연을 들여오는 데 중요한 역할을 했음은 분명하다. 그러나 우리가 가진 기록에서 그들의 흔적을 찾기 위해서는 행간을 잘 살펴야 한다. 세비야에 살면서 무역 사무소에 정기적으로 들러 코치닐 염료나 아프리카 노예들을 거래했던 모나르데스는 그 도시에 인디저너스들이 있음을 알고 있었을 것이다. 그는 인디저너스들이 동네에서 매매되고, 거리를 활보하며 사업체에서 근무하는 모습을 보았을 것이다. 그러나 인디저너스의 의료 및 치료 행위와 관련된 깊은 지식을 다루는 그의 방대한 책은 그들을 단 한 번 언급할 뿐이다. 세비야의 흑인들이 인디오들과 "같은 방식으로 담배를 피웠다"는 것이다. 1535년, 곤살로 페르난데스 데 오비에도 이 발데스가 발간한 자연사에 관한 저명한 책은 아마 억압받는 인디저너스들과 함께 지냈을 카리브 해의 흑인들이 그 지역의 "아주 나쁜" 죄악인 흡연을 받아들였으며, 피로를 쫓으려고 그 식물을 심고 사용한다고 기록했다.[17] 이 지역에서 흑인과 인디저너스의 역사는 깊이 관련되어 있다. 아프로 카리브 해 문화와 혼합됨으로써, 많은 타이노족 및 카립족의 관습이 살아남아 전승된 것이다. 만약 이처럼 흑인 문화와 섞이지 않았다면, 지역 주민들이 다수 사망했을 때 그들의 관습도 함께 사라졌을지 모른다.

 이러한 문화적, 상업적 교류는 매우 중요하지만, 이것들은 교류사에서 인디저너스들이 얼마나 쉽게 지워질 수 있는지를 보여준다. 그들은 나타나지만 침묵하고, 자신들의 해안 너머로 모험을 하지 않으며, 의사소통을 할 때에는 유럽인의 수단에 의존한다. 담배는 원칙적으로 원주민들에 의해서 공급되었고 계속해서 그들의 사용 방식과 매우 밀접한 관련을 지녔는데도 말이다. 인디저너스 스스로가 대서양을 건너 이루어지는 정보의 흐름에서 매우 결정적인 역할을 했음에도, 원주민 문화에서 기원한 지식들은 유럽화되고 전유되었다. 1536년부터 멕시코시티의 틀라텔롤코에 위치한 산타크루스 대학교에서는 인디저너스 귀족의 자녀 다수를 대상으로 스페인어와 라틴어, 나우아틀어로 읽고 쓰는 법을 가르쳤다. 그 결과 인디저너스 지식인들은 베르나르디노 데 사아군 신부와 함께 『플로렌틴 코덱스*Florentine Codex*』를 편찬했으며(이 사례가 가장 대표적이다), 독자적인 작업물을 내놓기도 했다. 오랫동안 『인디오의 약초에 관한 책*Libellus de Medicinalibus Indorum Herbis*』으로 알려져 있던 저서는 최근 마르틴 데 라 크루스와 후안 바디아노가 산타크루스 대학교에서 저술하고 번역했다는 사실이 밝혀지면서, 저서명이 『바디아노와 크루스의 코덱스*Codex de la Cruz Badiano*』로 바뀌었다. 경험 많은 의사인 마르틴 데 라 크루스는 누에바 에스파냐 총독의 아들을 위해서 "인디오의 약초와 약에 관한 소고"를 집필하기도 했는데, 총독은 이를 식물 표본들과 함께 필리페 2세에게 보냈다. 약초의 상세한 묘사가 삽입된 이 원고는 로마의 부호 바르베리니 가문의 도서관에 보관되었다가 이후 바티칸으로 이관되었다. 원본은 교황 요한 바오로 2세가 멕시코에 돌려주었지만, 초판본 중 하나가 영국 윈저 궁의 왕실 도서관에서 발견되면서 당시 유럽 사회에서의 영향력과 관심을 보여주기도 했다.[18]

각성제 성분이 있는 메소아메리카의 또다른 성스러운 식물인 카카오는 유럽에 더욱 빨리 파고들었다. 우리가 초콜릿 하면 떠올리는 부드럽고 유혹적인 덩어리는 한참 후에야 만들어졌지만, 초콜릿을 마시는 일은 열광적인 소비자들 사이에서 빠르게 유행했다. 메소아메리카 사람들은 초콜릿 혼합 음료에 설탕과 우유를 넣지 않았다. 그들은 카카오 콩을 갈아서 물과 섞은 후 진하고 거품이 나는 액체로 만들었는데, 뜨겁게 먹기도 했고(마야인들이 선호), 차갑게 먹기도 했다(나우아인). 가장 인기 있는 혼합 재료는 고춧가루로, 그 매운 정도가 향긋한 매운 맛부터 불타는 지옥까지 다양했다.* 가난한 사람들은 카카오에 옥수수를 섞어서 영

---

* 코코아와 고춧가루는 멕시코 전역에서 여전히 인기 있는 조합으로, 특히 손이 많이 가는 것으로 알려진 몰레 소스(지역별로 매우 다양하다)를 만들 때 함께 사용된다.

양 죽으로 만들었고 상류층은 꽃이나 바닐라, 꿀, 향료 등을 넣어 마시기를 선호했다. 『플로렌틴 코덱스』에서는 식후 아즈텍-멕시카 지도자에게 제공된 성찬을 길게 묘사한다.

> 통치자가 마실 초콜릿이 나오면 그는 초콜릿을 마시면서 식사를 마친다. 그 종류로는 부드러운 카카오로 만든 녹색 초콜릿, 마른 꽃을 갈고 녹색 바닐라 껍질을 곁들인 꿀 초콜릿, 선홍색 초콜릿, 오렌지색 초콜릿, 장밋빛 초콜릿, 검은색 초콜릿, 흰색 초콜릿 등이 있다.
>
> 초콜릿은 뚜껑이 달린 둥근 그릇에 담겨 휘젓는 막대와 함께 나오는데, 그릇과 뚜껑에 그림이 그려져 있다. 그림이 그려진 조롱박이나 항아리에 담겨 나오기도 하는데, 조롱박은 이웃 땅에서 생산되는 것으로 색깔은 검고 둥근 뚜껑이 있다. 항아리는 오셀로 가죽이나 경화된 가죽으로 만들어진 것이다. 토기 항아리에는 작은 그물망이 있는데, 이 거름망으로 초콜릿을 거른다. 그림이 그려진 크고 둥근 그릇은 손을 씻는 용이고, 음료를 담는 그릇에는 더욱 화려한 그림이 그려져 있다. 큰 음식 바구니, 소스 접시, 광택이 나는 접시, 나무로 만든 접시도 있다.[19]

메소아메리카 지역에서는 상류층만이 그러한 연회를 베풀 수 있었다. 카카오는 입맛을 돋우는 음료일 뿐 아니라 화폐의 한 형태이기도 했다. 중앙 아메리카의 교환 경제에서 껍질을 벗기고, 발효시키고, 말리고, 볶은 카카오 콩은 "동전"으로 사용되었다. 즉, 표준화된 경제적 교환에 사용된 작고 편리한 토큰인 셈이었다. 틀락스칼라의 시장에서 카카오 콩 한 알로는 큰 토마토 1개나 고추 5개를 살 수 있었다. 카카오콩 세 알로는 칠면조의 알 1개나 아보카도 1개, 옥수수 껍질에 싸인 생선 밥을 사서 집에 갈 수 있었다. 작은 토끼 한 마리는 30알, 수컷 칠면조 한 마리는 200알이나 한 것으로 보아 고기가 매우 귀했음을 알 수 있다(암탉은 100알 정도 했다). 더 비싼 물품들의 가격은 면으로 된 콰치틀리quachitli(담요나 망토)나 금색 깃털로 치렀지만, 카카오는 일상의 거래에서 매우 편하게 사용되었다.[20]

카카오는 수천 년 동안 인디저너스의 사회 및 종교 의식에 깊게 뿌리 내려서, 약 4,000년 전 멕시코 만 지역의 올메카 이전 시대의 고고학적 유적에서도 발견된다. 카카오 나무가 자라기 위해서는 온난하고 습윤한 기후가 필요하기 때문에, 카카오는 대부분 해안 지역에서 재배되어 먼 지역까지 거래되었다. 북쪽으로 약 2,400킬로미터나 떨어진 오늘날 유타 주 지역에서 발견된 토기에도 카카오가 담겨 있는 것으로 보아, 그 거래 범위가 매우 넓었음을 유추할 수 있다. 메소아메리카 및 멕시코 만 지역에서 생산된 카카오는 카페인 함량이 높은 "검은 음료"의 주요 재료였는데, 이 음료는 고대 부족뿐만 아니라 아메리카 남서부 지역의 여러 문화들에서도 광범위하게 소비되었다. 카카오를 원하는 이들이 많아지면서 품귀 현상이 발생하자, 아즈텍-멕시카인들은 마야인들로부터 카카오를 공급받았다. 이처럼 카카오는 무척이나 귀했기 때문에, 가짜 콩이 만들어지기도 했다. 밀랍이나 반죽, 아보카도 씨를 깎아서 가짜 카카오를 만든 것이다. 메소아메리카 지역에서 카카오는 성스러운 존재여서 신의 창조와도 깊게 연결되어 있다. 『마드리드 코덱스*Madrid Codex*』에는, 4명의 신의 귀에서 뿜어나온 피가 카카오 껍질로 들어갔다는 내용이 있는데, 이는 생명력으로 카카오를 채우는 것으로 해석된다. 이렇듯 귀한 카카오 껍질과 초콜릿은 심장과 피에 비유되기도 한다. 나우아틀어에서는 심장을 의미하는 단어인 욜로틀리yollotli와 피를 의미하는 단어인 에츠틀리eztli가 "카카오"를 의미하기도 한다. 그것이 너무나 귀하고 소중하기 때문이다. 이러한 은유를 두고 사아군은 "평민이나 가난한 사람들은 카카오를 마시지 않았다.……심장과 피는(카카오는) 두려워해야 하는 것이었다"고 설명했다. 또한 카카오는 옥수수와 마찬가지로 대지 및 비옥함을 상징하여 제례 의식의 연회와 축하 행사에서도 빠지지 않았다. 카카오를 먹으면 취할 수 있었기 때문에 상류층이나 전사들도 조심스럽게 먹었다.[21]

젊은 아즈텍-멕시카 연인이 결혼을 약속할 때에도 축제의 중심에는 이 대지의 열매가 있었다.

> 그래서 재와 카카오 가루, 꽃을 준비했으며, 담배 파이프도 사 왔습니다. 양념을 담을 그릇과 도자기 컵, 바구니도 구입했습니다. 그리고 옥수수 가루를 둥근 그릇에 담았고, 타말tamal(찐 옥수수 만두)도 준비했습니다.[22]

카카오, 담배, 옥수수가 잔치상에 오른 이유는 비단 그것이 귀하기 때문만이 아니었다. 이것들은 대지와 자신들의 관계에 대한 인디저너스들의 이해에서 핵심 요소였다. 즉, 인간은 대지의 열매들을 소비함으로써 우주와 한데 묶인다는 것이다. 옥수수는 메소아메리카 전역에서 신의 작물로 여겨졌다. 아즈텍-멕시카인들에게 옥수수는 모든 종류의 옥수수를 상징하는 신들이 각기 존재할 만큼 귀했다. 부드럽고 어린 옥수수의 신은 처녀신 실로넨Xilonen("머리숱이 많은 사람"이라는 뜻으로, 어린 옥수수의 부드러운 털 때문에 이렇게 명명되었다)이었고, 잘 익은 옥수수의 신은 자신감에 찬 발기의 신이자 단단하고 크게 부푼 남성 신 센테오틀Centeotl 이었다. 그의 부인인 치코메코아틀Chicomecoatl은 "7마리 뱀"(아마도 나이 든 실로넨을 형상화한 듯하다)이라고도 불렸는데, "우리의 모든 먹거리를 만들어주시는" 비의 신의 손윗누이이기도 했다. 대개 옥수수자루를 움켜쥔 모습으로 형상화되는 이 여신은 번식력과 자양물을 현신화한 존재로, 파종기에 씨앗을 돌보는 일을 했다. 첫 수확을 축하하는 "풋옥수수(혹은 위대한 평화) 의식Busk"은 오늘날 미국의 동부 지역의 부족들 사이에서 널리 행해지던, 오랜 전통을 지닌 행사였다. 마야인들 역시 옥수수를 여러 신의 형태로 인식했다. 옥수수수염으로 된 머리 위에 옥수수자루를 얹어 장식한, 혈기왕성한 청년인 훈 후나푸Hun Hunahpu에서부터 덜 익은 옥수수의 부드러운 싹인 아 문Ah Mun, 그리고 불쑥 올라온, 새로운 흰 옥수수인 작 우악 날Zac Uaz Nal까지 여러 현신들이 존재했다.* 인디저너스들은 재배 주기의 모든 단계를 포착하고 기념했으며, 음식에 들어간 작물의 영혼과 개성을 인지하여 기렸다. 나아가 그들은 희생 제의와 기도, 제물을 통해서 작물들에 진 빚을 갚았다.

    1545년 2월 12일, 예복을 모두 갖춰 입고 펠리페 왕자(곧 국왕으로 즉위할 예정이었다) 앞에 서서, 자신들 영토의 풍요로움을 보여주는 선물을 들고 서 있던 마야 족장들의 사절단은 무슨 생각을 했을까?** 그 선물 꾸러미에는 투술루틀란(오늘날 알타 베라파스와 바하 베라파스) 족장이 보낸 2,000여 개의 케찰 깃털과 함께 아름다운 점토 항아리와 과일 접시

---

* 마야인들은 기원전 2000년부터 오늘날까지 집단을 이루고 있다. 따라서 그들의 신념 체계는 아주 방대하고, 그 기원에 대해서는 여러 학설이 있다.
** 과테말라 역사학자 아구스틴 에스타라다 몬로이는 이 조우의 출처인 (케치어) 서류를 케치족 족장과 행정관 앞에서 볼 수 있었다고 한다. 케치족은 과테말라 북부 출신의 마야인이다.

들, "초콜릿 거품 단지"도 있었다. 이는 유럽에서 발견되는 초콜릿 음용에 대한 최초의 언급이다. 원주민들은 아마도 직접 준비했을 초콜릿을 스페인 왕궁에 가지고 갔다.

초콜릿에 거품을 내는 작업은 2개의 컵이나 단지를 이용해 진한 액체의 초콜릿을 머리 높이에서 앞뒤로 붓는 숙련된 기술을 요했고, 대개는 여성이 담당했다. 케치 족장을 위해서는 누가 초콜릿을 준비했을까? 진수성찬이 차려진 것으로 보아 아마 수행원 중에 여성들이 있었을 것이다. 그러나 공식 기록에서는 그들의 존재를 찾기 어렵다. 메소아메리카 전역의 문화에서 카카오는 여성과 매우 깊은 관련이 있을 뿐 아니라, 결혼 및 약혼식과도 깊이 연관되어 있다. 현존하는 마야 코덱스 중 가장 긴 『마드리드 코덱스』*에는 비의 신 차아크Chaak가 대지의 여신 익시크카브Ixik Kaab와 결혼하는 그림이 있는데, 두 신은 앉은 자세로 자신들 사이에 놓인 거품 낸 초콜릿 단지 위로 벌집을 들고 있다. 그 그림 옆에 쓰인 글자는 "그들은 자신들의 카카오를 받았습니다"라고 해석된다. 체로키족 학자인 마사 마크리는 "그들이 받았다ts' ab' a"라는 의미의 동사가 『마야 코르데멕스 사전Diccionario Maya Cordemex』(아주 많은 사람들의 합작이다)에서 "결혼 부채의 지불"이라고 정의되어 있음에 주목했다. 즉, 카카오와 결혼 계약이 거의 동의어라는 것이다. 멕시코 고원 지대의 뉴 드사우이족(믹스텍족)에 관한, 정복 이전의 매우 귀한 자료인 『코덱스 토닌데예Codex Tonindeye』에는 1501년 결혼식에서 "13마리 뱀 부인"이 자신의 신랑인

---

* 이런 류의 많은 문서들이 으레 그렇듯이, 현재 소장된 도시의 이름으로 불리는 이 책은 인디저너스 소유주들로부터 도난당한 것이다. 다른 이름인 "트로-코르테시아누스Tro-Cortesianus"나 "트로아노 코덱스Troano Codex" 역시 "최초의 소유주"로 알려진 고문서학 교수 후안 트로 이 오르텔라노의 이름을 딴 것으로, 원래 이를 소유했던 마야인들에 대한 무지를 드러낸다.

지배자 "8마리 사슴"에게 거품 낸 초콜릿을 주었다는 내용이 있다(이들의 이름은 260일 주기의 의례 달력에 표기된 그들의 생일에서 유래한 것이다). 유사하게, 『뉴 드사우이 코덱스 유타 트노오Ñuu Dzaui Codex Yuta Tnoho』에서는 "9마리 악어 부인"과 "5개 바람 경"의 결합을 그들 사이에 놓인 한 단지의 거품 낸 초콜릿으로 상징했다.*23

저명한 마야 고고학, 역사 및 언어 학자인 에릭 톰프슨은 넓은 의미로 "초콜릿을 대접하다"라는 의미의 탁하tac haa라는 짧은 단어가 수많은 의미를 지니고 있다고 썼다. 『므툴 마야 사전Diccionario de Motul』에 따르면 이 단어는 "아들과 결혼시키고자 하는 여자의 아버지를 초대해서 결혼에 대해 의논하고 음료를 대접하다"를 뜻한다. 치아파스의 숲에 거주하던 촐 마야족의 식민지 보고서에 의하면, 사람들은 결혼을 할 때 다섯 알의 카카오 열매를 (신랑을 위해서) 망토 한 벌, 그리고 (신부를 위해서) 몇 벌의 치마와 함께 주고받는데, 이때 "당신을 나의 남편/아내로 맞는다는 표시로 이것들을 드립니다"라고 이야기한다. 과테말라 아와카텍 마야의 산악 지역 주민들은 전통적인 결혼식을 아직도 키시우quicyuj라고 부르는데, 이는 "카카오 콩"을 의미한다. 이제는 결혼식에 카카오가 전혀 연관되지 않는데도 말이다. 영어 단어 초콜릿chocolate도 "함께 초콜릿을 마시다"라는 의미의 키체어 초코라즈chokola'j에서 유래했을 가능성이 있

---

* 『코덱스 토닌데예』는 "코덱스 소우체-누타Codex Zouche-Nuttall"로 알려져 있는데, 이 이름 역시 그것의 창작자가 아니라 유럽에서 이 문서와 연관이 가장 깊은 두 사람의 이름을 딴 것이다. 『코덱스 유타 트노오』 역시 "코덱스 빈도보넨시스 멕시카누스 ICodex Vindobonensis Mexicanus I"이라는 명칭으로 더 잘 알려져 있는데, 이는 소장 도시인 빈의 라틴어 이름을 딴 것이다. 그러나 마르턴 얀선과 페레스 히메네스가 논의한 바대로 이 독특한 기록 유산은 이것을 창조한 문명의 토대로 해석해야 한다. "토닌데예"는 드사아 드사우이(믹스텍) 언어로는 "혈통의 역사"를 의미하며, "유타 트노오"는 그 문서를 처음 작성한 왕조가 위치했던 신성한 계곡의 이름이다.

다. 카카오는 연합, 합의, 그리고 신분 변화 등을 상징한다. 그렇다면 마야의 족장이 펠리페 왕자에게 건넨 거품 낸 초콜릿은 무슨 의미였을까? 초콜릿은 신대륙에서 구대륙으로 건너온 "신상품" 목록에서 종종 누락되지만, 마야인들에게 초콜릿은 정치적이고도 신성한 함의를 지니는 것이었다.24

1540년대에 인디저너스 사절단이 스페인 왕궁을 방문하는 일은 드물지 않았지만, 펠리페 왕자는 그들의 화려한 옷차림뿐 아니라 그들의 강인함에도 깊은 인상을 받았다. 마야인들이 "마드리드의 매서운 추위에도 옷을 거의 입지 않은 것"을 보고 그들에게 "당신들은 강철로 만들졌군요"라고 했을 정도였다. 4명의 족장들은 추운 날씨에도 아랑곳없이 면 셔츠와 무지개색 실로 장식된 반바지를 입고, 밝은색의 술 장식이 달린 허리띠를 앞섶에 늘어뜨린 전통 예복을 입기로 결정했던 것 같다. 장화와 샌들에는 "작은 꽃다발처럼" 빛나는 술 장식이 달려 있었고, 그들의 긴 머리 뒤쪽에도 화려한 술 장식이 매여 있었다. 그들이 입은 깃털 망토는 놀라운 기술로 앵무새, 꽃, 항아리, 다이아몬드 등을 표현했다. 이는 유럽의 무대에서 인디저너스의 권력을 직접 과시한 예로, 훗날 전설이 될 자에 의해서 주도되었다. 그의 이름은 돈 후안 아 폽 바트스(후안 마탈바트스로도 알려져 있다/역주), 즉 "왕중왕"이었다.25

스페인인들이 전임 지도자를 납치하고 살해한 뒤 투술루틀란의 지도자로 선출된 아 폽 바트스는 과테말라 산 후안 차멜코 지역의 도시 케치마야의 영웅이다. 그는 스페인의 공격으로부터 처음에는 무력으로, 이후에는 외교를 통해서 자신의 부족을 성공적으로 보호한 사람으로 알려져 있다.26 마야 공동체에 관한 공동 연구의 일부로 애슐리 키슬러가 수집한 구전 및 기록 역사에는 "지혜, 용기, 신의, 기술, 신중함"으로 유명한 아 폽 바트스가 이웃 공동체의 황폐화를 인식한 방식과 차멜코에 도착한 3명의 도미니크회 신부들을 환영하고 지역의 첫 번째 케치족 가톨릭 신자가 되어 근처 강에서 세례를 받음으로써 자신의 부족을 구했다는 사실이 잘 나타나 있다.27 이렇듯 중요한 협상이 이루어지고 얼마 지나지 않아서 스페인인들은 아 폽 바트스를 다른 3명의 족장들과 함께 스페인으로 초청했다. 3명의 족장은 돈 미겔 데 파스 이 춘, 돈 후안 라파엘 라미레스 아 사킴 데 산 루이스, 그리고 돈 디에고 데 아빌라 모 이 폽이었다.

케치 마야인의 항해에 관한 이야기는 수 세기 동안 충실하게 전해져 왔다. 원본은 현재로서는 거의 읽을 수 없지만, 공동체의 지도자들은 계속해서 사본을 만들어놓았다. 이 사본들에는, 디에고 아빌라가 이끄는 도미니크회 신부들이 4명의 족장들을 신의 이름으로 초대해서 "우리의 왕이 계시는" 스페인으로 그들을 데려갔다는 "전해져 내려오는 이야기"가 적혀 있다. 그들은 1544년 5월 초에 7명의 성직자, 9명의 스페인인 그리고 "전임 치나메들chinames"(공동체 지도자들과 연장자들)과 함께 출발했다. "우리는 꼭 스페인에 가야 하기 때문에, 만약 그들이 우리의 아름다운 옷과 선물을 배에 싣지 않으면 경비병들에게 이야기해서 우격다짐으로라도 가야 한다"라는 기록으로 보아, 그들이 가져가기로 계획했던 물건들과 관련하여 얼마간의 논의가 있었던 것으로 보인다. 케치족의 구전은 그들이 땅 밑으로 뚫린 동굴을 통하거나 초능력을 사용해서 스페인으로 날아갔다고 하지만, 문자 기록에 따르면 그들은 6월 4일에 배를 탔다고 한다(그러나 실제로는 출발 날짜가 훨씬 더 나중인 것 같다). 그들은 초콜릿 생산으로 유명한 폴로칙 강의 계곡을 따라서 내려갔으며, 오늘날의 온두라스인 카리브 해 연안의 삼각주를 지나 푸에르토 데 카바요스*에서 해선海船으로 갈아탔다.28 그들은 겨울의 고된 항해 끝에 2월 4일 스페인에 도착한 것으로 추정되며, 1주일 후에는 왕궁에 입성한 듯하다. 이 사절단은 인디저너스 공동체가 유럽의 청중을 그들의 문화와 환경에 적응시킨 방식을 엿볼 매우 놀라운 기회를 제공한다.

우리는 초콜릿, 옥수수, 콩, 고추 등 향후 전 세계인의 식재료가 될 "상품들"에 관심을 보이지만, 당시 마야인들이 가장 중요하게 생각한 선물은 케찰 새의 깃털이었다. 오늘날 가장 유명한 케찰 장식은 아마도 "목테수마 황제의 머리"**를 꾸민 사방으로 뻗친 술일 것이다. 각도에 따라서 파랑과 초록으로 보이는 이 깃털들은 매우 아름다우면서도 희소했고, 무엇보다 신과 관계가 있다고 간주되어 메소아메리카 전역에서 귀중하게 여겨졌다. 나우아틀어로 케찰quetzal이라는 단어는 소중한 것, 아름다운 것과 동의어이며, 신으로 현신된 케찰코아틀Quetzalcoatl(깃털 달린 뱀)은 혈통 및 비옥함의 상징으로 메소아메리카 전역에서 발견된다. 케찰 새를 죽이는 것은 금지되어 있으므로, 조심스레 깃털을 뽑은 후에는 놓아주어야 한다. 마야의 전설에서는 케찰 새가 스페인의 침략에 대한 인디저너스들의 저항과도 연관되어 있다.

1522년, 테쿤 우만Tecún Umán(정확히는 Tecum일 것이다)으로 널리 알려진 키체 마야의 지도자가 페드로 데 알바라도가 이끄는 스페인 군에 영웅적으로 저항하다가 전사했다. 이 전설은 여러 형태로 전해지는데, 아마도 테쿤 우만의 나우알nahual(혹은 동물의 영혼)이었을 케찰 새가 쓰러

---

* "말의 항구"라는 뜻의 이름이다. 코르테스가 이곳에 상륙하려다가 사고로 말을 몇 마리 잃은 이후로 그렇게 불렸다.
** 전통적으로 목테수마 2세와 연관되어 있고, 멕시코에서 만들어진 것이 거의 확실하지만, 지도자가 착용했다고 믿을 만한 근거는 없다. 이 장식은 1575년 오스트리아의 페르디난트 대공의 수집품에서 발견되었고, 현재 빈의 세계 박물관에 소장되어 있다.

진 전사의 가슴으로 날아들어 가슴팍의 깃털을 영웅의 피로 물들였다는 내용은 공통적으로 발견된다. 그 이후로 모든 케찰 새들이 그들의 붉은 가슴을 자랑스레 내보인다는 것이다. 1960년, 테쿤 우만은 과테말라의 국민 영웅으로 선언되었다. 케찰은 국가 화폐 단위이고, 케찰 새는 국기의 가운데에 위치한 스페인으로부터의 해방 날짜가 적힌 두루마리에 자랑스레 앉아 있다. 케찰 새는 국가의 새이며, 자유의 상징이다. 이 사건들의 "진위 여부"에 대해서는 논쟁이 뜨겁지만, 테쿤 우만의 무용담은 이미 1500년대 중반부터 널리 회자되었으며, 16세기 말 이전에 몇몇 문헌에 기록되었다.*29 아 폽 바트스가 펠리페 왕자와 대면했을 때, 바트스는 분명 이 전설을 알고 있었을 것이다. 케찰 새는 마야인의 정체성과 거의 동일시되며, 그 아름다움, 희소성, 영적인 가치로 가득 차 있었다. 마야 족장들에게 이 부의 거대한 과시는 그들이 물질을 넘어서는 권력을 지니고 있음을 보여주는 행위였다. 그들은 빛나는 깃털 산에 자신들의 기여를 기록하는 데 주의를 기울였다. 『테스타멘토*Testamento*』라고도 불리는 식민 시대의 케치어 문헌은 사제들을 증인으로 내세우며 다음과 같이 전한다.

> 2,000개의 케찰 깃털을 우리 손으로 선물을 했습니다.
> 그것은 우리의 위대한 신께
> 그리고 우리의 위대한 왕께

---

* 이 전설은 현대 마야인들에게도 화두가 되었다. 과테말라 정부가 마야 민간인에 대한 학살이 시도되기도 했던 과테말라 내전(1960–1996) 동안 테쿤 우만을 인디저너스의 과거의 상징으로 사용했기 때문이다. 테쿤 우만을 현대 마야인들의 투쟁과는 무관한 이상화된 역사의 낭만적인 일부로 묘사함으로써 그들은 마야의 정체성을 화석화했다.

우리가 드리는 선물이자 공물이었습니다.

우리의 위대한 왕을 위하여,

돈 후안이 케찰 깃털 400개를,

돈 디에고도 깃털 400개를

그리고 돈 후안 라파엘 라미레스 칼 자킴이

케찰 깃털 400개를 선물했습니다.

사제의 말로 증거를 삼습니다.

또한 돈 디에고 아빌라도 깃털 400개

그리고 돈 미겔 데 파스가 돈 루이스와 함께

깃털 400개를 선물했습니다.

돈 미겔 데 파스의 선물들도 있었습니다.

그들은 모두 지도자들이었습니다.

주교에게도 선물을 주었습니다.

왕께 드린 선물과 마찬가지로, 사제의 말로 증거를 삼습니다.

신부 후안 데 토레스.[30]

깃털은 마야의 기록에 적힌 유일한 선물이었고, 모든 지도자들은 자신의 공이 인정되기를 바랐다. 후안 데 토레스 신부가 해석한 바에 따르면, 이 외교적 교류에서 스페인 국왕과 협상을 한 것은 케치족만이 아니라 자신의 통치령을 인정받고자 경쟁하는, 특정 지역의 지도자들이기도 했다. 누구도 자신의 기여가 잊히기를 원하지 않았다.

아 폽 바트스는 깃털 외에도 멋진 깃털을 가진 케찰 새 몇 마리를, 고운 새소리의 합창과 함께 데려왔다. 새장에서 "그 아름다운 소리가 투술루틀란 정글의 부드러운 합창으로 궁전 곳곳을 채웠다." 이 매혹적인 소리는 왕족의 침실까지 닿아서 펠리페를 깨웠다. 그는 급히 알현실로 가서 당장 아 폽 바트스를 만나야겠다고 결정했다. 키슬러에 의하면, 이 이야기의 다음 부분은 오늘날 많은 케치인들에게 가장 중요하게 여겨진다. 한 차멜케뇨인에 따르면 "스페인 왕이 그에게 경례를 하라고 했을 때, [아 폽 바트스는] 경례를 하지 않았다. 그는 다른 왕 앞에서 경례를 할 수 없었다. 그 역시 왕이기 때문이었다. 스페인 왕은 뒤늦게 그 사실을 깨달았다. [아 폽 바트스가] 왕이라는 사실을."[31] 이 이야기는 케치의 "왕중왕"이 스페인 왕과 동등한 지위를 지닌다는 기념비적 주장을 통해서 공동체 정체성의 일부를 형성하며, 오늘날에는 현대 세계에서 그들의 생존과 존속을 위한 저항 행위로 이해된다.

2006년부터 애슐리 키슬러는 케치족 활동가이자 학자인 세바스티안 시 폽 및 다른 차멜케뇨인들과 함께 아 폽 바트스에 관한 구전과 기록을 모으는 작업을 하고 있다. 문화 및 역사를 활성화하고자 한 이 프로젝트는 차멜코 학교에서 사용되는 어린이용 도서를 발간하고, 1555년 아 폽 바트스가 "베라파스 지역의 종신 총독"으로 임명된 날인 8월 3일을 케치족 지도자들을 기념하는 지역 휴일로 지정하기도 했다. 이 공동 민족학 프로젝트에서 실시한 조사 결과, 이 특별한 항해에 관한 엄청나게 많은 양의 증거들이 발견되었다. 모두 5세기 동안 케치 공동체들이 소중하게 지켜온 것이었다. 또한 이 프로젝트는 인디저너스 협력자를 연구자로 인정하고, 그들의 다양한 이야기들에 역사로서의 가치를 부여하고, 공동체가 연구에 참여할 수 있게 함으로써, 그들의 삶이 가치 있는 것이 되게 하는 등 실천적인 연구 모델을 제시했다.[32]

차멜케뇨의 역사에 의하면, 경례를 거부하는 아 폽 바트스의 모습에 깊은 감명을 받은 펠리페는 그가 귀향할 때에 많은 양의 귀한 선물들을 주었다고 한다. 『테스타멘토』는 이러한 교환에 숨겨진 음모에 대해서 좀 더 적고 있다.

> 7일째에 우리는 많은 마을과 도시의 이름을 적었습니다.
> 왕과 함께했던 곳들이었습니다.
> 그들은 얼마나 많은 신전을 지었냐는 질문을 받았습니다.
> 11개의 마을이요. 그들이 대답했습니다.
> 그리고 11채의 교회도요.

그리고 나서 족장들은 교회가 세워지고 성직자들이 배치된 지역에 대해서 이야기했고, 그들이 하느님의 일에 얼마나 헌신했는지를 설명했다. "그는 우리의 말을 경청했다. 하느님의 말씀이 왕의 도시인 산 후안 차멜코에까지 이르렀다는 사실에 하늘에 계신 하느님의 마음도, 왕의 마음도 기뻐했다." 펠리페는 그들에게 원하는 것이 더 있는지를 물었고, 족장들은 복음을 더 멀리까지 전파할 사제들이 필요하다고 이야기했다. 흥미롭게도 그들은 "흑인의 관습을 지닌 성직자들(프란시스코회 사제들)을 원하느냐"는 제안을 거절하며, 구체적으로 "성 도미니크회 신부님들과 같이 백인의 관습을 지닌 신부님들을 원한다"고 대답했다. 이 교류의 과정에 도미니크회가 주최자 및 통역사로서 상당 부분 관여했음을 고려하면, 이것이 실제로 일어난 일이든 이후에 보태진 이야기든, 이는 이 지역에서 도미니크회의 권위를 확고하게 하기 위한 다소 고압적인 시도로 보인다. 이 이야기에서 자신들의 집단적 정체성을 형성하고자 한 것이 케치인들만은 아닌 듯하다.

케치인들이 스페인에 머물면서 어떤 활동을 했는지에 대해서는 더 이상의 정보가 없다. 그러나 펠리페가 아 폽 바트스에게 많은 선물을 주었다는 내용은 여러 기록에서 발견된다. 선물 목록에는 차멜코의 교회에 매달 커다란 은 종 2개, 은 십자가와 작은 종들, 세례와 미사에 사용될 성구들(휘장, 성인들의 그림, 예복, 망토, 옷가지, 촛대, 교회의 제단 등)이 있었고, 이외에도 마을 사람들을 위한 여러 벌의 옷과 가위, 칼, 괭이 등이 있었다. 투술루틀란에 이 선물 더미를 가져가는 것은 아주 큰일이었기 때문에, 종 옮기기의 책임자로 임명된 디에고 데 아빌라 모 이 폽에게는 이 보물들을 운반할 인디저너스 노동력에 대한 지휘권이 주어졌다(이 "노동력"이 노예인지, 징발된 인력인지, 급여 노동자인지는 확실하지 않다). 집으로 돌아가는 여정은 분명 고되었다. 그러나 원주민들에게 꽤 흔한 일이었을 이 여정은 이례적으로 특별히 상세하게 기록되었다.

 짐들은 세비야 트리아나의 과달키비르 강에 있는 무엘라스 항에서 선적되었다. 그곳에서 검사관들이 선박의 크기, 법적 사양, 감항능력(선박이 안전하게 항해하기 위해 갖추어야 할 능력/역주) 등을 확인했다. 모든 사항이 정상이면, 그들은 항해를 승인받고, 운반 가능한 화물, 무기, 탄약을 명기한 허가증을 받았다. 과달키비르 강의 얕은 물에서는 배가 클수록 선체가 요동쳤기 때문에 일정량의 화물만 실어야 했다. 그리고 허가증을 두 번째로 확인받기 전까지는 강을 따라서 조심스럽게 운행해야 했다. 대서양의 산루카르 데 바라메다 항에 도착하기 전까지 승객들은 정기적으로 하선하고 승선하기를 반복하면서 배의 무게를 줄여야 했고, 배를 따라서 강변을 약 65킬로미터나 걷기도 했다. 아메리카 대륙을 향해서 남서쪽의 카나리아 제도 방향으로 약 18일간 항해한 족장들은 마침내 라 고메라는 곳에 내렸다. 그곳은 멋진 암석 해안이 있고 산등성이가 장관인 곳이었다. 아프리카의 해안에서 약간 떨어져 있는 이 전초기지는 1402년 스페인에 침략을 당해 일찍부터 식민지가 된 곳으로, 아메리카 대륙으로 향하는 여행에서 일반적으로 경유하는 중간 지점이었다. 혹시 케치인 족장들이 카나리아 제도의 아메리카 인디저너스인 관체인*을 보았을까? 이들은 이후 마야인들에게 가해진 것과 유사한 폭력 및 강제 노동을 먼저 겪은 희생자들이었다(물론 그들은 격렬하게 저항했고, 일부는 유럽의 질병에 면역력을 갖추게 되었다). 카나리아 제도를 떠난 족장들은 엘 이에로 섬("철의 섬") 근처의 무풍 지대에 갇히지 않도록 서둘러 남쪽으로 향했고, 이후 대서양을 건넜다. 여름에 출발했기 때문에 족장들은 한결 수월하게 여행했을 것이다. 순풍이 불어 대서양을 건너는 데에는 약 25일 정도가 소요되었다(겨울 여행은 바람이 거세고 날씨가 나빴기 때문에 더 빠르지만 훨씬 위험했다). 몇 주일간 오직 바다만을 보며 항해를 하다가 마침내 그들이 도착한 섬은 라 데세아다**("갈망하다"라는 의미로, 콜럼버스의 선원들이 처음 본 섬이었기 때문에 "오, 그토록 바라던 섬이군" 했다는 데에서 유래했다)였다.

5개월이 넘는 항해 끝에 아 폽 바트스와 그의 일행은 1546년 2월 11일 마야로 돌아왔다. 종 수송 담당자인 디에고 데 아빌라 모 이 폽은 모든 짐을 옮길 인디저너스들을 요청했다. 그들은 습윤하고 산이 많은 지형을 고려해 강에 뗏목을 띄워 짐을 옮겼다. 이 일을 수행하기 위해서 조성된 기지는 이후 계속 유지되어 한 마을을 이루었고, 나중에 하천의 상업 중심지로 성장했다. 케치인들의 기록에 따르면 그 지역의 주민들은

---

* 오늘날 카나리아 제도의 인디저너스를 칭하는 일반 용어인 이 말은 가장 큰 섬에 거주하던 테네리페족을 가리키던 이름이었다.
** 오늘날 과들루프 섬의 일부인 이곳은 1648년 프랑스의 지배 이후부터 라 데지라드라고 불린다.

"케치족 족장들이 이 땅에 도착했던 그날을 행복에 겨워하며 기억한다"고 한다. 이 기록이 인디저너스들의 강제 이주와 노예화의 가능성에 대해 마야 족장들이 느꼈을 복잡한 심경을 생략했다는 것은 흥미로운 지점이다.33

차멜코 지역의 케치인들에게 아 폽 바트스는 지역 정체성과 인디저너스의 저항, 공통의 역사를 상징한다. 차멜케냐 도냐 글로리아는 키슬러에게 "그가 싸웠기 때문에 스페인이 우리에게서 과테말라를 앗아가지 않았다. 만약 그가 저항하지 않았다면 우리는 이미 스페인의 손에 들어갔을 것이다"라고 말했다.34 그러나 아 폽 바트스는 인디저너스 역사를 전 세계적 맥락에서 보는 범대서양 서사의 일부이기도 하다. 족장들의 유럽 여행은 마야인들이 지켜온 역사의 핵심적인 부분이다. 그들의 정체성은 영토에 매우 깊게 뿌리를 내리고 있지만, 이 이야기와도 관련되어 있다. 이 이야기에 따르면 케치인들은 자신들의 영토로부터 먼 세상에서도 자신들을 적극적이고 중요한 존재로 이해하고 있었다. 마야 족장들이 스페인 왕궁으로 가져간 물건들은 그들의 가치체계를 대서양 너머로 확장시키고 마야 자연환경의 풍요로움과 그들이 점유하고 있는 자원을 잘 보여주었다. 아 폽 바트스는 복잡한 식민 제국의 정세를 명확하게 인식했던 명성 있는 외교관이었다. 따라서 경례를 거부하고, 상징적인 케찰 깃털을 세우며, 케치 복장을 함으로써 자신들의 정체성과 언어에 집중하게 만든 그의 행위는 분명 전략적 외교였을 것이다.

케치 족장들은 고향에서 고추, 콩, 옥수수 등을 포함한 다른 여러 식품과 식물들을 가지고 왔다. 아메리카 지역 식생의 풍요로움은 놀라울 정도였고, 유럽인의 식단을 뿌리째 바꾸었다. 한편 유럽의 가축과 농업 방식은 아메리카에 이식되어 생태계를 변화시키고 토지를 개조하며 그들의 환경을 여러모로 바꿔놓았다. 아메리카 지역과 조우하기 이전, 유럽(은 물론이고 나머지 세계)에는 감자, 호박, 옥수수, 콩 등이 없었다.* 이러한 식품 중 상당수는 아메리카 지역과 그 주민에 대한 유럽인들의 신념과 얽혀서 의심과 호기심의 대상이 되었다. 심지어 초콜릿조차 처음에는 불안에 찬 시선을 받았다. 오늘날 니카라과와 코스타리카의 해안 지역에서 시간을 보낸 뒤, 오비에도는 니카라오 사람들이 초콜릿을 아치오테 향신료에 섞어서 마시는 것을 역겨워했다. 그 음료가 입술과 입을 붉게 물들였기 때문이다. 그는 "이 사람들은 피를 마시기를 좋아한다"라고 생각했던 것이다.35

감자가 유럽인의 식단에 스며든 과정은 아메리카 식재료에 대한 매우 전형적인 반응을 보여준다. 콜럼버스는 1493년 히스파니올라 섬에서 고구마를 처음으로 가져왔다. 흔히 일반적인 감자가 유럽에 도입된 시기를 1570년대로 추정하지만, 감자는 16세기 중반부터 이미 대서양의 많은 상점에서 한 귀퉁이를 차지하고 있었다. 아메리카의 식품은 아주 특별하게 귀한 것이 아니고서야 상류층 사이에서는 유행하지 않았다. 그러나 빈곤한 이들과 노예들, 평범한 노동자들은 그것들을 훨씬 쉽게 받아들였다. 놀랄 것도 없이, 감자는 1570년대 초반 세비야의 시장에서 흔한 작물이었으며, 1580년대에는 독일이나 이탈리아까지 널리 퍼져서 재배되었다. J. G. 호크스와 J. 프란시스코 오르테가가 16세기 데 라 상그레 병원의 회계 장부를 분석한 결과, 구매 품목에 감자, 호박, 고추 등이 있었다. 이 병원은 세비야의 빈곤층과 취약층을 위한 시설로, 사치품을

---

* 아시아의 콩은 예외이다.

구매할 수는 없는 곳이었다. 감자는 인기가 좋아서 1580년대부터 꽤 많은 양이 구매된 것으로 보인다. 노동자 계층은 이 구근 작물의 영양학적 가치를 알아보았을 뿐 아니라, 수확의 일부를 징발해가는 당국이 이 작물을 잘 모른다는 점도 인지하고 있었다. 영국 노섬벌랜드 백작의 회계 장부에서는 16세기 후반 안윅 성에서 구매한 물품 중에 값비싼 수입 고구마가 있었음이 확인된다. 셰익스피어의 작품 속 팔스타프가 "하늘에서 감자비가 내려라!"라고 외친 것으로 보아, 17세기 초반에 감자와 고구마는 흔한 상품이 된 것이 확실하다. 평범한 사람들이 소박한 감자를 얻고 식민주의자들이 재빨리 감자의 가치를 깨달았다면, 유럽의 상류층은 감자를 질병의 치료제나 원인으로 보았다. 1619년 부르고뉴 공국에서는 감자 표면에 난 자국을 이유로 감자가 한센병의 원인이 될 수 있다며 금지했다. 반면, 이듬해 영국의 의사 토비아스 베너는 "그 어떤 구근 식물이나 과일보다도 감자의 영양이 가장 뛰어나며", 결핵 치료에 효과가 있다고 칭송했다.[36]

1544년 토스카나 지역의 식물학자이자 합스부르크 가문의 의사였던 피에트로 안드레아 마티올리는 "또다른 종류의 가지eggplant"가 도착했음을 깨달았다. (페르시아를 거쳐 안달루시아에 도착했기 때문에 상대적으로 도착한 지 얼마 되지 않았던) 그 열매는 소금이나 후추, 기름과 함께 조리해서 먹을 수 있었다. 이 조심스러운 언급은 이탈리아 문화와 요리에서 절대 빠질 수 없는 채소가 이탈리아에 처음 등장한 순간을 보여준다. 그로부터 10년 후 마티올리는 이 채소에 포미 도로pomi d'oro(금으로 만든 과일)라는 이름을 붙였다. 바로 토마토였다. 머지않아 토마토도 감자와 마찬가지로 불안과 지적인 의심의 대상이 되었다. 펠리페 2세의 주치의였던 프란시스코 에르난데스 데 톨레도의 방대한 저서는 토마티요tomatillo(종종 녹색 토마토와 혼동된다)가 "끔찍하고 음란하다"고 적고 있다. 이 책에서 그는 토마티요를 고추와 함께 이용해 매운 소스를 만들 수 있다고 인정하면서도(살사를 말하는 것 같다), 토마토의 속살이 여성의 성기처럼 "성욕을 자극하고 외설적이라며" 거부감을 드러냈다. 인간이 네 가지 기질의 균형으로부터 영향을 받는다고 이해하는 전통이 있는 갈리아에서는 토마토를 특히 "차갑고" "습한" 식품으로 보았다. 토마토는 마치 여성처럼 더 촉촉하고 더 차가워야 한다고 여겨졌는데, 이로 인해 남성들에게는 **나쁜 것**으로 간주되었다. 그러나 17세기 초반에 이르자, 토마토와 토마티요는 이탈리아 전역의 정원에서 재배되었다. 이국적인 아름다움 때문에 기르는 경우도 많았고, 그 독특한 맛 때문에 재배하기도 했다.* 1592년, 펠리페 2세가 후원한 아랑후에스 식물원의 수석 정원사는 "토마토가 소스로 좋다고 한다"고 적었다. 토마토는 1600년 혹은 1601년 피사 대성당 문을 장식한 청동 조각에 새겨졌다.37

아메리카 식재료에 대한 유럽인들의 전형적인 반응은 점진적인 수용이다. 처음에는 그 "이질성" 때문에 거부하지만, 점차 그것들의 잠재력을 깨닫는다. 이러한 태도 변화에 대한 논의는 종종 인디저너스를 배제하고, 그 대신 그 의심스러운 작물에 대해서 과학적으로나 의학적으로, 혹은 역사적으로 저술한 상류층에 주로 초점을 맞춘다. 그러나 인디저너스들은 자신들의 전통 식품과 문화가 유럽인의 생활에 정착하는 과정에서 중요한 역할을 했다.

안토니오 폰세가 그린 매력적인 제목의 그림 "복숭아, 생선, 밤, 주석

---

* 1546년에 이미 페렌틸로의 공작 로렌초 치보 말라스피나도 피사 근처에 위치한 자신의 장원에 원주민의 또다른 주식인 옥수수를 심었는데, 그가 무슨 생각으로 그랬는지는 알 수 없다. 쥐들이 그 옥수수를 모조리 먹어치웠기 때문이다.

접시, 설탕 통, 초콜릿 그라인더, 멕시코식으로 옻칠한 컵과 숄"은 아메리카의 취향과 관습이 스페인에 스며든 방식을 보여준다. 그림 가운데에는 옻칠된 둥근 멕시코식 히카라 잔 2개, 둥근 카카오 용기에 담긴 몰리니요 거품기가 있다. 이 그림은 세계화된 생태학의 한 예이다. 얼룩덜룩한 깐 밤은 로마 시대부터 감자가 유행하기 전까지 스페인에서 기본적인 탄수화물 식품이었다. 지역에서 잡은 생선들도 보인다. 중국이 원산지인 달고 부드러운 복숭아는 로마인들에 의해서 전래되었고, 다시 무슬림들에 의해서 12세기에 유입되었다. 시고 즙이 많은 레몬도 있는데, 이러한 감귤류 나무는 오늘날 대중에게 스페인을 연상시키는 대표적인 식생이 되었다. 초콜릿 관련 도구들도 보인다. 멕시코산 비단으로 만든 광택나는 숄도 있는데, 비단은 스페인의 침략 이후 멕시코에 전래된 것이다. 그러나 이 그림은 무엇보다 식단과 세계적인 음식의 변화를 드러낸다. 마야, 나우아, 토토낙, 뉴 드사우이족을 비롯한 메소아메리카 여성들은 고향의 산과 숲, 도시와 마을에서 했던 것처럼, 세비야와 마드리드에서도 어머니와 할머니로부터 배운 방식으로 초콜릿 거품을 냈을 것이다.

  메소아메리카인들에게 집은 전 세계를 담은 공간이었다. 부뚜막은 세계의 심장부였고, 여성은 "가정의 심장"이었다.[38] 따라서 식민 제국에서 인디저너스 여성들이 부엌에 들어설 때면 그들은 조상 때부터 전해내려오던 전통을 고수하여 그들의 어머니들이 그랬듯 초콜릿을 돌보고 담당했다. 많은 경우 문맹이면서 아내, 연인, 노예이기도 했던 이 여성들의 영향력을 문헌으로는 추적하기 어렵다. 그러나 그들이 스페인과 포르투갈, 그리고 더 멀리 떨어진 어딘가에 있었음을 우리는 알 수 있다. 그들은 유럽의 과거의 일부였으며, 자신들의 전통과 언어를 함께 가져왔다.

오늘날에도 초콜릿 거품을 내는 데 사용되는 몰리니요 거품기는 식민 시대의 발명품이라고 알려져 있지만, 용기 2개로 초콜릿을 따르고 부어 거품을 내는 나우아의 관습에서 유래된 것으로 추정된다. 그러나 초콜릿을 젓는 도구는 마야와 토토낙을 비롯한 다른 지역에서도 흔히 쓰였고, 아즈텍-멕시카 지역인들도 나무로 만든 초콜릿 젓는 막대를 사용했다. 몰리니요라는 명칭 또한 스페인어의 "작은 방앗간molino"에서 왔다고 추정되는 것과 달리, 아마도 나우아틀어 단어로 흔들고, 진동시키고, 움직이는 기구를 뜻하는 몰리니아니moliniani에서 유래했을 것이다. 아메리카식 바가지와 점토 컵(히카라와 테코마테) 역시 수입되었는데, 아마도 이것들이 초콜릿의 풍미를 강화해주기 때문이었을 것이다. 유럽인들은 귀한 음료를 즐겼을 뿐 아니라 인디저너스들의 습관과 기호도 수용했고, 그들의 언어도 함께 받아들였다.39

초콜릿chocolate(식민 세계에서는 초콜라틀chocolatl)이라는 단어는 오랫동안 "쓴 물"을 의미하는 나우아틀어 쇼코아틀xocoatl에서 유래했다고 여겨졌다. 이는 아메리카 식품에 대한 유럽인들의 반응에 관한 일반적인 기대에 아주 잘 들어맞는다. 그러나 실제로 이 단어는 나우아틀어의 카카와틀cacáhuatl(코코아 물이나 액체)에서 변형되었거나 마야어 초콜chocol(뜨거운)과 나우아틀어 아틀atl(물이나 액체)이 합쳐진 키체어 초코라즈chokola'j에서 유래한 것으로 보인다.40 언어는 우리 세계의 사물들을 이해하는 데에 인디저너스들이 영향을 미쳤음을 부인할 수 없는 또 하나의 영역이다. 인디저너스는 그들만의 대서양 방언을 형성했을 뿐 아니라 유럽 언어에도 근본적인 변화를 가져왔다. 몇 가지 예를 들어보자. 우리는 아라와크어의 영향으로 허리케인hurricane이 닥친 기간 동안 바비큐barbecue를 하거나 카누canoe를 타거나 해먹hammock에 누워 지낸다. 잉카인들이 사용한 케추아어는 우리가 육포jerky와 퀴노아quinoa를 먹고, 심지어 코카인cocaine도 하는 이유이다. 아즈텍-멕시카인들과 그 주변 지역 주민들이 사용한 나우아틀어에서 유래한 단어들로는 오두막shack과 고추chile, 초콜릿chocolate, 아보카도avocado, 토마토tomato 등이 있다. 투피 과라니어는 우리가 재규어jaguar와 피라냐piranha, 그리고 페투니아petunia 사이에 앉아 있는 큰부리새toucan를 보면서 마니옥manioc과 타피오카tapioca를 먹는 이유이다. 추운 기후에서 사는 이누이트족은 그들의 상징과도 같은 방한 재킷 아노락anorak을, 앨곤퀸족은 모카신moccasin과 터보건toboggan을 주었다.

이러한 단어들 중 상당수는 유럽의 언어 지도를 가로지르면서 한 언어에서 다른 언어로 전파되었다. 가령 초콜릿은 영어 및 스페인어에서는 chocolate, 프랑스어로는 chocolat, 독일어로는 schokolade, 네덜란드어로는 chocola, 크로아티아어로는 čokolada, 이탈리아어로는 cioccolato가 되었다. 만나는 사람들이 누구냐에 따라서 언어도 다르게 전파되었다. 스페인 사람들은 나우아인들을 만났기 때문에 티사tiza(분필), 울레hule(고무)라는 단어를 사용하는 반면, 프랑스인들은 브라질과의 교역 과정에서 투피인들을 만났기 때문에 아나나스ananas(파인애플. nanas는 "훌륭한 과일"을 의미한다)라는 단어를 사용하고, 카리브 해의 해적선에서 먹던 음식인 보우캅boucan(연기 나는 고기)에서 유래된 보우카니에르boucanier(해적)라는 말을 가지고 있다. 이들 새로운 개념의 일부는 유럽인들이 일하는 방식에 큰 변화를 불러왔다. 해먹(타이노어 및 아라와크어)은 사람이 많은 선실에서 좀더 안정적이고 편안한 취침을 가능하게 하면서 16세기 후반부터 해상에서의 생활에 획기적인 변화를 가져왔다. 또한 경량의 카누(카립어 및 아라와크어)의 진가를 재빨리 알아챈 유럽의 침략자들은 내륙

수로를 탐험할 때 이를 매우 요긴하게 사용했다.

인디저너스들의 단어는 조용히(혹은 들리지만 은밀하게) 유럽인들의 사고의 윤곽을 잡으면서, 그들 사이의 인식 차이를 메꿨다. 우리가 사물을 말하는 방식은 우리가 그것들을 바라보는 방식에 영향을 미친다. 20세기 마오리족 공동체의 제임스 헤나레 경이 말했듯이, "언어는 망토와 같다. 이는 사람들이 가진 무수한 생각에 옷이 되기도, 덮개가 되기도, 장식품이 되기도 한다."[41] 이것이 인디저너스의 언어를 되살리고 그들의 문화를 보존하며 그들의 독특한 시각에 주의를 기울이는 일이 중요한 이유이다.[42] 나는 원주민들의 언어로 "생각할" 수 없다. 그러나 나는 그들의 단어를 들으려 **노력할** 수 있고, 현대의, 서구적인 선입견에 뿌리를 둔 가치를 기반으로 추측하기를 피할 수 있다.

1526년, 베네치아 출신 작가이자 웅변가인 안드레아 나바제로는 대사로서 카를 5세의 스페인 왕궁으로 여행을 했다. 그가 세비야에 도착한 늦봄에 그곳의 날씨는 너무나 더웠다. 그는 이 도시가 대서양 지역과 어떻게 연관되어 있는지 적었다. "매우 많은 이들이 서인도 제도로 떠나서 사람이 적고, 여성들이 많은 일을 담당하고 있다."* 그는 또한 "세비야에는 서인도 제도의 물건이 많다. 사람들이 바타타batata(고구마)라고 부르는 구근 작물을 먹었는데, 밤 같은 맛이었다. 또한 매우 아름답고 신선한 과일을 먹었는데, 사람들이……[과일의 이름은 생략되어 있지만, 아마도 파인애플일 것이다]라고 부르는 것이었다. 멜론과 복숭아의 중간 정도 맛이 났고 향이 아주 좋았다. 정말 기분 좋았다." 나바제로는 이런 맛있는

---

* 그는 이것이 좋다고 생각하는지 밝히지 않았지만, 나는 그가 그렇게 생각하지 않았다고 본다.

것들 외에도 신부들과 함께 스페인으로 온 아메리카 토착 귀족 청년들도 보았다. "그들은 자신들의 방식대로 반쯤 벌거벗은 상태에 짧은 재킷과 헐렁한 바지를 입고 있었다. 머리는 검은색이었고 얼굴은 넓적했으며 코는 로마인들처럼 생겼다." 나바제로는 인디저너스 젊은이들의 "뛰어난 재치와 활력"에 깊은 인상을 받았고, 그들이 했던 펠로타pelota라는 놀이에 관심을 가졌다. 이는 손을 쓰지 않고 발로만 "굉장히 민첩하게" "아주 가볍고 통통 튀는 통나무 조각"*을 주고받는 놀이였다. 인디저너스 젊은이들은 코르테스가 도착하기 2년 전에 이미 세비야에서 메소아메리카의 놀이를 하고 있었으며, 나바제로를 비롯한 방문자들은 그들의 고향에서 건너온 이국의 취향을 경험할 수 있었다. 정기적으로 대서양을 건너는 정보와 상품, 아이디어의 흐름 속에 사람들과 식물들은 유럽 사회에 뿌리를 내렸다. 멀리서 보면, 때로는 "상품들"을 추적하는 일이 더 용이하다. 상품들은 가치가 매겨지고, 등록되며, 기록되기 때문이다. 그러나 경제의 궤적을 쫓다 보면 은연중에 유럽 중심적 접근법을 받아들이게 된다. 세계화와 상호 연결성은 서구 자본주의의 사고방식과 매우 강하게 얽혀 있으며, 이는 너무 만연한 나머지 당연하게까지 여겨진다. 린다 투히와이 스미스는 이에 대해서 지혜로운 말을 남겼다. "'무역'이라는 용어는 판매자와 구매자 간의 최소 두 방향의 거래를 가정한다. 이는 또한 인간과 다른 문화적 문물들도 '판매'가 가능한 상품 혹은 물건으로 본다. 인디저너스들에게 이러한 가정은 적용되지 않는다. 인디저너스의 시각에서 보면, 사람들과 그들의 소유물은 도난당한 것이지, 거래된 것이 아니다."[43]

---

* 이것은 고무였을 것이 확실하다. 나바게로는 이것이 나무에서 추출된다는 사실을 안 것으로 추정되는데, 낯선 물건이었기 때문에 레뇨leño(통나무)라고 명명한 듯하다.

이 말이 원주민들이 교환의 과정에 참여하지 않았다는 뜻은 아니다. 대부분의 원주민들은 내부에서 그들끼리, 그리고 더 멀리까지도 무역망을 형성해서 유럽, 아시아, 아프리카와 교역했다. 그러나 그들이 유럽인들과 같은 방식으로 교환이나 교환의 목적을 이해하고 있었다고 할 수는 없다. 많은 인디저너스들에게 이러한 거래는 의무 및 이해, 상호주의 등 더 큰 연결망의 일부로서 형성된 것이었다. 그들은 친선, 외교, 동맹이라는 틀을 설정했고, 상호 간의 이해를 바라며 아낌없이 제공했다. 목테수마 황제가 코르테스에게 "내가 다스리는 모든 영토와 그에 속하는 것들은 당신의 뜻에 따를 것이며 당신에게 복종할 것입니다.……당신은 당신의 나라와 당신의 집에 있습니다"라고 말한 것은 환대이지 권력의 분배가 아니었다. 그러나 인디저너스의 예절과 상호 관계에 무지했던 그 정복자는 그 땅이 자기 것이라고 주장했다.44

"인디언 기버Indian giver"라는 말은 "자기가 준 선물을 되돌려달라고 할 정도로 미개한 사람"을 일컫는 인종주의적 모욕이다. 이는 교역 및 획득이 아니라 상호 이익과 분배에 중점을 둔 인디저너스의 재산 관념을 잘못 이해한 데에서 비롯된 말이다. 루이스 하이드의 유명한 설명처럼, 실제로 "'인디언 기버'의 반대말은 '화이트 맨 키퍼White man keeper' 혹은 '자본주의자'"일 것이다. 이 말은 자산을 순환의 과정에서 빼내어 창고나 박물관에 두고자 하는 사람을 일컫는다(좀더 자본주의적인 관점에서는, 생산을 위해서 그것들을 따로 두는 사람일 것이다).45 실제로 수행되지 못한 이상에 불과할지라도, 상호 호혜성, 순환, 충족함 등의 개념은 인디저너스식 사고에 바탕이 되었다.

물로 둘러싸인 거북이 섬, 악어 시팍틀리의 등에서 살던 16세기의 여러 인디저너스들이 1492년 이후 물밀듯이 들어오는 생활양식과 아이디어, 그리고 경제 교류를 어떻게 보았을지에 대해서는 명확히 이야기할 수 없다. 그러나 1550년대에 장 드 레리가 투피남바의 한 원로와 나누었다고 하는 대화는 특별한 통찰력을 제공한다. 투피남바의 원로는 "당신들을 덥혀줄 나무를 찾기 위해서 이렇게 먼 곳까지 오는 것이 당신들 마이르스Mairs(프랑스인)와 페로스Peros(포르투갈인)에게 무슨 의미가 있소? 당신들 나라에는 그게 없소?"라고 물었다. 레리가 자신들에게도 나무가 있지만 브라질우드는 아니라고 하자, 노인은 "헌데, 그렇게나 많이 필요하오?"라고 재빨리 되물었다. 레리는 "네"라고 답하며, 브라질우드를 프랑스의 부유한 상인에게 팔 수 있고, 그 부자가 사망하면 가족들이 그의 부를 모두 상속받게 된다고 설명했다. 레리의 설명을 들은 노인은 말했다(보다시피 그는 절대 바보가 아니다). "이제 보니 당신들 마이르스는 정말 바보네. 이렇게 힘들게 바다를 건너서 (당신이 이야기한 대로) 그렇게 어려운 일들을 견뎌내고, 결국 아이들이나 당신이 죽고도 살아 있을 사람들을 위해 재산을 쌓으려고 그러는 거요? 당신을 먹여살리는 대지가 그들도 먹여살리지 않겠소? 우리에게도 친척과 아이들이 있소. 그래, 우리도 그들을 사랑하고 소중히 여긴다오. 그렇지만 우리는 우리가 죽은 후에도 우리를 먹여살렸던 대지가 그들을 또 먹여살릴 거라고 확신하오. 그래서 우리는 편히 쉬고, 그에 대해서 더 이상 걱정하지 않는다오." 칼뱅주의 목사였던 레리는 분명 유럽 사회의 탐욕과 과잉을 비판하기 위해서 이 대화를 인용했을 것이다. 그러나 그의 설명은 인디저너스를 향한 회의적인 시선을 담고 있고(이런 시선은 우리에게도 있다), 불평등한 유럽 사회와 자신만을 위해서 자원을 소비하는 일의 의미를 제대로 이해하지 못했다. 그로부터 거의 4세기가 지난 후, 브라질 카야포족의 족장인 라오니 메툭티레는 아마존의 황폐화에 저항하면서, 투피남바의 원로의 말을 상기시켰다. "카야포어로는 돈을 피우 카프림piu caprim(슬픈 나뭇잎들)이라고 부릅니다. 이것은 이미 죽었고 쓸모없으며, 해악과 슬픔만을 가져다주기 때문이죠."[46]

5
외교

사카테카스 남부 출신의 카시케인 돈 프란시스코 테나마스틀레는 1550년대 믹스톤 전투의 주동자로 지목되어 스페인으로 이송되었다. 이 전투는 스페인의 지배에 저항한 투쟁으로, 멕시코 북부의 칵스카네스족, 사카테코스족을 비롯한 여러 반+유목 민족들에 대한 무자비한 탄압으로 이어졌다. 1551년, 과달라하라의 주교는 아메리카 대륙 최초의 게릴라 지도자로서 10년 가까이 체포되지 않던 테나마스틀레에게 자수하여 그의 주민들에 대한 탄압을 저지하고, 공식 재판을 받자고 설득했다. 그러나 불행하게도 새로 즉위한 부왕副王은 카시케의 불만을 듣는 대신 그를 반역의 주동자로 체포했다. "주교가 세상을 떠났다는 소식을 듣고 나는 집으로 돌아가고자 했다. 그러나 부왕이 허락하지 않았다. 그는 나를 철창에 가두어 베라크루스로 보냈다. 나는 그곳에서 다시 세비야로 가는 배에 태워져서 죄수로서 압송되었다." 도미니크회 수도원으로 이송되기 전 바야돌리드에 수감된 테나마스틀레는 운 좋게도 바르톨로메 데 라스 카사스 신부의 변호를 받을 수 있었다. 그들은 함께 인디오에 대한 스페인인들의 학대와 착취를 고발하는 신랄한 진정서를 작성해 "자신을 지키고 도주한 테나마스틀레의 행위는 자연스러운 것"이라고 주장했고, 오히려 스페인 당국이 반란을 폭력적으로 진압하면서 불법적이고도 흉포하게 행동했다고 비판했다. 그 진정서는 왕실의 지원을 청원하는 글이기도 했다. 그들은 누에바 갈리시아에 있는 테나마스틀레의 주민들을 개종시키는 선교 사업을 위한 지원뿐 아니라 "족장이 옷과 필요한 것들을 살 수 있는 지원금"도 요청했다. 테나마스틀레는 죄수였지만, 반란의 선동자로서 재판을 받았기 때문에, 국왕은 "법정에서 보낼 모든 시간을 고려한" 상당한 금액을 그의 생활비로 지불하는 데에 동의했다.[1]

호세 카를로스 데 라 푸엔테 루나는 그의 연구에서, 왕실의 후원으로 스페인을 여행한 여러 계층의 안데스인 수백 명을 조명했다. 그들은 개인 자격으로나 가문을 대표하여, 또는 공동체를 위해서 왕궁으로 향했다. 그의 세심한 수집과 분류에서는 인디저너스들이 매일매일의 지출을 비롯한 여행 경비를 왕실의 재정으로 지원받는 것이 관례였음이 잘 드러난다. 법에는 인디오들을 가난하고 초라하며, 약자이고, 혼자서는 공정함을 추구할 수 없는 존재로 여기는 허점이 있었다. 초기의 사절단들은 다소 특별한 경우로 간주되었지만, 1560년대에 이르면 스페인을 방문하는 인디저너스들은 자신의 지위에 따라서 관례적으로 지원을 받았다. 이러한 관행은 부유한 인디저너스 귀족들조차 국왕의 "가난하고 초라한" 신하이자 군주의 어린 자녀라는 이유로 막대한 양의 재물을 받는 상황을 초래했다. 그들은 지위를 보장받고 보호를 받았으며, 법률적 지원과 재정적 후원을 받았다.

아주 평범한 여행자들이라도 여행 경비는 보통 수백 페소에 달했다.

1560년대, 오늘날 체서피크 만 출신인 앨곤퀸어 사용자(아마도 키시악어나 파스파헤그일 것이다) 인디저너스 귀족이었던 파키키네오에게 의복, 머리 손질, 극장 관람, 영혼을 위한 미사, 빈자에게 줄 기부금, 새 묵주 등이 제공되었고, 통상 여행비와 생활비도 지급되었다. 각각 1561년과 1566년에 두 번이나 스페인으로 여행을 떠나는 등 활발한 활동으로 잘 알려진 그는 포르투갈(단기 체류), 아바나, 멕시코시티(그는 이곳에서 당시 부왕의 이름을 딴 돈 루이스 데 벨라스코라는 이름으로 세례를 받고 개종했다. 그는 이 세례명으로 더 널리 알려져 있다) 등에서도 지냈다. 10여 년의 외유 끝에 파키키네오는 예수회를 설득하여 스페인령 플로리다로 돌아왔고, 그곳에서 선교사들을 살해한 뒤 고향으로 달아났다. 그들은 국왕이 인디오의 보호자라는 제국의 선전 선동을 매우 잘 이용했다. 그러나 이는 곧 약점을 드러냈다. 인디저너스를 각자의 품격calidad에 맞게 지원하는 일에는 매우 많은 경비가 소요되었다. 1602년, 많은 이들이 잉카 제국의 마지막 적통 후계자라고 생각하는 돈 멜초르 카를로스 잉카는 스페인으로의 이주 비용으로 6,000두카트나 되는 거금을 지원받았다. 스페인에서 그는 기사 작위를 받고 사치비에 더해서 그 자신과 후손들이 쓸 8,500두카트나 되는 거액의 연금까지 수령했다.[2]

1556년 1월, 카시케 테나마스틀레는 수감된 채로 6,000마라베디를 받았다. 매해 7월에 수령하는 이 돈으로 그는 숙소를 빌리고 꾸미며 시중드는 하인에게 봉급도 주었다. 그는 3월과 9월에도 돈을 받았는데, 여기에는 고용 예정인 하인의 봉급도 포함되었다. 테나마스틀레는 단순한 죄수가 아니라 상류층 집단의 일원으로서 그에 걸맞은 대우를 받았다. 국왕의 기독교도 신민으로서 그는 보호와 의견 청취를 요구할 수 있었고, 노치스틀란(중부 사카테카스 주의 도시/역주)의 지배자로서 지위에 걸맞은 삶을 살 명분이 있었다. 국왕은 출신이 어디든 귀족의 가치를 폄훼하고 싶어하지 않았다. 왕으로부터 보호와 후견을 요구할 수 있는 인디오로서, 그는 자신의 주민들이 겪었던 착취에 대한 보상을 국왕으로부터 받아낼 기회를 이용했다.3

> 신이 주신 혜안과 진정한 정의로움을 지닌 전하께 간청합니다. 저와 제 주민들이 당시 그곳에서 겪고 또 겪은 감당할 수 없는 비탄과 부당함을 헤아려주십시오. 또한 저희가 반란을 일으킨 것이 아니라 저들을 죽이려는 자를 피해 도망가는 짐승처럼 저희도 스페인인들의 비인간적이고 참을 수 없는 행위로부터 달아났을 뿐임을 사료해주십시오.4

1556년 9월 26일, 테나마스틀레는 국왕으로부터 "치료" 비용을 지원받았으나 결국 원인 불명의 질병에서 회복되지 못했다. 10월 31일, 의사인 페냐란다에게 "9월 25일부터 10월 5일까지 돈 프란시스코 테나마스틀레를 방문하여 수행한 업무에 대하여" 4두카트를 지불하라는 명령이 내려졌다(이는 상당한 액수로, 그가 저명한 의사였던 것 같다). 많은 다른 인디저너스 여행자들과 마찬가지로, 게릴라 군의 지도자이자 인권 투쟁가였으며, 원주민 여행자였던 프란시스코 테나마스틀레는 그와 관련된 사건의 진상을 조사하기도 전에 사망했다.5 부왕 안토니오 데 멘도사의 행위에 대한 비밀 조사는 나중에 이루어졌고, 결국 테나마스틀레가 고발한 사카테카스에서의 잔혹한 사건에 대한 진실이 규명되었다.

믹스톤 언덕을 점령한 이후, 부왕은 수많은 인디오 포로들을 자기 앞에서 처형하라고 그 언덕에서 직접 명령했다. 어떤 이들은 일렬로 세운 후 대포를 쏴서 갈갈이 찢었고, 어떤 이들은 개들로 하여금 물어뜯게 해서 만신창이로 만들었다. 어떤 이들은 흑인들에게 시켜 칼로 베거나 교수형에 처했다. 다른 곳에서도, 그는 자신이 보는 앞에서 인디오들을 개들에게 던져주었다.6

몇몇 인디저너스 사절단이 정복자의 악행을 시정하기 위해서 왕궁을 찾았다면, 어떤 인디저너스들은 침략자와 동맹을 맺었기 때문에 스페인을 방문했다. 트루히요라는 작은 마을의 중앙 광장에는 빛바랜 대저택 "정복자의 궁전Palacio de la Conquista"이 있다. 정면에서 바라보면, 그 건물의 한 구석에 잉카 공주 도냐 프란시스카 피사로 유팡키의 이끼 낀 동상이 보인다. 그 곁에는 그녀의 남편이자 삼촌인 에르난도의 동상이 서 있다. 프란시스카는 스페인에 도착하고 약 10년 후인 1562년에 이 건물을 짓도록 했다. 이 건물은 당시 유럽에 잉카인이 존재했다는 증거로 아직까지 그 자리에 있다.

잉카의 뉴스타ñusta(공주) 키스페 시사와 정복자 프란시스코 피사로 사이에서 태어난 메스티사 프란시스카는 잉카 왕실과 스페인 권력자의 혈통으로서 막강한 힘을 지니고 있었다. 이네스 유팡키라는 이름으로 세례를 받았던 그녀의 어머니는 스페인과의 조우 이전 잉카의 황제인 우아이나 카팍의 딸이자 그의 후계자인 우아스카르와 아타우알파의 자매로, 최고의 출신 성분을 지닌 여성이었다. 침략 이후 그녀는 훗날 누에바 카스티야(오늘날 페루 지역)의 지배자가 되는 프란시스코 피사로와 결혼하여 두 자녀, 프란시스카와 곤살로를 두었다. 두 자녀는 모두 1537년 카를 5세에 의해서 합법적인 자녀로 인정되었다. 남동생의 사망 이후 정복자 아버지의 후계자로서 자신의 입지를 주장하던 프란시스카는, 17세에 식민 지배의 정착을 방해하던 왕조의 내분 완화를 명분으로 스페인으로 추방되었다. 주변을 정리하기 위해 출발을 늦추겠다는 요구도 거절당한 채,7 잉카 황실의 후손이자 식민 제국 귀족의 자녀였던 프란시스카는 1551년 3월 의붓아버지 프란시스코 데 암푸에로의 보살핌 속에 페루를 영원히 떠났다. 역시 정복자이자 식민 제국의 고위 관리였던 암푸에로는, 프란시스카가 12살배기 메스티소 이복형제 프란시스코와 함께 스페인에 무사히 도착하도록 따라가라는 명령을 받았다(프란시스코는 정복자 피사로와 공주 출신인 그의 두 번째 부인 쿡시리마이 옥요[세례명은 도냐 앙헬리나 유팡키] 사이의 메스티소 아들이었다). 또한 프란시스카의 스페인인 간호사이자 가정교사인 카탈리나 데 라 쿠에바, 암푸에로의 메스티사 딸인 이사벨 등이 그들이 무사히 스페인에 도착하기를 바라며 동행했다.

　어린 공주가 아기일 때부터 함께해온 스페인 세고비아 출신의 카탈리나는 아마도 그녀의 가장 가까운 친구이자 동반자였을 것이다. 카탈리나는 결혼한 상태였음에도 불구하고 프란시스카가 세상을 떠날 때까지 그녀를 충직하게 따랐다. 카탈리나와 함께 지냄으로써 프란시스카는 스페인어를 구사할 수 있었을 것이다. 또한 서류들에 매우 아름다운 서체의 서명이 남아 있는 점을 보면 문해력도 갖추고 있었던 것으로 보인다. 어린 시절부터 추종자들이 연줄을 대려고 들었으니, 프란시스카로서는 어쩌면 식민지 정치의 암투에서 멀어지는 편이 나았을지도 모른다. 그러나 스페인으로의 항해는 몹시 험난한 여정이었다. 그렇다면 카탈리나는 프란시스카의 결혼생활, 여행, 스페인에서의 생활에 도움을 주었을까? 기록에 따르면 그 여행은 매우 호화로웠으므로, 카탈리나가 스페인과 아메리카를 오갈 때와 비교하면 훨씬 더 편안했을 것이다. 프란시스카의 사생활에 대해서는 알려진 바가 거의 없지만, 그녀의 생애사를 집필한 마리아 로스토로스키 데 디에스 칸세코는 그녀의 절망적이지만 매혹적이었던 이 여행을 묘사한다. 우리는 이를 통해서 그녀의 존재를 단편적으로나마 살펴볼 수 있다.

1551년 3월 15일에 출항한 배는 페루 북쪽 해안에 위치한 과냐페 제도에 도착했다. 그곳에서 그들은 포도주 두 병을 구매하고 "카시케를 부르기 위해서" 말 한 마리를 빌렸다. 카시케를 부른 이유는 확인할 수 없지만, 이는 놀라운 정보의 조각이다. 혹시 프란시스카는 잉카의 토양을 비옥하게 했던 구아노(새똥)의 원산지인 이 제도의 영주에게 작별을 고하고 싶었던 것일까? 이 짧은 기항 후에 그들은 파나마를 향해서 항해했다. 파나마에서는 한 달 이상을 정박하면서 대서양을 건널 준비를 했는데, 와중에 일행 가운데 누군가가 뱃멀미를 심하게 했던 것 같다. 당시 20페소를 지불한 영수증에는 "세뇨라 도냐 프란시스카의 명으로 이발사인 마르틴에게 20페소를 지불했다. 우리 중 바다에서 아픈 이를 그가 모두 치료해주었기 때문이다"라고 적혀 있다. 이러한 무미건조한 기록에서도, 우리는 프란시스카와 카탈리나가 긴 항해를 위해서 쇼핑을 하며 파나마 일대를 돌아다녔음을 짐작할 수 있다. 프란시스카는 일행을 위해서 모자를 구입했는데, 선상에 내리쬐는 햇볕을 생각하면 매우 세심한 선물이었다. 그녀는 배에 들여놓을 탁자도 하나 사고, 자신과 수행원들의 옷을 지을 옷감도 구입했다. 또한 지역의 고위 관리들을 위해 값비싼 선물들을 샀으며, 빈민 여성들에게 자선을 베풀기도 했다. 프란시스카가 배에 있는 상자의 열쇠를 잃어버려서 정박해 있는 동안 이를 교체해야 했다는 기록도 있다. 6월 9일 프란시스카가 파나마를 떠나며 집계한 총 경비는 20만5,611마라베디나 되는 거액이었다. 아조레스와 산루카르에 정박했을 때 프란시스카는 배에 남아서 배로 가져오는 생선, 과일, 포도주, 신선 식품들과 세탁 비용을 지불했다. 그러나 세비야에 도착하자 다시 쇼핑에 열을 올렸다. 그녀는 "도금된 은 주전자 1개와 소금 통 1개……큰 은 접시 1개……은 촛대 2개"를 비롯한 많은 양의 은 식기들을 구입했고, 옷을 지을 비단과 옷감을 사고 재단사를 고용했으며, 금 목걸이, 은으로 만든 술병을 비롯한 여러 사치품을 구매하고 이 모든 것을 배달하는 비용까지 지불했다. 이렇듯 평범하지만 세세한 기록들을 통해서, 우리는 대서양을 횡단할 때의 일상이 어떠했는지 유추할 수 있다.

스페인에 도착한 후, 프란시스카는 삼촌인 에르난도 피사로의 보호를 받았다. 비록 페루 정복 시기에 스페인 정복자들 사이에서 벌어진 갈등의 여파로 라 모타 성에 유폐된 상태였지만, 당시 그는 가문의 수장이었다. 에르난도는 그녀를 트루히요에 있는 숙모의 곁에 두느니 암푸에로의 제안대로 메디나 델 캄포로 데려오기로 했다. 1552년 10월 27일, 에르난도는 권력의 암투가 벌어지던 피사로 가문에서 자신의 재정적, 정치적 입지를 높이고자 조카딸과의 결혼을 추진했다. 프란시스카가 이를 사랑의 결합이라고 여겼을 리는 없다. 그러나 그녀는 자신보다 30살이나 연상이었으며, 감옥에 갇혀 앞날을 알 수 없는 삼촌과 결혼했다. 그들은 아마도 중세의 요새인 라 모타 성에서 결혼식을 올렸을 것이다. 에르난도가 그곳을 떠날 수 없었기 때문이다. 프란시스카 역시 결혼생활 첫 10년의 대부분을 그곳에서 보내면서 5명의 아이를 낳았다. 그들은 아마도 그곳에서 매우 편안한 생활을 했을 것이다. 세 아들과 두 딸 가운데 프란시스코와 후안, 그리고 이네스만이 살아남아 성인이 되었다.

아마도 큰딸 이네스의 이름은 프란시스카가 유아기에 헤어진 잉카인 어머니의 이름을 따랐을 것이다. 어쩌면 그녀를 아기 때부터 키워준 유모의 이름(이네스 무뇨스)을 따랐을지도 모른다.8

결혼 직후부터 부부는 그들의 상속 지위를 강화하기 시작했다. 아내로서 남편에 비해 법적 지위가 약하고 아직 젊은 여성이었던 프란시스카가 이 과정에서 얼마나 적극적이었을지는 알 수 없다. 그러나 이후 그녀가 보인, 자신의 일을 직접 처리하고 재산을 지키는 데에 매우 적극적이었던 성향은 아마도 수동적으로 처신했던 이 시기에 대한 반동이 아닐까 싶다. 에르난도는 1561년에 석방되었다. 이듬해 이 부부는 트루히요의 중앙 광장에 대저택(오늘날에는 "정복자의 궁전"이라고 불린다)을 지어 이후 이곳에서 대부분의 시간을 보냈다. 정복자들과의 관련성으로 유명한 이 마을은 잉카 왕조와도 매우 밀접한 관계가 있었으며, 그와 연관된 피사로 가문과도 타의에 의해 얽히게 되었다. 피사로의 형제들이 차지한 잉카 황실 여성들의 자녀 몇 명도 스페인으로 보내졌다. 1557년 망코 잉카의 후손인 이네스 피사로 잉키가 자신의 사촌이자 프란시스카의 이복동생인 프란시스코*와 트루히요에서 결혼했다. 소위 "잉카 공주"는, 소수이지만 매우 중요한 잉카 귀족 집단에서 가장 눈에 띄는 이들이었다. 이들은 스페인 서부의 이 평범한 언덕 마을에 자신들의 공간을 만들고 가정을 꾸렸다.

1578년 에르난도가 숨을 거두고 3년도 되지 않은 1581년 11월 30일, 프란시스카는 페드로 아리아스 다빌라 포르토카레로와 트루히요의 산타 마리아 라 마요르 성당에서 결혼했다. 그녀가 유럽 체류 기간의 대부

---

* 프란시스코도 가족과 함께 성에서 몇 년을 살았지만, 결혼한 해였던 1577년에 겨우 17세의 나이로 사망했다.

분을 보낸 그 마을이었다. 당시 황실 가족들이 그랬듯이, 이 결혼을 통해서도 가족 내 결합을 통한 권력 강화가 이루어졌다. 새로 결혼한 페드로가, 최근 맞은 그녀의 며느리, 즉 아들의 아내의 오빠였던 것이다. 이제 44세인 프란시스카는 시골에서 충분히 오래 살았다고 판단하고 남편과 함께 마드리드의 궁정으로 이주했다. 부부는 마드리드 중심가인 카예 델 프린시페에 저택을 매입했다. 그녀는 여전히 피사로의 상속녀로서 자신의 법적 권리를 적극 주장하고 있었다. 1588년 의회의 의장은 국왕에게 "도냐 프란시스카 피사로가 의회에 자신의 소송에 대한 판결을 내려달라고 날마다 요청하고 있습니다. 벌써 소송이 시작된 지 8년이나 지났다는 점을 고려할 때 그녀의 의견이 타당한 것 같습니다. 정의를 판단하기를 이 이상 미루는 것도 양심의 문제인 것 같습니다"라고 요청서를 보냈다. 국왕이 너무나 오래된 이 사건을 다시 꺼냈을 때, 9명의 판사 중 3명만이 그 사건이 아직 유효하다고 판단했다. 그럼에도 불구하고 그로부터 10년 후, 스페인에 온 잉카 공주 도냐 프란시스카 피사로는 자기 가문의 재산을 확보하고 1598년 5월 30일에 사망했다. 여러 정복자의 고향인 트루히요에서 그녀는 광장 너머를 응시하고 있다. 완전 무장을 한 채 말에 앉은 그녀의 아버지 프란시스코 피사로의 청동상을 보고자 몰려든 관광객들은 대개 바로 옆의 그녀는 알아보지 못한다.[9]

프란시스카는 아버지가 정복자임에도 스페인으로 추방된 반면, 인디저너스 동맹국들은 자신들의 특권을 주장하기 위해서 정기적으로 대서양을 건넜다. 스페인 왕실과의 관계를 구축하고자 했던 목테수마 가문의 노력은 1537년 그의 아들 마르틴과 프란시스코가 스페인의 테노치티틀란 정복 때 목테수마 2세가 준 "도움"을 인정받아 귀족 문장紋章을 받으면서 마침내 결실을 맺었다. 이는 향후 그 가문의 역사가 다시 쓰일 것이고, 앞으로도 안정적일 것임을 의미했다.10 한편 틀락스칼라인들은 스페인 정복자들의 최우선 동맹으로서, 그 특권적인 지위를 공고히 하기를 열망했다. 그들이 스페인으로 처음 보낸 대사는 1528년 코르테스와 함께 여정을 떠났는데, 틀락스칼라 연방에서 각기 다른 정치 단체를 대표하는 5명의 고위 관리(돈 로렌소 티앙키스틀라토우아트신, 돈 발레리아노 케찰콜트신, 돈 훌리안 콰필트신틀리, 돈 후안 시틀랄리우이트신 데 아발로스, 안토니오 우이틀랄로트신)로 구성되었다. 그들의 여정은 오랜 세월 동안 별 소득이 없었던 사건으로 평가되었다. 그러나 조비타 배버가 발견한 바에 의하면 1529년 8월 10일, 틀락스칼라는 엔코미엔다가 아니라 자치적으로 통치되는 국왕의 직할령이라는 지위를 얻었다고 한다. 배버의 연구는 이 식민지 초창기 틀락스칼라 연구에 한 줄기 빛을 제공했다. 이 도시는 해마다 8,000부셸의 옥수수를 국왕에게 바쳐야 했지만, 모든 다른 공물은 지역 귀족들이 관리할 수 있었다. 식민 지배 초기부터 인디저너스 외교관들은 주민들의 이익을 도모하기 위해서 제국의 주변부와 중심부에서 활약한 것이다.

아메리카 대륙의 인디저너스들을 위한 선례를 만든 틀락스칼라는 이후 자신들의 권리를 공고히 하고 갱신하며 확장하기 위해서 적극적인 조치를 취했다. 그들은 중재자들과 공식 사절단, 그리고 외교관을 직접 스페인 궁정으로 보내기도 했다. 본래 4개의 테칼리teccalli(귀족 가문) 연맹이었던 틀락스칼라의 상류층은 카스티야인들의 기대와 법적 체제에 맞추기 위해서 재빨리 자신들의 구조를 단일한 행정체계로 재편했다. 또한 유럽, 특히 스페인을 모델로 한 도시를 구성하고, 중앙에는 광장, 교회, 의회 건물들을 배치했다. 틀락스칼라는 프란시스코회의 첫 선교지 중 하나로 선정되었고, 1525년에는 멕시코 최초의 교구로 확정되었다. 이후 틀락스칼라는 선교에 민첩하고 적극적으로 참여했으며, 스스로 기독교에 헌신하는 가톨릭 신앙의 사절단이 되었다. 1530년대에 틀락스칼라인들은 푸에블라(틀락스칼라와 인접한 도시로, 멕시코시티와 베라크루스 사이의 주요 무역로상에 위치하여 식민 시기에 상업 및 섬유 산업이 발달했다/역주)를 스페인 정착지의 교두보로 삼으려는 낌새를 눈치채고, 왕족으로서 자신들의 권리를 공고히 하기 위해서 스페인으로 또다른 대사를 파견했다. 1534년, 틀락스칼라의 지도자이자 라스 카사스 신부가 "매우 용감하고 강인한" 사람이라고 평했던 돈 디에고 막식스카트신 틀릴키야우아트신이 유럽으로의 두 번째 사절단을 이끌었다. 그와 함께 유명한 지역 판사인 후안 데 살메론, 그리고 틀락스칼라의 또다른 유력 인사인 세바스티안 야오테키우아와 (또다른) 돈 마르틴도 동행했다.[11]

 판사인 살메론이 스페인 왕궁에 등장했다는 것은 틀락스칼라인들이 카스티야인들과의 동맹에 얼마나 헌신적이었는지를 잘 보여주는 또다른 지표이다. 그들은 아메리카 대륙 내 동맹을 토대로 한 카스티야와의 동맹에 헌신했고, 이를 위해서 대서양 너머까지 기꺼이 항해했다. 마드리드에서 카를 5세 앞에 선 틀락스칼라의 대사는 카스티야 법률과 법정의 절차에 대한 탁월한 능력을 다시 한번 보여주었다. 이는 오랜 기간 쌓아온 연방의 협상 경험에 기초한 능력이었다. 기독교인으로서 자신들의 충실함과 견고한 동맹을 강조하는 청원서를 제출하면서, 그들은 자신들의 도시에 "충직한 도시 틀락스칼라La Leal Ciudad de Tlaxcala"라는 칭호와 휘장(문장), 그리고 이 도시가 계속해서 지역의 간섭 없이 국왕의 직접 통치를 받는다는 보장을 요구했다. 1535년 대사가 틀락스칼라로 돌아왔을 때, 그들은 운 좋게도 이제 막 누에바 에스파냐의 부왕으로 임명된

텐디야 백작 안토니오 데 멘도사와 같은 배를 탔다. 그의 집안은 스페인에서도 가장 명망 있는 귀족 가문이었다. 틀락스칼라의 지도자인 디에고 데 막식스카트신은 이 여행을 신임 부왕과 친해지고 외교적 관계를 다지는 기회로 삼았다. 1547년, 부왕은 디에고와 마르틴(이 시점에는 이미 사망했다), 그리고 돈 세바스티안에 대해 "살메론 판사와 함께 폐하를 알현하고자 스페인에 왔던 이들로……매우 훌륭하고 선한 기독교인들이며 스페인인들의 친구입니다"라고 썼다.12

틀락스칼라는 국왕과의 관계를 굳건히 하고 특권을 보장받기 위해 왕궁에 사절을 몇 명 더 파견했다. 레오나르도 코르테스와 펠리페 오르티스가 이끈 1540년의 첫 번째 사절단은 틀락스칼라가 "어떤 이유로든" 국왕으로부터 멀어지지 않을 것이며, "충성스럽고 선한 신민으로서" 책무를 다하겠다는 찬양의 약속을 담은 1541년 법령 반포를 촉구했다. 2년 후 그들은 다시 사절단을 파견했는데, 기록에 따르면 이러한 파견은 한 세기 내내 직접, 또는 서신이나 대리인을 통해서 수행되었다. 1550년, 지역의 귀족들이 국왕에게 좋은 인상을 주기 위해서 서신과 함께 상당한 양의 조화造花를 스페인 사제 편으로 보냈다. 국왕은 정규 법령에 의거해 이 지역을 향한 관심을 증명하고자 지역 성당에 자금과 인력을 보냈고, 틀락스칼라 상류층은 스페인과의 밀접한 관계를 계속 유지했다. 사절들을 많이 만났던 라스 카사스 신부는 다음과 같이 기록했다.

> 그들은 그 혈통을 신성하게 유지하고자 매우 노력했다. 이는 자신들의 특권과 고결함을 빈틈없이 보전하기 위함이었다. 따라서 1540년 그들은 가톨릭으로 개종한 후 황제에게 대사를 보내 자신들의 지역에서 조상의 관습과 법이 지속되기를 간청했다. 황제는 이를 허가했다.13

1552년 이후 얼마 지나지 않아, 틀락스칼라인들은 식민지의 영향력에 자신들이 기울인 노력에 쐐기를 박기 위해 정복에 관한 자신들만의 역사를 기록하기로 결정했다. 의회는 "이를 기록할 것이다"라고 언급하면서 "그 기록을 스페인으로 가져가서 황제가 보게 할 것이다"라고 했다. "틀락스칼라의 그림Lienzo de Tlaxcala"이라고 불리는 커다란 그림은 특별한 지위를 누리던 이 도시의 당대 모습을 담으면서, 스페인과 틀락스칼라인들의 아즈텍-멕시카 제국 정복 과정을 묘사했다.14 일련의 그림들은 이야기를 전개했는데, 어떤 그림들에는 대개 그림 속 사람과 장소를 알려주는 문자가 쓰여 있었다. 원본은 분실되었으나, 18세기 사본을 통해서 가톨릭 합스부르크 제국 내에서 아메리카 토착 세력으로서 자리 잡은 틀락스칼라의 위상을 엿볼 수 있다. 그림의 위쪽에는 틀락스칼라를 상징하는 녹색 봉우리가 있으며, 그 봉우리 위에는 카를 5세의 문장이 그려져 있다. 이는 이 도시가 그들 바로 위에 존재하는 황제만을 따른다는 의미이다. 봉우리에는 틀락스칼라의 휘장, 승천하는 성모, 교회 등 여러 상징이 그려져 있으며, 그 주변은 당시와는 다른 모습이었던 침략 이전의 이 지역을 나타내는 것들로 둥글게 감싸여 있다. 전면에는 3명의 유럽인과 4명의 틀락스칼라인이 있고, 그 주위는 그들을 둘러싼 집과 종교적인 건물, 틀락스칼라인과 유럽의 지배자들로 빽빽하다. 또한 인디저너스 귀족의 "저택들"은 가문의 충성심을 보여준다. 그림 아래쪽이 보여주듯이, 이는 멕시코 정복과 복음 전파를 이끌었던 이상적인 기독교 도시이자 제국의 가신으로서의 틀락스칼라의 비전을 나타낸다. 1552년 6월 17일 의회 회의록에 의하면, 이 웅장한 선전물은 사절단과 함께 스페인으로 보내질 예정이었지만, 18세기 후반에 사본이 만들어지기 전까지는 역사의 기록에서 자취를 감추고 있었다. 원본의 운명은 알려지지 않았다.

스페인으로 가기로 했던 사절단은 1552년 1월 4일 틀락스칼라의 카빌도cabildo(의회)에서 "부왕께 가서 주요 인사 몇 명이 스페인으로 갈 수 있도록 허가해달라고 간청해야겠다"고 결의하면서 세심하게 준비된 것이었다. 6월이 되자 의회는 "스페인의 황제를 알현하기 위해서 떠나야겠다.……가서 틀락스칼라의 모든 일을 폐하께 고해야겠다"며 이 문제를 다시 거론했다. 이는 분명 공동체 전체가 참여하는 집단적인 일이었다. "모든 틀락스카라인들이 모금에 참여해서 스페인으로 향할 경비를 마련했다. 그 경비에는 스페인에서 그들을 도와줄 조력자와 변호사에게 지불할 비용 등이 포함되었다." 여행 허가증은 1554년 10월경에 발급된 듯하다. 그러나 그들은 2년 이상이나 지난 1557년에도 여전히 가져갈 깃털 그림과 망토에 대해 논의하고, 사절단의 명단을 조율하는 등 여행의 세부 사항을 결정하는 중이었다. 만약 이 여행이 실제로 성사되었다면, 그들은 깃털 옷과 거대한 "틀락스칼라의 그림"을 가지고 성대하게 입궁했을 것이다.15

공물의 면제, 외부의 간섭으로부터의 보호, 지역 귀족을 위한 휘장(문장)을 비롯한 특권의 확보 등의 작업은 16세기 내내 이루어졌다. 정복자와 틀락스칼라인 어머니 사이에서 태어난 메스티소 출신 역사가인 디에고 무뇨스 카마르고는 1580년대에 틀락스칼라 사절단의 통역사로서 정기적으로 스페인을 방문했고, 자신의 연구와 개인적인 부분에 이 도시가 미친 영향을 긍정했다.*16 틀락스칼라인들은 변화무쌍한 식민지 정

---

* 카마르고의 『틀락스칼라 역사Historia de Tlaxcala』는 화려한 그림과 알파벳 문자로 기록된 3부짜리 책으로, 1586년에 스페인 왕에게 헌정되었다. 엘 에스코리알의 왕립 도서관에서 스코틀랜드 글래스고 대학교로 이전된 뒤 지금까지 그곳에 소장되어 있다.

치에서 자신들의 입지를 다지기 위해서 대서양을 가로지르는 정치 및 지역적 연계를 모두 영리하게 활용했다. (틀락스칼라에 대한/역주) 푸에블라의 위협이 무력화無力化되자, 이 도시는 점차 독립적인 중심지로서 성장해나갔다. 틀락스칼라인들은 권위 있는 의회와 핵심적인 종교 기관들을 유치하는 한편, 스페인인들의 북부 지역 탐험에도 함께했다. 그 결과 틀락스칼라인들 스스로가 정착민이 되어 변경 도시들을 형성했다. 이 도시들은 종교적, 문화적 "문명화"의 한 모범으로서, 치치멕인들에게 제국의 권력을 보여줄 전진 기지의 한 예로서 건설되었다. 1981년 이래로 틀락스칼라에서는 해마다 살리다Salida 축제가 개최되는데, 이는 1591년 오늘날 멕시코 북부 지역을 식민지화하기 위해 400개 가문이 참여했던 "출정"을 재현한 것이다. 스페인 왕실은 법적, 정치적 구조의 중심이자, 계층 구조의 정점에 있었다. 따라서 왕실의 권위에 직접 접근할 수 있는 대서양 횡단 연결망을 조직하는 일은 식민지 세계에서 인디저너스 공동체가 성공하기 위한 핵심적인 요소였다. 틀락스칼라는 다른 지역과 마찬가지로 인구의 급격한 감소로 고통받고 있었지만, 테노치티틀란으로부터의 독립에 집중하고 그들을 상대로 거둔 승리를 축하하면서 스페인과의 관계를 효과적으로 유지했다. 오늘날 틀락스칼라의 주 깃발에는 1535년 하사받은 휘장과 해골과 십자가가 그려져 있다. 이 해골은 얼핏 해적과 같은 인상을 주지만, 침략 당시 사망한 많은 이들을 기리는 마음 아픈 상징이다.[17]

틀락스칼라는 스페인과의 동맹관계를 구체적인 이익으로 발전시키는 데 특히 성공적이었지만, 다른 인디저너스 귀족들 역시 자기 가문의 부를 확보하기 위해서 끊임없이 스페인 왕궁을 방문했다. 어떤 이들은 역사적 특권을 활용했고, 어떤 이들은 스페인의 법이나 식민지의 지위를 이용했다. 이렇듯 대서양을 건너온 상류층 인사들은 왕궁에 끊임없이 등장했는데, 이는 인디저너스가 살아가고 움직인 세계를 이해하는 방식에서 종종 간과되었다. 그러나 이런 장거리 연결망은 결절도 많았고 매우 취약했다.

1557년 키체 마야의 영주 돈 후안 코르테스가 역사적으로 유지되어온 조공권을 회복하기 위해서 스페인으로 향했을 때, 그가 타고 있던 배가 프랑스 해적으로부터 공격을 받으면서 황제에게 제출하고자 모아둔 모든 증거가 소실되는 일이 벌어졌다. 대다수의 인디저너스들은 재판 과정에서 사실을 증명하고자 세심하게 선정된 증인들에 의존했지만, 승소를 위해서는 그림이나 문자로 된 서류들이 더 가치가 있다는 점을 점차 이해하기 시작하고 있었다. 인디저너스들이 "문맹"이었다는 잘못된 인식과 달리, 그들은 제국의 요구에 빠르게 적응하여 언어 및 문자 기록의 복잡한 체계를 갖춰가고 있었다. 현재 남아 있는 16세기 마야 자료 중 다수는 귀족으로서의 지위와 영토에 관한 법적 주장을 담은 것들인데, 황제에게 제출하고자 작성된 자료들에는 인디저너스 지배자들의 증언과 서명이 첨부되어 있다. 그들은 오랜 세월 동안 내려온 구전 및 상형 문자의 전통을 바탕으로 새로운 문자, 즉 스페인어로 된 서류를 작성했으며, 이러한 티툴로titulo(소유증서)는 인디저너스들의 양식을 제국의 요구에 맞는 형식으로 바꾸어서 새로운 침략자들의 토지 소유권 주장에 대항할 수 있게 했다. 일부 학자들은 티툴로가 스페인의 침략 이후에 나타났고, 종종 가톨릭을 기념했다는 점을 근거로 인디저너스들의 주장을 정당화하고자 사후에 만들어진, 즉 "위조된 것"이라고 주장하기도 했다. 그러나 티툴로는 인디저너스가 조상들의 지식을 기록하기 위해 찾아낸 방법으로서, 그들이 제국의 기대에 창의적으로 적응한 방식으로

볼 수 있다. 즉 티툴로는 외부인에게나 공동체의 모두에게 의미가 있었던 것이다.[18]

데니스 테드록은, 키체 마야인들의 역사와 신화에 관한 신성한 문서인 "포폴 부"가 키체족의 영주 후안 코르테스가 스페인 왕궁에 바친 티툴로 중 하나였으리라고 추정한다. "모든 세대의 영주의 명단으로 끝나며, 따라서 모든 것이 명확한" 기록인 이 문서에서 후안 코르테스는 "14대 영주이자 영빈관의 관리인"으로 기록되어 있다. 이 역할에는 그가 되찾고자 했던 조공을 받을 권리도 포함되어 있었다. 기록이 사실인지는 확실하지 않지만, 산타크루스를 떠날 때 후안이 몇몇 양식의 티툴로를 가지고 왔음은 분명하다(산타크루스는 마야의 수도 쿰마르카이와 가까운, 돌로 지어진 식민지 중심지였다). "티툴로 토토니카판Título Totonicapán"(1554년 9월 28일)과 "돈 프란시스코 이스킨 네아이브의 소유증서"(1558년 11월 22일)에서도 그의 서명이 발견되는데, 이를 통해 볼 때 티툴로는 그에게 익숙한 형식이었을 것이다. 유감스럽게도 왕은 후안의 진정에 설득되지 않았다. 그가 서류를 분실한 데다가, 이 지역의 관리들이 마야 지도자에게 권력을 되돌려주는 데 신중한 태도를 취했기 때문이다. 널리 분산되어 있고 자연을 깊이 믿었던 마야인들은 중앙 멕시코 지역 도시민들보다 개종시키기가 더 어려운 상대였고, 이에 따라서 개종에의 강요가 더 필요해 보였다. 한 선교사는 펠리페 2세에게 보낸 편지에서 "그들의 의례를 복원하고, 그의 신하였던 이들을 다시 복속시키는 데에는 얼마 걸리지 않을 것입니다"라고 말했다.[19] 후안은 빈손으로 돌아와야 했다.

최근 몇 년간, 고고학 분야에서 콜롬비아 인디저너스의 다양성과 복잡성에 관한 연구가 진전되면서 무이스카족의 땅에서 유래한 엘도라도 신화에 관한 내용들이 꽤 밝혀졌다. 1969년, 농부 3명이 동굴에서 너무나 멋진 황금 모형을 발견했다. 정교하게 새겨진 인물이 있는 이 작은 뗏목 모형은 엘도라도를 향한 열망에 불을 지핀 신성한 의식을 상징하는 것이 분명해 보인다. 무이스카족의 역사는 식민주의자들에 의해서 생략되고 묵살되어 접근하기가 어렵다.* 그러나 1560년대 보고타(가까운 무이스카족의 마을 보카타Bocata에서 유래한 지명이다)에서 출생한 작가 후안 로드리게스 프레일레에 의하면, 새로운 지파zipa(무이스카 남부 지역의 지도자)가 지목되었을 때, "그의 알몸이 금가루로 뒤덮였고, 신에게 바칠 엄청난 양의 금과 에메랄드가 뗏목에 가득 실렸다"고 한다. 이후 그는 또 다른 4명의 원로들과 함께 과타비타 호수로 노를 저어 나아갔는데, 그들 역시 "벌거벗고 있었으며, 귀와 코, 팔을 각기 깃털, 금관, 그리고 금으로 된 장식품들로 꾸미고 있었다." 호수의 가운데에 다다르자, 이 부유한 이들은 자신들을 휘감고 있던 금붙이를 몽땅 성스러운 호수에 던지고, 지파의 몸을 덮은 금가루를 씻어냈다.[20] 이러한 이야기들은 무이스카 지역 탐험에 대한 스페인인들의 열망에 기름을 부었고, 그들은 이 호수의 물을 모두 빼려고 1898년까지 세 번이나 시도했다. 오늘날 이 호수는 생물학적으로 중요한 보호 구역으로, 보물들은 호수 바닥의 진흙 속에 영원히 묻혀버렸다. 광물 자원이 풍부하고 경제가 발달한 무이스카 지역은 탐욕스러운 스페인인들에게 매력적인 땅이었다. 황금의 열기

---

* 무이스카족이 사용했던 칩차어는 사어死語로 선언되었다. 카를로스 3세는 1770년 칩차어의 사용을 금지했으며, 이 법은 1991년까지 공식적으로 효력을 발휘했다. 그러나 이 지역에서는 무이스쿠분Muysccubun(주민들이 사용하던 언어로, 무이스카Muisca는 "무이스카Muysca 사람"에서 유래했다)에서 전래된 단어들이 흔히 사용되며, 코타 지역의 히스카목스 학교에서는 일상어로 쓰이고 있다. 코타에는 공인된 무이스카 의회 5개 중 하나가 위치하고 있다.

가 이 지역에 불어닥치자 인디저너스들은 강제 노동에 내몰렸고, 왕실이 정한 법과 상관없이 노예로 팔려나갔다. 이러한 복잡한 정치적 상황에서 돈 디에고 데 토레스 이 모야초케라는 사람이 1575년 외교 사절단으로서 대서양을 건너 스페인 왕궁으로 향했다.

디에고는 오늘날 콜롬비아 중부 지역에 해당하는 투르메케 출신의 카시케로, 스페인 정복자 후안 데 토레스와 무이스카의 귀족 도냐 카탈리나 데 모야초케 사이에서 태어난 메스티소였다. 가톨릭 학교를 다녔던 그는 스페인어와 칩차어 모두 유창했다. 또한 그는 지식인이었으며, 활쏘기, 승마, 마상 창 시합 등을 배운 진정한 신사caballero였다. 그러나 그의 배다른 스페인인 동생 페드로는 그를 "인디오 복장을 한 메스티소"라고 비난하면서 그의 권위를 떨어뜨리고자 했다. 스페인 당국은 메스티소가 "나쁜 성정"을 지녔기 때문에 문제를 일으킬지도 모른다는 편견에 사로잡혀 있었다. 혼혈인들은 법을 어기고 부패하기 쉽다는 고정관념에 시달렸고, 메스티소 귀족들은 완전한 인디저너스 카시케로도 스페인인으로도 인정받지 못했다.[21]

디에고는 많은 면에서 강력한 특권을 누린 인물이지만, 식민지 세계에서는 이중적인 입장에 처해 있었다. 1574년, 디에고가 자신에게 할당된 무이스카 주민들을 학대한다는 공식적인 항의가 디에고의 이복형제인 페드로의 엔코미엔다에 접수되었다. 이것이 원칙에 의거한 신고였는지, 아니면 향후에 있을 권력 투쟁을 위한 물밑 작업이었는지는 알 수 없다. 그러나 지역 당국이 디에고에게 불리한 판결을 내리자, 디에고는 자신의 사건을 스페인의 법정에서 시시비비를 가리기 위해서 떠나기로 결심했다. 그리고 이 여정으로 그는 인디저너스 권리의 대변인으로 탈바꿈했다.

그의 여정을 자발적으로 따라나섰던 2명의 무이스카인에 대해서는 알려진 바가 거의 없다. 칩차어 사용자였던 이들은 스페인어도 구사했을 가능성이 있고, 30년의 식민 지배로 식민주의자들의 변덕에 익숙해져 있었을 것이다. 그러나 고원 출신의 그들에게 항해는 매우 인상적인 경험이었을 것이 분명하다. 그들은 자신들이 선택한 지도자가 성공하리라고 확신했을까? 아니면 자신들이 더 나은 대우를 받기 위해서 직접 탄원하고자 했을까? 그들이 위계와 동맹에 대한 명확한 이해를 바탕으로 느슨하게 구축된 경계를 이루고 있던 무이스카 연맹의 사람들이라는 점을 고려하면, 두 계기 모두 타당해 보인다. 이들 인디저너스 사절들 역시 메스티소 출신 대표에게 의지하기보다는 자신들의 문제를 법원에 직접 탄원하고 싶었을 것이다.[22]

1575년, 자신의 메스티소 혈통 때문에 산타페 데 보고타의 아우디엔시아(고등 법원 및 주 의회)에서 투르메케의 카시케로서의 권위를 침해당했다며 분개했던 디에고는 법원으로 향했다. 그는 아마도 아바나에서 플로타에 합류하고자 했을 것이다. 플로타는 1560년대부터 해적과 사략선을 피하기 위해 완전 무장을 한 채 대서양을 건너던 스페인의 선단이었다. 그러나 디에고 일행이 탄 배는 플로타에 합류하기도 전에 산토 도밍고에서 폭풍을 만나 난파되었다. 카리브 해의 그곳에서 그는 타이노인들이 대규모로 목숨을 잃으면서 버려진 마을을 보았고, "이렇게 많은 원주민들이 짧은 시간 내에 사망했다는 데에 놀랐다. 이 끔찍한 광경을 보면서 똑같은 일이 내 고향에서도 일어날 수 있다는 생각에 깊은 슬픔에 잠겼다"라고 썼다.[23] 디에고는 길을 잃었으며 경비도 모자랐지만, 여정을 마무리하기 위해 2년 동안 고군분투했다. 이 시간 동안 그는 바르톨로메 데 라스 카사스가 인디저너스를 보호하고자 작성한 연구들을 공부했다. 마침내 법정에 섰을 때, 디에고는 그 자신이 아닌 그가 책임지는 이들, 즉 그라나다의 "새로운 왕국" 누에보 그라나다의 **모든** 원주민들의 처우를 위해서 투쟁하게 되었다.

산타페 데 보고타 식민지는 반反 메스티소 정서가 지배적이었던 데다가 그의 이복형제가 더 강한 영향력을 행사하고 있었지만, 디에고는 법정에서 설득력을 발휘했고, 1578년 펠리페 2세는 아우디엔시아의 판결을 뒤집고 디에고의 권위를 회복해주었다.24 여기서 우리는 식민지의 서로 다른 권위가 충돌하는 것을 볼 수 있다. 형제 중 한 사람은 무이스카 공동체에서 전해내려온 권위인 카시카스고cacicazgo, 즉 카시케로서의 권위를 가지고 있었던 한편, 다른 한 사람은 스페인 왕실의 의지를 대표하는 엔코멘데로였다. 동시에 운영되는 두 권력 구조는 카시케가 인디저너스들을 옹호할 준비가 되었다면 주민들에게 유리하게 작용했고, 분쟁을 일으키며 인디저너스들을 끌어들이면 해를 입히기도 했다.

카시케 디에고가 그라나다 부왕령으로 돌아온 1579년, 그는 비시타도르visitador와 함께였다(비시타도르는 말 그대로 방문자로, 지역의 사건에 관한 강력한 조사 권한이 있는 조사관이다). 디에고의 대서양 횡단 외교는 엔코미엔다를 개혁하고 무이스카 주민들의 처우를 개선하고자 이러한 개입을 이끌었지만, 이는 거센 역풍을 몰고 왔다. 비시타도르였던 후안 바우티스타 몬손이 지독히도 신망을 얻지 못한 나머지 음모에 휘말려 감옥에 갇혔고, 디에고가 무장 반란을 모의했다고 기소된 것이다. 스페인에서는 디에고가 사생아이지만 귀족이고, 무이스카 출신이라는 점이 어느 정도 그가 주목을 끌고 존중을 받는 이유가 되어주었지만, 식민지 세계에서는 바로 그 배경이 그를 의심할 만한 이유였다. 그는 마법을 부리는 이단이면서 엔코멘데로들의 요구에 저항하도록 무이스카 주민들을 선동했다는 혐의를 받았다. 디에고는 새로운 비시타도르인 후안 푸리에토 데 오레야나가 도착할 때까지 당국을 피해 산악 지역으로 도망쳤다. 오레야나는 스페인인들에게 지역 주민에 대한 학대를 멈추라고 명령했다. 분위기가 변하자, 디에고는 항복에 동의하고 스페인으로 추방되었다. 그곳에서 그는 자신의 석광 및 권리 회복, 그리고 자기 어머니 쪽 사람들, 즉 무이스카족의 복지를 위한 투쟁을 계속했다.

1584년, 디에고는 펠리페 2세에게 "부당함에 대한 진정서"를 제출했다. 총 22부部로 구성된 이 서류는 스페인 당국의 폭력과 잔혹성을 비난하고, 식민화가 누에바 그라나다 인디저너스들의 사회적, 종교적, 경제적, 정치적, 그리고 직접적인 삶에 해를 끼친 여러 사례들을 다루었다. 디에고는 이 진정서와 함께 2장의 훌륭한 지도도 제출했는데, 투르메케 주변 지역을 그린 이 지도는 그가 은신하던 당시에 제작된 것이 분명하다. 이 지역에 대한 최초의 도면으로 알려진 이 지도는, 지역의 많은 인디저너스 마을들을 상세하게 명시하고 있다. 이 지도가 아니었다면 이 마을들의 위치는 역사에서 영원히 잊혔을 것이다. 이 카시케는 강과 마을을 세심하게 그려넣고는, 그 아래에 이렇게 적었다. "이 강 옆에서 셀 수 없이 많은 인디오들이 노동을 하다가 목숨을 잃었고, 현재 살아 있는 인디오의 규모는 5만 명도 채 되지 않는다." 디에고는 정복자의 메스티소 아들이었고 스페인식 삶의 방식에 완전히 적응했지만, 그 역시 정복의 상처로부터 자유롭지는 못했다.[25]

디에고의 반역죄는 결국 무죄 판결을 받았다. 그러나 그의 주변에 대한 의심은 지속되었기 때문에, 그는 귀향을 금지당하고 여생을 스페인에서 보내야 했다. 마드리드에서의 새로운 삶에 체념하고 말았는지, 그는 후아나 데 오로페사라는 이름의 스페인 여성과 결혼하여 세 자녀를 두었으며 1590년에 고작 40세의 나이로 사망했다. 자신의 정의가 침해당하는 와중에 그는 무이스카 사람들과 재산이 계속해서 사라지는 것을 목격했다. 그가 스페인에서 구가한 생활에 대해서는 상세한 기록이 거의 남아 있지 않다. 그러나 왕실의 회계 장부는 그가 자신의 가족을 부양하기 위해서 소액의 돈을 여러 번 요구했음을 보여준다. 1586년의 한 기록은 하사금의 한계를 우아한 필체로 적어두었다. "명령에 의하여 지난번과 같이 50두카트를 지급했다. 만약 그들의 말대로 필요성이 인정되면 한 번에 100두카트까지 줄 수 있다." 이러한 지급은 아마도 정기적으로 이루어졌을 것이다. 기록은 정형화되어 있다. 공증인들에 따라서 단정한 것부터 거미가 지나간 듯 이상한 것까지 필체는 다양하지만, 관련된 관리들과 원고들의 이름이 나열되어 있고, 주어진 금액, 날짜, 그리고 어떤 때에는 돈의 출처까지도 적혀 있다. 이러한 지루한 보고서들 사이에, 디에고가 처해 있던 곤란한 상황을 알 수 있는 서류가 하나 있다.[26]

  손으로 깨끗하게 쓴 이 장문의 호소문은 상황의 심각성을 강조한다. 그가 세상을 떠나기 직전인 1590년 1월에 작성된 것으로, 이례적으로 솔직한 이 증언에서 디에고는 자신의 상황이 부당함을 한탄한다. 그는 처음 왕궁에 도착했을 때부터 자신과 가족들이 전적으로 왕실의 보조금에 생계를 의탁해왔는데, 특히 지난 몇 년간 매우 곤란한 상황에 처해 있다고 말한다. 디에고는 절박했다. "그가 현재 거주하는 집은 저당이 잡혀 있으며", "폐하께서 늘 그래왔듯이 이를 해결할 충분한 돈을 지불해주시지 않으면 그는 어떻게 해야 할 줄을 모르겠다고 합니다. 너무나 오랫동안 자신의 고향과 카시케의 지위로부터 멀리 떨어져 있었기 때문입니다. 그는 고통받고 있습니다." 이 법률 서류에는 많은 관습적이고 형식적인 표현들이 들어 있다. 그러나 이 짧은 문장들을 통해서 우리는 이 인디저너스 여행자의 목소리를 들을 수 있으며, 그가 절망하고 있음을 알 수 있다.

디에고는 아마 삶의 마지막이 가까워지고 있음을 깨달았을 것이다. 그는 자신이 "폐하의 아시엔다(농장)와 그 지대에 관심이 있었던 이들의 계획에 의해서 이 왕궁에 오게 되었으며, 그라나다 부왕령의 [가난하고 비참한] 인디오들의 온전한 궁핍과 손상 탓에 이 지역 대부분이 너무나 황폐해지고 인구마저 희박해졌다"고 했다. 디에고의 삶은 왕궁으로 여행했던 인디저너스 귀족과 왕의 관계를 단적으로 보여준다. 국왕은 지역의 문제에 대해서 항소할 수 있는 궁극적인 법정이었으며, 인디저너스의 법적 보호자로서 부당함으로부터 그들을 보호하고 지원해야 했다. 또한 인디저너스들은 귀족 여행자들의 후원자인 국왕의 환대와 은혜에 의존할 수 있었다. 그러나 디에고는 조직적인 후원이나 독립적인 부를 갖추지 못한 채 대서양을 건너온 삶의 암울한 현실을 잘 보여준다. 그는 탄원서 말미에, 자신의 가족들과 함께 살 수 있는 "안전한 방구석"을 달라고 간청한다. 그는 1590년 4월 4일 사망했다. 그의 자녀들의 운명은 알려져 있지 않다.[27]

인디저너스의 저항을 다루는 연구에서 메스티소는 종종 무시되거나 배제된다. 특히 귀족들은 출생과 신분 면에서 우위를 점하고 있어 식민지적 계층 구조가 설립될 때 그 일부로 간주되거나, 저항을 하기보다는 유럽 침략자들과 동맹을 맺고 스페인의 방식을 수용한 존재로 간주되었다. 코르테스의 아들 마르틴은 "엘 메스티소"라고 불렸음에도 아마도 가장 스페인화된 인물일 것이다. 침략의 격동이 잠잠해진 이후 태어난 디에고 역시 표면적으로는 비슷한 인물로 보일지 모른다. 고등 교육을 받고 정제된 식민 사회에 동화되었던 점이나, 무이스카에서의 유산을 이용해서 자신의 권력과 재산을 주장한 점 등이 실제로 이러한 시선을 뒷받침한다. 그러나 디에고는 카리브 해 지역에서의 경험을 통해서 각성했고, 라스 카사스의 업적을 발전시켰으며, 대서양 세계에서 인디저너스의 권리를 대변하는 사람이 되었다. 그는 국왕의 "손에 입을 맞추고" 자신의 관심사를 직접 이야기할 특권이 있었다. 그의 호소가 큰 영향을 미쳤던 것 같지는 않지만, 지역 주민들에게 디에고는 여전히 "16세기의 가장 중요한 콜롬비아 사람"이며, 아메리카 지역의 인권을 위해서 활약한 선각자이다.[28]

디에고 데 토레스 이 모야초케의 삶은 주목할 만한 것이었다. 그는 대서양을 건너는 모험을 감행했고, 배가 난파되는 사고를 겪었으며, 극적인 변화를 맞이했다. 그러나 디에고의 여정이 파라만장했던 것과 달리, 당시 왕궁에는 이미 인디저너스 대리인들이 많았다. 아메리카에서의 독점적 권력을 정당화하기 위해서 선교 사업과 허구의 동의에 의존하고 있었던 스페인 왕실은 대서양을 가로지르는 연결망을 의도적으로 구축했으며, 상류층 인디저너스들을 환영하는 분위기를 조성했다. 비록 그들이 대서양을 건너오는 것을 표면적으로 금지하기는 했지만 말이다. 1560년대 이후 왕실은 개인적인 탄원을 목적으로 한 인디오들의 유럽행을 금지하는 법령을 수 차례 포고하고, 문제를 지역의 법정에서 시정하도록 하는 조치를 시행했다. 그러나 이러한 처방은 절박한 여행자들에게 큰 효과가 없었다. 디에고가 스페인으로의 두 번째 여행을 하던 때에, 또다른 카시케가 같은 선단에 승선해 있었다. 그의 이름은 돈 페드로 데 에나오로, 엇갈린 운명을 경험할 또다른 안데스 사람이었다.

페드로는 1583년 8월에 스페인 땅에 발을 내디뎠다. 그는 자신의 세습 권리, 국왕에 대한 오랫동안의 충성, 자기 민족의 가톨릭교도화에 대한 충실한 장려 등을 증명하는 공적 증명서probanza de meritos를 가지고 있었다. 이 문서는 여러 설득력 있는 증인들이 참석한 청문회와 더불어, 국왕에게 자신의 공동체가 겪는 고충을 토로하고 이피알레스와 포토시 주변의 영토에 대한 총독으로서 자신의 세습 권리를 분명히 해두기 위해서 마련된 것이었다. 이피알레스와 포토시는 페루 부왕령의 가장자리, 즉 스페인의 영향력이 미치는 경계에 위치한 두 마을로, 오늘날 콜롬비아와 에콰도르의 국경 지역에 해당한다. 6개월 후, 페드로는 펠리페 2세에게 자신의 처지를 호소하는 편지를 보냈다. 자신이 마드리드에서 길을 잃었으며 먹을 것이 아무것도 없다는 내용이었다. 그는 세비야에 자신을 돌봐줄 친구들이 있다며, 그곳으로 돌아갈 여비를 지원해달라고 왕에게 간청했다. 자신의 공동체로부터 멀리 떨어져 당시 빠르게 성장하고 있던 거대 도시 마드리드와 세비야의 많은 사람들에 압도된 돈 페드로는 그저 집으로 돌아가기만을 바랐던 듯하다.

페드로의 여행은 밝은 분위기에서 시작되었다. 세비야에서 활발하게 교류 활동을 하며 잠시 시간을 보낸 후 그는 왕궁으로 향했다. 1561년 이후 마드리드에 세워진 이후 지금도 그 자리에 있는 이 왕궁에서 그는 여러 차례 하사품을 받았는데, (현존하는 그의 재산 목록 영수증에 따르면) 의복, 음식, 의료 비용으로 넉넉하게 1,059레알, 세비야에서의 경비로 243레알, 이피알레스 마을에서 그가 짓고 있던 교회의 회관을 장식할 성배 및 장식품 비용으로 500두카트를 받았다. 또한 그는 키토의 아우디엔시아에 보내는 추천장과 국왕의 재정적 지원으로 플로타 여행을 허가받았는데, 그의 하인과 오르간 연주자 한 명, 그리고 그의 가족들도 그 혜택을 입었다. 이들 외에도 수많은 이베리아식 건물을 아름답게 장식하는 파란색과 하얀색의 아줄레호azulejo 타일을 만드는 장인도 함께 데리고 가게 되었는데, 아마도 새로 짓는 교회를 장식할 사람이었던 것 같다. 이는 먼 변방 출신의 하급 카시케의 입장에서는 매우 훌륭한 성과였지만, 세비야로 돌아온 페드로는 모든 여행자에게 닥칠 수 있었던 난처한 상황에 처하게 되었다. 그의 하인 중 1명이 사망했고, 다른 2명의 하인이 옷과 몇 가지 서류를 훔쳐서 달아난 것이다. 결국 그는 출발하는 배에 승선할 수 없었다.

페드로라는 이름으로 세례를 받은 이 남자에 관해서 가장 흥미로운 점은 그가 매우 전형적인 인물이었다는 것이다. 프란시스코회 대학교에서 교육을 받은 그는 스페인어에 능통했고(아마 글도 능숙하게 썼을 것이다), 키토의 왕실 아우디엔시아에서 공식적인 통역사로 활동했다.29 그는 스페인화된 인디오를 의미하는 라디노ladino였다. 라디노는 스페인어를 구사하고 유럽식 복장과 행동양식을 받아들이는 경향이 있었다. 식민주의자들의 눈에, 이 중요한 중재자들은 가톨릭 신앙을 포교하고 스페인식 규범을 받아들이게 하는 제국의 기획에 큰 보탬이 되는 사람들이었다. 두 세계의 중간자적인 상황에서 양쪽 모두로부터 의심을 받으며 살아가던 많은 인디저너스들처럼 페드로는 스페인의 법률과 관습에 관한 자신의 지식을 이용하면서 한편으로는 (아마도) 콜롬비아 파스투소Pastuso 귀족의 후손으로서의 권위를 활용하여 가족과 공동체를 위해서 능숙하게 협상을 하는 등 세심하게 역할을 수행하고자 했다. 16세기의 상류층에게 국제 협상은 피할 수 없는 것이었다. 오늘날의 연대기 편찬자들은 최고의 이력을 자랑하는 대사들에게 집중하고자 하지만, 페드로와 디에고 같은 사람들은 왕궁에서뿐 아니라 대서양 횡단 연결망과 관련된 마을에서 매우 흔했고, 어디에서나 볼 수 있었다.

페드로는 해안가 근처의 여관에 머물렀는데, 이곳은 당시 새로 완공된 세비야 성당에서 걸어서 5분 거리의 가까운 곳이었다. 높은 첨탑 등 공을 많이 들여 지은 세비야 성당은 당시로서는 세계에서 가장 큰 교회였다. 독실한 기독교 신자였던 페드로는 종교 음악을 노래하기도 하고 가르치기도 했으며, 자신의 마을에 새로운 교회를 건립할 당시에는 1만 개의 벽돌을 모으기도 했다. 따라서 페드로는 분명 이 고딕 양식의 걸작을 방문했을 것이다. 세비야 성당은 대형 예배당이 5개, 부속 예배실은 80개나 되고, 히랄다 탑이 솟아 있다. 히랄다 탑은 과거 이 자리에 서 있던 미나레트(기도 시간을 알리는 이슬람 사원의 첨탑/역주)로, 이를 종탑으로 변형시킨 것은 기독교의 승리와 문화적 동화에 대한 오만한 과시였다고 할 수 있다.* 세비야 성당 외에 이 도시의 다양한 과거를 보여주는 매우 명백한 상징으로는 무슬림 요새의 잔재 위에 세워진 왕궁인 알카사르Alcázar를 들 수 있다. 페드로가 아줄레호 타일 장인을 그의 고향으로 데려가 자신의 교회를 장식해달라고 요청했을 때, 혹시 그는 무슬림 양식과 기독교 양식이 혼합된, 찬란한 "무데하르Mudéjar" 건축 양식에서 영감을 받은 것이 아닐까? 성당과 알카사르 사이에는 무역 거래소(오늘날에는 인디오 사료 보관소가 되었다)가 있었다. 이곳은 대주교가 히랄다 탑 마당의 뒷계단에서 이루어지는 상인과 은행가의 거래가 성당의 위신을 떨어뜨린다며, 이를 막아달라고 펠리페 2세에게 간청한 이후 1572년

---

* 오늘날의 크리스토퍼 콜럼버스의 무덤은 그 성당의 가장 매력적인 볼거리가 되었지만, 당시 그의 시신은 산토 도밍고(오늘날의 도미니카 공화국)의 성당에 안치되어 있었다. 그의 시신은 생전의 그만큼이나 긴 여행을 했다. 바야돌리드에서 세비야, 산토 도밍고, 아바나를 거쳐 결국 세비야로 돌아온 것이다.

의뢰된 건물이다. 모두 유네스코의 세계문화유산으로 지정된 세비야 성당과 알카사르, 무역 거래소는 스페인의 소위 "황금 시대"를 연상시키는 드문 사례들이기도 하다. 가톨릭과 왕실이 이슬람의 영향력과 경합하던 이 시기는 잔인한 노예 무역을 포함한 서인도 제도와의 무역으로 북적이던 때이기도 하다. 알카사르 내의 제독의 방Sala de los Almirantes은 본래 무역 사무소로, 대서양 횡단 무역의 중심지였다. 페드로는 이곳에서 많은 시간을 보냈다. 노예가 된 이들부터 왕족에 이르기까지 모든 계층의, 수백 명의 남녀 인디저너스들과 함께 관리들에게 청원을 하면서 말이다.

무역 사무소의 부속 예배실 제단 위에는 당시의 시대 정신을 잘 나타내는 그림이 걸려 있다(적어도 스페인인들의 시각에서는 그렇다는 말이다). 알레호 페르난데스의 1530년대 그림 "항해사들의 성모 마리아"에서 뾰족한 후광을 등지고, 금실 패턴이 들어간 양단 옷을 입은 성모 마리아는 자신의 검은 망토 아래로 신도들을 모으고 있다. 그 신도들 중에는 콜럼버스, 코르테스, 베스푸치를 비롯한 스페인 항해사와 정복자들이 있다. 그러나 더 자세히 보면, 잘 차려입은 사람들 무리 뒤로, 수수한 흰색 옷을 입은 흐릿한 인물들을 볼 수 있다. 이들은 잘 차려입은 침략자들이 세례를 받게 하려고 데려온 인디저너스 개종인들이다. 그림의 앞쪽에는 대서양 너머로 이 사람들을 데려온(이들뿐 아니라 수많은 아프리카인과 아메리카인을 데려온), 일련의 선박들로 구성된 선단이 보인다. 은혜로운 성모와 모든 신도들은 대양 위의 구름에 서 있다. 성모는 머리를 숙여 자애롭게 대서양을 굽어보는 반면, 인간들은 경외하며 무릎을 꿇고 있다. 이러한 제단의 그림에는 독실한(그리고 부유한) 사업체와 굴종적인 사람들을 사제의 품으로 강력하게 끌어모으는 등 제국의 이상적인 야망이 투사되어 있다.

　스페인을 방문한 인디저너스 영주들이 그 그림을 본 적이 있을까? 있다면, 그들은 굴종적인 사람들 사이에서 자신을 발견했을까, 아니면 복음 전파의 승리의 지도자들 사이에 자신이 속한다고 생각했을까? 그림 속의 개종한 신도들은 수수한 유럽식 세례복을 입고 있으며, 얼굴은 잘 구별되지 않는다. 그러나 화가들의 작업장에 흑인 및 아메리카 노예가 있었다는 점을 고려할 때, 그 얼굴들은 큰 대양을 건너 고향을 그리워하는 이들을 묘사한 것이라고도 볼 수 있다. 이런 이들 중에는 세비야의 주민으로 기록된 후안 데 궤하르라는 인디오 남성도 있었다. 1523년 8월, 화가 알레호 페르난데스는 후안에게 자신을 대신해서 빚을 징수할 수 있는 위임장을 부여했다. 비록 노예였지만, 후안은 나이가 많고 신뢰를 받는 대리인이었던 듯하다. 그는 화가를 시중들면서 여러 일을 했을 것이며, 스페인어도 매우 잘했을 것이다. 알레호로서는 인디저너스 개종인들의 얼굴을 상상해야 할 이유가 없었을 것이다. 그는 그들과 함께 살며 같이 일했기 때문이다.[30]

　카시케 돈 페드로 데 에나오는 자신의 의도보다 훨씬 더 오랜 시간을 스페인에서, 그것도 자선에 의지하여 지냈다. 1584년 그가 왕궁으로 돌아와 받지 못한 보조금을 재수령하기를 원한다고 요청했을 때, 세무 관리였던 후안 곤살레스는 그가 지인들의 연민을 통해서만 살아남을 수 있었다고 증언했다. 프란시스코회 성직자 2명이 그에게 새 옷을 주고 그를 위해서 모금을 했다. 에나오의 집주인인 아나 산체스를 포함한 몇몇이 에나오는 국왕의 고귀하며 믿을 만한 하인이라며 그에게 돈을 빌려주었다.[31]

　1584년 1월, 마침내 그는 왕의 재정적 지원하에 키토로 떠나는 것을 허가받았다. 그러나 그는 자신이 해야 할 일을 처리하지 못했고, 그해 8월에 다시 마드리드로 돌아와서는 보조금을 지급해달라며 청원하고, 이피알레스에서 신앙을 더욱더 전파할 수 있도록 더 많은 프란시스코회 사제들을 보내달라고 요청했다. 또한 그는 인디저너스의 토지에 스페인 동물들이 들어와 풀을 뜯는 것도 불평했다. 이 모든 일의 결과로 국왕은 페드로를 눈앞에서 치워버리고 싶어했던 것 같다. 1584년 8월 18일, 왕실은 페드로에게 100두카트를 지급하기로 했는데, 그중 10두카트만 먼저 주고, 나머지 90두카트는 그가 인디오들의 본토에 도착하면 주기로 했다. 무역 사무소의 관리들조차 이 카시케에게 자금을 지급할 때 매우 곤란해했던 것으로 보아, 다들 그의 요청에 꽤나 지쳤던 듯하다. 판사들은 교회에 쓰일 돈으로 왕실이 제공한 500두카트를 건네주기를 거부했으며, 그가 꽤 많은 노력을 기울인 후에야 200두카트를, 그것도 그에게 직접 주는 대신 국왕의 대리인인 팍토르를 통해 지급하기로 했다. 아마도 그들은 페드로가 이 돈을 또 허비할까 봐 걱정했던 듯하다. 이러한 사소한 행정적 다툼은 별것 아닌 듯 들리지만, 가진 것이 거의 없는 하급 귀족에게는 매우 심각한 결과를 초래할 수 있었다. 페드로는 또다시 선단에 승선하지 못했고, 심각한 재정 위기에 처했다. 그는 한 세비야의 사제에게 설령 맨발로 걸어가야 할지라도 다시 한번 마드리드로 돌아가 자신의 불만을 왕에게 고하겠노라고 이야기했다. 호세 카를로스 페레스 모랄레스가 발견한 문서에는 그가 절망한 이유들이 담겨 있다.[32]

1585년 1월 페드로는 세비야에서 조각가와 금박공을 고용하여 로사리오의 성모Beatae Mariae Virginis a Rosario와 안티과의 성모Virgen de la Antigua의 아름다운 조각상, 촛대 2개, 십자가 1개, 천사상 6개와 제단 1개를 만들게 했다. 그는 분명 이피알레스 교회에 대해서 원대한 포부를 품고 있었다. 장인들은 5개월 안에 요청 작업을 마치기로 했지만, 1585-1586년 겨울 이 모든 교회 장식품에 대한 비용을 지불하기에는 여전히 돈이 모자랐던 페드로는 왕에게 세 번째로 가서 간청했다. 슬프게도, 이피알레스 교회에 대한 페드로의 계획은 결코 실현되지 못했다. 1585년 12월 28일, 왕실은 페드로에게 주기로 한 돈의 나머지를 지급하라고 무역 사무소의 관리들에게 다시 한번 명령했다. 페드로가 이 돈을 받은 것 같지는 않다. 왜냐하면 그해 겨울에 그는 또 여행 경비를 지불받았었고, 왕실의 행정가들과 씨름을 하는 데에 지쳐서 이제는 전부 양보하고 집으로 돌아간 듯하기 때문이다. 그가 곧장 길을 떠났는지는 확실하지 않다. 그에 관한 소식은 1589년에 재등장하는데, 왕실이 그가 의뢰한 물건들에 대한 해결책을 찾고 있고, "페드로가 이 물건들을 가져가지 않은 채 사망했다"는 내용이다. 그 물건들은 처치하기도 어렵고 페루로 보내기에는 비용이 너무 많이 들었다. 따라서 국왕은 그 물건들을 판 돈을 이피알레스의 교회에 보내서 다른 물건을 사는 데 쓰도록 조치했다. 우리는 그가 1586년 1월까지 계속된 여러 문제를 두고 불만을 토로한 기록을 가지고 있는데, 이는 그가 집으로 돌아간 후에 올린 보고서들이다. 그 교회와 주민들에게는 위대한 외교관이었던 페드로 데 에나오는 그의 꿈이 실현되는 것을 보지 못한 채 사망했다.* 그러나 그의 꿈은 아주 작은 조각 하나를 남겼다.33

1600년에 발표된 한 왕실 법령에 의하면, "이피알레스라는 곳에서 온

---

* 이피알레스에는 이후 아메리카에서 가장 아름다운 교회 중 한 곳이 세워졌다. 섬세하게 세공된 신고딕 양식의 이 대성당은 1754년 기적적인 치유(귀가 들리지 않던 소녀가 이곳에서 성모 마리아의 환영을 본 뒤 청각 장애를 치료했다는 전설/역주)가 일어난 라스 라하스 성지에 들어서 있으며, 절벽의 자연 지형을 활용했다. 페드로가 사망한 지 4세기가 지난 지금, 그의 믿음은 이피알레스에서 번성하고 있다.

원주민 인디오 돈 페드로 데 에나오가 만들었던 조각상들" 중에서 예수상을 지난 12년간 산루카르 라 마요르 수도원의 가르멜회 수녀들의 교회에 안치해두었다고 한다. 이 법령은 "이 거대한 크기의 예수상"은 수도원에 속하며, 다른 누구도 그 소유권을 주장할 수 없다고 밝히고 있다. 세비야 대학교에 보관된 수도원의 사진 자료를 연구해온 모랄레스는, 아름답고 애정 어리게 만들어진 십자가에 달린 예수상(힘없이 머리를 숙이고 있으며 얼굴은 온화하고, 정강이와 가슴에 섬세하게 핏줄기가 흐르고 있다)이 페드로의 예수상일지도 모른다고 보았다. 수도원은 방문객을 받지 않기 때문에 그 연대를 추정하기는 불가능하다. 그러나 이 조각상이 400여 년 전 페드로가 상상하고 기도하며 의뢰한 바로 그 작품일 가능성은 놀라울 만큼 크다.34

침략으로 인한 첫 충격이 지나간 후, 정치적 목적으로 대서양을 건넌 원주민 남성들(그리고 종종 여성들)은 더 이상 모르는 이들 사이에 내던져진 고립된 개척자가 아니었다. 그들은 우리가 국제법이라고 부르는(국제법은 이 시기 인디저너스 외교관들의 이의 제기에 대한 답으로서 그 기초가 형성되었다) 부문의 뉘앙스에 정통한, 교양 있는 외교관들이었고, 자신들보다 앞서 대서양을 건넌 여행자와 법률 조언자, 식민지 관리들의 경험과 지지를 활용할 수 있었다. 돈 펠리페 가우크라파우카르(최초로 왕궁으로 떠난 안데스 출신 카시케로 기록되어 있다)가 1562년 고향인 페루의 하우하로 돌아온 이후, 그의 형은 그가 "변호사들과 일을 한 이후 소송을 일삼게 되었고 스페인에서 글 쓰기를 배워 왔노라"고 주장했다. 지역의 부왕이 그에게 경솔한 옷을 가져왔다며 스페인식 복장을 포기하고 "인디오 옷"을 입으라고 강요하며 그를 벌하자, 펠리페는 소송을 걸고 스페인 복장에 칼까지 차는 것으로 응수했다. 그는 대서양을 건넌 경험을 통해서 스페인 법률의 미묘한 부분들을 배웠다. 멕시코나 페루 출신의 여행자들은 대부분 식민 제국의 법률체계를 오랜 기간 경험했으며, 그들의 이름은 그들이 사건을 왕에게 전달하고자 대서양을 건너기 전부터 여러 청원들에 올라가 있다. 새로운 소식과 법적 요구들을 담은 서신들이 대양을 건너 오고갔으며, 어떤 여행자들은 스페인에서 지낼 때 같은 집에 반복해서 머무르기도 했다. 가령 1607년 마드리드에서 우아이나 카팍의 메스티소 증손자인 돈 페드로 카리요 데 소토 잉가는 "돈 멜초르 카를로스 잉가가 빌린 집"에서 살았다.35

역사학자 라우리 우시탈로는 페드로 데 에나오 역시 대서양을 가로질러 형성된 인디저너스 및 식민 제국 인맥의 한 부분에 속했다는 점을 발견했다. 페드로는 자신의 마을에서 스페인에 대한 신뢰의 근원이 되었던 프란시스코회 사제들뿐만 아니라 지역 관리와 교회 사람들을 자신에게 유리한 증인으로 세웠고, 2명의 고위직 식민지 대리인에게 협조를 부탁하여 그들과 함께 스페인으로 떠났다. 그중 한 사람은 콜럼버스의 증손녀와 결혼한 키토 출신의 수석 판사 디에고 데 오르테곤이었고, 다른 한 사람은 그의 비서인 프란시스코 데 수니가였다. 페드로는 상대적으로 중요하지 않은 카시케였음에도 불구하고 영향력 있는 후원자들과 연이 닿았다. 귀족의 일원으로서 그는 다른 이들을 위해서 자신의 특권을 이용할 수 있었다. 도착한 지 얼마 지나지 않아 페드로는 국왕에게 4명의 메스티소가 고향으로 돌아갈 수 있도록 허가증을 발행해달라고 요청했다. 이들은 스페인 정복자와 인디저너스 사이의 자녀로, 세비야에 버려져 있었다. 얼마나 많은 이들이 그러한 지원을 받지 못하고 유럽에 남겨졌을까?

같은 아메리칸이라는 점에서 대양을 건너는 동안 종종 계층 간의 장벽이 허물어지기도 했다. 지역적 정체성과 신앙은 매우 중요했지만, 집에서 멀리 떠나온 이들 사이에는 인디오 공동체 의식이 있었다. 가장 주목할 만한 사례는 1585년 페드로의 작위를 (재차) 요청하는 청문회에 참석한 증인 중에 돈 알론소 아타우알파 잉카가 있었다는 점이다. 그는 인디저너스 귀족 서열에서 최고위층 인사로, 잉카의 마지막 지배자인 아타우알파 황제의 손자였다.36 아타우알파의 후손들은 대서양의 양측에서 외교 및 협상, 무장 저항 등 여러 형태를 동원하여 자신들의 권리를 위해 싸웠다. 1532년 5월, 사파 잉카Sapa Inka(유일한 잉카, 제국의 지배자)인 아타우알파는 10여 년에 걸친 형제 간의 다툼 이후 지배자로서 자신의 권리를 타완틴수유Tawantinsuyu("네 부분이 함께"라는 뜻으로 잉카 제국 내의 4개의 혈통을 의미)에게 양도했다. 그리고 그로부터 6개월도 되지 않아 스페인 침략자 프란시스코 피사로와 그의 형제들, 그리고 그를 따르던 무자비한 복병들에 의해서 카하마르카의 한 사원에 유폐되었다. 침략자들의 탐욕스러운 의도를 날카로운 눈으로 알아차린 아타우알파는 "커다란 집 한 채를 채울 만큼의, 1만 개의 금괴와 그만큼의 은 그릇"을 자신의 몸값으로 지불했다. 그가 약속한 잉카의 물건들이 도착하자 피사로는 매우 놀라워했다. 이 어마어마한 몸값은 금화 100만 페소, 은화 200만 페소(1페소는 8레알) 이상의 가치가 있는 대단히 큰 재물이었다. 침략자들은 지체 없이 자기들끼리 이 재물을 나누어 가졌지만, 아타우알파를 풀어주겠다는 약속을 지킬 생각은 없었다. 자신들이 지원 세력과 멀리 떨어진 산속에 있음을 깨달은 일부 고위직 정복자들은 반란을 두려워했고, 형식적인 재판 끝에 아타우알파를 처형했다. 1533년 8월 23일, 산 채로 화형당하는 것을 피하고자 세례를 받아들인 독립된 잉카 제국의 마지막 황제 사파 잉카는 교수형에 처해졌다. 사망 당시 그는 명목상 기독교인이었으며, 이후 가톨릭 신도였던 그의 후손들은 수 세기에 스페인인들에 대한 인정 투쟁과 저항이라는 양극단을 오갔다.37

아타우알파의 손자인 알론소 아타우알파 잉카는 스페인 왕실에 탄원했던 잉카인 가운데 별로 성공적이지 못한 사례이다. 1585년에 스페인에 도착한 그는 이듬해 펠리페 2세에게 자신이 "먹을 것도 없고, 자신의 수준에 맞는 생활을 할 수 없는 상태"라며 자신을 도와달라고 간청했다. 비슷한 내용을 청원했던 페드로와 달리, 알론소는 젊은 왕족에게 어울린다고 생각했던 방식으로 살고자 하다가 많은 빚을 지게 되었다(당시 채무는 감옥에 갈 수도 있는 범죄였다). 마드리드에 머무는 동안 그는 집 한 채를 구매했을 뿐 아니라 또다른 한 채를 빌렸다. 결국 이 젊은 귀족은 당시 대단한 재력가이자 자신에게 큰돈을 빌려준 도냐 레오노르 데 카르데나스의 조카인 마리아 데 톨레도와 약혼했다. 잉카의 왕자는 스페인의 집안 좋은 여성과 충분히 어울리는 짝으로 여겨졌던 것으로 보인다.

1586년 11월, 국왕은 "그의 아버지 및 그 자신의 노고와 공적을 인정하여" 알론소가 2,000페소를 영구적으로 상속받을 자격이 있음을 인정했다. 그는 추가로 300두카트를 더 받고 "고향으로 돌아갈 수 있는 허락도 받았는데", 왜냐하면 "그가 가난하고, 곤궁함으로 고통받는 상태"였기 때문이다. 법령은 이것이 "단발적인" 조치라고 강조했다. 페드로에게 상당히 자비로웠던 관리들은 줏대 없는 알론소에 대해서는 다른 판단을 했던 것 같은데, 이는 현명한 처사였다. 알론소가 지출을 줄이고 고향으로 돌아가는 대신 빚을 갚고는 파혼을 해버렸기 때문이다. 3년 후에 이 잉카 왕조의 후계자는 약 30세의 나이에 마드리드의 감옥에서 이

름 모를 병으로 사망했다. 당시 그는 100페소의 빚을 갚지 못해 투옥된 상태였다.38

대서양을 건너서 행해지던 외교적인 노력은 16세기에 도시, 주, 가문, 기관을 대표하는 인디저너스 대표들이 법정에서 관심을 받고자 경쟁하면서 범위가 넓어지고 깊이도 더해졌다. 그중에는 수행원을 대동한 공식 사절단, 가족과 친척, 하인을 대동한 귀족, 때때로 스페인 관리나 성직자를 대동한 개인, 혹은 혼자인 사람도 있었다. 국제 협상은 특히 상류층에게 필수 사안이었다. 그러나 이들(보통은 남자였다)의 외교 활동은 유럽사에서 곧잘 배제된다. 삶의 중심이 아메리카 대륙이며, 고향으로 돌아가기 전에(혹은 돌아가지 못한 채) 대도시를 여행했던 이 사람들은 식민지화의 역사에서 부차적인 존재로 간주되고는 한다. 그러나 그들이 납치되어 통역을 맡게 된 우발적 외교관이든, 가족이나 지역, 혹은 개인의 이익을 추구하며 분쟁을 중재한 자발적 외교관이든, 혹은 단지 만나본 적 없는 먼 지역의 지배자에 대한 확신이나 정보를 원했던 사람이든 간에, 이 아메리카 토착 정치가들은 왕궁과 제국의 중심지에서 눈에 띄는 소수자로서 유럽 사회의 형성 및 대서양 횡단 무역에 기여했다. 다른 세력들이 서반구에서 식민지를 건설하고 자리를 잡자, 유럽 전역의 왕궁에서 비슷한 일이 반복되었다. 엘리자베스 1세가 영국 제국주의자들의 서반구 정복을 공식적으로 허가하기 50년 전에도 매우 중요한 예외 사례가 발생했다. "브라질"의 왕이 헨리 8세의 왕궁으로 온 것이다.

플리머스의 대부호 중 한 사람으로, 상인이자 선장이기도 했던 윌리엄 호킨스는 대서양을 횡단하는 무역업에 뛰어들었다. 그는 대서양을 건너 무역을 실시한 최초의 영국인으로, 기니에서 브라질로 이어지는 무역로를 개척했으며, 이를 통해서 아프리카의 상품을 아메리카 대륙의 신기한 물건들과 교환했다. 훗날 윌리엄 호킨스에 대해 지리학자이자 연대기 학자인 리처드 해클루트에게 그 아들이 말한 바에 따르면,* 1531년 그가 브라질로 떠난 두 번째 항해에서 돌아오면서 "브라질이라는 나라의 야만의 왕 중 한 명을" 데려왔다고 한다. 국제 무역과 교역 경험이 있던 호킨스는 "지혜롭게 처신해서……그들과 우정을 쌓고 매우 친밀한 사이가 되었다." 원주민 "왕"은 자신의 안전과 귀환을 위한 보증으로 "호킨스의 선원 중 한 명이 남아야 한다고 매우 현명하게 협상했고, 그 결과 마틴 코커럼이라는 플리머스 출신의 동료가 남게 되었다. 그리고 그들은 폴이라는 이름의 "크고 좋은" 선박을 타고 영국으로 출발했다. 그가 어디에서 하선했는지 정확히 알 수는 없지만, 아마도 폴 호의 정박지는 플리머스였을 것이다. 그곳에서 그는 "런던으로 끌려와서" 당시 화이트홀에 머물던 헨리 8세를 알현했다.

아마도 바이아 지역의 투피남바인일 그 족장은 영국에 거의 1년 동안이나 머물렀고, 그를 본 귀족들에게 매우 강한 인상을 남겼다. 그는 뺨에 피어싱을 하고 있었고, 각각의 피어싱에는 툭 불거진 뼈 장신구가 붙어 있었다. 이는 "그가 매우 용감하다"는 표식이었다. 그는 아랫입술에도 피어싱을 했는데, "콩알 크기의 귀한 돌이 달려 있었다. 그의 외모와 행동은 보는 이의 입장에서는 매우 이상했다." 이상하게 보이기는 투피남바인의 눈에 비친 영국의 왕궁도 마찬가지였을 것이다. 호화로운 천

---

* 그의 기록을 추적하는 역사학자로서는 성가시게도, 윌리엄 호킨스 선장의 아들인 이 선원의 이름도 윌리엄 호킨스이다. 예상할 수 있겠지만, 그의 아들 역시 또다른 유명한 선장 윌리엄 호킨스이다.

과 그림으로 꾸며진 딱딱한 실내 구조물은 투피에 있는 그들의 숲에 지어진 집과 매우 달랐다.39

투피남바 족장을 만날 당시, 헨리 8세는 화이트홀(그때는 요크 하우스라고 불렸다)로 막 거주지를 옮긴 상태였다. 런던에서 가장 웅장한 건물 중 하나인 요크 하우스는 1530년 헨리 8세가 월시 추기경의 재산을 몰수하면서 소유하게 된 것으로, 국왕은 이 건물을 변형하고 확장하기 위한 대대적인 재설계에 착수한 참이었다. 유감스럽게도 당시의 모습을 담은 그림이 거의 남아 있지 않고, 건물 자체가 17세기에 발생한 화재로 크게 훼손되어 우리로서는 당시 이 건물이 어떻게 생겼었는지 상상하기가 어렵다. 원형 그대로 남아 있는 얼마 되지 않는 곳 중 하나는 지하에 위치한 헨리 8세의 포도주 저장고이다. 벽돌로 된 튜더식 아치 천장을 갖춘 이 저장고는 투피남바의 지배자가 헨리 8세를 만났을 때보다 아래로는 5.7미터 더 깊어지고, 서쪽으로 2.7미터 먼 곳으로 옮겨졌다는 점을 제외하고는 거의 그대로이다. 이 건물은 1940년대에 전후 재건축의 물결에 휩쓸렸다. 튜더식의 무른 벽돌은 철근과 콘크리트로 보강되었고, 잠금장치와 물건들, 포도주 통 등이 옮겨지면서 호스가드 가에 국방부 건물이 들어설 공간이 확보되었다(헨리 8세의 포도주 저장고는 영국 국방부 건물 지하로 통째로 옮겨졌다/역주).40

헨리 8세가 실제로 이 방에 포도주를 보관했는지는 알 수 없다. 그러나 투피남바의 방문객은 분명 포도주를 대접받고, 포도주 저장고 위의 궁전에서 즐거운 시간을 보냈을 것이다. 1614년 프랑스의 선교사 클로드 다브빌이 한 무리의 투피남바인들을 루이 13세에게 데려갔을 때 파리가 "열광했듯이", "야만의 왕"이 방문했을 때 영국의 왕궁 역시 "그의 옷차림, 행동, 몸짓이 너무나 낯선 나머지 경탄했다." 반면 고향 해안가에 나타난 유럽 상인들을 본 적도 있고, 대서양을 건너면서 그들과 가까이 지내기도 했던 족장에게는 아마도 유럽인들의 특별한 습관보다는 왕궁의 웅장함과 그를 둘러싼 기이한 것들이 더욱 놀라웠을 것이다.[41]

첫 번째 이혼 문제를 두고 교황과 협상 중이었지만 삶의 절정에서 찬란한 시기를 보내고 있던 헨리 8세를 보고 투피남바의 족장이 어떤 생각을 했을지는 짐작만 할 수 있다. 호킨스가 투피족과 나눈 "우정"(혹은 최소한 무역에 대한 관심)이나 족장이 영국인들 사이에서 보낸 시간으로 보아, 그들은 아마 어느 정도의 의사소통을 할 수 있었을 것이다. 그러나 우리는 그의 관점에 대해서 알 수 있는 것이 거의 없다. 호킨스는 그 브라질인이 원하는 모든 것을 얻었고 "아주 만족스러워했다"고 주장한다. 그들은 "일부러 그를 고국까지 호위해주기로 했다. 그러나 가는 도중 공기가 변하고 음식이 상해서 그 야만의 왕은 바다에서 사망했다." 영국인들은 그의 죽음이 인질로 남아 있는 마틴 코커럼의 죽음으로 이어질까 봐 두려워했다. 그러나 영국인들은 거래가 "공정했다"고 설득했고, 코커럼은 아무런 해를 입지 않고 풀려나 집으로 돌아왔다. 그는 몇 년 후 플리머스의 관리가 되었다.[42]

우리가 다루는 대부분의 원주민 여행자들과 마찬가지로, 우리는 여기에서도 유럽인들의 모호한 기록에 의존하여 결론을 내릴 수밖에 없다. 투피남바 족장의 삶은 다른 많은 이들처럼 아마 아메리카인들이 면역을 갖추지 못했던 유럽의 여러 질병 중 하나 때문에 불시에 막을 내린 것으로 보인다. 그러나 종합해보면, 그렇게 높은 지위의 인디저너스 여행자들의 이야기는, 원주민 공동체가 그들에게 열려 있던 유럽이라는 새로운 세계와 관계를 맺을 기회를 잡았음을 의미한다. 그러나 그들의 의도와는 별개로, 인디저너스 외교관들은 사절단으로 보이는 한편으로 호기심의 대상이 되기도 했다. 처음 유럽에 발을 디뎠던 토토낙인들처럼 말이다. 한편, 인디저너스 방문자들은 유럽을 정치적 중심지로도 보면서, 지배자와 거지, 풍요로움과 굶주림, 시민들에 대한 예의와 극단의 폭력이 공존하는 야만의 해안으로도 보았다.

6
진기한 볼거리

1550년 10월 1일, 노르망디의 루앙에서는 앙리 2세와 카트린 드 메디시스의 방문을 기념하기 위한 성대한 행진이 벌어졌다. 이 호화로운 행사에서 가장 주목할 만한 것은 국왕의 승전을 공들여 재현한 모의 해상 전투와 검투사들의 결투였다. 국왕의 정예 병사 50명이 그의 도착을 알렸다. 승리의 전차와 님프, 뮤즈, 로마의 신들이 왕을 즐겁게 하기 위해서 행군했고, 앙리 2세의 57명의 선조들을 상징하는 인물들도 성장盛粧을 한 채 말에 올라 행렬에 참가했다. 이는 왕족의 권력을 칭송하고 왕에게 아첨을 떠는 축제였다. 이러한 전형적인 승리의 모습들 가운데에서 우리는 놀라운 광경을 발견할 수 있다.

 센 강의 왼쪽 제방 위, 도시 성벽의 바로 바깥쪽, 가로 35보, 세로 200보의 땅에는 "브라질 마을"이 있었다. 이 마을에는 300명의 남녀 주민들이 살았는데, 오늘날의 팸플릿에 해당하는 자료에 따르면, 그들은 "브라질우드가 생산되는 지역" 사람들의 양식대로 "꾸미고 갖추었다." "브라질인들"은 뺨, 입술, 귀에 피어싱을 했는데, 이 피어싱에는 흰색과 에메

랄드 녹색의 길쭉하고 광택이 나는 돌들이 장식되어 있었다. 그들은 또한 "자연이 명령하는 부분을 가리지 않고……모두가 벌거벗은 채로" 전시되었다.1 300명 중 50명은 "진짜 야만인들로, 그들 나라에서 방금 데려온 이들"이었다.2 그러나 다른 이들은 가짜로 연기를 하고 있었다. 이 배우들은 브라질에 가본 적이 있어서 브라질 사람들의 언어와 몸짓을 아는 선원들이었다(노르망디에서 브라질까지는 항해가 자주 이루어졌지만, 당시 루앙의 인구를 고려했을 때 투피어를 유창하게 하는 사람을 250명이나 공급하기란 불가능했을 것이다. 그러나 왕을 포함한 주요 관객은 무대로부터 멀리 떨어져 있었기 때문에 이는 별 문제가 되지 않았다).

이 마을은 투피인 공동체라는 인상을 줄 의도로 설계되었다. 풀밭에 나뭇가지로 오두막들을 지었는데, 당연하게도 그 유명한 "브라질우드" 목재도 쓰였다(루앙의 버드나무에 붉은 칠을 해서 브라질우드와 비슷하게 만든 것이다). 또한 아름다운 색깔의 앵무새를 비롯한 새들이 날아다니며 기쁜 듯이 지저귀었고, 원숭이, 마모셋, 타마린(콧수염이 아주 뚜렷한 긴 꼬리의 작은 원숭이)이 나무를 기어올랐다. 루앙의 상인들은 "브라질의 땅"을 배로 옮겨왔다. 활과 화살로 무장한 마을 사람들이 새들을 향해 활을 쏘고 해먹에서 빈둥거리는 와중에, 한쪽 끝에 있던 투피나보인Toupinabaulx(투피남바인)들과 다른 쪽 끝에 있던 타베제인Tabagerres(타바자라인)들 사이에 갑작스러운 전투가 벌어졌다. 격렬한 싸움은 강 위에 있던 프랑스 선박과 "포르투갈" 선박 간의 모의 해상 전투로 이어졌다. 현대 프랑스 연대기 학자들의 표현에 의하면 "전쟁 일으키기를 너무나 좋아했던" 전쟁광 앙리 2세는 아마도 이 군사적 장관을 매우 열렬히 즐겼을 것이다. 심지어 프랑스 군과 그들의 동맹인 투피남바인들 모두가 승리했으니, 더욱 그랬을 것이 분명하다. 투피남바인들이 적군의 오두막

을 불태우자 프랑스 군은 포르투갈의 선박을 불태워서 센 강에 가라앉혔다.3

남아메리카에서 벌어지는 포르투갈과 프랑스 간 분쟁을 암시하는 정치적 상징은 알아차리기 어렵지 않았고, 분명 국왕을 기쁘게 했을 것이다. 관객의 대부분을 유럽 전역의 유력한 인사들이 차지했기 때문에, 훌륭하게 구성된 이 행사는 프랑스의 권력과 지배력을 보여주는 데에 매우 효과적이었다. 왕과 왕비, 그리고 왕의 정부인 디안 드 푸아티에도 프랑스 귀족 사회의 주요 인사들과 함께 참석했다. 프랑수아 1세 전 국왕의 딸인 마르그리트 공주와 함께 스페인, 독일, 베네치아, 영국, 포르투갈을 비롯한 여러 곳에서 온 대사들도 이 광경을 지켜보았다. 대주교와 추기경들이 여타 종교계 고위 인사들과 함께했으며, 당시 루앙에 머물고 있던 스코틀랜드의 메리 여왕도 이 행사를 참관했을 가능성이 있다. 이는 국제적으로 굉장한 쇼였다. 유력 인사들의 마음에도 분명 투피인들에 대한 매우 강한(아닐 수도 있지만) 인상이 새겨졌을 것이다.4

그 "브라질 마을"은 왕실의 화려한 오락물로서 정성스레 건설되었다. 가짜 브라질 패키지에는 즐거움과 선전 효과도 있었지만, 이는 인디저너스들의 정확한 실체가 유럽인들에게 널리 알려지는 순간이기도 했다. 이 무대에서 투피인들은 어느 정도까지 자신들을 드러낼 수 있었을까? 그들을 묘사한 방법은 유럽인들의 기대나 왕실의 기만에 의해서 변형되었을까, 아니면 인디저너스들이 이 순간을 자신들의 이야기를 할 기회로 삼았을까?

루앙에서 거행된 투피족 마을의 행사는 왕권을 기념하는 하나의 연극으로 규정되기도 하지만, 인디저너스보다 프랑스인들이 세련되었다는 점을 부각함으로써 "문명 대 야만"을 드러낸 유럽식 행사였다고도 해석된다. 그러나 비록 루앙의 브라질인들이 벌거벗고, 검게 그을리고, "털이 바짝 섰을지라도",* 이는 그들의 "야생성"만이 아니라 당시 활발한 교역이 이루어지고 있었음도 드러낸다.5 그 분주한 마을은 산업의 요새로, 주민들이 "브라질우드"를 베고 강가의 요새로 옮기며, 다시 배에 옮겨 실어 운반할 준비를 하는 곳이었다. 투피인들은 나무를 도끼, 낫, 다른 철제 도구로 "물물교환" 했다. 이들은 프랑스인의 동맹이었고, 정기적인 무역 상대였으며, 브라질 마을은 브라질에서의 일상적인 상호 작용을 모방하여 보여주었다. 무대에 올려진 충돌조차 아메리카 정치의 현실을 보여주었다.

1550년대에 투피남바족은 포르투갈과 그 동맹 인디저너스 세력인 투피니킴족과 타바자라족에 대항하여 프랑스와의 동맹을 강화했다. 그러자 지역 분쟁이 심화되었고, 결국에는 포로 체포, 전례 없었던 질병의 확산이 이어지면서 지역 공동체 전반의 약화를 초래했다.6 따라서 그 충돌의 재현은 유럽인 관객뿐 아니라 참가한 인디저너스들에게도 의미가 있었다. 그것은 유럽인의 습격에 대한 자신들의 저항 능력을 서서히 약화시킨 내전을 보여주는 한편으로, 프랑스와의 일시적인 동맹을 드러냈다. 당시 루앙에 있던 "브라질 마을"에는 타바자라인과 투피남바인이 모두 있었다고 하지만, 프랑스 군의 동맹 역할을 맡은 것은 대부분 투피남바인들이었던 것으로 보인다.

프랑스 배들은 16세기 초반부터 소위 "브라질우드 해안" 지역을 자주 드나들었다. 따라서 대부분의 루앙인들은 인디저너스들을 일상적으로

---

* 프랑스어 원어로는 "에리손hérissonné"으로, 아마 10월의 루앙 날씨에 노출된 벌거벗은 투피인들이 몹시 추웠으리라는 뜻으로 보인다.

보아왔고, 그들에게 친숙했다. 비노 폴미에 드 고느빌이 옹플레르에 도착한 1505년, 그는 브라질에서 우리가 앞에서 이야기한 바 있는 젊은 카리호 왕자 에소메릭만 데려온 것이 아니었다. 그는 그 지역의 풍요로움에 대한 지식을 가져왔고, 이는 옹플레르의 상인들 사이에 빠르게 퍼져 나갔다. 4년 후, 4세기의 주교 에우세비우스가 쓴 연대기의 16세기 판은 "새로운 땅"이라고 불리는 곳에서 "숲에 사는 사람ho[min]es sylvestres" 7명을 루앙으로 데려왔으며, 이들과 함께 나무껍질로 만든 배와 무기, 옷가지도 가져왔다고 기록했다(homines sylvestres는 흔히 "야만인"으로 번역되지만, 이 용어는 여러 신화적인 의미를 지니고 있다. 이 사람들은 숲에 살아서 문명화되지는 않았지만, 야만인은 아니었다). 로드 아일랜드의 존 카터 브라운 도서관에 소장되어 있는 1512년 판의 주석은 이들이 뉴펀들랜드 출신이라고 하지만, 이들은 대륙의 북부 해안 지역에 거주하던 미크맥족이었을 수도 있다. 그들은 피부색이 "거무스름하고", "입술이 두툼하며", 귀에서 턱까지는 턱선을 따라 문신과 흉터가 거미줄처럼 얽혀서 마치 "푸르스름한 혈관"처럼 보였다. 그들의 얼굴선에는 "말의 갈기처럼" 풍성한 머리카락이 자랐다. 프랑스인들은 그들이 체모가 적다는 점에 매료되었다. 그들은 그 인디저너스들이 거의 옷을 입지 않았기 때문에 나이에 상관없이 수염이나 음모가 거의 없다는 점이 잘 드러났다고 기록했다.

이들의 정확한 정체는 알려져 있지 않지만, 고전 지리학에서 말하는 "7번째 기후대seventh clime"에 속하는 지역 출신으로 추정된다. 이 지역은 서쪽의 매우 한랭한 지역으로, 그들의 표식 또한 누나부트 지역의 이누이트 부족이 뺨과 턱에 하는 문신인 푸른 보라색의 울루아구티트uluagutit와 아탈루루티트atallurutit를 연상시킨다. 그들의 배는 남성이 한 손으로

어깨에 짊어질 수 있을 만큼 가벼웠고, 넓은 활의 시위는 동물의 내장이나 힘줄로 만들었으며, 화살촉으로는 회색 돌이나 날카롭게 벼린 생선뼈를 썼다. 그들은 익힌 고기를 먹고 물을 마셨으며, 빵이나 포도주, 화폐 등은 없었다. 그들은 거의 벗고 지내거나 물개 모피나 그와 비슷한 가죽으로 만든 옷을 입었다. 훗날의 저자들은 1508년경 장 앙고의 선장 중 한 명으로 루앙에서 출항한 라 펜세 호의 선장인 토마스 오베르에게 이들을 데려온 공을 돌렸다. 사실 그가 당시 항해에서 아메리카 지역에 도착했다는 증거는 희박하지만, 이탈리아 출신의 피에트로 벰보 추기경은 그의 책 『베네치아의 역사*Historia Veneta*』(당시에 쓰였지만, 1551년에야 출간되었다)에서 예상 밖의 가능성을 암시한다. 벰보에 의하면, 1508년 한 프랑스 선박이 영국 해안에서 멀지 않은 곳에서 단단하게 만들어진 나무껍질 배를 마주쳤다고 한다. 그 안에는 피부색이 짙은 사람 7명이 타고 있었는데, 그의 표현에 의하면 그들에게는 보라색 흉터가 있었다고 한다. "그들 중 6명은 사망했고, 청소년 1명이 살아서 국왕이 계신 노르망디까지 갔다." 아메리카인들을 태운 그 배는 대서양을 건넌 것일까? 분명 불가능한 일은 아니다. 학자들은 (그리고 원주민들도) 콜럼버스 훨씬 이전에도 아메리카 항해사들이 대서양을 건너는 지식과 기술을 갖추고 있었다고 주장해왔다.7

1520년대 프랑스 선박들은 매우 자유롭게 브라질 해안을 돌아다녔다. 포르투갈에서 상프란시스쿠 강 하구를 "프랑스의 항구Porto dos Francezes"라고 부를 정도였다. 오늘날의 브라질 영토를 3,000킬로미터나 가로지르는 이 거대한 수로는 브라질 인디저너스들 사이에서 여러 이름으로 불렸다. 툭사어로는 칼레시Kaleshí라고 불렸으며, 나투어로는 오파라Opára라고 불렸다(두 언어 모두 현재는 사멸되었지만 20세기 중반에 그 흔적이 발견되었다). 포르투갈인들은 프랑스인들이 "자신들"의 영토를 침략하는 데에 결연하게 저항했지만, 노르망디의 상인들은 이에 굴하지 않았다. 프랑스와 포르투갈의 지도자들이 다투는 동안, 양쪽 모두 귀한 브라질 우드를 수입하기 시작했다(이에 더해 브라질우드에서 생산되던 여러 종류의 붉은색 염료에도 관심이 많았다). 또한 다른 "이국적인" 상품들에도 관심을 보였는데, 노예뿐 아니라 자유인에 대한 수요도 있었다. 우리가 가진 자료는 충분하지 못하지만, 1550년대까지 프랑스 북부와 브라질 사이에 정기적인 항로가 있었음을 확인할 수 있다. 기록에 의하면 프랑스 선박 10척이 1526년 단독으로(해군이나 해적의 지원이 없었다는 뜻으로 보인다/역주) 항해를 했고, 1529년에는 200톤의 브라질우드가 옹플레르의 부두에 하역되었다. 1541년, 30-40척의 배가 프랑스 북부를 떠나 남아메리카로 향했으며, 1549년에는 6척의 배가 단독으로 루앙에서 브라질 항구로 떠났고, 옹플레르와 디에프 같은 항구에서도 잦은 출입이 있었다. 1532년 포르투갈이 나포한 프랑스 선박 라 펠르랭 호는 5,000킨탈(약 500톤)의 브라질우드, 300마리의 원숭이, 3,000장의 "표범"(재규어일 가능성도 있다) 가죽, 프랑스어를 따라할 줄 아는 매우 영리한 앵무새 600마리를 싣고 있었다.[8]

　포르투갈의 군사적, 외교적 압력과 꾸준하지 못한 국왕의 지원에도 불구하고, 프랑스의 무역은 이 시기 내내 지속되었다. 이는 교황이 스페인과 포르투갈에 주었던 독점적 권한이 이후 다른 나라에 의해서 "발견되는" 땅에는 해당되지 않는다는 1536년 교황의 칙서에 의거한 것이었다. 오늘날 캘리포니아의 헌팅턴 도서관에 소장되어 있는 아름다운 지도책 『바야르드 지도 Vallard Atlas』(1547)에는 프랑스인으로 추정되는 유럽인들이 남아메리카의 원주민들과 무역을 하는 장면이 묘사되어 있다.

교역 초기에 제작된 이 화려한 지도나 그 첫 번째 소장자인 니콜라 바야르드 드 디에프에 대해서는 알려진 바가 거의 없다. 그러나 이 복잡한 삽화들은 "브라질인들"과의 거래가 1540년대까지는 프랑스의 해안 지역에서 일상적인 것이었음을 보여준다. 센 강의 "브라질 마을"에서처럼, 이 지도에서는 유럽인들이 브라질우드를 거래할 뿐 아니라, 거울과 금속 도구를 길들여진 앵무새 및 원숭이와 교환하고 있다. 다만 『바야르드 지도』에 그려진 인디저너스들은 루앙에서의 축제를 묘사한 그림 속 이들과 비슷한데, 이는 투피인들의 실제 모습이라기보다는 유럽인들의 선입견과 예술적 관습의 영향을 받은 것이다.

축제 참가자들의 그림에서 투피인들은 깃털로 된 작은 모자나 왕관을 쓰고 있다. 그러나 투피남바인들에게 사로잡혀서 거의 3년이나 그들과 함께 살았던 것으로 유명한 독일 병사 한스 슈타덴이 묘사한 바에 의하면, 그들은 마치 사제처럼 머리카락을 밀어버리고, 머리에 붉은색 깃털로 된 장식을 동여맸다고 한다. 그림 속 가옥 묘사 역시 특별히 정확하지는 않다. 슈타덴에 의하면, 투피남바인들은 보통 방어용 말뚝 담장으로 둘러싸인, 짚으로 만든 커다란 공동 주택에서 살았다고 한다. 그러나 투피인들의 건축물들은 상당히 다양했고, 루앙에서 재현한 드문드문 펴져 있는 나무 오두막은 화가의 상상력에 따른 결과였거나 실용적인 이유로 선택되었을 수 있다. 정확성이 떨어지더라도, 이는 "진실의 환영"이었다. 길고 좁은 땅에 맞춰서 "마을"을 지어야 하는 환경에서 뻥 뚫린 광장을 만들어 커다란 공동 주택을 짓기란 불가능했다. 그 마을을 짓는 데 투피인들이 직접 참여했는지는 불분명하다. 공연에 참여한 이들이 미리 준비된 무대에서 공연만 했을까? 아니면 그들의 세계가 보이는 방식에 적극적으로 참여했을까?[9]

이 마을이 정확한 재현이었든 그렇지 않았든 간에, 1500년대 중반 브라질과 그 주민들에 관한 지식은 프랑스에 널리 알려졌다. 앙드레 테베(1557)나 장 드 레리(1575)처럼 유명한 작가들이 브라질우드 무역에 관해서 글을 썼고,[10] 자신의 포로 경험을 풀어낸 한스 슈타덴의 책(1557)은 여러 언어로 번역되어 큰 인기를 누렸다. 노르망디 지역에서는 그런 연계가 특히 분명하게 나타났다. 1530년과 1550년 사이에 루앙의 말팔루 17번가에 있는 일 드 브레젤 호텔은 건물 전면에 커다란 패널 2개를 세웠는데, 이 패널에는 브라질우드를 벌목하여 싣는 투피인들이 그려져 있었다.[11] 이런 패널이 세워진 이유를 브라질 방문객들이 말팔루 17번가에 머무르고는 했기 때문이라고 추측할 수도 있지만, 이 호텔의 주인이 브라질우드를 판매해서 부를 쌓은 상인 중 한 사람이었기 때문일 가능성이 더 높다. 성당 가까이에 위치한 이 인상적인 건축물은 루앙의 시민들이 날마다 접하는 건물로, 브라질 사람들을 그들 경제의 일부로 인식하고 심지어 확장된 사회적 연결망의 일부로 여기게끔 했다. 비슷한 장식물이 디에프의 생자크 성당에도 설치되었다. 1530년대 상인 장 앙고가 의뢰한 이 장식물에는 깃털로 된 허리띠와 목걸이, 방패를 든 인디저너스의 모습이 새겨져 있다. 오늘날 루앙의 센마리팀 유적 박물관에 전시되어 있는 이 조각품들은 브라질과 그 주민들을 유럽인의 이미지로 표현한 전형이다. 우리가 왕궁에 선 나우아인들에게서 보았듯이, 1528년까지 깃털은 "브라질다움"을 보여주는 시각적 언어의 일부였다.

이러한 장식물을 세우면서 장 앙고는 자신의 부유함을 하느님의 은혜로 돌렸지만, 그의 감사는 오래가지 못했다. 앙고는 그의 아버지와 함께(아버지의 이름 역시 장 앙고였다) 1530년대와 1540년대 브라질과 프랑스 간의 활발한 무역의 일부를 담당하고 있었지만, 1549년 국왕 앙리가 브라질우드의 독점적 수입 권한을 루앙과 마르세유에만 부여하면서 다른 디에프 상인들과 함께 큰 타격을 입었다. 선왕의 총애를 입었던 선박 부호이자, 공교롭게도 1522년 코르테스 가문으로부터 몰수한 사략선도 일부 소유했던 앙고 가문은 그렇게 몰락했다.

한편 1549년의 독점권 부여는 루앙에 거대한 성공을 안겨주었다. 루앙의 "브라질 마을"은 지역과 대서양을 넘어선 충성심의 표현이었으며, 이에 대한 왕실의 용인이기도 했다. 왕실의 축제를 기획하고 자금을 댄 조제프 테스리와 피에르 뒤 쿨드레가 범대서양 사업과 깊이 얽혀 있었다는 점이 이러한 사실을 뒷받침한다. 개선문 옆의 투피족 마을은 단지 왕권에 대한 찬양에 그치는 것이 아니라, 투피남바 지역과 이 도시 간의 연계를 명백하게 보여주었다. 프랑스의 영향력이 대양을 건너 확고하게 자리 잡기 훨씬 이전부터, 원주민들은 그들의 프랑스에서 일상의 실체가 되어가고 있었다. 그러나 그들은 노르망디에서만 나타난 것이 아니었다. 아메리카인들은 다른 지역에서도 왕이 시찰할 때에 행진하는 무리 중 "이국적인" 행렬의 일원으로 이름을 올렸다. 1565년, "인디오", "야만의 아메리카인" 그리고 "브라질인"은 샤를 9세가 남쪽으로 480킬로미터 떨어진 보르도에 입성할 때, 통역관을 통해 "왕에게 긴 시간 열변을 토한" 포로들의 명단에 있었다.12

인디저너스들이 왕의 승전 행사에서 국왕에게 "열변을 토한다"는 것은 어불성설 같지만, 사실 이는 거의 의식화된 항복의 연극이었다. 포로가 된 민족들의 행렬로 드넓은 땅의 지배자로서 국왕의 영광을 보여준 것이다. 물론 "아메리카인들"도 자신들의 요구를 표현할 기회를 얻었겠지만, 기록에는 그들의 존재만 남아 있을 뿐 그들의 이야기는 없다. 프랑스인의 마음속에 그들은 백지와도 같아서, 유럽인의 기대와 영향력을 그릴 수 있는 존재였다. 유럽의 아메리카인들은 굴절된 현실을 살았다. 그들의 목적이나 의도가 무엇이었든, 유럽인들은 그들을 관찰했을 뿐 아니라, 자신들이 짜놓은 틀 안에 가두어 은연중에 그들을 제한하고 변형시켜 이해했다. 원주민 여행자들은 신분이 통역사든 통치자든 노예가 된 연예인이든 외교관이든 그들의 의도나 목적과 상관없이 유럽에서는 호기심의 대상이었다.

인디저너스들은 유럽인들의 일상의 한 부분을 차지했다. 특히 그들과 혼혈인들이 하인이나 노예로 흔했던 이베리아 반도에서는 익명성을 통해 공동체에 녹아들어갔다. 그러나 상대적으로 아메리카 인디저너스 방문객이 드물었던 지역에서는 그들의 존재가 사회적 파문을 일으켰다. 사람들은 "이국적인" 방문객들을 보기 위해서 몰려들었으며, 그들을 이전에 보지 못했던 구경거리의 일부로 만들어버렸다.

1501년 9월과 1502년 9월 사이에 "뉴펀들랜드 섬에서 잡혀간" 3명의 남자가 헨리 7세 앞에 나타났다. 최초로 영국에 온 것으로 알려진 이 원주민들의 이야기는 1580년에 익명의 저자가 작성한 연대기에서 일부 엿볼 수 있다.

> 이 사람들은 짐승의 가죽으로 옷을 지어 입었고 날고기를 먹었으며 아무도 알아들을 수 없는 말을 했다. 그들의 행실은 왕이 키웠던 짐승과 같았다. 2년 후 나는 웨스트민스터 사원 앞에서 그들 중 2명이 영국인처럼 옷을 입은 것을 보았는데, 누구인지 듣기 전까지 그들을 영국인과 구분하지 못했다. 그러나 그들은 한마디도 하지 않았다.[13]

이들이 누군지는 알 수 없지만, 아마도 대양을 건너온 이누이트일 것이다.14 서반구의 풍부한 어장과 신비로운 "브라질 섬"에 관한 이야기, 아조레스 상인들과의 접촉 등은 1497년 존 캐벗의 상륙 이전부터 이미 모험에 불을 붙였고, 이에 따라서 이누이트인들은 수많은 작은 배 중 한 척을 타고 도착했을 수도 있다.15 그러나 그들이 호기심의 대상으로 여겨졌으며, 왕궁에서는 희귀함과 낯섦을 기준으로 가치가 매겨졌음은 확실하다.

원주민들에게 "볼거리"가 된다는 것은 그들이 유럽에 존재한다는 사실과 너무나도 얽혀 있었다. 영국에서는 인디저너스에 대한 우리의 인식을 바꾸고자 하는 프로젝트의 명칭이 "볼거리를 넘어서Beyond the Spectacle"일 정도였다.* 1610년까지 런던에서 원주민들을 전시하는 일은 셰익스피어의 「템페스트The Tempest」에 언급될 만큼 흔했다. 1710년에는 런던을 방문한 "4명의 인디언 왕"(모호크와 모히칸의 족장들)이 「맥베스Macbeth」를 보러 극장에 갔다가, 관객들이 그들을 보려고 소란을 피우는 바람에 결국 무대 위 의자에 앉는 일도 발생했다. 그들은 연극을 보고, "관객들"은 그들을 쳐다본 것이다.16

이러한 매혹은 수 세기 동안 거의 빛이 바래지 않았다. 20세기 초, 버팔로 빌의 "와일드 웨스트" 쇼가 유럽을 순회할 때에도 관중은 라코타족 공연자들에게 열광했다. 이들은 왕족을 비롯한 관중 앞에 정기적으로 전시되었다. 1887년 오글라라 라코타족의 족장이자 외교관, 전임 미

---

* 켄트 대학교의 데이비드 스티럽 교수가 이끄는 이 공동 연구는 학자들과 북아메리카 원주민들이 함께 인디저너스 여행자들의 이야기를 발굴하고 상세하게 기술하도록 이끌었다. 연구의 대상은 과거만이 아니라 영국에 남아 있는 후손 공동체와 연결되어 그들의 문화적 유산과 현재까지를 아우른다. https://research.kent.ac.uk/beyondthespectacle 을 참조하라.

육군 정찰병이었던 레드셔츠가 빅토리아 여왕을 만났다. 윌리엄 "버팔로 빌" 코디는 그 당시를 이렇게 회상했다. "레드셔츠는 이것을 통치자 간의 의식 행위라고 생각한 것이 분명하다. 자신을 소개할 때 그는 매우 훌륭하게 위엄을 부렸다. 그를 본 사람은 누구라도 그가 인생의 대부분을 왕과 왕비에게 자신을 소개하며 보냈으며, 그러기 위해서 노력해야 하는 과정을 다소 지루해했으리라고 생각했을 것이다." 코디는 레드셔츠가 자기 부족의 대사로서 오랜 경험을 가진 사람이라는 점을 깨닫지 못한 것 같다. 그가 관중 앞에서 "인디언 놀이"를 하고 있다고 하더라도 족장이자 외교관으로서 그의 이력은 지워지지 않았고, 이는 그 자신이 보기에도 마찬가지였다. 이러한 이중 생활에서, 레드셔츠는 얼간이들의 시선으로 자신을 판단하지 않았다. 족장은 영국 기자에게 자기 부족의 미래에 대해서 신랄하게 이야기했다. "우리 다음 세대의 인디언들이 마지막 인디언은 아닐 것이다. 우리의 버팔로는 거의 사라져버렸고, 사슴은 완전히 멸종되었지만, 백인들은 점점 더 우리 땅을 차지하고 있다."

다른 인디저너스 공연자들은 버팔로 빌과 함께 순회 공연을 다니는 것을 백인 사회에 대해서 더 많이 배워 자기 부족에게 이익을 안겨줄 기회라고 보았다. 주술사 블랙엘크는 "나는 큰 물, 큰 세상이 보고 싶었어요. 백인들이 사는 방식도 궁금했죠. 그게 내가 오고 싶었던 이유예요"라고 말했다. 린다 스카란젤라 맥넨리가 말했듯이, 이 공연자들은 관객 "너머를 응시했다."[17]

루앙에서의 행사가 끝난 후에 그 50명의 투피인들이 어떻게 되었는지는 알 수 없다. 자신들의 나라로 돌아갔을까? 아니면 브라질과 무역을 하는 배에 선원으로 함께했을까? 일부는 남아서 도시의 일원이 되지 않았을까? 승리를 자축하는 그 축제가 치러진 지 불과 12년 후에 철학자 미셸 드 몽테뉴는 루앙에서 3명의 투피남바인들을 만난 뒤 영감을 받아 유명한 글 "식인종에 관해서"를 썼다고 한다. 우리가 유럽인들의 입을 통해서 원주민의 목소리를 들을 때면 언제나 그렇듯이, 이 글도 짧고 다소 문제를 품고 있다. 그러나 몽테뉴의 글은 유럽으로의 여정에 관한 인디저너스들의 시각을 들여다보게 해준다.[18]

3명의 투피남바인들은 1562년 루앙에서 샤를 9세를 만났고, "그와 긴 시간 대화를 나누었다. 그들은 우리의 방식, 우리의 의식, 그리고 아름다운 도시의 구획들을 보았다." 몽테뉴는 그들이 유럽에 온 이유가 "새로운 것을 향한 열망"이었으며, 프랑스 왕궁은 아메리카의 방문자들에게 그들의 세계를 과시하고 싶어 안달이 난 듯 보인다고 했다.

> ……누군가 그들에게 무엇이 가장 훌륭해 보이는지 물었다.……그들은 첫째로 수염이 나고 기골이 장대하며 강인하고 심지어 무장까지 한 남자들이 왕을 에워싸고 있다는 점과(아마도 스위스 경비병들을 말하는 듯하다) 자신들 중에서 지휘관을 뽑지 않고 어린아이에게 충성하는 점이 이상하다고 했다. 둘째로 그들은 우리 중 일부가 모든 것을 가지고, 다른 반쪽은 굶주림으로 야윈 채 문간에서 구걸을 하고 있음을 거론했다(그들은 서로를 서로의 반쪽이라고 불렀다). 그들은 너무나 비참한 상황에 빠진 반쪽들이 이러한 부당함을 인내하고, 다른 반쪽을 위협하거나 그들의 집에 불을 지르지 않는 것이 이상하다고 했다.[19]

더 강력한 지도자를 선출할 수 있는데 어째서 어린아이를 따르느냐고 묻는 데에서 투피인들이 출신보다는 군사 역량을 더 중시한다는 점이 분명히 드러난다. 유럽인들과 달리 원주민 목격자들은 장자상속제와 사유재산을 중시하지 않았다. 원주민 사회는 대중문화에서 그리는 것처럼 평등한 유토피아는 아니었다. 많은 인디저너스들의 삶의 방식에서도 신분과 계층은 가장 중요했다. 그러나 그들은 소수의 사람들이 거대한 부를 쌓는 반면, 다른 이들은 굶는다는 사실을 생소해했다. 더 나중에 이곳으로 온 여행자들에 대한 기록은 그들이 유럽에 도착해서 가장 놀라워했던 점이 사치와 빈곤이 공존하던 유럽의 심각한 불평등이었음을 시사한다.

19세기 중반에 런던에 왔던 아이오와족(바코헤족)의 영적 지도자 세논티야는 버밍엄 시청에서 금주 협회Temperance Society의 대표들을 상대로 다음과 같이 이야기했다.

> 친우들이여, 이 나라의 수많은 백인들처럼 우리가 부유했다면, 이 추운 날씨에 신발도 신지 못한 아이를 데리고 거리에서 구걸하는 가난한 이들을 먹이고, 입히고, 몸을 데워주었을 것입니다.
>
> 친우들이여, 우리는 이 나라에 온 이후 줄곧 가난한 이들이 먹을 것을 구걸하는 모습을 보는 일이 마음 아픕니다. 우리 나라에서는 우리 모두 가난합니다. 그러나 빈곤한 이들에게도 충분히 먹을 것이 있고, 따뜻하게 입을 옷이 있습니다.……
>
> 친우들이여, 이렇게 부유한 나라에서 이렇듯 많은 이들이 빈곤하고 굶주리며, 술에 취해 있는 모습을 보는 것이 마음 아픕니다.[20]

유럽 사회의 불평등에 대한 이러한 거부감은 후반기에 인디저너스 사이에서 나온 공통된 반응이었으며, 멕시코와 페루의 주요 도시 지역에서 멀리 떨어진 오지 출신인 경우에는 더욱 그러했다. 우리가 가진 자료는 초기의 여행자들도 도시에 질병처럼 퍼진 빈곤과 왕실의 호화로움 사이의 간극을 목도하고는 비슷한 반응을 보였음을 엿볼 수 있게 한다. 1610년 항해사 사뮈엘 드 샹플랭이 프랑스로 데려온 사비뇽이라는 이름의 와이언도트족 젊은이는 유럽에서는 어떤 이들이 단지 끼니를 때우기 위해서 구걸을 해야 한다는 점과 정의와 훈육이라는 명목으로 폭력이 자행된다는 점에 충격을 받았다.[21]

19세기 중반 여행 쇼에 참가했던 미시시우가 치페와족의 족장 마웅우다우스(조지 헨리라고도 알려져 있다)는 유럽에서의 경험을 소책자 『미국, 잉글랜드, 아일랜드, 스코틀랜드, 프랑스, 벨기에 등에서 백인들 사이를 여행한 치페와 인디언의 이야기 *An Account of the Chippewa Indians who have been travelling among the whites in the United States, England, Ireland, Scotland, France and Belgium*』에 소개했다. 이 책에서 그는 자신을 "독학을 한 인디언"이라고 소개했는데, 사실 그는 꽤 교육을 받은 사람이었으므로 이는 약간의 허구라고 할 수 있다. 예리한 눈을 가졌던 마웅우다우스의 이야기에는 유쾌한 부분이 있었는데, 이는 특히 영국 귀부인의 태도를 이야기할 때에 두드러졌다. 그는 "영국 여성들은 혼자 걸을 수 없고, 늘 남성의 도움을 받아야 한다"고 썼는데, 이는 여성이 아이를 낳기 위한 존재이기 때문이었다. "차가 준비되면 숙녀들은 마치 아픈 사람처럼 탁자에 앉는다.……그들은 머리를 어깨 한쪽에 비스듬히 기대고, 포크와 나이프를 양손의 엄지와 검지, 중지로만 잡는다. 쓰지 않는 나머지 두 손가락은 마치 물고기 작살처럼 튀어나와 있기만 할 뿐 하등 쓸모가 없다." 프랑스 숙녀들은 외모가 수려하지만, "신사들은 절대 면도를 하지 않는다. 따라서 마치 입이 없는 것처럼 보인다." 어떤 이들은 수염이 너무 풍성해서 "검은 다람쥐 꼬리가 입 양쪽에 붙어 있는 듯하다."

그러나 마웅우다우스는 재미있는 각 나라의 특성들 사이에 자신이 유럽의 도시에서 목격한 상류층의 어마어마한 부유함과 빈부의 격차도 언급했다. 런던은 "멋진 도시"이지만, 사람들은 아메리카 대륙의 모기들처럼 "살기 위해서 서로를 물어댄다. 부자들은 많지만 굶주리는 사람들은 더 많다." 빅토리아 여왕의 저택 중 하나는 너무나 거대해서 방들을 전부 살펴보기도 전에 지치고 마는데, 그만큼 큰 저택이 3-4채나 더 있음에도 또다른 저택이 세워지는 중이었다. "우리가 지금 보고 있는 저택이 여왕께는 너무 작기 때문이라고 한다." 그는 "영국이 지배하고 있던" 아일랜드에 극심한 빈곤이 만연해 있음을 알아차렸는데, 그곳에서도 수도는 매우 부유했다.22 투피남바 "왕"은 영어를 구사하지 못했고 영국의 방식에 대해서도 거의 아는 바가 없었다. 그러나 한때 성직자로도 여겨진 개종한 기독교도인 마웅우다우스가 이 정도의 문화 충격을 겪었다면, 무려 3세기 이전에 투피남바인이 어떤 충격을 받았을지는 가늠해볼 수 있다.

몽테뉴가 만났던 사람은 "상류층"이었고, "선장이었으며, 선원들로부터 '왕'이라고 불렸다." 또한 전장에서 4,000-5,000명 규모의 군대를 이끌 수 있으며, 몇 개의 마을을 다스리고 있어서 숲으로 길을 내어 방해받지 않고 지나갈 수 있는 특권층이었다. 몽테뉴는 이 왕에게 "매우 오랜 시간 동안" 이야기를 했지만, 그 대화가 그의 통역사에게는 그리 감명 깊지 않았던 듯하다. 몽테뉴는 자신의 통역사가 "내 말을 잘 따라오지 못하고, 멍청해서 내 생각을 이해하지도 못했다. 결국 나는 그 대화에서 가치 있는 결과를 얻지 못했다"라고 썼다. 몽테뉴가 세부 사항을 얼마나 드러내는지를 고려할 때 이는 다소 부당한 요구 같지만, 어쨌든 수준 있는 철학적 대화를 원한 그의 기대와 달리 대화의 내용은 통역사의 능력 바깥이었던 듯하다(통역사는 브라질우드 항로를 오가던 배의 선원 중 한 명이었던 것 같다).

몽테뉴는 당시로서는 예외적으로 자기 성찰적인 작가였다. "우리 세기에 발견된 세계에서 10-12년 정도 살았던 사람"과 이야기를 나눈 그는 투피남바인들을 두고 "그들은 야만스럽거나 미개하지 않다. 자기가 하지 않는 것을 야만스럽다고 하는 경우를 제외하면 말이다"라고 결론 내렸다. 그는 유럽 사회에서 자행되는 고문과 폭력을 지적하면서, "우리는 이들 원주민들을 야만인이라고 부를 수 있다.……그러나 우리와 비교해서 그렇다는 것이 아니다. 우리는 모든 면에서 그들보다 훨씬 야만적이다"라고 썼다. "야만"과 "문명"이 상대적이라는 점을 인식한 몽테뉴는 두 개념을 의도적으로 재구성하고는 투피인들의 삶을 통해 그가 속한 사회를 비판적으로 성찰하고자 한 것이다.23

이 투피인들이 어디에서 왔는지는 확인이 되지 않는다. 그러나 아마 그들은 1550년대 프랑스의 해군 장교인 니콜라 뒤랑 드 빌레가뇽이 유럽으로 데려온 사람들일 것이다. 빌레가뇽은 오늘날 리우데자네이루가 된 자리에 처음으로 요새를 건설했던 탐사대를 이끌었다. 강인하고 경험 많은 군인이자, 열렬한 기독교 신자, 위그노 지지자였던 빌레가뇽은 9-10세가 채 되지 않은 10명의 투피인 소년들을 구매했다. "전투 중에 붙잡힌" 그들은 프랑스인들과 친분이 있던 인디저너스 집단에 의해서 "노예"로 팔렸다. 아마도 타모이우족(투피남바족의 하위 부족/역주)이었을 이 소년들을 데려가려고 노력하던 중 "그들을 구원하는" 일에 대해서 알게 된 빌레가뇽은, 지역의 사제에게 부탁하여 그 소년들에게 손을 얹고 신의 은총을 위해서 "다함께 신께 기도했다." 빌레가뇽이 이 어린아이들을 풀어주었다는 이야기는 없다. 그는 다른 이들과 마찬가지로 이 아이들을 전도의 대상으로만 생각했다. 그들은 기독교의 잠재력을 그려가기 위한 캔버스였던 것이다. 소년들은 1557년 프랑스로 보내졌다. 그들은 아마도 빌레가뇽의 브라질 사업을 공고히 하기 위해서 앙리 2세에게 보낸 선물이었을 것이다. 국왕은 이 소년들을 "몇 명의 위대한 영주들"에게 나누어주었는데, 그중에는 "소년에게 세례를 주었던" 무슈 드 파시도 있었다. 1558년 레리가 돌아왔을 때 그 소년은 여전히 프랑스에 거주하고 있었지만, 이 짧은 소식이 우리가 그에 대해서 아는 전부이다.24

1559년 빌레가뇽은 프랑스로 돌아가면서 50명 정도의 투피인들을 데려갔다. 이들은 남녀노소로 다양했으며, "강제로 혹은 친선에 의해" 그를 따라갔다. 브라질인들이 이 여행에 동의했든 동의하지 않았든, 그들에게는 사실상 자신들의 운명을 선택할 권한이 없었다. 대부분의 사람들이 왕 앞에 바쳐졌지만(1550년대 당시 프랑스 왕궁에서 원주민은 흔했다), 빌레가뇽은 "그들 중 5-6명을 자신과 형제들의 몫으로 남겨두었다." 빌레가뇽이 데려간 이들 중 각각 16세와 18세였던 소년들은 빌레가뇽의 형제인 필리프에게 "보내졌는데", 그는 파리 남동쪽의 작은 요새 도시인 프로방스 지역의 하급 관리였다. 이 지역의 가톨릭 사제였던 클로드 아통은 자서전에서 도나트와 돈카라고 불리던 이 소년들이 어떻게 프랑스어를 배우고 기독교에 대해서 알게 되었는지를 기록하면서, 그들이 오늘날에도 프로방스의 중심부에 서 있는 오텔듀Hôtel-Dieu(종교적인 병원)에서 세례를 받았다고 썼다. 그들은 필리프가 근무 중에 사망하기 전까지 약 7-8년간 그의 시중을 들었고, "매우 인간적인 대우"를 받았던 것으로 추정된다. 여느 경우처럼, 우리는 이 투피 젊은이들의 삶을 거의 알 수 없다. 그들과 관련해서는 지역의 관찰자들이 새긴 미미한 흔적만이

진기한 볼거리

남아 있을 뿐이다. 다만 그들의 경험이 매우 평범한 것이었다는 점은 놀랍다. 1550년대만 하더라도 투피인들은 프랑스의 평범한 마을에서 일하고 거주했다. 항구나 궁전이 아니라 그로부터 멀리 떨어진, 번화한 시장의 중심지 등에서 말이다.[25]

1522년 겨울, 코르테스의 사절단인 후안 데 리베라가 스페인으로 데려온 "젊은 원주민 노예"는 순교자 피터를 포함한 관중 앞에서 자신의 문화를 "공연해야만" 했다. 당시 순교자 피터는 카를 5세로부터 "신세계"에 관한 위대한 이야기를 기술하라는 의뢰를 받은 바 있었다. "축제 복장을 입고" 춤추고 노래하며, 의식에 도취된 흉내를 내고, 통치자들을 향한 경외심을 보여주면서 그 젊은 멕시코인은 "다른 노예"와의 대결에서 자신의 용맹을 과시했고, 이후에는 자신의 동료를 생포하고, 희생시키고, 의식을 위해서 몸을 갈랐다. 순교자 피터는 그가 "심장을 뜯어낸 후 피를 쥐어 짜냈다. 손상된 부위에서 피가 흘러내렸다. 그는 그 피를 칼과 방패에 흩뿌렸다"고 경악하여 기록했다. 이방인들을 위해서 희생제의를 흉내 내도록 강요받은 이 노예 젊은이는, 초기 유럽인들이 인디저너스의 지식을 전유하는 과정의 희생양이었다.

나우아틀어가 유창했다는 리베라의 주장과 달리, 순교자 피터는 멕시코인들과 직접 이야기를 나눈 적이 없는 것으로 보인다. 만약 순교자 피터가 멕시코인들과 직접 대화했다면 그들이 정기적으로 인육을 먹고 특히 목테수마 황제는 인육을 주식으로 한다는 자신의 편견을 깰 수 있었을 것이다.[26] 이 놀라운 공연은 인신공양에 대한 유럽인들의 집착을 엿보게 한다. 인신공양은 아즈텍-멕시카 문화를 이해할 때에 늘 중심적인 위치를 차지해왔는데, 의식의 일환으로서 피를 뿌리는 행위는 유럽인들에게 기독교 문명과 대척점에 서 있는 것으로 이해되었다. 인신공양은 메소아메리카 전역, 특히 테노치티틀란에서 흔했던 종교 관행이다. 피를 뿌리는 행위는 신들에게 그것을 바침으로써 세상이 어둠에 빠지는 것을 막기 위한 필수적인 절차였다. 그러나 식민주의자들은 이 행위를 과장하고 선정적으로 곡해했고, 오늘날까지도 그러한 인식이 이어지고 있다.[27]

리베라가 유럽으로 가져온 "호기심"의 대상은 그 젊은 멕시코인뿐만이 아니었다. 그는 다양한 이야기를 아는 지적인 손님과 지도, 그리고 보물을 가져왔다. "새로운" 세계가 열리면서 공예품, 식물, 아이디어 등 일상의 것들이 유럽으로 쏟아져 들어왔다. 여러 종류의 사람들에 대한 방대한 보고서가 작성되었고, 부유한 이들은 수천 년에 걸쳐 전 세계에서 만들어진 다양한 물건들을 수집했다. 어떤 물건들은 아름답기 때문에 가치가 있었고, 또 어떤 것들은 과학적, 예술적, 역사적 흥미를 일으킨다는 가치가 있었으며, 어떤 것은 단지 새로워서 가치를 인정받았다. 라이덴 대학교의 공립 극장 및 해부학 홀에서 열린 "최고의 희귀전"에는 "회반죽이나 돌 없이 들보로만 지어진 노르웨이 가옥, 러시아와 시암(타이), 이집트에서 가져온 신발과 샌들, 양피지로 덮은 남자의 피부, 하를렘 공방전에서 살해당한 무어인의 해골로 만든 물컵, 중국에서 사용되던 전쟁용 무기, 중국산 징, 종이, 서적들, 이집트의 미라와 우상, 석화된 독버섯, 뉴욕의 야만인들이 살인에 사용했던 망치" 등이 전시되었다. 이러한 수집품 혹은 분더카머wunderkammer(일반적으로는 "호기심의 상자"라고 번역되나, 문자 그대로는 "호기심의 방"을 뜻한다)는 박물관이나 미술관에 익숙한 현대인들에게는 체계 없이 뒤섞인 구성처럼 보이지만, 근대 초기의 시각에서는 전체적으로 일관성을 띠고 있었다.[28]

1599년 런던에서 월터 코프를 방문한 토머스 플래터는 그의 아파트가 전 세계에서 가져온 것들로 가득 찬, 말 그대로의 "호기심의 방"임을 깨달았다. 플래터가 기록한 몇 안 되는 목록에는 아프리카에서 온 매력적인 이빨, 아라비아에서 온 펠트 망토, "예술적인" 중국 상자, 아메리카에서 온 길고 좁은 카누, 영국 여왕의 직인, 헨리 8세의 광대가 사용하던 지팡이와 종, 유니콘의 꼬리, "아름다운 인디언 깃털" 모음, "마치 번개 같은 인디언 돌도끼", "인디언 깃털로 만든 성모 마리아상" 등이 있었다. 원주민들의 보물도 다른 문화의 보물들과 함께 전시되어 있었다. 인디저너스들의 공예품만이 신선하고 이국적이지는 않았다. 유럽의 신기한 식물과 동물들도 이곳에서 자리를 차지했다. 아메리카인은 백과사전의 한 부분을 차지했으며, 유럽인은 그것을 발견하기로 했다. 이는 종교의 교리를 거스르는 시도가 아니었다. 이 시기 신앙과 과학은 매우 긴밀한 관계였고, 많은 사상가들은 "우주의 축소판"을 수집하고 눈앞의 세계의 지식에 질서를 부여함으로써, 신의 지식에 좀더 가까워질 수 있다고 생각했다.[29]

식민 지배 세력과 개인들에게 이러한 수집품은 권위와 특권을 드러내는 강력한 표식이었다. 빅토리아 시대 유럽의 우월성과 백인의 서사를 창조하고 재생산하는 과정에서 박물관과 민속학이 주요한 역할을 수행했음은 잘 알려져 있다. "전시"는 식민 지배를 받게 된 이들의 선조의 신성한 유적과 소유물을 유린하고, 비서구의 문화를 화석화했다. 학예사 댄 힉스는 최근 박물관들이 다른 문화의 유산을 전유하고 전시하는 행위가 역사적 절도 행위의 잔재에 그치는 것이 아니라 지속적인 폭력이 될 수 있음을 인지하라고 촉구했다. 그는 1897년 베냉에서 영국이 약탈한 박물관 소장품들을 언급하면서, "그 효과는 최근 파괴된 고대의 생활 문화를 마치 고고학적 유적에 지나지 않는 것처럼 보여주는 것이다"라며 일침을 날렸다. 이 이야기는 많은 인디저너스들에게 통렬하게 다가올 것이다. 그들이야말로 자신들은 과거에 묶인 "불변의 유물"이 아니라 "진짜의, 살아 있는, 오늘날의" 존재라는 인식을 심어주기 위해서 투쟁해왔기 때문이다.30

16세기에는 수집 행위 자체가 인디저너스의 문화를 화석화된 유물이자 재산으로 변화시켰다. 그것들을 획득하고 분류하고 전시하는 과정에는 이상화된 유럽인의 욕망과 편견이 투사되었다. 피렌체 지역의 메디치 가문은 "아메리카" 물건을 가장 초기부터 수집해왔으며, 가장 영향력 있는 수집가이기도 했다. 그들이 수집해온 멕시코의 걸출한 예술 작품에는 깃털 망토, 삽화가 들어간 고문서, 모자이크 가면 등이 포함되어 있으며, 이것들은 오늘날 이탈리아의 박물관에 남아 있다. 이를 목록화하고 분석한 리아 마키에 따르면, 이 수집품은 자신들보다 세력이 강했던 신성 로마 제국 및 스페인의 식민화 과정에서 방관자에 불과했던 메디치 가문이 "신세계"의 보물들에 대해서는 소유와 위탁을 통해 "간접적인 정복"을 실현했으며, 아메리카 대륙에 대한 유럽인의 인식을 형성하는 데 기여했음을 보여준다. 아메리카 대륙은, 인디저너스들의 물건과 그 유사품의 소유와 전시를 통해서 유럽인의 상상 속에서 발명된 것이다.31

오늘날 영국박물관의 여러 전시품 중에는 "디 박사의 마법 거울"이 있다. 이는 작은 접시 크기에 검고 반짝이는 둥근 판으로, 손잡이처럼 튀어나온 부분 끝에는 끈을 넣기 위한 구멍이 뚫려 있다. 그 끈은 아마 어딘가에 걸거나 손으로 잡기 위한 용도였을 것이다. 이 물건은 근대 초기 세계에 스며든 인디저너스의 사상이 어떻게 간과되는지를 보여준다. 엘리자베스 시대의 박물학자 존 디의 방대한 수집품 중 하나였으리라고 추정되는(비록 그 관련성을 드러내는 확실한 증거는 18세기에야 발견되었지만) 이 거울은, 최근 들어 멕시코 물건임이 확실시되고 있다. 당시에는 유럽에서 인디저너스들의 보물이 자유롭게 유통되었으므로, 디는 아마 유럽을 여행하다가 이 물건을 구매했을 것이다. 거울은 합스부르크 제국의 선박에 흔히 실리는 품목이었으며, 여러 종류의 초기 사례들이 남아 있다. 마이클 스미스는 이러한 거울이 전 세계에 16개 남아 있음을 확인했으며, 그 가운데 마드리드의 아메리카 박물관에 있는 것과 영국박물관에 있는 또다른 3개의 거울이 가장 비슷했다. 이 거울들이 코르테스가 실어온 보물에서 나왔다는 주장도 있지만, 이 매혹적인 설명은 아메리카 토착 세계와의 연계가 스페인의 침공 초기 몇 년간은 드물었다는 가정에 기반을 두고 있다. 그러나 사실 이러한 공예품들은 유럽 전역에서 발견된다. 즉, 16세기에 인디저너스들은 유럽 어디에나 있었던 것이다.*32

　영국박물관의 거울에는 세공된 가죽으로 덮인 나무 상자가 있다. 이 상자에는 선과 별 모양이 섬세하게 교차하는 무늬가 새겨져 있는데, 나중에 이 물건을 소장했던 정치인이자 골동품 수집가 호러스 월폴은 그 위에 새뮤얼 버틀러의 시 구절을 새겨넣었다.

　　　켈리는 자신의 모든 솜씨를 발휘했다네.
　　　악마가 유리, 돌을 바라보고 있고

---

*　파리 자연사 박물관에 소장된 "잉카의 거울"은 코르테스의 탐험 당시의 유물이라고 알려졌지만, 광물학 분석 결과 18세기에 프랑스로 전해진 에콰도르산 유물로 추정된다.

그곳에서 그와 함께 까꿍 놀이를 했지.

그는 모든 문제를 그렇게 깊이 풀지는 못했네.

에드워드 탤벗이라고도 알려진 에드워드 켈리는 유리를 사용하여 영혼을 불러내고자 했던 영국의 연금술사이자 신비주의자로, 존 디와 함께 작업했다. 두 사람은 천사들의 회합을 시도하고 특별한 천사들의 언어(나중에 에녹어Enochian라고 알려졌다)를 기록하려 시도했다는 점에서 악명이 자자했다. 그러나 이는 아즈텍인들에게 그러한 거울이 테스카틀리포카Tezcatlipoca 신과 관련이 있으며, 그 신의 이름 자체가 반짝이는 검은 흑요석("연기 나는 거울")을 의미한다는 점에서 주목을 요한다. 변덕스러운 테스카틀리포카는 화려한 의복에 달린 흑요석 거울을 통해서 운명을 관장했다. 그의 모습은 왼쪽 발 대신 달린 흑요석 거울로 쉽게 알아볼 수 있는데, 전설에 따르면 거대한 악어 시팍틀리를 유혹해서 태초의 바다 수면으로 데려가는 도중에 발을 잃었다고 한다. 결국 그곳에서 희생된 시팍틀리는 이후에 땅이 되었다.

아즈텍-멕시카 세계에서 흑요석 거울은 신성한 문자 및 제비 던지기와 함께 예언을 할 때 사용되었다. 예언가는 서로 맞물린 여러 주기週期로 이루어진 달력을 이용했는데, 각각의 주기에 담긴 고유한 의미를 토대로 운명을 풀이하는 것이었다. 토날포우키tonalpouhqui(날들을 읽는 자, 종종 예언자라고 해석된다)가 고객을 만나면, "거울 속에 비친 당신의 모습을 보러 오셨군요. 당신은 책을 보러 오셨군요"라고 이야기하면서 상담을 시작했다. 불에 그을린 흑요석 거울을 통해서 말로 표현하기 어렵고 난해한 의미들을 발견하며, 달력tonalamatl을 통해 날짜 세기tonalpohualli에 대한 정확하고 규칙적인 해석을 내놓는 것은 인디저너스들이 시간과 환경을 이해하는 방식을 정확히 보여준다. 모순되게도, 이는 기독교도로 성장한 디에게 매우 매력적으로 비쳐졌다. 디는 이미 점성술을 잘 알고 있었던 데다가 수정구슬의 점성술이 천사와의 대화 매개체로서 효력이 있다는 확신을 키우고 있었는데, 이는 흑요석 거울에 대한 아즈텍-멕시카인들의 믿음과 매우 유사했다. 비록 그 자신의 명망과 세계관의 일부로서 명백히 전유하기는 했지만, 디는 다방면에서 인디저너스의 종교를 자신의 방에, 심지어 왕궁에까지 반영한 것이다.

유럽으로 가는 길을 담고 있는 고문서 중 우리가 추적할 수 있는 것은 얼마 없지만, 그것들은 이 시기에 인디저너스의 기록들이 상류층 집단의 손에서 어떻게 변했는지를 보여준다. 『뉴 드사우이 코덱스 유타 트노오』(예전에는 "코덱스 빈도보넨시스"라고 불렸다)는 1520년대 초까지 교황의 궁정에 보관되었다가 1558년 바이에른 공작 알브레히트 5세가 취득했다. 1530년, 이탈리아의 의사이자 작가였던 파올로 조비오는 "상형문자"가 적혀 있는 "손으로 쓰인 역사책"을 선물로 받았으며, 1580년대에 페르디난도 데 메디치는 『플로렌틴 코덱스』를 손에 넣었다. 우리는 코르테스가 카를 5세에게 보낸 보물들 중에 삽화가 들어간 책 2권이 있음을 알고 있다. 그중 하나가 1600년까지 펠리페 2세가 소유하고 있던 15미터 길이의 달력인, 그 놀라운 『코덱스 시우아코아틀Codex Cihuacoatl』(예전에는 "코덱스 보르보니쿠스Codex Borbonicus"로 불렸다)이었다.33

수많은 인디저너스 문헌들이 유럽에 소장되어 있으며, 대부분 수집가나 학예사의 이름으로 명명되어 있다는 점은, 지적인 식민지화의 과정이 5세기 이상 지속되었음을 의미한다. 유럽인들이 인디저너스의 문헌을 "획득함"으로써 스페인의 침략에 따른 대재앙으로부터 그것을 "구했다"며 정당화하기도 하지만, 이러한 문헌들이 19세기에도 유출되었다는 사실에 정당성을 부여하기는 어렵다. 또한 이러한 주장은 신성한 인디저너스의 지식과 물건에 대한 소유권이 누구에게 있는가라는 오랜 논쟁을 불러일으킨다.

1982년, 멕시코 기자 호세 루이스 카스타녜다 델 바예의 행동이 큰 논란을 일으켰다. 학생 신분으로 파리에 온 그는 프랑스 국립 박물관을 방문해 병풍 형태의 진귀한 달력 "토날라마틀 데 아우빈Tonalamatl de Aubin"을 열람할 권한을 얻었다. 이후 그는 그것을 자신의 재킷 안에 숨겨서 조용히 걸어나왔으며, 빈 상자만 반납했다. 분실 사실이 확인되었을 때, 카스타녜다는 이미 그 고문서를 가지고 멕시코로 돌아간 후였다. 체포 당시 그는 고문서를 송환하려고 했다고 주장하며, 한 기자에게 "그것은 멕시코에서 도난당한 물건입니다. 우리는 이제 도둑맞은 유산을 돌려받아야 합니다"라고 말했다. 그러나 그가 그 물건을 혼자 조용히 2개월이나 가지고 있었다는 점에서, 애국심을 고취하는 그의 주장은 다소 퇴색되었다(아마도 암시장에 내다 팔 계획이었던 것 같다). 그러나 설령 그의 의도가 불순했다고 해도, 이는 멕시코에서 그 고문서는 양도될 수 없는 국가의 재산이며, 다른 나라로 보낼 수 없다고 주장하는 것을 막을 수 없었다. 그해 여름 멕시코시티에서 개최된 제6회 유네스코 세계문화유산 정책 회의에서 멕시코는 "문화재 반환"을 강력하게 주장하는 국가 중 하나였다. 그러나 "토날라마틀 데 아우빈"의 반환은 자칫 위험한 선례를 남길 수 있었다. 한 외교관은 "그리스인이 영국박물관에서 엘긴 대리석 조각군을 훔치려 들고, 이탈리아인이 루브르에서 '모나리자'를 훔치려 드는 상상을 해보십시오. 매우 혼란스러울 것입니다"라고 이야기했다. 이러한 난처한 상황은, 1991년에 멕시코에 그것을 공식적으로 대여해주고 3년마다 대여를 갱신하는 방법으로 해결되었다.[34]

500년이 넘도록 아메리카의 물건, 사람, 역사는 유럽인들의 전유와 재구성의 대상이었다. "토날라마틀 데 아우빈" 절도 사건 이후 40년이나 지났지만, 박물관들은 여전히 그 "위험한 선례" 때문에 인디저너스의 유물과 유적을 그 후손들에게 되돌려줄 수 없다고 주장하고 있다. 엘긴 대리석 조각군(오늘날에는 파르테논 대리석 조각군으로 재명명되었는데, 이는 도굴꾼의 이름보다는 발견된 장소의 지명으로 부르는 편이 낫다는 판단을 따른 것이다)은 전 세계에 흩어져 있는 여타 아메리카 선조들의 유물과 마찬가지로 여전히 영국박물관에 소장되어 있다.

정책과 관행 모두가 **변화하고** 있다. 1990년 미국에서는 아메리카 원주민 묘지 보호 및 송환법이 통과되었고, 2004년 영국에서도 인체 조직법이 국회의 문을 넘으면서 다수의 신체 유물들이 (유산에 적용된 냉정한 용어를 따르자면) "보관에서 해제되어" 그 후손들의 공동체에게로 송환되었다. 그러나 여전히 인디저너스의 유해 수십만 구가 전 세계 곳곳에 소장되어 있으며, 그중 대부분은 수백만 점의 인디저너스 유물과 더불어 미국에 보관되어 있다. 수없이 많은 요청이 계속되고 있지만, 조상들이 자신의 고향으로 돌아가야 한다는 인도적인 규범이 실행되기는 아직도 요원하다.

2008년, 영국박물관은 문신이 새겨진 마오리족의 머리뼈 7개를 반환하지 않겠다고 했다. 그들은 마오리족이 머리뼈를 매장하지 않으리라는 보장도 없고, "그 유해가 지니는 인간 역사에 대한 정보의 원천으로서의 가치는 그들 고향에서의 가치보다 더 크다"며 반환을 거부했다. 즉, 후손들이 동의하지 않더라도 이 사람들에 대한 박물관의 연구 능력이, 후손들이 중시하는 (박물관의 회의록에 기록된 바에 의하면) "조상들의 유해는 고향에 묻혀야 한다"는 규범보다 훨씬 중요하다는 것이다. 2016년에도 그들은 동일한 이유로 토러스 해협 제도 사람들의 이름으로 불리는 2개의 머리뼈를 송환하지 않겠다고 거부했다. 2개의 머리뼈 중 하나는 "수집된" 것이지만, 또다른 하나는 1888년 영국의 해양생물학자인 앨프리드 코트 해던이 구입한 것이었다. 이는 영국박물관이 유해 당사자의 이름을 기록할 정도로 그들에 대해서 잘 알고 있었으면서도 그들을 자신의 가족에게 돌아가야 할 인간이라고 생각하지 않는다는 점을 잘 드러낸다. 이는 린다 투히와이 스미스가 "'연구'라는 단어는 인디저너스 세계에서 가장 더러운 단어 중 하나일 것이다"라는 유명한 발언을 한 이유이다.35

승리의 행진과 호기심의 서랍으로 시작하여 "인간 동물원"과 "민속학적 전시"에 이르기까지, 유색인종*의 인간성을 말살하고 무력화하는 수집과 전시 행위는 오랜 역사가 있으며, 그 흔해 빠진 "과학적" 인종주의의 발전에 기여했다. 16세기까지간 해도 직접적으로 돈을 벌기 위해 아메리카인을 전시하는 것은 드문 일이었지만, 그럼에도 그들은 유럽인의 의도와 이익을 위해서 의도적으로 전시되었다. 주지하다시피 당시 인종주의는 초기 단계일 뿐이었지만, 당시의 수집가, 역사가, 민속지학자(종종 종교인들이 "다른 민족"을 이해하는 데 관심을 보였는데, 이는 그들을 개종시키기에 유리했기 때문이다)는 사람들을 "인종"으로 구분했고, 그들을 비난하는 데에 그것을 이용하는 일을 "자연스럽고" "과학적인" 믿음으로 만들었다. 유명한 물건들, 심지어 사람까지 소유하려고 했던 16세기 수집가들의 열망은 문화, 민족, 그리고 "인종"의 분류와 위계를 구축하는 데에 기여했다.36

---

* 이는 장애 및 선천적 기형을 지닌 사람들에 대해서도 마찬가지이다. "인간의 호기심"의 역사는 인종주의 및 우생학과 깊은 관련을 맺고 있다.

루앙에서의 웅장한 축하 행사가 열리기 거의 50년 전, 페드루 알바르스 카브랄은 장엄하고 엄숙하게 포르투갈을 위하여 브라질을 "발견했다." 1500년 5월 1일, 그는 가스파르 드 레무스를 보내 국왕에게 이 사실을 보고했다. 가스파르는 "그곳에서 온 인디언 중 한 명"을 데려갔는데, 많은 글을 남겼던 예수회 작가 시망 드 바스콘셀루스에 따르면 "그는 포르투갈의 국왕과 그 나라에서 크게 환영받았다. 신분이 높은 사람이건 천한 사람이건 모두들 이 새로운 인류의 말과 몸짓, 삶의 방식을 충분히 알지 못했다. 어떤 사람들을 그를 목신이나 고대의 어떤 괴물이라고 생각하기도 했다." 인디저너스를 상상 속의 고대 괴물과 연결짓는 것은 당시 유럽인에게는 흔한 일이었다. 가령 1542년 스페인 정복자 프란시스코 데 오레야나는 강을 여행하며 거의 죽어가다가, 전설 속의 여성 전사들인 아마존 부족을 발견했다고 주장했다. 그가 발견한 것은 아마 타푸야족일 테지만, 이후 그 강은 그의 주장을 따라서 아마존이라고 명명되었다. 한편 1500년 포르투갈의 마누엘 왕은 너무나 감격한 채로 신화 속의 인물이 방문했노라고 스페인의 가톨릭 공동 왕에게 편지를 썼다. 이듬해에는 리스본에 거주하던 이탈리아 대사 알베르토 칸티노와 피에트로 파스콸리고가 더 많은 사람들을 포르투갈의 국왕 앞에 데려오겠다며, 이번에는 오늘날 미국이나 캐나다에 해당하는 북동부 해안 지역 출신일 것이라고 편지를 썼다. 칸티노는 그들이 벌거벗고, 눈이 녹색이며, "상당히 인간다운" 언어를 사용한다는 점에 감명을 받았다. 유럽 전역에서 토론이 이루어졌고, 아메리카인들은 그들의 벌거벗은 정도나 "야생성"에 따라서 범주화되고 분류되었다. 이 기준은 "문명"이라는 유럽인의 이상과는 정반대였다.[37]

그들이 좋아하든 싫어하든 간에 인디저너스들은 결국 그들을 향한 유럽인의 기대에 맞춰 은유적으로 혹은 말 그대로 우리에 갇혔다. 그들의 존재는 더 광범위한 수집, 분류, 호기심 문화에 기여했다. 유럽에서는 아메리카 대륙의 볼거리에 현혹되기가 쉬웠다. 빙글빙글 도는 깃털들, 춤추고 노래하고 공으로 재주를 부리며, 마을 숲의 해먹에 누워 빈둥대고 스페인의 법정에서 희생자인 양하는 존재. 유럽인의 기대 속에 갇힌 이 죄수들 중 일부는 상황이 유리해지면 유럽의 연결망과 인맥을 요령껏 이용했지만, 다른 이들은 자신이 너무나 취약한 존재임을 알고 있었다.

1566년, 한 이누크Inuk* 여성이 일곱 살배기 딸과 함께 오늘날 누나트시아부트(캐나다 래브라도 주) 해안 지역에서 납치되어 안트베르펜으로 이송되었다. 그녀의 남편은 가족을 지키려다가 목숨을 잃었고, 아이를 두고갈까 봐 "흥분해서 미쳐 날뛰던" 여성은 딸을 배에 숨겨 데려오는 것을 허락받았다. 우리가 이 비극을 아는 이유는, 이 이야기가 아우크스부르크와 뉘른베르크의 광고 팸플릿에 나오기 때문이다. 이 팸플릿은 "야생의 여인이 딸과 함께……안트베르펜으로 끌려와서 최근에 전시되었으며 아직 볼 수 있다"라고 광고한다. 팸플릿에 따르면, 당시 20세였던 그녀는 프랑스어를 배운 지 8개월 만에 "내가 많은 남자들을 먹어치웠다"는 설명을 할 만큼 실력이 늘었다고 한다. 이는 아마도 쇼를 위해서 꾸며낸 자극적인 문구일 것이다(이외에도 그 남편의 키가 365센티미터에 달했고 그녀가 12일간 혼자서 12명을 살해하고 먹어치웠다는 주장도 이어졌다). 팸플릿 속의 모녀는 물개가죽 파카처럼 생긴 옷과 부츠 차림이다. 얼굴

---

* "이누이트Inuit"는 "사람들"이라는 의미이다. 따라서 그 안에 여러 부족이 속해 있음에도 "이누이트 사람들"이라는 말은 쓰이지 않는데, 이는 "사람들 사람들"이라는 의미이기 때문이다. 한 사람을 지칭할 때에는 "이누크"라고 한다.

에 "하늘색" 문신을 한 그 여성은 한 팔로 딸을 보호하듯이 감싸고 있다. 곱슬머리에 볼이 통통한, 어머니를 똑 닮은 딸은 외투에 달린 모자를 쓰고 얼굴을 내밀고 있다. 이 모습 외에 우리가 그들에 대해 아는 것은 없다. 그러나 그들을 "짐승"처럼 살면서 "사람을 먹는 이들"이라고 표현한 팸플릿의 문구를 보면, 그들이 인간적인 대우를 받았으리라고는 기대할 수 없다.38

1576년 10월 9일, 또다른 "이방인"이 "자기 배"와 함께 런던에 도착했다. 오늘날 캐나다 북동부에 해당하는 키킥타알루크(배핀 섬) 출신의 이 이누크인은 마틴 프로비셔가 자신의 부하 5명이 사라진 데에 대한 앙갚음으로 납치해온 사람이었다. 태평양의 북서 항로를 탐험했던 영국의 해적 프로비셔는 큰 소리를 내는 종을 주겠다며 그를 자신의 배로 유인해서는 "바다에 나와 있던 그의 작은 가죽 배를 재빨리 나포해서 그와 배 안에 있던 모든 것을 잡았다." 이 항해에 대해 조언했던 조지 베스트는 후에 이 사건을 기록하면서, 붙잡힌 이누크인이 분노한 나머지 혀를 깨물어 반토막을 냈는데, 아마 그를 배에 실으려던 몸싸움 중에 일어난 일인 것 같다고 썼다. 이 항해의 투자자 중 한 사람인 마이클 록은 런던에서 이 이누크인을 만나고는 그를 자세하게 묘사했다.

> 그는 몸매가 매우 좋고, 머리와 목, 가슴이 훌륭하다. 얼굴이 넓적하며 몸에는 살집이 있다. 그러나 키에 비해 다리가 짧으며, 손과 머리카락은 석탄처럼 검고, 이마 위로 머리를 묶었다. 눈은 작고, 얼굴에 검은 수염이 조금 있다. 몸 전체와 얼굴은 짙은 누런색으로, 갈색 무어인 같기도 하고, 내 생각에는 타타르인 같기도 하다. 표정은 화가 난 듯, 심술이 난 듯 날카롭다.

그가 런던에서 전시되었을 때 "화가 난 듯" 보인 것은 놀라운 일이 아니다. 그는 혀에 치명적인 상처를 입은 상태였고, 그로부터 2주일 만에 사망했다. 사인은 "바다에서 앓았던 감기"(아마도 폐렴이었을 듯하다)라고 말하는 것이 최선일 것이다. 영국에 도착한 최초의 아메리카인 중 한 사람이었던 이 이누크인은 항해의 성공을 기리는 어마어마한 새로운 물건들과 함께 전시되었다.

일주일 전인 10월 2일 하리치를 통해 영국 땅을 밟은 이 이누크인은 런던으로 보내져 "도시의 경계를 넘어 국가의 나머지 지역으로까지 소문이 퍼진, 너무나 놀라운 것"이 되었다. 그가 매우 아픈 상태였음에도 불구하고, 화가들은 그의 초상화를 그리고 싶어했다. 프로비셔의 탐험에 자금을 댔던 캐세이 사는 성공한 플랑드르 화가인 코르넬리스 케텔에게 그 이누크인의 전신화全身畫를 포함한 "위대한 그림"을 몇 점을 그려달라고 의뢰했다. 그중 한 점은 엘리자베스 여왕에게 바치는 선물용이었고, 한 점은 캐세이 사가 소유할 보관용이었다. 의뢰서에 의하면, 대부분의 그림에서 이누크인은 "[고유의] 복장" 차림이었지만, 한 점의 그림에서는 "영국식 복장"을 입고 있었다. 캐세이 사는 또한 네덜란드인 윌리엄 큐어에게 이누크인 머리의 밀랍 본을 떠달라고 주문했다. 우리로서는 이것이 데스마스크(사망 직후 밀랍이나 석고로 얼굴을 본떠 만든 안면상/역주)였다고 짐작하고, 그랬기를 바랄 뿐이다. 2020년 109세로 사망한 존경받는 원로인 이누키 아다미가 칼루나트qallunaat(이누이트가 아닌)에게서 받은 첫인상에 따르면, 북극의 날씨에 적절하지 않은 유럽인들의 의복을 보고 이누이트인들은 그들이 "거의 누더기를 입고 있다"고 결론을 내렸다고 한다.[39] 그렇다면 무엇이 그에게 영국식 옷을 입도록 강요했을까?

그 그림이나 밀랍 본은 이제 없지만, 이누크인들을 묘사한 그림은 많이 유통되어 원본 초상화를 모사한 것으로 추정되는 그림도 두 점이 남아 있다. 하나는 1577년 아드리안 쿠넌이 그린 펜화이고, 다른 하나는 겐트 지역의 루카스 드 히어가 그린 수채화로, 풍속을 다룬 책에 등장한다. 드 히어는 이누크인이 런던을 방문했을 당시 그곳에 머물고 있었으니, 이 그림은 실물을 보고 그린 것일 수도 있다. 그러나 그가 머문 기간이 짧았다는 점을 고려하면, 동료인 케텔의 그림을 보고 그렸을 가능성이 더 높다. 쿠넌의 그림 속 이누크인은 활을 들고 선 다부진 모습이다. 배경에는 그가 타고 온 프로비셔의 배 가브리엘 호와 2대의 카누가 떠 있다. 그러나 실제로 그는 런던에서 대부분 병상에 누워 지냈을 것이다. 프로비셔의 탐험에 대한 청구서에는 "병으로 몸져누운 이의 입원비"뿐만 아니라 그의 상태가 심각해졌을 때 고용한 "간병인" 비용과 약 값도 포함되어 있다.

그 이누크인을 그저 일상적인 호기심의 대상이자 잡아서 마음대로 연구할 수 있는 존재로 취급했으면서도, 영국인들은 그의 죽음에 얼마간 조의를 표했던 것 같다. 당시의 청구서를 보면 런던의 꽤 유명한 외과 의사인 윌리엄 크로에게 "인디언의 몸을 열어보고, 그의 사인을 밝히고, 그가 조국으로 돌아갈 때까지 보존할" 비용으로 5파운드라는 거금이 지급되었을 뿐 아니라 그를 눕힐 관과 그 관을 채울 왕겨 값도 지불되었다. 그러나 무슨 이유에서인지 그의 시신은 당초 의도와 달리 키킥타알루크로 돌아가지 못했다. 따라서 그 회사가 마지막으로 지불한 돈은 "성 올레이브의 교회 묘지에 타타르 인디언을 묻기 위한" 비용이었다. 교구의 기록에 이 매장이 기록되지 않았다는 사실은 두 세계 사이에서 그가 존재했던 방식을 보여준다. 그는 기독교식 매장이 필요한 한 사

람으로 인식되었지만, 공동체의 일원으로 등록되기에는 충분히 "우리"가 아니었다.40

최초의 이누크인 방문자가 런던에 묻힌 이듬해인 1577년, 프로비셔는 첫 항해에서 행방불명된 5명의 부하들을 찾기를 희망하며 또다시 이누이트 지역으로 향했다. 이 항해의 두 번째 목적은 이전 항해에서 발견한 신비한 (그리고 전혀 쓸모없는) "검은 광석"을 조사하는 것이었다.* 오늘날 캐나다의 누나부트** 지역에 해당하는 이칼루이트(프로비셔 만)에 도달하자, 프로비셔는 해안가에 나와 있던 한 무리의 이누이트인과 신호를 교환했다. 2명을 잡은 뒤, 1명은 사소한 물건과 옷가지를 주어 사람들에게 돌려보내고, 나머지 1명은 "통역사로 붙잡아두기 위해서였다." 자신들이 덫에 걸렸음을 알아챈 이누이트인들은 눈 덮인 빙판에 알맞은 장비의 도움을 받아 도망쳤고, 프로비셔의 "엉덩이를 활로 쏘았다." 선장이 썰매를 타고 도망치는 사이, 워릭 경의 달리기를 잘하는 하인 니콜라스 콩거가 이누크 1명을 따라잡았고, 그에게 "콘월식 레슬링 기술"을 써서 땅에 넘어뜨려 부상을 입혔다. 이로 인해 그 이누크인은 "한 달 동안 옆구리에 통증을 느꼈다"고 한다.

해안선을 더 탐험하고, 버려진 텐트들을 뒤지고, (아마도 이누이트인들이 급하게 산으로 도망치면서 두고 간) 개를 한 마리 훔친 후, 프로비셔와 그의 부하들은 실종된 동료들에게 무슨 일이 일어났는지 알아보려고 마지막으로 시도했다. 그들은 "작년에 영국으로 온 그들의 동향 사람 그림"을 보여주면서 이누이트인들과 적극적으로 의사소통을 하려고 했던

---

* 이는 "바보의 황금"으로 불리는 황철석으로 밝혀졌다.
** 이누크티투트어로 "우리 영토"를 의미한다. 캐나다 북부의 누나부트는 대부분 이누이트족의 땅이다.

것 같다(앞에서 묘사한, 배와 항해용 의장들을 배경으로 자신의 옷과 영국식 옷을 각각 입은 그 거짓 그림 말이다). 그러나 이누크 원로 이누키 아다미에 의하면, 그의 조상들은 "노 젓는 배를 타고 나타난 이 백인들을 매우 두려워했다.……그들이 이 세상 사람들이 아니라고 생각했기 때문이다." 자신이 아는 이의 가족일지도 모를, 영국식 옷을 입은 이누크의 그림을 느닷없이 마주한 상황을 이누이트인들은 어떻게 이해했을까? 우리가 할 수 있는 일이라고는 그저 추측뿐이다.

프로비셔의 참모였던 조지 베스트는, 사로잡힌 이누크인이 그림을 보고 처음에는 "너무나 놀랐지만", 이것이 "속임수 그림"임을 "감으로나 만져보고" 깨달았다고 주장했다. 그는 그 사람이 공포에 소스라쳐 "소리치고 울부짖었다"고 했는데, 그보다는 비탄에 빠졌거나 충격을 받았던 것 같다. 혼란스러운 초상화를 보고 무엇을 느꼈든, 그 이누크인은 몸짓으로나마 의사소통을 시도했다. 그는 실종된 5명에 대해서 아는 것이 있어 보였고, 자신들이 그들을 "죽여서 먹지 않았다"고 "강하게 부인했다." 이누이트인 몇몇을 생포하기를 희망하며 만에 상륙한 프로비셔의 부하들은 원주민들에게 지독한 폭행을 당했던 것이다. 폭력을 행사한 이들은 그 전해에 발생한 납치 사건을 잘 알고 있었던 것 같은데, 이는 원주민 3명이 납치를 피해 바위에서 바다로 뛰어내려 사망한 사건이었다. 그러나 프로비셔의 동료 중 한 명인 디오니스 세틀은 자신이 묘사하는 이 비극의 참상을 의식하지 못하는 듯 보인다.

> ……우리가 그들을 어떻게든 살릴 수 있었다면……우리는 그들을 구했을 것이고, 상처를 치료할 방법도 찾았을 것이다. 그 상처는 우리가 입힌 것이었기 때문이다. 하지만 인간성과 자비가 무엇인지 모르는 그

들은 죽음만을 좇았다. 그리고 우리 손에 잡힐 것을 알아채고는, 불쌍하게도 우리 손에 구원을 받지 못하고 물에 빠져 목숨을 잃었다. 다른 이들은 자신의 동포들이 곤경에 빠졌다는 것을 알고 높은 산으로 도망쳤다.

베스트는, 이누이트인들이 영국인은 식인종이라고 생각했기 때문에 포로가 되느니 죽기를 택했다고 주장한다. 만약 이것이 사실이라면, 도망갈 수 없었던 2명의 여인도 이러한 공포를 느꼈으리라고 상상할 수 있다. 이들은 "늙고 가련한" 한 여성과 "어린아이가 딸린" 아기 어머니였다. 늙은 여인은 "못생긴 데다가 불구여서" 관심을 끌지 못했고, 심지어 악마나 마녀가 아닌지 확인하기 위해 신발을 벗겨서 갈라진 발굽이 있는지 확인받은 후에야 풀려났다. 그러나 젊은 여인과 아기는 매우 훌륭한 상품이었다. 프로비셔는 자신이 잡은 3명의 포로를 사라진 부하들에 대한 협상 무기로 보고, 포로로 잡힌 이들과의 교환을 제안하는 편지를 썼다. 그러나 결국에는 동료들이 실종되었다고 판단하고 1577년 8월 22일 브리스틀로 항해를 떠났다.*

  3명의 이누이트 포로들은 함께 수감되었다. 영국인들은 이누크 여성이 "[이누이트] 남성에게 위안을 주기 위해서" 그곳에 있다고 노골적으로 생각했지만, 실제로 이들은 서르에게 진정한 위로가 되었던 것으로 보인다.41 이 3명은 한 가족처럼 보였지만, 여성과 아기에게 그 남성은 낯선 사람에 불과했다. 그들은 처음 만났을 때 전혀 친분이 없었다. 배가 여전히 해안가에 가까이 있을 때 두 성인은 여러 번 탈출을 시도했고,

---

* 이누이트인들에게 전해지는 이야기에 따르면 그 5명의 영국인들은 살해를 당했거나, 직접 배를 만들어 바다로 나갔다가 실종되었다고 한다.

진기한 볼거리　　　　　　　　　　　　　　　　　　　　　　　　　　　　321

남성이 여성과 아이만이라도 돌려보내달라고 협상을 시도하기도 했지만, 일단 탈출이 요원해지자 포기하고 각자의 존엄과 독립성을 유지하면서 가능한 한 상황을 잘 헤쳐나가기로 했다. 납치될 때 아기가 활에 부상을 입었으나, 여성은 의사의 치료를 거부하고 나을 때까지 혀로 핥아주는 전통적인 치료 방식을 고집했다.⁴²

이누이트인들은 한 가족처럼 함께 지냈다. 여성은 선실을 청소하고, 남성이 뱃멀미에 시달릴 때에 돌봐주었으며, 그들이 먹을 개의 가죽을 벗기기도 했다. 베스트는 "그들은 서로의 위로가 없었다면 살아남을 수 없었을 것"이라고 생각했다. 모든 기록들이 그들의 관계가 조심스럽고 (영국인의 눈으로는 감탄할 만큼) 순수했다는 점에 동의한다. 남성은 옷을 벗기 전에 여성이 선실을 떠났는지를 확인했으며, 모두가 "사적인 부분"을 세심하게 가리고 지냈다. 남편으로부터 멀리 떠나온 그녀는 "그의 포옹이……그녀로서는 견딜 수 없는 것"이라는 점을 알고 있었다. 그들은 같은 침대에서 잠을 청했지만, "그들 사이에서는 대화 외에는 어떤 일도 일어나지 않았다."⁴³

그들이 영국 남서부의 브리스틀에 도착한 1577년 10월, 이 3명의 이누이트인들은 곧바로 굉장한 구경거리가 되었다. 그들의 신분은 여전히 베일에 감싸여 있지만, 기록상 처음으로 이름이 붙여졌다. 남성은 칼리초라고 불렸고, 여성과 아기는 각각 "여성"과 "어린이"(혹은 신참자)라는 뜻의 아르낙과 누탁이라고 불렸다.* "신이 당신께 멋진 내일을 허락하시기를"과 "안녕" 등의 말을 할 줄 알았던 것으로 보아, 이누이트인들

---

* 낯선 언어들과 씨름을 하던 일부 초기 연대기 작가들은 이 남성을 "캘리 초Cally Chough"라고 불렀다. 그의 이름은 매우 여러 형태로 변형되어 등장한다. "칼리초"는 현대 이누크티투트어의 표준 표기법을 따른 것이다.

은 영국으로의 항해 도중 약간의 영어를 배웠던 것 같다.* 칼리초는 곧 지역의 유명 인사가 되었다. 그는 자신의 카누를 타고 에이번 강을 노를 저으며 오르내렸고 "다트"로 오리를 사냥하기도 했다(물론 화살이나 작살로 사냥하기도 했는데, 두 경우 다 그림에 남아 있다). 칼리초가 카누를 어깨에 멘 채 늪을 통과하고 물 위에서 상당한 기술을 과시하는 모습은 시장을 비롯한 많은 시민들에게 이누이트인의 삶을 가르쳐주었다. "그는 먼 거리에서도 오리를 맞추어 놓치지 않았다."44

아르낙은 당시 한 살가량이었던 누탁에게 모유를 수유하는 방식 때문에 매력적인 대상이 되었다. 그녀는 파카 안에서 "그녀의 가슴을 어깨 위로 던져두고" 모유를 수유했다. 이누이트인들은 영국에 도착한 이후 고기를 익혀 먹기 시작했고 국물을 매우 좋아했지만, 그들이 생고기를 선호한다는 점은 영국인들을 경악시켰다.

화가들은 이 3명의 포로를 그리기 위해서 또다시 몰려들었다. 이누이트들이 브리스틀에 머문 기간이 짧았음에도 불구하고 총 30점에 가까운, 매우 많은 그림들이 지금까지 남아 있다. 가장 잘 알려진 그림은 존 화이트의 그림인데, 그는 오늘날 버지니아 지역의 앨곤퀸어를 사용하는 이들을 제재로 한 수채화로 유명하다. 그는 매우 공을 들여 이 3명의 이누이트인들을 묘사했다. 그중 한 그림에서는 아기 누탁이 어머니 아르탁의 모자에서 살짝 얼굴을 내밀고 있다. 이 그림들 속의 이누이트인들은 건강하고 튼튼해 보인다. 아르낙은 살짝 미소를 띠며 자신의 허벅지에 손을 올려놓고 있다. 그리고 이 그림 역시 고통스러운 현실을 감추고 있다.45

---

* 우리와 마찬가지로, 그들이 배운 최초의 외국어는 "안녕"과 "잘 가"였다.

납치될 때에 입은 상처가 낫지 않았던 칼리초는 곧 병에 걸렸다. 그는 몇 차례에 걸쳐서 의사의 진료를 받았고, 신체적 증상과 더불어 "앵글로포비아Anglophobia"라는 증상도 진단받았다. 이는 "그가 처음 도착했을 때부터 가지고 있었으나 꽤나 쾌활한 외양 때문에 감춰져왔던 병이었다. 그는 상당한 기술로 거짓된 인상을 주었다." 에드워드 도딩 박사는 이것 역시 신체적인 질병으로 보았으며, "치명적인 질병의 전조 증상이자 시작"이라고 진단했다. 이는 고향과 가족들로부터 멀리 유리되었음에도 상황에 따라서 용감한 얼굴을 할 수밖에 없었던 한 남성에 대한, 매우 정확한 설명이었다.

칼리초는 브리스틀에 도착한 지 채 1개월이 되지 않아서 세상을 떠났다. 도딩 박사의 부검 보고서는 그 이누크인의 생의 마지막 날에 관한 주요한 기록이 되었다. 보고서에 의하면 영국에 머무르는 동안 칼리초는 "난청과 심한 두통"으로 끊임없이 고통받았다. 그러나 "그의 근력은 약해지지 않았고", 그는 의사가 권유한 사혈 치료를 거부할 정도로 충분히 건강했다. 도딩 박사는 이것을 이누크인이 "문명화되지 않고" 소심하며 어리석다는 증거로 보았지만, 이 일화는 칼리초가 붙잡혀 집으로부터 멀리 떨어진 상태였음에도 여전히 자신의 주장을 펼칠 수 있는 상태였음을 보여준다. 그의 건강은 급격히 악화되었고, 의사와 마지막으로 만났을 때에는 거의 의식이 없고 말도 제대로 할 수 없었다. 임종에 가까워지자 "그는 마치 긴 잠에서 깬 것처럼 정신을 차리고" 자신의 길동무들을 알아보았다. 심지어 그는 영어 몇 단어를 말했고 질문에 답할 수도 있었다. 그리고 마침내, 칼리초는 의사가 보기에 이누이트인들의 애도와 이별의 노래인 듯한 것을 "죽음 속에 무엇인가 좋은 것이 있으리라 내다보는 백조처럼 부르며 행복하게 눈을 감았다." 칼리초의 노래는 전통을 지키려는 시도였을 수도 있고, 죽어가면서 고향 및 가족들과의 연계를 찾으려는 노력이었을 수도 있지만, 무엇보다 저항의 행위이자 상실에 대한 뼈아픈 인정의 행위로 보인다. 그러나 현실로 돌아와 마지막 순간을 맞을 때, 그는 "강제로" 영어로 "신이 당신과 함께하기를"이라고 말하고는 영면에 들었다.

도딩 박사의 부검 결과, 칼리초는 갈비뼈 2대가 심하게 부러져 있었다. 아마 나포될 때에 입은 부상인 듯하다. 또한 뇌 손상의 흔적도 보였는데, 이것이 그의 심각한 두통과 난청의 원인이었던 것 같다. 치료하지 못한 갈비뼈 골절이 왼쪽 폐에 물이 차는 것으로 이어졌으니, 그는 상당히 고통스럽고 숨을 쉬기도 어려웠을 것이다. 그러나 도딩 박사의 주요 관심사는 엘리자베스 1세 여왕이 이 이누크 방문자를 볼 기회를 놓쳤다는 점이었다. 1570년대 말, 엘리자베스 여왕은 해외 탐험을 확신 없이 장려하고 있었다. 그후 얼마 지나지 않아서 프랜시스 드레이크가 항해를 시작했으며, 이는 그 유명한 세계 일주 여행이 되었다. 도딩 박사는 이누크 포로를 볼 기회를 "여왕의 손가락 사이로 흘려보냈다"며 "안타까워하고 슬퍼했다."

칼리초는 1577년 11월 8일 브리스틀의 성 스티븐 교회에 묻혔다. 도딩 박사는 영국인이 식인종이 아니라는 점을 아르낙에게 확인시키고자 내켜하지 않는 그녀를 강제로 매장의 증인으로 세웠으며, 그녀의 마음에서 "인간의 살코기가 먹힐 수 있다는 불안감을 떨치기 위해서" 칼리초의 (해부된) 시신뿐 아니라 다른 인간의 유해도 파서 보여주었다. 아르낙은 그 과정 내내 침착했던 것으로 보인다. 도딩은 "그의 죽음은 그녀에게 어떤 불편도 안겨주지 않았다"고 생각했다. 그러고는 아르낙이 자신이 이제까지 본 그 어느 여성보다도 냉정하고 근엄하거나, "감수성이 야생

동물보다도 뒤떨어진다"고 생각했다. 아르낙은 칼리초의 죽음과 해부된 그의 시신을 목도하는 충격과 트라우마로 고통받고 있었던 것 같다. 혹은 칼리초가 그랬듯이 나포자들 앞에서는 오히려 대담한 표정을 짓기로 마음먹었을 수도 있다.

  그때는 아르낙도 심각하게 병든 상태였다. 장례 다음 날 그녀는 "종기로 고생했다."(그러나 그 종기는 이미 피부 심층부에서 터진 상태였다.)46 아마도 홍역이나 그와 비슷한 질병에 걸렸던 것 같다. 홍역은 아메리카 대륙의 인디저너스들이 면역을 거의 갖추지 못한 치명적인 여러 질병 중 하나였다. 그녀는 칼리초가 사망한 후 며칠 만에 숨을 거두었고, 성 스티븐 성당의 강가 가까운 곳에 그와 나란히 묻혔다. 1577년 교구의 매장 기록에는 다음과 같이 쓰여 있다.

    콜린창, 한 이교도 남성이 11월 8일에 **묻혔다**.
    에그녹, 한 이교도 여성이 11월 13일에 **묻혔다**.

  전해에 사망한 동포와는 달리 칼리초와 아르낙은 제대로 인정을 받고 봉헌된 땅에 묻혔지만, 그럼에도 교구의 서기는 그들이 이교도였음을 명기했다. 그들은 아직도 "우리 중의 한 사람"이 아니었던 것이다. 두 인디저너스의 죽음은 영국의 교구 등록부에 기록된 첫 번째 사례로, 그 빈약한 보고서는 하나의 세계가 서서히 열리고 있었음을 보여준다. 그 세계는 "다른" 사람들이 보이기 시작한 곳, 또한 가능성의 장소이자 비극의 장소이기도 했다.

  아기 누탁은 프로비셔와 캐세이 사의 미심쩍은 보살핌을 받게 되었다. 당시 14개월이나 15개월 정도로 아르낙이 죽었을 때에도 젖먹이였던 누탁은, 아마 매우 놀라고 취약한 상태였을 것이다.* 누탁과 프로비셔는 런던까지 동행할 현지 간호사**와 함께 3마리의 백조the Three Swans라는 여관에 묵었다. 세계에서 가장 문명화된 국가임을 자부했던 나라의 수도 한가운데에서, 고아가 된 유아는 호기심 많은 런던 사람들의 구경거리가 되었다. 이때는 누탁도 아팠는데, 아마도 그 어머니를 죽음으로 몰아간 홍역에 걸렸던 것 같다. 아기를 치료하기 위해서 의사인 존 김블릿에게 5실링이 지불되었지만, 아기는 런던에 도착한 지 겨우 8일 만에 세상을 떠났다. 누탁의 시신은 하트 가에 있는 성 올레이브 성당에 묻혔다. 1576년에 사망한 첫 이누크 방문자가 안장된 곳 근처였다. 그러나 어머니와 달리 아기의 죽음은 교구 기록에 오르지 못했고, 그 짧은 생도 기록되지 않았다.47

시딩 가 모퉁이에 위치한 중세의 작은 교회인 성 올레이브 성당을 지나는 이들 중, 이곳 묘지에 묻힌 두 이누이트인를 아는 사람은 거의 없을 것이다. 런던 대화재도 겪었고 런던 대공습 이후에는 복원도 거쳤지만, 이 성당의 외관은 1570년대의 모습과 크게 다르지 않다. 그 묘지에 안장된 이들 중 가장 유명한 인사는 일기작가인 새뮤얼 피프스로, 아내와 함께 성 올레이브 성당에서 장례를 치르고 묻혔다. 이는 극명한 대조를 이루는 예이다. 흔적을 거의 남기지 않은 2명의 이누이트인은 표식도 남기지 못한 채 묻혀 있다. 그들의 의견은 다른 이들의 얼마 되지 않는 말들을 통해서만 간신히 짐작할 수 있다.48 그리고 그 가까이에는 역사

---

* 누탁의 성별이 여자였는지 남자였는지는 알 수 없다. 그러나 여러 형편없는 프랑스 문헌들은 누탁이 남자아이였다고 주장한다. 이것은 사실이 아닐 가능성이 있지만, 그럼에도 우리는 더 이상 누탁을 비인간화하고 대상화하지 않기 위해서 누탁이 남자아이였다고 상상할 것이다.
** 누탁이 아직 젖먹이였으므로, 유모였을 가능성도 있다.

상 가장 활발하게 활동했던 일기작가가 자신의 기념비 가까이에, 교회 중앙에 영광스레 묻혀 있다. 우리는 기록을 통해서 그의 속마음과 갖가지 경험의 세세한 부분까지 알고 있다. 피프스는 살아생전보다 지금 더 큰 인물이지만, 어머니의 모자 속에서 우리를 쳐다보던 작은 누탁을 보기 위해서는 과거를 더 열심히 돌아봐야 한다.

나가며

다른 많은 인디저너스 여행자들과 마찬가지로 칼리초, 아르낙, 누탁은 집으로 돌아가지 못했다. 그들의 시신은 낯선 땅에 묻혔으며, 그 가족들은 그들을 애도하고, 떠나보내고, 사랑했던 이들을 전통적인 방식으로 슬퍼하면서 그들의 영혼이 사후의 삶에 안전하게 도달하게 할 적절한 의식을 치를 기회를 놓쳤다. 본질적으로 영혼과 육신이 묶여 있으며, 사람들은 자신들의 땅과 연결되어 있다는 믿음을 지닌 아메리카인들에게, 이러한 상실은 이제까지(그리고 지금도) 통렬할 것이다.

피에간 블랙피트족과 아니닌족의 혈통을 이어받은 아메리카 원주민 작가 제임스 웰치는 소설 『돌격하는 엘크의 가슴 따뜻한 노래 The Heartsong of Charging Elk』에서 1889년 버팔로 빌의 와일드 웨스트 쇼에 참여해 순회공연을 하다가 프랑스에서 길을 잃은 오글라라 수족(라코타족) 사람인 돌격하는 엘크를 상상한다. 와시추 wašíču(원주민이 아닌 이들)에 의해서 자신의 민족과 땅이 소비되는 것을 보아온 이 젊은이는, 병에 걸리고 감옥에 갇힌 채 고향으로 돌아갈 꿈을 꾼다. 비록 아주 멀리 떨어져 있지만,

영적으로는 매우 가깝다고 느끼는 바로 그 고향 말이다.

> ……돌격하는 엘크는 자신이 조상에게 매우 가까이 가고 있음을 알았다. 이것이 바로 그가 하루 종일 죽음의 노래를 부르고 밤새 고향에 대한 꿈을 꾼 이유였다. 매일 밤 그는 와칸 탄카Wakan Tanka에게 오늘 밤에야말로 마침내 큰 물을 건너는 여정을 시작할 수 있게 해달라고 기도했다. 심지어 그는 오소리에게까지 여행할 힘을 달라고 기도했다. 그러나 힘은 모두 빠져버렸고, 그는 자신의 동물 조력자가 멀리 철로 된 집에 있는 그의 목소리를 듣지 못할 것임을 확신했다.[1]

이 이야기에서 돌격하는 엘크는 살아남아 자기 동족의 대학살을 슬퍼한다. 그는 이후에 만난 라코타족 공연자로부터 자신의 언어와 전통이 강제로 말살당했음을 듣고 유럽에 남아서 자신의 삶과 가족을 꾸린다. 다른 인디저너스 및 혼혈 여행자들도 대부분 비슷한 길을 선택했다. 집으로 돌아갈 기회가 생겨도 많은 이들이 유럽에 남기로 결정했으며, 어떤 경우에는 자신을 노예로 부린 사람들과 함께 살기로 했다. 한편 어떤 사람들은 기회가 생기자마자 고향으로 도망치거나, 대서양을 가로지르는 공간에서 노련하게 활약하면서 범대서양 연계를 유지했다.

그러나 고향으로부터 멀리 떨어진 곳에서 숨을 거둬 차가운 유럽 땅에 묻힌 이들에게는, 돌아갈 수 있는 선택의 여지도, 실낱 같은 희망도, 일말의 가능성도 없었다. 수천 명의 인디저너스들이 고향과 가족으로부터 멀리 떨어진 유럽에 묻혀 있다. 게릴라 군의 지도자였던 돈 프란시스코 테나마스틀레는 바야돌리드에, 나우아족의 귀족인 페르난도, 안톤, 로렌소, 발타사르는 세비야에, 윙간디토이아인 롤리는 데본의 비드포드에, 알론소 폰세의 쿠마나가토 출신 파트너였던 베아트리스는 알칼라데 과다이라의 성당에, 칼리초와 아르낙은 브리스틀에, 그리고 아기 누탁은 런던의 성 올레이브 교회에 묻혀 있다. 이들의 규모는 거대하지만, 알려진 이들은 매우 적다. 그들 대부분은 표식도 되지 않고, 애도도 받지 못한 채 누워 있다.

유럽으로 떠난 인디저너스 여행자들의 이야기는 앞으로도 계속될 것이다. 2021년, 독일 동부에 위치한 카를 마이 박물관은 7년간의 논의 끝에 마침내 그들이 여타 유해들과 함께 전시하던 한 인간의 머리 가죽을 돌려주었다. 그 머리 가죽이 누구의 것이었는지 정확하게 확인할 수는 없지만, 장신구로 보아 그는 "전투 중 전사한 오지브와족 사람"일 가능성이 높다. 수세인트마리의 치페와 인디언 부족이 박물관에 "겸손하고 평화롭게 우리 선조를 돌려보내주실 것을 요청합니다.……이분의 영혼은 지금 부서져서 우리가 자신을 고향으로 무사히 데려가기를 간절히 바라고 있습니다"라고 편지를 쓴 이유 역시 여기에 있다. 그들은 이 편지에 박물관과 부족이 "함께 우리 선조의 부서진 영혼을 치료할 수 있다"고도 썼다. 선조의 머리 가죽은 2021년 4월 독일에 있는 미국 대표단에게 전해졌다. 내가 아는 한, 그들은 아직도 고향으로 돌아가기를 기다리고 있다.[2]

많은 원주민들에게 이러한 선조들과의 유리는 벌어져 있는 상처와도 같으며, 이 여행자들의 영혼이 고향에서 마지막 안식을 취하는 것을 방해하는 단절이기도 하다. 2006년, 여왕 엘리자베스 2세는 조지 2세에게 정의를 청원하기 위해 런던에 왔던 사킴sachem(족장) 마호메트 웨요노몬의 기념비를 공개하면서, 모히건 부족 의회의 의장인 부르스 투 독스 보즘 및 다른 부족민들과 함께했다. 1736년 천연두에 걸린 그는 오늘날의 서더크 성당 근처에 표식도 없이 묻혔다. 그로부터 2년 전에는, 힝기타라는 이름의 크리크족 사절단이 "'체로키 크리크족'의 관습에 따라서" 그 근방에 묻혔다. 그들은 "외국인" 신분이었기 때문에, 그에 맞게 강 건너의 런던 시 바깥에 묻혔다.

  2006년, 성당의 묘지에 묻힌 마호메트에게 기념비가 헌정되었다. 코네티컷에서 가져온 화강암으로 만든 이 기념비는 유려한 산등성이를 닮았으며 생명력과 그가 밟은 여정을 상징한다. 모히건족 대표단은 "우리 부족의 전통에 따른 품위 있는 장례식"을 자신들의 족장에게 헌정했다. 여기에는 세이지 풀과 담배를 태우며 연기와 함께 기도하는 정화 의식도 포함되었다. 부족의 족장도 탄원서의 사본과 당시 사용되었던 붉은색 평화의 돌 파이프를 여왕에게 건넴으로써 마호메트의 임무를 완수했다. 기독교 성당의 땅에서 행해진 이 인디저너스식 의식은 모히건어와 영어로 진행되었으며, 식민 제국의 대도시에 원주민 전통의 공간을 내주었다. "우리의 순환하는 길은 우리를 사람으로서 전체로 되돌아가게 해준다"는 모히건 부족의 아름다운 통찰은 수 세기를 지나서 마호메트의 영혼을 그의 주민들과 연결했다.[3] 모히건 지도자들은 마호메트의 발자취를 따라가며 생전에 그가 마치지 못한 여행을 사후에라도 완수하도록 도움으로써 금이 간 영혼을 치료했다.

  인디저너스 수천 명의 유해는 여전히 유럽에 묻혀 있다. 그들은 교회 마당과 묘지에, 들판과 주택 아래에, 지하 묘지에 아무 표식도 갖추지 못한 채 수 세기 동안 뒤섞인 흔적들 사이에 누워 있다. 인디저너스들이 존재했다는 흔적은 지워졌지만, 그 사실은 잊히지 않았다. 수천 구의 유해들이 박물관과 개인 소장품의 목록에 올라 있으며, 전 세계의 원주민들은 그 어느 때보다 더욱 큰 목소리로 조상들의 유해를 송환하라고 요구하고 있다. 2020년까지 옥스퍼드의 피트 리버스 박물관에서는 100구 이상의 유해를 전시했다. 여기에는 에콰도르의 수아르족과 아추아르족에게는 신성하게 여겨지는 "작게 만든 머리" 찬차tsantsa도 있었다. 이는 빅토리아 시대의 수집가들이 "획득한" 것이었다.* 한 세기 동안 박물관 관람객들로부터 "야만스러움"의 인종주의적 증거로 간주되었던 이 전쟁의 신성한 트로피들은, 수아르족 대표들과의 토론 이후 전시에서 제외되었다.4

물건들은 신성한 의미를 지니며, 때때로 그 자체로 살아 있다. 또한 이는 여러 세대에 걸친 억압과 문화 변용 후에 인디저너스 공동체들이 자신들의 유산에 대한 귀중한 연대감을 회복하고 정체성을 되찾는 일을 도울 수 있다. 2010년, 영국의 피트 리버스 박물관은 캐나다 앨버타 남부에 있는 박물관들에 19세기 초 블랙풋족의 가죽 셔츠 5장을 대여했다. 이는 현대 블랙풋족을 이 유산과 다시 잇고자 하는 기획의 일환이었다. 머리카락 뭉치로 셔츠를 제작하고 소유할 권리(블랙풋족의 가죽 셔츠에는 머리카락을 묶어 만든 장식이 달려 있다/역주)는 엄중하게 보호되고 있는데, 이는 식민화되었던 공동체에게는 드문 특권이다. 블랙풋 공동체의 학예사인 프랭크 위설 헤드는 "당신들은 이런 셔츠가 5장이나 있어요. 그런데 어째서 나는 이걸 본 적이 없을까요? 어째서 내 아이들도 이걸 본 적이 없을까요? 왜 내 손주들도 이걸 볼 일이 없을까요? '당신들'은 이걸 어떻게 할 건가요?"라고 소리쳤다. 부족의 존경받는 원로인 앤디 블랙 워터는 "당신들은 거기에 우리의 일부를 가지고 있는 거예요"라

---

* 일부는 위조품이었고, 또다른 일부는 원숭이와 나무늘보의 머리뼈였지만, 몇몇은 진짜 인간의 머리뼈였다.

고 촌평했다. 2010년 봄, 500명이 넘는 블랙풋 주민들이 이 놀라운 기획을 통해서 이 셔츠를 만지고, 그에 대해서 이야기하고, 배울 수 있었다. 그러나 궁극적으로 그들은 외국인들이 소유하고 있는 자신의 민족으로부터 소외되었다. 이러한 유산의 긴급 송환에 대한 대화는 계속되어야 한다.5

아파치와 체로키족의 후손인 역사학자 레일라 K. 블랙버드는 "모두는 아니라고 해도 다수의 원주민들에게는 과거와 현재 사이에 구분이 존재하지 않는다. 그들은 전통적인 앎의 방식들과 믿음 내에서 모든 시간과 모든 역사가 상호 연결되어 있고 공존하며, 문화와 안녕에 매우 중요하다고 생각한다. 우리는 이러한 접점들이 성스럽다고 여긴다"라고 말했다.6 식민화, 노예화, 폭력, 이주 등으로 인해서 발생한 인디저너스 정체성의 균열은 심오하고도 지속적이다. 유럽의 땅에 누워 있는 이들에게 그 균열은 결코 회복될 수 없다. 롤리의 뼈는 결코 그의 부족과 재회하지 못할 것이다. 우리는 누탁의 작은 시신이 어디에 누워 있는지도 결코 알 수 없다. 그러나 "전혀 예상하지 못했던 곳에서"* 인디저너스 여행자들을 찾아냄으로써 우리는 그 균열을 메울 수 있다. 대서양 너머의 세계에서, 제국의 중심부와 지방에서, 왕국의 궁정에서, 가정과 노예들 속에서 말이다. 이러한 이야기들은 유럽과 세계의 역사를 이해하고 인디저너스의 과거와 현재를 이해하는 데 반드시 필요하다.

누탁과 그의 가족처럼, 대부분의 인디저너스 항해자들은 자신의 **선택**으로 유럽에 간 것이 아니었다. 그들이 한 선택, 그들의 대리인, 영향력, 그

---

* 하버드 대학교의 역사학 교수이자 스탠딩 록 수족인 필립 델로리아의 말이다.

리고 중요성을 전면에 내세울 수도 있지만, 실상 인디저너스들은 대부분 강제로 드넓은 대양을 건너서 새롭고, 때때로 잘 알려지지 않은 제국의 중심부로 향했다. 이들 선구자들을 묶어주었던 신체의 구속과 일련의 기대들은 16세기에 그들이 겪은 경험에 대한 우리의 그림의 일부이다. 대서양 세계에는 아메리카 토착 통치자들과 귀족, 외교관도 있었고, 화려한 왕들과 당당한 대사들도 있었다. 그러나 평범한 사람들 역시 많았는데, 그들이 존재했다는 기록은 기껏해야 한 줄 정도이다. 이렇듯 작고 희미한 삶들은 너무 닳은 나머지 서구 역사에 아주 옅은 흔적만을 남기는 듯 보이지만, 쌓이고 쌓여서 그 여행가들에 대한 과거의 그림을 만들어가는 시작점이 될 수도 있다. 때로는 눈에 띄고, 때로는 평범했지만, 그들은 언제나 **그곳**에 있었다.

유럽에서 유색인종의 역사는 곧잘 배제되거나 고의로 억압되었으며, 과거에 있었던 그들의 존재는 구시되었다. 현대 사회에 대한 그들의 기여 역시 각주나 단신, 혹은 흥미로운 일화나 지역의 소소한 이야기로 치부되는 경우가 많다. 그러나 인디저너스들은 이 역사의 중심이었으며, 중심이고, 중심이어야 한다. 유럽인들이 세계를 가로질러 첫발을 내디딜 때, 원주민들도 새로운 땅을 찾아서 탐험에 나섰고 외교 사절단을 파견했으며 상업적 연결망을 형성했다. 기독교도들이 무신론적인 공동체에 자신들의 종교를 이식하려고 할 때, 개종한 인디저너스들은 신앙(혹은 강요)이라는 거대한 물길을 따라갔다. 유럽의 거주자들이 서쪽의 아메리카로 이주할 때, 동쪽의 유럽에서도 인디저너스와 혼혈인 가족들이 형성되었다. 노예가 된 아프리카계 후손들이 끔찍한 여건 속에 대서양을 건너기 시작했을 때, 인디저너스들도 그들처럼 낙인이 찍히고, 묶이고, 노예로 전락했다.

이 책을 장식한 여러 여행자들처럼, 아기 누탁도 우리 이야기에서 아주 잠깐 등장했다가 퇴장했다. 그러나 그의 존재가 잠깐만 드러난다는 말은 역사에서가 아니라 우리가 볼 수 있는 부분에서만 맞는 말이다. 그의 경험은 의미 없는 것이 아니었다. 많은 주목을 받지는 못했지만, 그의 희미한 등장은 과거에 대한 우리의 그림이 우리가 구할 수 있는 자료에 철저히 의존한다는 점, 그리고 그 자료들은 유럽인과 상류층의 기대에 따라서 변용된다는 점을 새삼스레 일깨워준다. 우리가 얼마나 열정을 가지고 찾아보든, 인디저너스들은 구석에 달린 주석이나 지나가는 언급, 기독교적 열망이나 착취의 대상일 뿐이며, 무시당하는 깊은 역사의 건물이 조용하게 지르는 비명인 경우가 잦다. 그러한 흔적들을 더욱 더 열심히 찾아보고 그들의 존재와 의미를 고찰하며, 그 후손들의 목소리에 귀 기울이기를 이 책을 통해서나마 독자들에게 요청한다.

용어 설명

과라니 Guaraní	오늘날 브라질, 파라과이, 볼리비아, 아르헨티나 지역에 거주하는 인디저너스들의 선조.
과이사 guaíza	작은 가면 혹은 얼굴 조각상으로, 타이노인들은 여기에 영혼이 깃들어 있다고 생각했다.
과티아오 guatiao	의례로 맺어진 친구나 형제 관계를 뜻하는 타이노족 단어.
거북이 섬 Turtle Island	북아메리카 인디저너스들이 아메리카 대륙을 지칭하던 용어.
나우아 Nahua	나우아틀어 사용자.
나우아틀 Nahuatl	오늘날 멕시코 지역에 거주하던 인디저너스 집단으로, 아즈텍–멕시카와 틀락스칼라인들이 속한다.
남기스 'Namgis	밴쿠버 섬에 있던 인디저너스 국가.
네판틀라 nepantla	"사이 공간"을 일컫는 나우아틀어로, 중재자들nepantleras이 거주하던 공간이다.
뉴스타 ñusta	잉카의 공주.
동부 삼림 지대 Eastern Woodlands	북아메리카 동부의 문화 지역으로, 앨곤퀸, 이로쿼이, 무스코기, 수족 등이 포함된다.

디네 Diné	오늘날 미국 남서부 지역에 거주하는 부족으로, 나바호족이라고도 부른다. "부족"이라는 의미도 있다.
라디노 ladino	스페인에 동화된 아메리카 인디저너스.
레나페 Lenape	북동부 삼림 지대에 거주하는 인디저너스.
레스카테rescate (포르투갈어로는 헤스가트resgate)	노예 상태인 사람을 "구조하는(구제하는)" 것을 뜻하는 스페인 제국의 용어.
레알 real	스페인의 통화 단위. 8레알은 1페소이다.
로어노크 Roanoke	오늘날 노스캐롤라이나 해안 지역에 살면서 앨곤퀸어를 쓰는 인디저너스 집단.
마라베디 maravedi	스페인 화폐 단위, 34마라베디가 1레알이다.
마야 Maya	오늘날의 벨리즈, 엘살바도르, 과테말라, 온두라스, 멕시코 등에 해당하는 메소아메리카 지역의 인디저너스 집단.
마오리 Māori	뉴질랜드(아오테이어러우어Aotearoa)의 인디저너스.
메소아메리카 Mesoamerica	멕시코와 중앙 아메리카 지역을 포함하는 역사 문화 지역으로, 아즈텍–멕시카, 올메카, 마야 문화 등이 속했다.
메스티소/메스티사 mestizo/mestiza	혼혈. 유럽의 백인과 아메리카 인디저너스 사이에서 태어난 사람을 일컫는 스페인어.
몰리니요 molinillo	초콜릿 음료 거품기.
무이스카 Muisca	오늘날의 콜롬비아 고원 분지에서 거주하는 인디저너스 집단.

물라토/물라타 mulatto/mulatta	흑인과 백인의 혼혈 혈통을 지닌 사람을 일컫는 스페인어로, 인종적으로 모욕적인 표현이기도 하다.
밀파 milpa	메소아메리카 지역의 소규모 혼작 경지.
비시타도르 visitador	글자 그대로는 "방문자"를 뜻하지만, 스페인 국왕이 식민지에 파견한 조사관을 일컫는다.
세마나우악 cemanahuac	"물로 둘러싸인 곳"이라는 의미로, 지구를 뜻하는 나우아틀어.
아고우아나 agouhanna	"지도자"를 의미하는 이로쿼이족 단어.
아니시나베 Anishinaabe	오대호 연안에 거주하는 인디저너스.
아라와크 Arawak	남아메리카의 토코노족이 사용하는 언어.
아비야 얄라 Abya Yala	구나둘레족의 언어로 "생명의 땅"을 뜻한다. 일부 남아메리카 인디저너스 활동가들이 아메리카 지역을 일컬을 때 쓴다.
아우디엔시아 audiencia	스페인 식민지의 고등 법원 및 주 의회.
아즈텍-멕시카 Aztec-Mexica	스페인의 침략 당시 수도 테노치티틀란을 중심으로 중앙아메리카 지역의 대부분에 거주하던 사람들.
앨곤퀸 Algonquian	미국 동부와 캐나다에 거주하면서 언어와 문화적 배경을 공유하는 인디저너스 집단.
에스클라보 esclavo	"노예"를 의미하는 스페인어.
엔코미엔다 encomienda	인디저너스들에게 공물과 노동력을 요구할 권리를 엔코멘데로에게 부여하는 제도.
오소모코묵 Ossomocomuck	오늘날의 노스캐롤라이나의 해안 지역에 해당하는 앨곤퀸어 지역. "우리가 사는 땅" 혹은 "거주하는 집"이라는 의미이다.

와이언도트 Wyandot	북아메리카와 캐나다의 이로쿼이족. 무례한 방식으로는 휴런Huron이라고도 불린다.
웨로언스 weroance	지도자나 추장을 의미하는 앨곤퀸어.
이로쿼이 Iroquoi	오늘날의 퀘백 지역에 분포하는 인디저너스어 사용 집단. 하우데노사우니족과 스타다코나족이 속한다.
인디오/인디아 indio/india	"인디언." 스페인 식민 시대 자료에서 나타나는, 아메리카 인디저너스들에 대한 시대착오적인 용어.
잉카 Inka	안데스 산맥 지역, 특히 오늘날 페루 대부분의 지역을 지배하던 인디저너스 국가로, 수도는 쿠스코였다. "Inca"라고도 표기한다.
정당한 전쟁 just war	반란과 식인 풍습 등에 대항하는, 정당화할 수 있는 전쟁을 일컫는다. 이 전쟁에서 적이었던 인디저너스는 노예로 삼을 수 있었다.
칩차 Chibcha	오늘날의 콜롬비아에 거주하는 무이스카족의 언어.
카리호 Carijó	브라질 투피–과라니 지역의 인디저너스.
카립 Carib	소앤틸리스 제도 및 남아메리카 북부 해안 지역에 거주하는 인디저너스들로, 칼리나고족, 칼리나족 등이 속한다. 이 말은 "식인종cannibal"으로 변형되었다.
카빌도 cabildo	"의회"를 의미하는 나우아틀 단어.
카시케 cacique	"지도자"를 의미하는 타이노 단어. 스페인인들이 인디저너스의 세습 지배자들을 전반적으로 지칭할 때 사용했다.
칸타레스cantares (단수형은 칸토canto)	나우아족의 노래 혹은 시가.
칼리나 Kalina	카립어 사용자들의 본토.

칼리나고 Kalinago	섬에 거주하는 카립어 사용자들.
케치 Q'eqchi'	과테말라 북부 및 중부, 그리고 벨리즈 지역에 거주하는 마야어 및 마야 문화에 속하는 집단. 케치K'eckchi'라고도 알려져 있다.
코콜리스틀리 cocoliztli	16세기에 멕시코에서 창궐했던 "대역병"을 일컫는 나우아틀어.
크로아탄 Croatan	오늘날의 노스캐롤라이나 해안 지역에 거주하던, 앨곤퀸어를 사용하는 인디저너스 집단. "이야기하는 마을"이라는 뜻도 있다.
크리아도 criado	노예에서부터 가족 구성원까지, 스페인인과 동행한 무명의 여행자들을 일컫는 스페인어.
키체 K'iche'	오늘날 과테말라 지역에서 주로 나타나는 마야어 및 그 문화 집단.
타모이우 Tamoio	브라질 남부의 투피남바족의 후손들이 사용하는 이름으로, "조상, 선조"라는 의미이다.
타바자라 Tabajara	브라질 북동부 해안 지역의 투피어 사용 부족.
타이노 Taíno	대앤틸리스 제도의 다양한 부족에 대해 후손 공동체들이 주장하는 이름.
테노치티틀란 Tenochtitlan	아즈텍–멕시카 제국의 수도.
토토낙 Totonac	멕시코 동부의 인디저너스.
투피 Tupi	오늘날 브라질 지역에서 언어와 문화를 공유하던 집단.
투피남바 Tupinambá	투피어를 사용하는 브라질 동부 부족민들.

틀라토아니 tlatoani	통치자를 지칭하는 나우아틀어로, "연설하는 자"라는 의미가 있다.
틀락스칼라 Tlaxcala	아즈텍–멕시카의 오랜 숙적으로, 이들 도시국가들과의 연합은 스페인의 침략 당시 결정적인 역할을 했다.
틀락스칼란 Tlaxcalan	멕시코 틀락스칼라인을 뜻하는 유럽식 표현. 더 정확한 표현은 틀락스칼테카Tlaxcalteca이다.
팍토르 factor	스페인 왕실의 재무 담당 관리.
포우하탄 Powhatan	버지니아 동부 체나코모코의 앨곤퀸어를 사용하는 부족. 그들의 지도자들 중에도 포우하탄이라는 이름을 가진 이들이 있었다.
하우데노사우니 Haudenosaunee	일반적으로 이로쿼이 연맹이라고 알려진 인디저너스 부족집단. 글자 그대로는 "긴 집에 사는 사람"이라는 뜻이다.
히스파니올라 Hispaniola	서인도 제도에서 두 번째로 큰 섬, 스페인어로는 라 에스파뇰라La Española이다.

감사의 말

한 권의 책을 쓰는 데 너무나 긴 시간이 소요되었다. 여기까지 오는 동안 너무나 많은 사람들과 단체들이 도움을 주셨기 때문에, 그들에게 충분한 감사의 말씀을 전하기란 거의 불가능할 것이다. 분명 누군가는 빠뜨렸을 테지만, 용서하시기를 바란다.

가족에 대한 감사는 맨 마지막에 하는 것이 일반적이지만, 가족에게 가장 먼저 감사의 말씀을 전하고 싶다. 남편 제임스는 내가 이 작업을 하게 된 이유이자 내가 이 일을 할 수 있게 해준 사람이다. 그는 나를 지지해주고, 나를 위해서 희생했으며, 늘 가장 멋진 제목을 생각해주었다. 제임스가 함께하지 않았다면 결코 이 책을 집필할 수도, 이 작업을 마무리할 수도 없었을 것이다. 이 책은 제임스를 위한 것이다.

나는 나의 부모님 캐서린과 빌 덕분에 역사학자가 되었다. 부모님은 과학적인 성향을 지니셨지만, 부모님으로서 그리고 내 아이의 조부모님으로서 한결같이 실질적이고도 감정적인 지지를 보내주셨다. 또한 시부모님이신 크리스와 짐 덕분에 봉쇄령 때에도 집필에 집중할 수 있었다.

두 분이 가족의 대소사를 살펴주신 점에 감사드린다. 아이 한 명을 기르는 데에는 한 마을이 필요하지만, 그 아이가 한 권의 책을 마무리하는 부모를 두었다면 더욱더 그렇다. 딸 로완은 내가 글을 쓰는 이유이자, 내가 느리게 글을 쓰는 원인 제공자이기도 하다. 로완은 책 가장자리가 보라색이었기를 바랐겠지만, 나를 사랑하는 마음으로 그런 사소한 결점들은 (대부분) 보지 못한 척해줄 것이다.

학계에 오랜 세월 몸담고 있다 보니 가까이는 친구들, 멀게는 동료들까지 전 세계의 여러 사람들에게서 큰 도움을 받았다. 정말 많은 이들이 기꺼이 자신의 시간을 할애하여 나에게 조언과 지원을 아끼지 않았다. 10년 넘게 나의 집이었던 셰필드의 동료들에게 감사의 말씀을 전한다. 특히 에이드리언 빙엄은 코로나 때문에 내가 안식년을 망쳤을 때 이 책을 끝낼 시간을 내도록 도와주었다. 앤드루 히스, 마태현, 케이임히 닉 다이베이드, 콜린 리드, 찰스 웨스트가 보내준 우정과 지원, 그리고 비판에 감사를 표한다.

동료들을 만나고 조언을 구한 것은 매우 큰 행운이었으며, 그들의 작업은 나에게 영감을 주었다. 데이브 앤드레스, 폴 코언, 제니퍼 래프, 콜 트러시는 내 원고 전체를 읽고 고려할 점이 많은 조언과 애정 어린 비판을 해주었다. 이들에게 감사의 마음을 표한다. 이들 외에도 필리프 벅, 마리아 카스타녜다 데 라 파스, 닉 데이비드슨, 레베카 얼, 마셜 스타우브, 조너선 웨스터웨이 등 많은 동료와 멘토들이 지지를 해주었고, 전문가로서의 조언도 아끼지 않았다. 세계 중세 시대 연구자 모임 The community of Global Middle Ages scholars은 아이디어를 내고 폭넓게 사고할 수 있는 장이자, 친분을 쌓고 동료들의 협조를 구하는 곳이 되어주었다. 특히 어맨다 파워와 나오미 스탠든과의 관계는 보물 같았다. 목테수마 황제의 후손들에 관해서 도움을 주신 커밀라 타운센드의 열정적이면서도 관대한 태도는 원로 학자로서 귀감이 되어주셨다. 사라 곤살레스는 세비야의 인디오 기록보관소에서 흥미롭지만 때로는 매우 지루한 기록물들을 추적해주었다. 그녀의 조사와 필사 작업은 내가 기록보관소를 방문할 수 없을 때 너무나도 큰 도움이 되었다. 잭 헤이스는 매우 흥미로운 프랑스 자료들을 번역해주었는데, 이 책에서는 결국 사용하지 못했지만, 다른 기회에 사용하려고 남겨두었다. 폴 워드는 근대 초기 임금과 물가에 대한 미궁을 헤쳐나가는 데에 도움을 주었다.

이 책은 여러 학자들이 직접적으로 혹은 그들의 업적을 통해 간접적으로 제공한 도움 덕에 완성할 수 있었다. 이러한 종류의 책을 쓸 때에는 원하는 만큼 역사적 기록이 굴러나오지 않는다. 낸시 반 듀센, 잭 D. 포브스, 임티아즈 하비브, 오니에카 누비아, 에스테반 미라 카바요스, 데이비드 올루소가, 올리베트 오텔, 조니 피즈, 호세 카를로스 데 라 푸엔테 루나, 다니엘 리히터, 에리크 탈라도어, 올던 T. 본 등과 같은 학자들이 대서양 세계에 대한 나의 인식의 변화에 영향을 주었음을 밝힌다.

트위터의 드넓은 소통의 장과 역사는 놀라운 자원의 보고였을 뿐 아니라 지지와 응원의 원천이 되어주었다. 특히나 최근의 팬데믹 기간에 가상 공간에서의 우정은 너무나 큰 가치를 발휘했다. 세라 바커는 카푸친 수도회와 파리 사람들의 지리에 대해서 엄청난 도움을 주었다. 데이비드 볼스는 고맙게도 나우아틀어 칸타레스를 번역해주었다. 스콧 케이브는 전문가로서 내가 스페인어 아카이브 포털이라는 악마와 싸울 때 도움을 주었다. 테일러 그린은 계약서를 검토해주고 귀중한 법률적 조언을 해주었다. 맷 로더는 문신에 관한 이야기를 해주었으며, 소피 피트먼은 엘리자베스 여왕 시대의 호박단 옷감에 대해서 조언을 해주었다.

마이크 존스는 내가 훼손된 "브리스틀 연보" 사본에 관심을 가지도록 이끌어주었고, 덕분에 나는 이누이트족에 관한 복잡한 미로에 빠져버렸다. 마이크 웹은 보들리 도서관의 자료를 검토해주었으나, 안타깝게도 별 성과는 없었다. 후안 호세 폰세 바스케스, 마그누스 파라오, 프랑수아 소이어와 그 밖의 사람들이 불가능할 것 같았던 고문서 작업에 도움을 주었다. 캐서린 플레처와 어맨다 매든은 이탈리아 자료에 관한 전문가의 역량을 빌려주었다. 데이비드 웬그로는 인디저너스 지식사를 일부 전수해주었다. 크리스토프 마누브리에는 프랑스어 자료를 공유해주었다. 수재너 립스컴과 다른 이들은 프랑스어 번역을 도와주었다. 이분들을 비롯해 도움을 주신 모든 분들께 너무나도 감사하다는 말씀을 드리고 싶다. 또한 내게 또다른 종류의 선의와 우정을 보내준 보디 애슈턴, 찰리 코널리, 에이미 풀러, 그레그 제너, 실비아 드 마르, 캐럴라인 샤플리스 등에게 감사의 말씀을 전한다.

언제나 지지해주는 유쾌한 친구 애덤 러더퍼드를 트위터를 통해 만난 것은 무척이나 큰 행운이었다. 그는 책 자체에도 도움을 주었을 뿐 아니라 나의 사랑하는 에이전트 윌 프랜시스를 만나게 해주었다. 윌은 결단력 있는 중재자이자 충실한 지지자로, 내 질문을 참을성 있게 들어주고 내가 주기적으로 허둥지둥할 때마다 나를 진정시켜주었다. 상업 출판이라는 낯선 작업의 모든 과정에서 나를 이끌어준 윌과 쟁크로앤네스빗의 모든 팀원들께 큰 감사를 표한다. 이 책이 미국인들에게 팔릴 것이라며 나를 멀리서 지원해준 "또다른 에이전트"인 멜 플레시먼에게도 감사의 마음을 전한다.

편집부의 매디 프라이스와 에롤 맥도널드는 이 프로젝트에 대한 나의 구상을 구체화해주고, 열정적이고도 참을성 있게, 그러면서도 날카로운 지침으로 이 책을 부단히 개선해주었다. 이 책의 구상에 신뢰를 가지고 휘갈겨 쓴 원고를 열심히 작업하여 이토록 아름다운 책으로 만들어준 바이덴펠트 앤드 니컬슨, 크노프, 오리온, 펭귄 사의 모든 분들께 감사의 말씀을 전한다. 특히 제니 로드, 루신다 맥닐, 버지니아 울스틴크로프트, 내털리 도킨스에게 더욱 감사하며, 얼굴을 뵌 적이 없거나 이 책에 미처 이름을 적지 못한 그 외 많은 분들께 감사의 말씀을 전한다.

나의 은사이신 E. 마거릿 웨이드(1946-2021)는 나에게 많은 영감을 주셨고, 굉장한 독서가이자 역사를 사랑하신 분이셨다. 가족과 친구, 그리고 제자들은 그분을 따뜻한 마음으로 기억할 것이다.

무엇보다도, 직접 만나거나 혹은 책이나 가상의 공간을 통해 학문적으로나 지혜와 지식의 면에서 나의 연구에 가르침을 주신 원주민들께 무한한 감사를 표하고 싶다. 특히 카이 미노슈 파일, 루빈 아레야노 틀라카테카틀, 로비 리처드슨 그리고 "볼거리를 넘어서" 회원들에게 감사의 말씀을 전한다. 그리고 특히 내 원고의 모든 부분에 세심한 조언을 해주고 나의 끊임없는 질문에 하해와 같은 참을성을 가지고 응대해준 레일라 K. 블랙버드에게 무한한 감사의 마음을 전하고 싶다. 그녀 덕분에 이 책은 훨씬 더 좋은 책이 되었다.

주

팬데믹과 가족 구성원으로서의 의무 때문에 이 책을 집필할 때에는 평소보다 디지털 자료에 의존할 수밖에 없었다. 따라서 다음의 자료 중 상당 부분은 전자책이나 온라인 팩스 등의 형태로 이용했다. 분량의 제한 때문에 모든 자료를 다 열거할 수는 없지만, 이러한 자료들을 열람할 수 있도록 도와주신 기관과 개인들에게 깊이 감사드린다. 모든 온라인 자료들은 집필 당시 접속 가능했고, 인터넷 아카이브(https://archive.org)에 저장되어 있다. 특별히 언급하지 않는 한 직접 번역했다. 독자의 편의를 위해, 가능한 한 문헌의 영어 번역본을 인용하였다. 어조와 구두점은 원문을 따랐기 때문에 간혹 틀릴 수도 있다. 제목은 처음 쓸 때 이후에는 독자들이 알아챌 수 준에서 축약해 적었다. 미주가 여럿일 경우에는, 인용 순서에 따라서 적었다.

호칭이 중요한 이유

1   Captain Richard H. Pratt, founder of the Carlisle Indian Industrial School, speaking in 1892, *History Matters*, https://tinyurl.com/2asthd33; David Wallace Adams, *Education for Extinction: American Indians and the Boarding School Experience* (Lawrence, 1995).
2   나의 접근법에 대해서는 다음을 참조하라. Leila K. Blackbird and Caroline Dodds Pennock, 'How making space for Indigenous peoples changes history', in Helen Carr and Suzannah Lipscomb (eds), *What is History, Now?* (London, 2021), pp. 247–62.
3   Native(원주민)와 Indigenous(인디저너스)를 대문자로 표기하는 것은 식민주의 유산이라는 공동의 과제에 저항하는 관행이다. 이는 다양한 유권자 무리의 정치적 정체성을 명확하게 할 때 사용된다. 하우나니 케이 트래스크가 간략하게 이야기했듯이, "대

문자는 독자들로 하여금 우리 누군가는 이주민이 아님을 상기시킨다.……우리는 하와이 원주민들이고, 따라서 미국인이 아니다." *From a Native Daughter: Colonialism and Sovereignty in Hawai'i* (Honolulu, 1999), p. 54, n.1. 다음도 참조하라. Gregory Younging, *Elements of Indigenous Style: A Guide for Writing By and About Indigenous Peoples* (Alberta, 2018). 나 역시 최근의 경향을 따라서 아프리카계 디아스포라인들을 언급할 때 대문자를 써서 "Black"으로 표기했다. 이는 그들의 정치적 주장과 공통 정체성을 용어에 반영하는 것이다. 대문자의 사용이 사회-정치적 인종적 범주를 구체화하는지에 대해서는 논쟁의 여지가 있다. 그러나 내가 연구를 하는 현재로서는 그러한 용어가 법적, 사회적, 정치적 용어로서 일반적으로 사용되고 있으니, 이는 최신의 시각을 반영한 결과이다. 그러나 나는 백인을 지칭하는 "white"에는 대문자를 사용하지 않는데(이렇게 하는 이유에 관한 중요한 논쟁을 인지하며) 이는 의도치 않게 백인지상주의적 관점을 뒷받침하는 일을 피하기 위함이다. Kwame Anthony Appiah, 'The Case for Capitalizing the B in Black', *The Atlantic* (18 June 2020), https://tinyurl.com/5xvca5p5.
4 "인디저너스성Indigeneity"이라는 용어에도 논란의 여지가 많다. 정체성과 혈통의 문제를 깊이 있게 다룬 루벤 아레야노 틀라카테카틀에게 감사를 표한다. 그의 논의를 살펴보려면, 먼저 다음을 참조하라. Ruben A. Arellano Tlakatekatl, 'The Problem With Indigeneity', *Mexika.Org*, 17 September 2014, https://tinyurl.com/2p82x4r8.
5 Michael Yellow Bird, 'What We Want to Be Called: Indigenous Peoples' Perspectives on Racial and Ethnic Identity Labels', *American Indian Quarterly*, 23.2 (1999), pp. 1–21.

들어가며

1 *Coleccion de Documentos Inéditos para la Historia de España* (Madrid, 1842), Vol. 1, p. 473.
2 Kima Nieves, 'Inter-Tribal Ancestral Violence and the Importance of Choice', *Medium* (20 May 2019), https://tinyurl.com/2p8hxew6. 마토아카는 어린 시절에는 아모누테라고 불렸고, 세례를 받은 후에는 레베카라고 불렸다.
3 Karen F. Anderson-Córdova, *Surviving Spanish Conquest: Indian Fight, Flight and Cultural Transformation in Hispaniola and Puerto Rico* (Alabama, 2017), pp. 15–18, 24–8, 120–49; William F. Keegan and Lisabeth A. Carlson, *Talking Taíno: Caribbean History from a Native Perspective* (Alabama, 2008), pp. 1, 11–12; L. Antonio Curet, 'The Taíno: Phenomena, Concepts, and Terms', *Ethnohistory*, 61.3 (2014), pp. 467–95.
4 Hernán Cortés, *Letters from Mexico*, ed. and trans. A. Pagden (New Haven, 1986), pp. 26–7, 39–40; John F. Schwaller and Helen Nader, *The First Letter from New Spain: The Lost Petition of Cortés and His Company, June 20, 1519* (Austin, 2014), pp. 65–106.
5 Peter Martyr d'Anghera, *De Orbe Novo: The Eight Decades of Peter Martyr d'Anghera* (New York, 1912), trans. Francis MacNutt, Vol. 2, pp. 45–7.

6 Cortés, *Letters from Mexico*, p. 42.
7 Ruffo di Forli, transcribed in Marcel Bataillon, 'Les premier mexicains envoyés en Espagna par Cortés', *Journal de la Société des Americanistes*, 48 (1959), p. 139.
8 Nick Estes, *Our History is the Future: Standing Rock versus the Dakota Access Pipeline, and the Long Tradition of Indigenous Resistance* (London, 2019), p. 75.
9 Deondre Smiles, 'Erasing Indigenous History, Then and Now', *Origins* (2021), https://tinyurl.com/4f7wv6rd; Patrick Wolfe, 'Settler Colonialism and the Elimination of the Native', *Journal of Genocide Research*, 8.4 (2006), pp. 387–409; Jodi A. Byrd, *The Transit of Empire: Indigenous Critiques of Colonialism* (Minnesota, 2011), pp. xx–xxiii. 침략에 대한 인디저너스들의 다양한 경험과 반응, 특히 오늘날 미국 지역의 원주민들의 반응에 대해서는 다음을 참조하라. David Treuer, *The Heartbeat of Wounded Knee: Native America from 1890 to the Present* (London, 2019), 특히 pp. 1–97.
10 Guillermo Bonfil Batalla, *México Profundo: Reclaiming a Civilization*, trans. Philip A. Dennis (Austin, 1996); David Brading, 'Manuel Gamio and Official Indigenismo in Mexico', *Bulletin of Latin American Research*, 7.1 (1988), pp. 75–89.
11 Karla Mendes, 'In Rio de Janeiro, Indigenous people fight to undo centuries of erasure', *Mongabay* (31 June 2021), https://tinyurl.com/mr3adbs3.
12 Pedro Beltrán (1612), quoted in Patrick O'Flanagan, *Port Cities of Atlantic Iberia, c.1500–1900* (Aldershot, 2008), p. 110.
13 Archivo General de Indias, Seville [hereafter AGI], Indiferente, 420, l. 8, f. 175.
14 AGI, Contratación, l. 4675, transcribed in Manuel Giménez Fernández, 'El alzamiento de Fernando Cortés: Según las cuentas de la casa de contratación', *Revista de Historia de América*, 31 (1951), p. 55; Ruffo di Forli, in Bataillon, 'Les premier mexicains envoyés en Espagna par Cortés', p. 140; AGI, Indiferente, 420, l. 8, f. 185r.
15 Ruffo di Forli, in Bataillon, 'Les premier mexicains envoyés en Espagna par Cortés', p. 139.
16 Bernardino de Sahagún, *Florentine Codex, General History of the Things of New Spain*, trans. and eds. Charles E. Dibble and Arthur J. O. Anderson, 12 books in 13 vols, 2nd edn (Santa Fe, 1950–82), 10: 29: 84. 이후 『플로렌틴 코덱스』의 참고 문헌 표기는 권, 장, 쪽순으로 표기한다(인용문은 개정판을 따랐다).
17 Martyr d'Anghera, *De Orbe Novo*, Vol. 2, p. 38.
18 Ruffo di Forli, in Bataillon, 'Les premier mexicains envoyés en Espagna par Cortés', p. 139.
19 Bernal Díaz del Castillo, *The True History of the Conquest of New Spain*, ed. Genaro García, trans and ed. Alfred Percival Maudslay (London, 1908), Vol. 1, p. 196; Francisco López de Gómara, *Historia General de Las Indías: Vol. II. Conquista de Méjico* (Barcelona, 1985), p. 68.
20 Kelly Watson, *Insatiable Appetites: Imperial Encounters with Cannibals in the North Atlantic World* (New York, 2015), pp. 58–62.
21 Ruffo di Forli, in Bataillon, 'Les premier mexicains envoyés en Espagna par Cortés', pp.

139–40; Bartolomé de Las Casas, *Historia de Las Indias*, ed. André Saint-Lu (Caracas, 1986), Vol. 3, p. 443.
22 Martyr d'Anghera, *De Orbe Novo*, Vol. 2, p. 46.
23 Albrecht Dürer, *Literary Remains of Albrech Dürer*, ed. William Martin Conway (Cambridge, 1889), pp. 100–101.
24 Coll Thrush, *Indigenous London: Native Travelers at the Heart of Empire* (New Haven, 2016), pp. 33–6.
25 모든 것을 콜럼버스의 대서양 횡단과 연관시키려는, 이러한 다소 유럽 중심적인 용어는 앨프리드 크로스비 책 *The Columbian Exchange: The Biological and Cultural Consequences of 1492* (Westport, 1972)에서 처음 사용되었다.
26 감자 한 작물에만 관해서도 다음과 같이 여러 저서가 발간되었다. John Reader, *The Untold History of the Potato* (London, 2009); Andrew F. Smith, *Potato: A Global History* (London, 2011); and Larry Zuckerman, *The Potato: From the Andes in the sixteenth century to fish and chips, the story of how a vegetable changed history* (London, 1999).
27 Martyr d'Anghera, *De Orbe Novo*, Vol. 2, p. 39.
28 Fernando de Alva Ixtlilxochitl, *The Native Conquistador: Alva Ixtlilxochitl's Account of the Conquest of New Spain*, ed. and trans. Amber Brian, Bradley Benton and Pablo García Loaeza (University Park, PA, 2015), p. 57.
29 Norton, *Sacred Gifts, Profane Pleasures*, p. 87; Emerson W. Baker and John G. Reid, 'Amerindian Power in the Early Modern Northeast: A Reappraisal', *WMQ*, 3rd series, 61.1 (2004), pp. 77–106. 유럽인의 아메리카 지역 이주에 관한 통계는 다음을 참고하라. Ida Altman and James P. Horn, *'To Make America': European Emigration in the Early Modern Period* (Berkeley, 1991); and Nicholas P. Canny (ed.), *Europeans on the Move: Studies in European Migration, 1500–1800* (Oxford, 1994).
30 Diego Muñoz Camargo, *Historia de Tlaxcala*, ed. Alfredo Chavero (México, 1892), p. 77; *Colección de documentos inéditos relativos al descubrimiento, conquista y organización de las antiguas posesiones españolas de América y Oceanía, sacados de los archivos del reino y muy especialmente del de Indias*, 42 vols. (Madrid, 1864–84), Vol. 41, p. 91.
31 AGI, Mexico, l. 1, ff . 38r-40r; R. Jovita Baber, 'Empire, Indians, and the Negotiation for the Status of City in Tlaxcala, 1521–1550', in Ethelia Ruiz Medrano and Susan Kellogg (eds), *Negotiation within Domination: New Spain's Pueblo Indians Confront the Spanish State* (Boulder, 2010), pp. 37–8; Caroline Dodds Pennock, 'Aztecs Abroad: Uncovering the Early Indigenous Atlantic', *American Historical Review*, 125.3 (2020), pp. 787–814.
32 Gonzalo Fernández de Oviedo y Valdés, *Historia general y natural de las Indias, Part 2.2*, (1853), Book XXXIII, Chapter XLIX; Díaz del Castillo, *The True History of the Conquest of New Spain*, Vol. 5, pp. 152–3.
33 Christoph Weiditz, *Trachtenbuch*, c.1530–40, Germanisches Nationalmuseum, Nürnberg,

Hs, 22474, plates 1–13, https://tinyurl.com/ysh9c9ne.
34 Elizabeth Hill Boone, 'Seeking Indianness: Christoph Weiditz, the Aztecs, and feathered Amerindians', *Colonial Latin American Review*, 26.1 (2017), pp. 39–61.
35 AGI, Indiferente, 420, l. 8, ff . 185r-185v.
36 Giménez Fernández, 'El alzamiento de Fernando Cortés', pp. 41–3; Hugh Thomas, *The Conquest of Mexico* (London, 1994), p. 351.
37 칸타레스에 관해서는 방대한 연구가 이루어졌으며, 그에 관한 입문 도서로는 출간된 지 조금 오래되기는 했지만 다음 책을 추천한다. John Bierhorst (trans. and ed.), *Cantares mexicanos: Songs of the Aztecs* (Stanford, 1985), pp. 537–52.
38 "꽃비가 고요히 내린다"는 표현은 가랑비나 물안개에 대한 은유로 보인다. "비가 꽃잎처럼 부드럽게 내린다"와 같이 표현할 수도 있다.
39 문자 그대로 해석하면 "우리가 볼 수 있게 한다"이다.
40 혹은 "마지막이다."
41 멕시코 칸타레스를 새롭게 번역하고 있는 데이비드 볼스는 Canto LXVIII의 F와 I 연을 발췌하고 인용할 수 있게 허락해주었다. 그에게 감사한다.
42 James Lockhart, *We People Here: Nahuatl Accounts of the Conquest of Mexico* (Eugene, Ore., 2004), pp. 154–5. 사실 이 항해가 널리 알려져 있기는 하지만, 그가 1524년 코르테스의 온두라스 원정에 동행한 것은 우연일 수도 있다. 그럼에도 불구하고, 마르틴의 항해 경험이 상당했던 것은 확실해 보이며, 이는 인디저너스들 사이에서 이야기로 전해지고 있다. 마르틴에 관한 더 많은 자료를 보고 싶다면 커밀라 타운센드가 멕시코의 새 역사에 대해 쓴 훌륭한 저서인 *Fifth Sun: A New History of the Aztecs* (Oxford, 2019), pp. 155–63를 참조하라. 이 책에서는 스페인 침략 전후의 아즈텍 제국을 하나의 세력으로 기술하고 있다.
43 *Florentine Codex*, 11: 12: 247.

제1장 노예

1 'Thursday 11 October', *Diary of Christopher Columbus*, King's Digital Lab, http://www.ems.kcl.ac.uk/content/etext/e020.html#d0e434.
2 예를 들면 다음을 참조하라. Leila K. Blackbird, 'A Gendered Frontier: Métissage and Indigenous Enslavement in Eighteenth-Century Basse-Louisiane', *Journal for Eighteenth-Century Studies* 45.3 (forthcoming 2022); 'Monday 12 November', *Diary of Christopher Columbus*, https://tinyurl.com/bde78udb; Las Casas, *Historia de Las Indias*, Vol. 1, pp. 346–9; Gonzalo Fernández de Oviedo y Valdés, *Historia general y natural de las Indias: Part 1* (1535), Book II, Chapter VI, https://tinyurl.com/m25xu9bv.
3 Letter from Eugenio de Salazar to Miranda de Ron, in John H. Parry and Robert G. Keith (eds), *New Iberian World: A Documentary History of the Discovery and Settlement of Latin America to the early 17th century* (New York, 1984), pp. 431–40.

4　Las Casas, *Historia de Las Indias*, Vol. 1, p. 348.
5　Angus A. A. Mol, *Costly Giving, Giving Guaízas: Towards an organic model of the exchange of social valuables in the Late Ceramic Age Caribbean* (Leiden, 2007); Claudia Jane Rogers, '"The People from Heaven?" Reading Indigenous responses to Europeans during moments of early encounter in the Caribbean and Mesoamerica, 1492–c.1585' (PhD thesis, University of Leeds, 2018), pp. 79–82; Oliver, *Caciques and Cemí Idols*.
6　'Letter from Columbus to Luis de Santangel', in Julius E. Olson and Edward Gaylord Bourne (eds), *The Northmen, Columbus and Cabot, 985–1503* (New York, 1906), pp. 266–7; Martyr d'Anghera, *De Orbe Novo*, Vol. 2, p. 38; Fernández de Oviedo y Valdés, *Historia general*, Book II, Chapter VI. 세례가 치러진 장소가 어디였는지에 대해서는 다소 논란이 있다. 그러나 1643년 바르셀로나의 주요 사건에 대한 대부분의 기록은 당시 세례가 이루어진 "공식적인" 장소가 바르셀로나였음을 시사한다. Juan B. Olaechea Labayen, 'De Cómo, Dónde y Cuándo fueron bautizados los primeros indios', *Hispania Sacra*, 50.102 (1998), p. 624; Luis Joseph Peguero, *Historia de la conquista de la isla Española de S.to Domingo . . .* (1762), p. 49; 'Saturday 22 December', *Diary of Christopher Columbus*, https://tinyurl.com/2p93x6cr.
7　디에고가 콜럼버스의 아들의 이름을 딴 세례명을 그때 받았다는 결정적인 증거는 없지만, 이는 거의 확실시된다. Esteban Mira Caballos, 'Caciques guatiaos en los inicios de la colonización: el caso del indio Diego Colón', *Iberoamericana* (2001–), 4.16 (2004), p. 10.
8　Laura Briggs, *Taking Children: A History of American Terror* (Berkeley, 2020); Andrés Reséndez, *The Other Slavery: The Uncovered Story of Indian Enslavement in America* (Boston, 2016), p. 142; Tanya Talaga, *All Our Relations: Indigenous trauma in the shadow of colonialism* (London, 2020).
9　Angelo Trevisan, 'Libretto about All of the Spanish Sovereigns' Naviga-tions to the Newly Discovered Islands and Lands' (1504), in Symcox et al. (eds), *Italian Reports on America*, Vol. 12, p.88; Anna Brickhouse, 'Mistranslation, Unsettlement, La Navidad', *PMLA*, 128.4 (2013), p. 942.
10　Fernández de Oviedo y Valdés, *Historia general y natural de las Indias*, Book 2, Chapter 7.
11　Lawrence Clayton, 'Bartolomé de Las Casas and the African Slave Trade', *History Compass*, 7.6 (2009), pp. 1526–41.
12　'Letter from Columbus to Luis de Santangel', in Julius E. Olson and Edward Gaylord Bourne (eds), *The Northmen, Columbus and Cabot, 985–1503* (New York, 1906), p. 270; Reséndez, *Other Slavery*, pp. 24–5; Forbes, *Africans and Native Americans*, p. 28; Bartolomé de Las Casas, *Historia de Las Indias* (Madrid, 1875), Vol. II, p. 323.
13　Samuel M. Wilson, *Hispaniola: Caribbean Chiefdoms in the Age of Columbus* (Tuscaloosa, 1990), p. 114; Reséndez, *Other Slavery*, p. 28; José R. Oliver, *Caciques and*

Cemí Idols: The Web Spun by Taíno Rulers between Hispaniola and Puerto Rico (Alabama, 2009), p. 36; Erin Stone, 'Chasing "Caribs": Defining Zones of Legal Indigenous Enslavement in the Circum-Caribbean, 1493–1542', in Jeff Fynn-Paul and Damian Alan Pargas (eds), *Slaving Zones: Cultural Identities, Ideologies and Institutions in the evolution of global slavery* (Leiden, 2018), p. 130.

14 Pope Alexander VI, 'Inter Caetera: Division of the Undiscovered World Between Spain and Portugal' (1493), https://tinyurl.com/y6ezttd5.

15 AGI, Justicia, 1007, n. 1, r. 1.

16 AGI, Justicia, 741, n. 3; Esteban Mira Caballos, *Indios y mestizos americanos en la España del siglo xvi* (Madrid, 2000), pp. 62–6.

17 Reséndez, *Other Slavery*, p. 324; Franco Silva, 'El Indigena Americano en el Mercado de Esclavos', pp. 25–36. 레일라 K. 블랙버드의 후속 연구에서는 실제로 더 높은 수치를 제시한다. Leila K. Blackbird, 'Entwined Threads of Red and Black: The Hidden History of Indigenous Enslavement in Louisiana, 1699–1824' (MA thesis, University of New Orleans, 2018), pp. 70–72.

18 Van Deusen, *Global Indios*, p. 2. 한편 제이스 위버는 60만 명에 육박하는 인디저너스 노예들이 "(카리브 해로 가는 것을 포함해) 수송선을 탔다"고 추산한다. 그러나 나는 그 규모가 그렇게까지 컸는지는 확인하지 못했다. Jace Weaver, *The Red Atlantic: American Indigenes and the Making of the Modern World, 1000–1927* (Chapel Hill, 2014), pp. 17–18.

19 의심의 여지없이 과소 추정된 수치이지만, 다음 자료에서는 1501년부터 1600년 사이 27만7,605명이 노예로 승선했다고 밝히고 있다. *The Trans-Atlantic Slave Trade Database*, https://tinyurl.com/2p85eewj.

20 스페인 왕실은 아메리카 인디저너스들의 노예화를 1500년부터 지속적으로 반대해왔다. 1495년에 이미 인디저너스 노예 매매를 금지했던 이사벨 여왕은 당시 아메리카 대륙 및 카나리아 제도에 사는 왕실의 봉신과 신민의 노예화를 금지했다. Esteban Mira Caballos, 'Indios Americanos enel Reino de Castilla, 1492–1550', *Temas Americanistas* 14 (1998), pp. 2–3; Van Deusen, Global Indios, esp. pp. 114–18. (왕실이 조사를 실시해서 스페인에서 수백 명의 인디오들을 해방시켰다는 기록에서 나타나는 바대로) "불법적으로" 노예가 된 인디오들에게 자유를 주겠다는 진정한 의지에도 불구하고, 스페인의 노예화 금지는 완전하지 못했고 모순과 시행의 어려움이 있었다. 이베리아 반도에서의 인디오들의 속박에 관한 연구들은 다음과 같다. Franco Silva, 'El Indigena Americano en el Mercado de Esclavos', pp. 25–36; Esteban Mira Caballos, 'De Esclavos a Siervos: Amerindios en España tras las Leyes Nuevas de 1542', *Revista de Historia de América*, 140 (2009), pp. 95–109.

21 Forbes, *Africans and Native Americans*, p. 28; Las Casas, *Historia de Las Indias*, Vol. II, p. 46; Mira Caballos, *Indios y mestizos, passim*.

22 Reséndez, *The Other Slavery*, pp. 24–5; Anderson-Córdova, *Surviving Spanish Conquest*, p. 31.

23 Clements R. Markham (trans. and ed.), *The Letters of Amerigo Vespucci and Other*

Documents Illustrative of His Career (New York, 1894), pp. 33–4. 노예가 된 이들의 규모가 232명이었는지 222명이었는지에 대해서는 약간의 견해 차이가 있다. 여기에서는 주된 의견을 따랐다. Martin Dugard, *The Last Voyage of Columbus* (New York, 2005), p. 85.
24　Antonio de Herrera y Tordesillas, *Historia general de los hechos de los castellanos en las islas i tierra firme del mar oceano* (Madrid, 1730), decade 1, book IV, ch. II, p. 101 and ch. VI, p. 107; Archivo General de Simancas, CCA,CED,5,161,3.
25　1495–1547년 인디저너스 노예 무역에 관한 왕실의 법적 모순을 기록한 연대기로는 다음이 주목할 만하다. Anderson-Córdova, *Surviving Spanish Conquest*, pp. 171–84.
26　Van Deusen, *Global Indios*, p. 3; Jose Antonio Saco, *Historia de la Esclavitud*, ed. Eduardo Torres-Cuevas (Havana, 2006), Vol. VI, p. 70; Erin Woodruff Stone, *Captives of Conquest: Slavery in the Early Modern Spanish Caribbean* (Philadelphia, 2021), pp. 34–9.
27　Alida C. Metcalf, 'The Entradas of Bahia of the Sixteenth Century', *The Americas*, 61.3 (2005), p. 375, n. 9; John Hemming, *Red Gold: the conquest of the Brazilian Indians* (Cambridge, Mass., 1970), pp. 530–31.
28　Damião de Goes, *Chronica Do Senhor Rey D. Manoel . . .* [post 1558], f. 35v, Arquivo Nacional Torre Do Tombo, PT/TT/CRN/20, https://tinyurl.com/2p89vr85.
29　Hélio A. Cristóforo, '"A Nova Gazeta da Terra do Brasil". Estudio Crítico', *Revista de História*, 17.36 (1958), p. 421; Diego García, *Primer Descubridor del Rio de la Plata, por Manuel Ricardo Trelles* (Buenos Aires, 1879), p. 35.
30　Alida C. Metcalf, *Go-betweens and the Colonization of Brazil: 1500–1600* (Austin, 2013), p. 62. 이 계산에 대한 정보는 초기 노예 항해에 관한 다른 정보들과 함께 다음 책에서 찾을 수 있다. Forbes, *Africans and Native Americans*, pp. 28–64; Afonso Arinos de Melo Franco, *O índio Brasileiro e a Revolução Francesa* (Brasília, 1976), pp. 36–7; Francisco Adolfo de Varnhagen, *História geral do Brazil antes da sua Separaçaoe independencia de Portugal* (Rio de Janeiro, 1877), Vol. 1, p. 105.
31　Hemming, *Red Gold*, pp. 10, 530; Arinos de Melo Franco, *O índio Brasileiro*, pp. 41–2; Juliana Barr, 'From Captives to Slaves: Commodifying Indian Women in the Borderlands', *Journal of American History*, 92.1 (2005), pp. 19–46.
32　Michele da Cuneo, 'Letter to Gerolamo Annari, 15 October 1495', in Geoffrey Symcox and Luciano Formisano (eds), *Italian Reports on America 1493–1522: Accounts By Contemporary Observers* (Turnhout, 2002), p. 52.
33　William D. Phillips, Jr., *Slavery in Medieval and Early Modern Iberia* (Philadelphia, 2014), pp. 68–9.
34　Stefan Halikowski Smith, 'Lisbon in the sixteenth century: decoding the *Chafariz d'el Rei*', *Race & Class*, 60.2 (2018), pp. 63–81.
35　'Letter from Pietro Pasqualigo to his Brothers' (1501), in Clements R. Markham (trans. and ed.), *The Journal of Christopher Columbus (During His First Voyage, 1492–93) and Documents Relating to the Voyages of John Cabot and Gaspar Corte Real* (Farnham,

2010), p. 237; A. C. de C. M. Saunders, *A Social History of Black Slaves and Freedmen in Portugal 1441–1555* (Cambridge, 1982), pp. 20–23; Annette Kolodny, *In Search of First Contact: The Vikings of Vinland, the Peoples of the Dawnland, and the Anglo-American Anxiety of Discovery* (Durham, 2012), p. 278.

36 영국과 프랑스의 인디저너스 노예화에 대해서는 다음을 참조하라. Brett Rushforth, *Bonds of Alliance: Indigenous and Atlantic Slaveries in New France* (Chapel Hill, N.C., 2012); and Alan Gallay, *The Indian Slave Trade: The Rise of the English Empire in the American South, 1670–1717* (New Haven, Conn., 2002).

37 'Las Casas on the Alleged First Voyage of Amerigo Vespucci', in Markham, *The Letters of Amerigo Vespucci*, p. 95.

38 이러한 사례에 대해서는 AGI, Justicia, 741, n. 3. 더 많은 탄원 사례로는 다음을 참조하라. Justicia, 908, n. 1; Justicia, 1178, n. 4; Justicia, 1162, n. 6, r. 2. 인디저너스들의 자유 청원과 관련된 개인 및 기구에 관한 더 많은 사례와 놀랍도록 상세한 분석은 van Deusen, *Global Indios, passim*을 참조하라. 공증 기록이 이야기를 구성한 방식에 대해서는 Kathryn Burns, *Into the Archive: Writing and Power in Colonial Peru* (Durham, 2010)를 보라.

39 AGI, Justicia, 1037, n. 6, r. 3; Indiferente, 1964, l. 11, ff. 260r-260v. 프란시스코와 후아나에 관한 더 자세한 내용은 Van Deusen, *Global Indios*, pp. 132–3을 참조하라. 반 듀센은 그들에게 2명의 자녀가 있었다고 서술했지만, 내가 인용한 자료에는 딸 한 명만 기록되어 있었다. James Lockhart (ed. and trans.), *We People Here: Nahuatl Accounts of the Conquest of Mexico* (Eugene, 1993), pp. 180–2.

40 David S. Jones, 'Virgin Soils Revisited', WMQ, 60.4 (2003), pp. 703–42; Paul Kelton, *Epidemics and Enslavement: Biological Catastrophe in the Native Southeast, 1492–1715* (Lincoln, 2007); Donald A. Grinde Jr., 'Teaching American Indian History: A Native American Voice', *Perspectives*, 32 (September 1994), https://tinyurl.com/28cz4mmu

41 Esteban Mira Caballos, 'Indios y mestizos en la España moderna. Estado de la cuestión', Boletín americanista, no 57, 2007, p. 179–98.

42 Manuel Lucena Salmoral, 'El carimbo de los indios esclavos', *EHSEA*, 14 (1997), p. 125; Van Deusen, *Global Indios*, pp. 134–5.

43 Van Deusen, *Global Indios*, pp. 139–40. 바르볼라와 그 어머니 펠리파의 이야기를 책 전반에 걸쳐서 자세하게 다루고 있다.

44 마르틴이 1542년 다른 사건에 대해 증언했을 때, 그는 자신이 28세라고 했다. 이는 그가 1514년생임을 의미한다. Van Deusen, *Global Indios*, p. 268, n. 60. 특별히 언급하지 않는 한, 마르틴 사건에 관해서는 모두 다음 자료를 참조했다. AGI, Justicia, 1007, n. 1, r. 1.

45 Rosemary A. Joyce, 'Girling the Girl and Boying the Boy: The Production of Adulthood in Ancient Mesoamerica', *World Archaeology*, 31.3 (2000), pp. 477–8; Florentine Codex, 2: 37: 159–66.

46 Juan Manuel Pérez Zevallos, 'The Ethnohistory of the Huasteca', in Alan R. Sandstrom and E. Hugo García Valencía (eds), *Native Peoples of the Gulf Coast of Mexico* (Tucson,

2005), pp. 66–72.
47 AGI, Justicia, 716, n. 4. 독자의 편의를 위해 "위의 책"은 반복하지 않았다. 각주에 있는 후안 데 카르데나스에 관해서는 AGI, Indiferente, 420, l. 8, ff. 253v-255r를 참조하라.
48 Camilla Townsend, 'Slavery in Precontact America', in Craig Perry et al. (eds), *The Cambridge World History of Slavery*, Vol. 2 (Cambridge, 2021), pp. 553–70; Reséndez, *The Other Slavery*, p. 9.
49 Jack Forbes, *Africans and Native Americans: The Language of Race and the Evolution of Red-Black Peoples* (Urbana, 1993), pp. 26–35.
50 AGI, Justicia, 1013, n. 2, r. 4. Nancy Van Deusen, 'Seeing *Indios* in Sixteenth-Century Castile', WMQ, 69.2 (2012), pp. 205–34.
51 Van Deusen, *Global Indios, passim*, 특히 pp. 41–7.
52 AGI, Justicia, 1024, n.1.

제2장 중재자들

1 Stephen Greenblatt, *Learning to Curse: Essays in Early Modern Culture* (New York, 1990), pp. 37–8.
2 1555년 영국인들의 아메리카 탐험을 촉구하기 위해서 순교자 피터의 『신세계의 수십 년*Décadas del nuevo mundo*』을 번역한 리처드 이던 또한 가장 중요한 것은 통역이라고 보았다. 이 책에는 "카누, 나무껍질로 만들어진 배"처럼 유럽의 언어에 빠르게 스며든 단어들을 포함한 "인디언 언어"의 용어 사전이 수록되었을 뿐 아니라 콜럼버스가 어떻게 10명의 타이노인들을 스페인으로 데리고 가서 "스페인어를 가르쳐 통역사로 썼는지"도 쓰여 있다. Peter Martyr of Angleria, *The decades of the new worlde or west India* . . . trans. Richard Eden (London, 1555), p. 4.
3 Edward Augustus Kendall, *Travels through the Northern Parts of the United States in the Years 1807 to 1808* (New York, 1809), Vol. II, p. 230. 윌리엄 S. 시먼스에 의하면 이는 톤턴 강이라고 한다. *Spirit of the New England Tribes: Indian History and Folklore* (Hanover, 1986), p. 70.
4 Trevisan, 'Libretto,' in Symcox et al. (eds), *Italian Reports on America*, Vol. 12, p. 92.
5 Silke Jansen, 'Spanish Anthroponomy from an Ecological Linguistic Perspective: the Antillean Society in the Early Sixteenth Century', in Ralph Ludwig, Peter Mühllhäuser and Steve Pagel (eds), *Linguistic Ecology and Language Contact* (Cambridge, 2018), p. 156.
6 Martyr d'Anghera, *De Orbe Novo*, Vol. 2, pp. 95, 106; István Szászdi León-Borja, 'Las élites de los cristianos nuevos: Alianzo y vasallaje en la expansion atlántica (1485–1520)', *Jahrbuch für Geschichte Lateinamerikas*, 30 (1999), p. 30.
7 AGI, Indiferente, 418, l. 1, ff. 171v-172r.
8 이러한 권리를 부여받은 디에고 콜론이 콜럼버스와 함께 여행했던 디에고와 동일인인지는 확실하지 않다. 그러나 나는 그 근거에 신빙성이 있다는 미라 카바요스 및

다른 이들의 의견에 동의한다. Mira Caballos, 'Caciques guatiaos', pp. 7–16. 아울러 León-Borja, 'Las élites de los cristianos nuevos', p. 30도 참조하라.

9 두 번째 항해에 대한 콜럼버스의 설명에 따르면, "작년에 데려온 4명의 인디오 중 카디스에서 출발할 때 천연두로 죽지 않은 1명을 배에 태웠다." 이는 천연두가 초기 여행자들의 사인 중 하나였으며, 1518년 이전에 카리브 해에서 발병했음을 보여준다. Noble David Cook, 'Sickness, Starvation, and Death in Early Hispaniola', *Journal of Interdisciplinary History*, 32.3 (2002), pp. 363–5.

10 코콜리스틀리의 정확한 정체는 16세기 전염병의 원인과 관련해 역사학자들과 전염병학자들 사이에서 많은 논쟁을 불러일으켰다. 이 용어가 처음 사용된 시기인 1518년의 전염병은 천연두로 추정되지만, 코콜리스틀리는 차츰 "전염병" 전반을 일컫게 된 것으로 보인다. 이 전염병의 원인은 그동안 일종의 출혈열로 지목되어왔지만, 최근의 연구들은 1545년의 치명적인 코콜리스틀리는 매우 드물고 강력한 살모넬라균에 의한 장티푸스였을 가능성을 시사한다. 다음을 참조하라. Åshild J. Vågene et al., '*Salmonella enterica* genomes from victims of a major sixteenth-century epidemic in Mexico', *Nature: Ecology and Evolution*, 2 (2018), pp. 520–28. 출혈열과 관련한 논의로는 다음을 보라. Rodolfo Acuna-Soto, Leticia Calderon Romero and James H. Maguire, 'Large epidemics of hemorrhagic fevers in Mexico 1545–1815', *American Journal of Tropical Medicine and Hygiene*, 1 (2000), pp. 733–9.

11 유전학 연구는 사람들의 이동을 추적할 수 있게 되었고 오랫동안 "멸족되었다"고 믿어졌던 후손 공동체를 찾을 수 있게 하는 등 인디저너스 인구 및 역사적 전염병에 대한 이해에 혁명을 불러일으켰다. 더 많은 사례는 다음을 참조하라. Maria A. Nieves-Colón et al., 'Ancient DNA Reconstructs the Genetic Legacies of Precontact Puerto Rico Communities', *Molecular Biology and Evolution*, 37.3 (2020), pp. 611–26; and Hannes Schroeder et al., 'Origins and genetic legacies of the Caribbean Taino', *PNAS*, 115.10 (2019), pp. 2341–6. 유전학과 고고학이 아메리카 인디저너스들의 깊은 역사를 이해하는 데 도움을 줄 가능성 여부와 관련한 민감한 논쟁에 관해서는 다음을 참조하라. Jennifer Raff, *Origin: A Genetic History of the Americas* (New York, 2022).

12 *The Voyages of Jacques Cartier*, ed. Ramsay Cook (Toronto, 1993), p. 96.

13 *The Voyages of Jacques Cartier*, pp. 27, 50, 52–4, 70, 82–7, 96, 98, 125, 134, xxxix; *Ordonnances des intendants et arrêts portant reglements du conseil superieur de Québec* . . . (Quebec, 1806), Vol. II, p. 2.

14 AGI, Indiferente, 419, l. 6, ff. 493v-494r. Esteban Mira Caballos, 'La educación de indios y mestizos antillanos en la primera mitad del siglo XVI', *Revista Complutense de Historia de América*, 25 (1999), p. 61.

15 AGI, Indiferente, 419, l. 4, f. 70v; Vasco de Puga, *Prouisiónes cédulas Instruciones de su Magestad: ordenáças y difútos y uenacia, pa la uena expedició de los negocios y administració d justicia: y gouernació dsta nueva España: y pa el vué tratamiéto y conseruación de los yndios, dende el año de 1525. Hasta este presente de*. 63 (Mexico City,

1563), f. 21.
16 Convento de Santo Domingo: AGI, Indiferente, 421, l. 12, ff. 211r-211v; Indiferente, 1952, l. 1, ff. 27v-28r; Indiferente, 1961, l. 2, ff. 15v-16. Monasterio de Santa María de Duenas: Indiferente, 1961, l. 2, f. 47; Indiferente, 1961, l. 2, f. 83. Monasterio de Las Cuevas: Indiferente, 421, l. 12, f. 211v(3). Convento de San Francisco: Indiferente, 421, l. 12, ff. 211r–211v; Indiferente, 422, l. 15, f. 213r; AGI, Indiferente, 1961, l. 2, f. 16; Indiferente, 1961, l. 2, f. 49.
17 AGI, Indiferente, 1961, l. 2, ff. 182v-184; Fernão Cardim, *Tratados da Terra de Gente do Brasil*, ed. Rodolpho Garcia (Rio de Janeiro, 1925), p. 292.
18 Boris Jeanne, 'México-Madrid-Roma, un eje desconocido del siglo XVI para un studio de las relaciones directas entre Roma y Nueva España en la época de la contrarreforma (1568–1594)', in Magdalena Garrido Caballero and Gabriela Vallejo Cervantes (eds), *De la monarquía hispánica de la Unión Europea: relaciones internacionales, comercioe imaginarios colectivos* (Murcia, 2013), pp. 19–39; Sabine Hyland, *The Jesuit and the Incas: The Extraordinary Life of Blas Valera* (Michigan, 2003).
19 AGI, Indiferente, 1952, l. 1, ff. 26v-27v, 89v-91r; Indiferente, 1961, l. 2, ff. 16v-17.
20 스페인 공식 관광 웹사이트에서 찾아볼 수 있다. https://tinyurl.com/yyn5f6zp.
21 "두 세계"라는 이해의 틀은, 세계의 공통성과 다양성이 아니라 인디저너스의 정체성은 "근대", "문명"과 같은 유럽스러움과 거리가 멀다는 이분법을 가정한다는 점에서 잘못되었다는 정당한 비판을 받아왔다. James Joseph Buss and C. Joseph Genetin-Pilawa (eds), *Beyond Two Worlds: Critical Conversations on Language and Power in Native North America* (Albany, 2014). 한편 내털리 로스먼은 이들이 "뿌리부터 다른 두 사회 사이의 '중간자'였다"기보다는 격변하는 여러 세계에서 "제국을 가로지르며" 활동한 중재자였음을 보여주는 설득력 있는 사례를 제시했다. *Brokering Empire: Trans-Imperial Subjects between Venice and Istanbul (Ithaca, 2012)*, pp.6–7. 그러나 과하게 단순화된 비유에 불과할지라도 이러한 이분법은 식민 제국에서 실질적인 힘을 발휘했으며, 경계 공간에서 살아가는 원주민들에게 큰 영향을 미쳤다(이는 특히 이중으로 "타자화된" 여성들에게 더욱 심각했다).
22 Claudia Jane Rogers, '"The People from Heaven?" Reading Indigenous responses to Europeans during moments of early encounter in the Caribbean and Mesoamerica, c.1492–c.1585' (PhD thesis, University of Leeds, 2018), especially p. 26. "비치코머"라는 개념은 인류학자 그레그 데닝이 창안했다. *Islands and Beaches: Discourse on a Silent Land: Marquesas, 1774–1880* (Melbourne, 1980).
23 "중재자", 중개인, 문화 중개인, 네판틀레라스에 대한 연구는 (합당하게도) 방대한 양의 성과를 내놓고 있다. 따라서 나로서는 미주 하나에 이 모두를 공정하게 담기가 어렵다.
24 Olive Patricia Dickason, *The Myth of the Savage and the Beginnings of French Colonialism in the Americas* (Edmonton, 1984), p. 211.
25 Scott Cave, 'Madalena: The Entangled History of One Indigenous Floridian Woman in

the Atlantic World', *The Americas*, 74.2 (2017), pp. 171–200, p. 175에서 인용.

26 Felipe Fernández-Armesto, *Columbus on Himself* (Indianapolis, 2010), p. 106.

27 Sarmiento (1572), quoted in Olivia Harris, '"The Coming of the White People": Reflections on the Mythologisation of History in Latin America', *Bulletin of Latin American Research*, 14.1 (1995), p. 13. 자신들이 신으로 보였다는 쿡의 주장은 마셜 살린스에 의해서 널리 알려졌다. 가나나트 오베예세케레는 이를 강하게 논박했는데, 당시의 악명 높고 다소 개인적인 논쟁에 관해서는 다음을 참조하라. Marshall Sahlins, *Islands of History* (Chicago, 1985); Gananath Obeyesekere, *The Apotheosis of Captain Cook: European Mythmaking in the Pacific* (Princeton, 1992); and Marshall Sahlins, *What 'Natives' Think: About Captain Cook, For Example* (Chicago, 1995).

28 Camilla Townsend, 'Burying the White Gods: New Perspectives on the Conquest of Mexico', *American Historical Review*, 108.1 (2003), pp. 659–86.

29 D. Hernando Alvarado Tezozomoc, *Crónica Mexicana* (Mexico City, 1987), pp. 684–5. 이와 거의 비슷한 설명이 Fray Diego Durán, *The History of the Indies of New Spain*, trans. and ed. Doris Heyden (Norman, 1994), pp. 495–6에도 나온다. 두란과 테소소목은 대개 같은 자료를 이용했고, 현재는 사라진 『크로니카 X*Crónica X*』를 많이 참조했던 것으로 보인다. 그들이 참고한 자료가 무엇이었건 간에, 두 사람은 모두 그리할바와 코르테스의 도착을 혼동했다. 피를 먹이는 것과 관련해서는 다음을 참조하라. *Florentine Codex*, 12: 8: 21.

30 게레로의 놀라운 삶에 대해서는 다음을 참조하라. Robert Calder, *A Hero for the Americas: The Legend of Gonzalo Guerrero* (Regina, Saskatchewan, 2017).

31 Díaz del Castillo, *The True History of the Conquest of New Spain*, Vol. 1, p. 152.

32 Camilla Townsend, *Malintzin's Choices: An Indian Woman in the Conquest of Mexico* (Albuquerque, 2006), pp. 171, 263–4 n. 40.

33 디아스는 "말린체"가 "정박지의 대장"을 뜻한다고 주장했다. 그러나 이는 "말린친"을 스페인어로 바꾸어 표현한 것이 확실한데, 스페인인들은 이 단어를 발음하기 어려웠기 때문이다. Díaz del Castillo, *The True History of the Conquest of New Spain*, Vol. 1, p. 273.

34 Victoria Ríos Castaño, 'Fictionalising interpreters: traitors, lovers and liars in the conquest of America', *Linguistica Anteverpiensa*, 4 (2005), pp. 47–60.

35 월터 D. 미뇰로는 16세기에 시작된 "언어의 대규모 식민지화"에 관해서 서술했다. 'On the Colonization of Amerindian Languages and Memories: Renaissance Theories of Writing and the Discontinuity of the Classical Tradition', *Comparative Studies in Society and History*, 34.2 (1992), pp. 301–33.

36 영국 역사를 만든 인물들의 전기를 제공한다고 자부하는 『옥스퍼드 DNB*Oxford DNB*』는 해리엇의 전기에 지면 하나를 할애한 반면, 만테오와 완체세의 삶은 여러 명을 다룬 글의 한 단락으로 처리했다. J. J. Roche, 'Harriot, Thomas', *Oxford Dictionary of National Biography* (2004), https://doi.org/10.1093/ref:odnb/12379; Alden T. Vaughan, 'American Indians in Britain', *Oxford Dictionary of National Biography* (2004), https://

doi.org/10.1093/ref:odnb/71116.
37 R. Holinshed, *Chronicles*, III (1587), p. 1369, from David Beers Quinn, *The Roanoke Voyages, 1584–1590: Documents to illustrate the English Voyages to North America under the Patent granted to Walter Raleigh in 1584*, Vol. 1 (London, 1952) p. 91; Richard Hakluyt, *The principal navigations, voyages traffiques & discoveries of the English nation*, III (1600), p. 251, in Quinn, *The Roanoke Voyages, 1584–1590*, Vol. 1, p. 116. 1600년 출판본의 본문에는 해클루트의 메모가 추가되었다. 따라서 이것이 원고의 원본인지는 알 수 없다.
38 자료들을 다시 검토했지만, 만테오와 완체세의 지위에 대해서는 구체적으로 확인하기 어려웠다. 몇몇 학자들은 만테오가 위로안wiroan 혹은 웨로언스weroance였다고 주장하는데, 이는 앨곤퀸어로 "부유하다"는 의미를 지닌다. 그러나 이 단어에는 지역의 지도자라는 뜻도 있다. 다음 사례를 참조하라. Alden Vaughan, 'Sir Walter Ralegh's Indian Interpreters, 1584–1618', *WMQ*, 59.2 (2002), p. 346. 마이클 리로이 오베르는 매우 신빙성 있는 주장을 하고 있는데, 바로 만테오의 어머니가 크로아탄족의 웨로안스콰weroansqua(지도자)였으리라는 것이다. 완체세가 로어노크의 웨로언스였던 윙기나와 가까운 사이였음은 분명하다. Michael Leroy Oberg, 'Between "Savage Man" and "Most Faithful Englishman": Manteo and the Early Anglo-Indian Exchange, 1584–1590', *Itinerario*, 24.2 (2000), pp. 146–69. 다수의 학자들이 두 사람 모두 "높은 신분"이었다고 본다. 예를 들면 Michael Leroy Oberg, *The Head in Edward Nugent's Hand: Roanoke's Forgotten Indians* (Philadelphia, 2008), p. 50을 보라.
39 웨로언스의 형제인 그랑가니메오가 영국인들과 친분을 쌓고 교역하고자 노력했던 점에 대해서는 다음을 참조하라. 'Arthur Barlowe's Discourse of the First Voyage' (1584–5), in Quinn, *The Roanoke Voyages, 1584–1590*, pp. 98–105. 외부인을 이해하는 인디저너스들의 더 많은 방식에 대해서는 다음을 참조하라. Daniel Richter, *Facing east from Indian country: a Native history of early America* (Cambridge, Mass., 2003), esp. pp. 14–16.
40 Thomas Hariot, *A Briefe and True Report of the New Found Land of Virginia* (1588), ed. Paul Royster, *Electronic Texts in American Studies*, 20 (2007), p. 39, https://tinyurl.com/56nnb7fc.
41 V. von Klarwill (ed.), *Queen Elizabeth and some foreigners* (1928), p. 323, in Quinn, *The Roanoke Voyages, 1584–1590*, Vol. 1, p. 116.
42 캐롤라이나의 앨곤퀸인들의 복장에 관해서는 다음을 참조하라. Hariot, *A briefe and true report*, p. 34; and Christian F. Feest, 'North Carolina Algonquians', in *Handbook of North American Indians* (1978), Vol. 15, pp. 271–81.
43 엘리자베스 여왕은 재위 동안 국민의 복장과 관련한 포고령을 12번이나 발표했다. 이는 자신의 아버지 헨리 8세 때보다 두 배나 많은 것이었다. Susan J. Vincent, '"When I am in Good Habitt": Clothes in English Culture c.1550–c.1670' (PhD thesis, University of York, 2002), p. 159; 'Enforcing Statutes of Apparel', issued by Elizabeth I, Greenwich, 15 June 1574, from *Elizabethan Sumptuary Statutes*, https://tinyurl.com/2p96s3cn.

44 'Bill to Confirm Raleigh's Patent, as passed by the House of Commons' (December 1584) and 'The Case of the Cape Merchant, Thomas Harvey' (20 February 1591), in Quinn, *The Roanoke Voyages*, 1584–1590, Vol. 2, pp. 127, 232–3. Spelling modernised.
45 *Purchas His Pilgrimes. In Five Bookes*... Vol. 4 (London, 1625), p. 4283.
46 Frances F. Berdan, *Aztec Archaeology and Ethnohistory* (Cambridge, 2014), pp. 57–61.
47 *Purchas His Pilgrimes. In Five Bookes*... Vol. 4 (London, 1625), p. 4283.
48 Thrush, *Indigenous London*, p. 36; and personal communication (2023)
49 "여왕께서 월터 롤리 경에게 내리신, 새로운 영토와 지역에서의 경작 및 식재에 관한 특권", in Hakluyt, *The principal nauigations*, p. 243; 'Bill to Confirm Raleigh's Patent, as passed by the House of Commons', in Quinn, *The Roanoke Voyages, 1584–1590*, pp. 127–8. Spelling modernised.
50 Quinn, *The Roanoke Voyages, 1584–1590*, Vol. 1, pp. 178–9, n. 6; 'The Relation of Hernando de Altamirano' (June 1585), and 'Diego Hernández de Quiñones to Philip II' (12/22 June 1585), in Quinn, *The Roanoke Voyages, 1584–1590*, Vol. 2, pp. 741, 735.
51 "위코콘"이라는 단어는 "폐쇄된 장소"나 "요새"를 뜻하는 앨곤퀸어에서 유래한 것으로 보인다. 이는 그 지역에 울타리로 둘러싸인 인디저너스 마을이 있었음을 의미한다. Quinn, *The Roanoke Voyages, 1584–1590*, Vol. 2, p. 867, n. 61; 'The Tiger Journal of the 1585 Voyage', in Quinn, *The Roanoke Voyages, 1584–1590*, Vol. 1, p. 189. Spelling modernised.
52 'Ralph Lane to Sir Francis Walsingham, 12 August 1585' and 'The Tiger Journal of the 1585 Voyage', in Quinn, *The Roanoke Voyages, 1584–1590*, Vol. 1, pp. 201, 189. Spelling in the former modernised.
53 Hariot, *A brief and true report*, p. 38; 'A Relation of the Indian War by Mr Easton, of Rhode Island, 1675', ed. Paul Royster, *Electronic Texts in American Studies*, 33 (2006), p. 10, https://tinyurl.com/je3cctcj; Karen Ordahl Kupperman, *Indians and English: Facing Off in Early America* (New York, 2000), p. 3.
54 'Ralph Lane's Discourse on the First Colony' (17 August 1585–18 June 1586), in Quinn, *The Roanoke Voyages, 1584–1590*, Vol. 1, p. 280. 인디저너스의 권력 구조는 확인하기가 매우 어렵다. 여기에서는 Oberg, *The Head in Edward Nugent's Hand*, pp. 2–8를 참조했다.
55 'John White's narrative of the 1590 voyage to Virginia', in Quinn, *The Roanoke Voyages*, 1584–1590, Vol. 1, p. 602.
56 'Ralph Lane's Discourse on the First Colony', and 'John White's Narrative', in Quinn, *The Roanoke Voyages, 1584–1590*, Vol. 1 (London, 1952), pp. 271, 530.
57 Brandon Fullam, *Manteo and the Algonquians of the Roanoke Voyages* (Jefferson, NC, 2020), p. 43.
58 'John White's Narrative', in Quinn, *The Roanoke Voyages, 1584–1590*, Vol. 1, p. 531.
59 Quinn, *The Roanoke Voyages, 1584–1590*, Vol. 1, p. 543.
60 'The Relation of Pedro Diaz', in Quinn, *The Roanoke Voyages, 1584–1590*, Vol. 1, p. 790.
61 'Entries in the Bideford Parish Register', in Quinn, *The Roanoke Voyages, 1584–1590*,

Vol. 1, p. 495. Spelling lightly modernised.
62 Alden T. Vaughan, *Transatlantic Encounters: American Indians in Britain, 1500–1776* (Cambridge, 2006), pp. 30–33; Walter Ralegh, *Discoverie of the Large, Rich and Bevvtifvl Empire of Gviana* . . . (London, 1596), pp. 7, 52, 62, 74, 80; Lawrence Kemys, *A Relation of the Second Voyage to Guiana* (London, 1596), B2r, C3r; Thomas Masham, 'The third voyage set forth by Sir Walter Ralegh to Guiana, with a pinesse called *The Watte*, in the yeere 1596', in Hakluyt, *The principal nauigations*, p. 694. 마샴은 "코우의 레너드"도 언급하는데, 이는 레너드 라가포일 가능성이 높다. Vaughan, *Transatlantic Encounters*, pp. 32–3; 'Lady Ralegh to Secretary Sir R. Cecil' (July 1596), in Edward Edwards, *The Life of Sir Walter Ralegh* . . . (London, 1868), Vol II, p. 402.
63 'Captain Charles Leigh his voyage to Guiana and plantation there', in *Purchas His Pilgrimes. In Five Bookes* . . . Vol. 4 (London, 1625), pp. 1250–51; 'Captaine Charles Leighs Letter to Sir Olave Leigh his Brother', in *Purchas His Pilgrimes. In Five Bookes* . . . Vol. 4 (London, 1625), pp. 1253–5.
64 따로 명시하지 않은 한, 이 부분에 인용된 내용은 모두 다음 출처에서 가지고 왔다. Robert Harcourt, *The Relation of a Voyage to Gviana, Defscribing the Climate, Situation, Fertilitie, & Commodities of that Country: Together with the Manner and Cuft omes of the People* (London, [1619] 1626), pp. 7, 9–12, 15–16, 18–20, 25–7, 33, 53, 59–60. Spelling lightly modernised.
65 'Cecil Papers: August 1604, 1–10', in *Calendar of the Cecil Papers in Hatfield House: Volume 16, 1604*, ed. M. S. Giuseppi (London, 1933), pp. 195–221, *British History Online*, https://tinyurl.com/bdcvta3s.
66 John Stowe, *Annales, or a generall chronicle of England* (London, 1632), p. 815.
67 "국왕과 그 대리인은 전염병에 감염될 수 있거나 감염된, 혹은 앞으로 전염병이 확산될 수도 있는 마을, 구역, 지역, 구역 등 전역에 대해 이 명령을 실행하라고 공표했다……." (London, 1603)
68 'Sir Walter Ralegh's Journal of his Second Voyage to Guiana', in W. Ralegh, *The Discovery of the Large, Rich, and Beautiful Empire of Guiana* . . . ed. Robert H. Schomburgk (New York, 1848), pp. 197–200. 이 문구는 "해리"오 "카시케"가 서로 다른 사람일 약간의 가능성을 시사하는데, 그렇다면 롤리가 이 지역에 3명의 인디저너스 지인을 두었다는 말이 된다. 그러나 이는 가능성이 매우 낮은 이야기이다. 롤리가 1618년 3월 21 윈우드에게 전한 이야기는 Vaughan, *Transatlantic Encounters*, p. 37에서 인용했다.
69 Anna Brickhouse, *The Unsettlement of America: Translation, Interpretation, and the Story of Don Luis de Velasco, 1560–1945* (Oxford, 2015), p. 28.
70 James Lockhart, *The Men of Cajamarca: A Social and Biographical Study of the First Conquerors of Peru* (Austin, 1972), pp. 448–55.

제3장 가족과 친척

1 Barbara Anne Ganson, *The Guaraní Under Spanish Rule in the Río de la Plata* (Stanford, 2003), p. 18.
2 에소메릭에 관한 주요 자료와 흥미로운 세부 사항, 논평은 다음을 참조하라. Leyla Perrone-Moisés, *Le Voyage de Gonneville (1503–1505) & la découverte de la Normandie par les Indiens du Brésil*, trans. Ariane Witkowski (Paris, 1995), pp. 22–31.
3 Jean Leblond, 'L'abbé Paulmier descendant d'un étranger des *Terres australes?* Notes sur la généalogie de l'abbé, la taxation des étrangers et la datation de la relation de voyage de Gonneville de 1505', *Australian Journal of French Studies*, 50.1 (2013), pp. 35–49.
4 Jacques Lévêque de Pontharouart, *Paulmier de Gonneville: son voyage imaginaire* (Beauval en Caux, 2000). 이 책에는 많은 문제점이 있지만, 그럼에도 불구하고 중요한 의문을 제기했다. 토론에 관한 개괄은 *AJFS*의 특별판에서 볼 수 있다. 특히 Margaret Sankey, 'The Abbé Jean Paulmier and French Missions in the *Terres australes*: Myth and History', *Australian Journal of French Studies*, 50.1 (2013), pp. 3–15를 참조하라. 그러나 나는 크리스토프 마뇌브리에의 의견을 따른다. 'Paulmier de Gonneville et le Portugal: un navigateur normand dans la première mondialisation', *Revista de História da Sociedade e da Cultura*, 16 (2016), pp. 95–109.
5 *Sur les traces d'Essomericq*, https://essomericq.com/; Leia Também, 'Em livro, descendente de índio alçado à burguesia na França refaz passos do parente', *Bem Paraná*, 27 October 2018, https://tinyurl.com/29fzzw7z; 'Essoméric: Un Prince Indien à Courtonne', *Courtonne-La-Meurdrac: Au Coeur de Pays d'Auge*, https://tinyurl.com/2p9cmnka.
6 *Le Discours de la Navigation de Jean et Raoul Parmentier de Dieppe: Voyage à Sumatra en 1529. Description de l'isle de Sainct-Domingo* (Paris, 1883), pp. 3; *André Thevet's North America: A Sixteenth-Century View*, ed. and trans. Roger Schlesinger and Arthur P. Stabler (Kingston, 1986), p. 9; *The Voyages of Jacques Cartier*, pp. 27, 50, 52–4, 70, 82–7, 96, 98, 125, 134, xxxix.
7 Arinos de Melo Franco, *O índio Brasileiro*, p. 49; Jean de Léry, *History of a Voyage to the Land of Brazil, Otherwise Called America . . .* (Berkeley, 1992), trans. Janet Whatley, pp. 130–31.
8 Simão de Vasconcelos, *Crônica de la Companhia de Jesus*, 인용문과 세부 설명은 리사 보이트의 자료를 따랐다. 그녀는 친절하게도 자신의 글을 번역해서 사용할 수 있도록 허락해주었다. *Writing Captivity in the Early Modern Atlantic: Circulations of Knowledge and Authority in the Iberial and English Imperial Worlds* (Chapel Hill, 2009), pp. 224–5.
9 이와 관련해서는 2개의 날짜가 알려져 있는데, 대부분의 저명한 역사서는 구아이빔 파라의 항해가 1540년대 말의 일이라고 보고 있다. 세례 증명서와, 페루 페르난드스 사르디냐(그는 1520년대에 파리에서 공부했고, 1540년대에는 주로 인도와 포르투갈에 머물렀다)가 이 부부를 프랑스에서 본 것으로 추정된다는 점을 고려했을 때, 다른

날짜는 그 항해를 "같은 해(1549년)에 일어난" 카라무루와 관련된 어떤 사건의 배경으로 언급한 사우바도르의 오독에서 비롯된 것으로 보인다. Frei Vincente do Salvador, *Historia do Brasil* (S. Paulo, 1918), p. 149.

10 Voight, *Writing Captivity in the Early Modern Atlantic*, p. 243, n. 39; Pedro Calmon, *História da fundacão da Bahia* (Bahia, 1949), p. 50, n. 5.

11 David Treece, 'Caramuru the Myth: Conquest and Conciliation', *Ibero-amerikanisches Archiv* (1984), 10.2, pp. 154–5; 순전히 프랑스인의 관점에서 쓰인 세례 기록은 카르티에의 첫 번째 항해의 날짜가 잘못되었다거나, 그가 잘 알려진 캐나다 탐험 이전에 브라질을 여행하고 어린 소녀를 데려왔다고 주장하는 데에 잘못 사용되었다. Olga Obry, *Catherine du Brésil: Filleule de Saint-Malo* (Paris, 1953), pp. 164–5; James P. Baxter, *A memoir of Jacques Cartier* (New York, 1906), p. 14, n. 1.

12 Vincente do Salvador, *Historia do Brasil*, pp. 149–50.

13 이것과 파라구아수의 일생을 영문으로 요약한 희귀한 자료로는 다음을 참조하라. Joan Meznar, 'Catarina Álvares Paraguaçu (1510s–1582): Indian Visionary in Brazil and France', in Karen Racine and Beatriz G. Mamigonian (eds), *The Human Tradition in the Atlantic World, 1500–1850* (Lanham, 2010), pp. 1–12.

14 Santa Rita Durão, *Caramuru: Poema Épico do Descubrimiento da Bahia* (Lisbon, 1781), Library of Congress Global Gateway, https://tinyurl.com/2p9efu3u.

15 Benito Cao, 'White Hegemony in the Land of Carnival: The Apparent Paradox of Racism and Hybridity in Brazil' (PhD thesis, University of Adelaide, 2008), pp. 66–74.

16 Christovão de Avila, *Brasões de Armas: Armorial Histórico da Casa de Garcia d'Ávila* (Rio de Janeiro, 2014), pp. 24–8; Maria Aparecida Schumaher, *Dicionário mulheres do Brasil: De 1500 até a actualidade* (Rio de Janeiro, 2000), no page numbers online.

17 'Missa lembra valor histórico da índia Catarina Paraguaçu', *Correio da Bahia*, 27 January 1999, https://tinyurl.com/mryscvkc; Karla Mendes, 'In Rio de Janeiro, Indigenous people fi ght to undo centuries of erasure', *Mongabay*, 31 June 2021, https://tinyurl.com/mr3adbs3. 구아이빔파라의 유언장은 사우바도르 바이아의 상벤투 수도원의 기록보관소에 소장되어 있다. 수도원의 기록에는 그녀가 "카타리나 알바르스"나 "카타리나 알바르스 카라무루"라는 이름으로 여러 번 언급되어 있다. 여기에서 그녀는 자신의 토지 상속을 확정해달라는 청원을 하고 있다. Célia Marques Telles (ed.), *Coleção Livros Do Tombo Do Mosteiro de São Bento da Bahia: Editando 430 anos de história, Livro III do Tombo: Edição semidiplomática* (2012), ff. 12v-14r, http://saobento.org/livrosdotombo/. 그녀의 토지 상속 및 다른 문제에 관해서는 다음도 참조하라. ff. 25v-32v, 35r, 38r-43r.

18 Covadonga Lamar Prieto, 'El Mestizo', in Rebecca M. Seaman, *Conflict in the Early Americas: An Encyclopaedia of the Spanish Empire's Aztec, Incan and Mayan Conquests* (Santa Barbara, 2013), p. 131.

19 Anna Lanyon, *The New World of Martín Cortés* (Crow's Nest, New South Wales, 2003),

p. 65. 래니언의 몰입감 있는 책은 마르틴이 영국에서 보낸 시간에 관한 최고의 역사 책이지만, 다른 몇 가지 세부 사항은 다음의 책들을 바탕으로 했다. María del Carmen Martínez Martínez, *Martín Cortés: Pasos recuperados (1532–1562)* (León, 2018).

20 Archivo Histórico Nacional, Madrid, OM-CABALLEROS_SANTIAGO, EXP. 2167; 'Expediente de Martín Cortés, niño de siete años, hijo de Hernán Cortés y de la india Doña Marina. Toledo, 19 Julio, 1529', *Boletín de la Real Academia de la Historia*, 21 (1892), pp. 199–202.

21 Lanyon, *The New World of Martín Cortés*, pp. 45–6; Letter to Francisco Nuñez, 20 June 1533, quoted in Townsend, *Fifth Sun*, p. 157.

22 마리아 델 카르멘 마르티네스 마르티네스가 마르틴의 멕시코 방문을 밝히기 전까지 래니언을 비롯한 학자들은 그가 1562년까지 내내 스페인에 머물렀으리라고 추정했다. Townsend, *Fifth Sun*, p. 272, n. 6. 동생 마르틴만 기록되어 있지만, 그가 형 없이 혼자서 런던으로 갔을 가능성은 희박하다는 것이 학자들의 중론이다. Lanyon, *The New World of Martín Cortés*, p. 65; *The Chronicle of Queen Jane, and of Two Years of Queen Mary, and especially of the Rebellion of Sir Thomas Wyat. Written by a resident in the Tower of London*, ed. John Gough Nichols (London 1850), p. 81. Spelling modernised.

23 José Carlos de la Puente Luna, *Andean Cosmopolitans: Seeking Justice and Reward at the Spanish Royal Court* (Austin, 2018), p. 132.

24 Heather Dalton, *Merchants and Explorers: Roger Barlow, Sebastian Cabot, and Networks of Atlantic Exchange 1500–1800* (Oxford, 2016), pp.115–16; Arinos de Melo Franco, *O Índio brasileiro*, p. 43; Joáo Batista de Castro Júnior, 'Língua Portuguesa, Língua Tupi e Língua Geral: Jesuítas, Colonos e Índios em São Paulo de Piratininga: O Que Entendiam, o Que Practicavam, o Que Conversavam' (PhD thesis, Universidade Federal da Bahia, Salvador, 2011), pp. 83–4, inc. n. 190. 안토니오 폰세를 인용했다.

25 Richard Godbeer, *Sexual Revolution in Early America* (Baltimore, 2002), pp. 158–66.

26 1534년 멕시코 푸에블라 지역의 결혼에 관한 조사에 의하면, 65명의 스페인인 기혼 남성 중 20명이 "인디오 여성"과 결혼했다. Pedro Carrasco, 'Indian-Spanish Marriages in the First Century of the Colony', in Susan Schroeder, Stephanie Wood, Robert Stephen Haskett (eds), *Indian Women of Early Mexico* (Norman, 1999), p. 88.

27 왕족 여성은 눈에 띄는 예외였다. 목테수마의 딸들은 매우 선망받는 결혼 상대였다. 그들의 유산과 침략자의 유산을 합쳐 스페인의 권위를 정당화할 수 있었기 때문이다.

28 이 흥미진진한 이야기는 낸시 반 듀센의 연구를 통해 밝혀졌다. 'Passing in sixteenth-century Castile', *Colonial Latin American Review*, 26.1 (2017), pp. 85–103.

29 Archivo de la Real Chancellería, Valladolid, Registro de Ejecutorias, caja 1192, 44; Van Deusen, *Global Indios*, pp. 95–6; Nancy van Deusen, 'The Intimacies of Bondage: Female Indigenous Servants and Slaves and Their Spanish Masters, 1492–1555', *Journal of Women's History*, 24.1 (2012), pp. 17–18.

30 AGI, Indiferente, 1963, l. 7, ff . 217v-218r. 이런 관계는 드물지 않았다. 가령 1536년에

는 또다른 인디아인 후아나가 스페인 소녀를 스페인의 가족에게 데려다주었다. AGI, Indiferente, 1962, l. 5, ff . 44r-44v. 또다른 학대 사례로는 Indiferente, 1963, l. 4, f. 27; Justicia, 1162, n. 6, r. 2.

31 Van Deusen, 'The Intimacies of Bondage', pp. 22, 24–7; *Recopilación de las Leyes de las Indias* (Madrid, 1680), Book 6, Title 1, Ley 8. 1515–1524년 사이에 메스티소 아이들을 스페인으로 데려오기 위해서 15개 이상의 허가증이 발급되었다. Esteban Mira Caballos, *Las Antillas Mayores, 1492–1550: ensayos y documentos* (Madrid, 2000), p. 292. Juan Gil, 'Los primeros mestizos indios en España: Una voz ausente', in Berta Ares Queija and Serge Gruzinski (eds), *Entre dos mundos: Fronteras Culturales y Agentes Mediadores* (Seville, 1997), pp. 15–36도 참조하라.
32 Mira Caballos, *Indios y mestizos*, p. 93.
33 AGI, Justicia, 741, n. 3, im. 18, 30–35.
34 Esteban Mira Caballos, 'Dos Bautizas de Indias en Carmona (1504)', *El Descubrimiento de los Otros*, https://tinyurl.com/u4w9rkmm; AGI, Justicia, 908, n. 1; van Deusen, *Global Indios*, pp. 34–60.
35 Lanyon, *The New World of Martín Cortés*, pp. 213–14, 238.
36 Anastasia Kalyuta, 'Isabel de Moctezuma: the emperor's favourite daughter?', *Mexicolore*, https://tinyurl.com/5n95secv.

제4장 일상의 물건들

1 Christopher Columbus, *Santangel letter*, King's Digital Lab, https://tinyurl.com/y8tezyvx. 이 인용문을 사용할 수 있도록 허락해준 배리 아이프에게 깊이 감사드린다. 이 내용은 다음 문헌에 있다. B. W. Ife, *Letters from America: Columbus's First Accounts of the 1492 Voyage* (London, 1992), pp. 49–51.
2 Clarissa Hyman, *Tomato: A Global History* (London, 2019); Heather Arndt Anderson, *Chillies: A Global History* (London, 2016); Kaori O'Connor, *Pineapple: A Global History* (London, 2013); Stephen L. Harp, *A World History of Rubber: Empire, Industry, and the Everyday* (Oxford, 2015); Larry Zuckerman, *The Potato: How The Humble Spud Rescued the Western World* (New York, 1999); Iain Gately, *Tobacco: A Cultural History of How an Exotic Plant Seduced Civilization* (New York, 2003); Marc Aronson and Marina Budhos, *Sugar Changed the World: A Story of Magic, Spice, Slavery, Freedom, and Science* (New York, 2010); Carmella Padilla and Barbara Anderson (eds), *A Red Like No Other: How Cochineal Coloured the World* (New York, 2015); Arturo Warman, *Corn and Capitalism: How a Botanical Bastard Grew to Global Dominance* (Chapel Hill, 2003); Thomas Feiling, *Cocaine Nation: How the White Trade Took Over the World* (Cambridge, 2012).
3 Sidney Mintz, *Sweetness and Power: The Place of Sugar in Modern History* (New York, 1985).

4   Christopher Columbus, 'Sunday 23 December', Diary, King's Digital Lab, https://tinyurl.com/57j4a6vs; López de Gómara, *Historia General*, Vol. II, p. 48. 세계화가 "세계 경제"와 동의어라고 암묵적으로 또는 명시적으로 전제하는 작업들로는 다음 사례들이 있다. Jan de Vries, 'The limits of globalization in the early modern world', *Economic History Review*, 63.3 (2010), pp. 710–33 and articles by Dennis O'Flynn and Arturo Giráldez, beginning with their 'Born with a "Silver Spoon": The Origin of World Trade in 1571', *Journal of World History*, 6.2 (1995), pp. 201–21.

5   Leanne Betasamosake Simpson, 'Indigenous Resurgence and Coresistance', *Critical Ethnic Studies*, 2.2. (2016), especially pp. 21–3. 데이비드 웬그로와 데이비드 그레이버는 고고학적, 민족지학적 증거들이 역사상의 많은 문화에서 자의식 평등주의를 실천했음을 보여준다고 주장했다. *The Dawn of Everything: A New History of Humanity* (Dublin, 2021).

6   Georges E. Sioui, *For an Amerindian Autohistory*, trans. Sheila Fischman (Montreal and Kingston, 2001), p. 8; *Popol Vuh: The Mayan Book of the Dawn of Life*, trans. Dennis Tedlock (New York, 1996), p. 146; Caroline Dodds Pennock, *Bonds of Blood: Gender, Lifecycle and Sacrifice in Aztec Culture* (Basingstoke, 2008), pp. 109–10; Klara Kelley and Harris Francis, *A Diné History of Navajoland* (2019), p. 6.

7   Armando de Melo, 'De América a Abya Yala – Semiótica da descolonizaçao', *Revista de Educaçao Pública*, 23.53/2 (2014), pp. 501–31.

8   *The First Letter of Christopher Columbus to the Noble Lord Rafael Sanchez, announcing the Discovery of America*, trans. R.H. Major (Boston, 1890), p. 26; Gabriel Archer 'Description of the River and Country . . .' in P. L. Barbour, *The Jamestown Voyages Under the First Charter, 1601–1609* (Cambridge, 1969), p. 101; Francisco de Vitoria, 'On the American Indians', in his *Political Writings*, ed. Anthony Pagden and Jeremy Lawrence (Cambridge, 1991), pp. 231–92; John Smith, *A map of Virginia With a description of the countrey, the commodities, people, government and religion . . .* (Oxford, 1612), p. 63.

9   Linda Tuhiwai Smith, *Decolonizing Methodologies: Research and Indigenous Peoples* (London, 2012), p. 13; Robin Wall Kimmerer, *Braiding Sweetgrass: Indigenous Wisdom, Scientific Knowledge and the Teachings of Plants* (London, 2020), pp. 381–3; Jessica Hernandez, *Fresh Banana Leaves: Healing Indigenous Landscapes through Indigenous Science* (Huichin, unceded Ohlone land, AKA Berkeley, 2002).

10   *Florentine Codex*, 9: 10: 45–9; Sara Florence Davidson and Robert Davidson, *Potlach as Pedagogy: Learning Through Ceremony* (Winnipeg, 2018), pp. 4–5; 'Audio clips: Potlach means to give – Chief Bill Cramer', *Living Tradition: The Kwakwaka'wakw Potlach on the Northwest Coast*, https://tinyurl.com/5ha6x536.

11   Sioui, *For an Amerindian Autohistory*, pp. 72–3; Graeber and Wengrow, *The Dawn of Everything*, pp. 48–59.

12 Norton, *Sacred Gifts, Profane Pleasures*, p. 105.
13 Sean M. Rafferty and Rob Mann, *Smoking and Culture: The Archaeology of Tobacco Pipes in Eastern North America* (Knoxville, 2004), pp. 62–5; Shannon Tushingham et al., 'Molecular archaeology reveals ancient origins of Indigenous tobacco smoking in North American Plateau', *PNAS*, 115.46 (2018), pp. 11742–7.
14 Fernández de Oviedo y Valdés, *Historia general y natural de las Indias*, Book XVII, Chapter XV.
15 Anthony R. Rowley, 'How England Learned to Smoke: The Introduction, Spread and Establishment of Tobacco Pipe Smoking in England before 1640' (PhD thesis, University of York, 2003), pp. 31–2; *Nicolás Monardes, Segunda parte del libro, de las cosas que se traen de nuestras Indias Occidentales . . .* (Seville, 1571), ff. 5, 22.
16 Norton, *Sacred Gifts, Profane Pleasures*, pp. 182, 257; Zachary C. Rich and Shuiyuan Xiao, 'Tobacco as a Social Currency: Cigarette Gifting and Sharing in China', *Nicotine & Tobacco Research*, 14.3 (2012), pp. 258–63.
17 Norton, *Sacred Gifts, Profane Pleasures*, p. 112; Monardes, Segunda parte del libro, f. 22; Fernández de Oviedo y Valdés, *Historia general*, Book V, Chapter II.
18 Rocío Cortés, 'The Colegio Imperial de Santa Cruz de Tlatelolco and Its Aftermath: Nahua Intellectuals and the Spiritual Conquest of Mexico', in Sara Castro-Klaren (ed.), *A Companion to Latin American Literature and Culture* (Oxford, 2008), pp. 86–105; Villella, *Indigenous Elites and Creole Identity in Colonial Mexico*, pp. 72-9 81–5; Millie Gimmel, 'Reading Medicine in the Codex de la Cruz Badiano', *Journal of the History of Ideas* 69.2 (2008), pp. 169–92.
19 *Florentine Codex*, 8: 13: 39–40.
20 David M. Carballo, *Collision of Worlds: A Deep History of the Fall of Aztec Mexico and the Forging of New Spain* (Oxford, 2020), p. 113.
21 Terry G. Powis et al., 'Oldest chocolate in the New World', *Antiquity: A Review of World Archaeology*, 314.81 (2007); 'The Utah Chocolate Story', *Natural History Museum of Utah*, https://nhmu.utah.edu/chocolate; Patricia Crown et al., 'Ritual drinks in the pre-Hispanic US Southwest and Mexican Northwest', *PNAS*, 112.37 (2015), pp. 11436–42; *Florentine Codex*, 6: 43: 256.
22 *Florentine Codex*, 6: 23: 129.
23 *Florentine Codex*, 2: 23: 64. Gabrielle Vail, 'Cacao Use in Yucatán Among the Pre-Hispanic Maya', in Louis E. Grivetti and Howard-Yana Shapiro (eds), *Chocolate: History, Culture, and Heritage* (Hoboken, 2009), no page numbers online. 명칭이 바뀐『코덱스』들에 대해서는 다음을 참조하라. Marten Jansen and Gabina Aurora Pérez Jiménez, 'Renaming the Mexican Codices', *Ancient Mesoamerica* (2004), 15.2, pp. 267–71.
24 Norton, *Sacred Gifts, Profane Pleasures*, p. 30; Sophie D. Coe and Michael D. Coe, *The*

True History of Chocolate (London, 1996), p. 63; Douglas E. Brintnall, *Revolt Against The Dead: The Modernization of a Mayan Community in the Highlands of Guatemala* (New York, 1979), p. 82. 브리트널의 인류학적 연구는 1970년대에 수행되었지만, 전통 결혼식에서는 여전히 이러한 의식들이 이루어지고 있다.

25 Agustín Estrada Monroy, *El mundo k'ekchi' de la Vera-Paz* (Guatemala City, 1979), pp. 194–5. 최초로 기록된 날짜는 이때이지만, 초콜릿은 분명 유럽에 더 일찍 등장했다. 콜럼버스와 코르테스 모두 초콜릿을 접했고, 많은 원주민 여행자들이 이 날짜 이전에 유럽에 왔다. 한 소송에서는 엔코멘데로 곤살로 데 살라사르가 1531년 스페인으로 떠날 때 "마실 수 있게 가루로 만든" 1,000파운드의 카카오를 바치라고 인디저너스들을 압박했다는 혐의가 제기되었다. 그럼에도 원주민들은 이러한 무역망에서 매우 필수적인 존재들이었다. Norton, *Sacred Gifts, Profane Pleasures*, p. 103.

26 아 폽 바트스는 돈 후안 마탈바트스로도 알려져 있다. 후안은 그의 세례명으로 보이며, 마탈바트스는 본명에 대한 스페인식 오기인 듯하다. 공동체의 역사를 복원하는 중요한 작업이 이루어진 이후, 지역 기념물에 새겨진 그의 이름은 본래의 마야식으로 바뀌었다. 그 벽화는 그를 "왕중왕"이라고 부르고 있다. Sarah Ashley Kistler, 'Writing about Aj Pop B'atz': Bruce Grindal and the Transformation of Ethnographic Writing', *Anthropology & Humanism*, 40.2 (2015), p. 173, n. 2.

27 S. Ashley Kistler, 'The Original Ancestor: Aj Pop B'atz' as a Model of Q'eqchi' Kinship', *Journal of Family History*, 38.3 (2013), p. 289.

28 Estrada Monroy, *El mundo k'ekchi'*, pp. 179–83, 194. 그 여행에 대한 구전과 관련해서는 다음을 참조하라. Kistler, 'Writing about Aj Pop B'atz'', p. 173, n. 3. 케치족의 기록을 더 알아보려면, 현재 산 루이스의 종교 단체에서 소장하고 있는 다음을 참조하라. S. Ashley Kistler, 'The House in the Market: Kinship, Status, and Memory Among Q'Eqchi' Market Women in San Juan Chamelco, Guatemala' (PhD thesis, Florida State University, 2007), pp. 104–6.

29 Oswaldo Chinchilla Mazariegos, 'Tecum: the Fallen Sun: Mesoamerican Cosmogony and the Spanish Conquest of Guatemala', *Ethnohistory*, 60.4 (2013), pp. 693–719. 테쿤 우만이 전유되는 방식에 대해서는 다음을 참조하라. Sarah Ashley Kistler, 'Writing about Aj Pop B'atz': Bruce Grindal and the Transformation of Ethnographic Writing', *Anthropology & Humanism*, 40.2 (2015), pp. 162–3.

30 Estrada Monroy, *El mundo k'ekchi'*, p. 201.

31 Estrada Monroy, *El mundo k'ekchi'*, p. 196; Kistler, 'Writing about Aj Pop B'atz'', p. 167.

32 S. Ashley Kistler, 'The Aj Pop B'atz' Project', *Mesoweb* (2012), https://tinyurl.com/urp85s4p; Kistler, 'Writing about Aj Pop B'atz'', pp. 157–76; Kistler, 'The House in the Market'.

33 Estrada Monroy, *El mundo k'ekchi'*, pp. 203–5, 209, 212–13, 215–18.

34 Kistler, 'Writing about Aj Pop B'atz'', p. 168.

35 Fernández de Oviedo y Valdés, *Historia general*, Book VIII, Chapter XXX.

36 Rebecca Earle, *Feeding the People: The Politics of the Potato* (Cambridge, 2020),

pp. 30, 46; J.G. Hawkes and J. Francisco-Ortega, 'The early history of the potato in Europe', *Euphytica*, 70.1 (1993), pp. 1–7; Roger Schlesinger, *In the Wake of Columbus: The Impact of the New World on Europe, 1492–1650* (Wheeling, 2007), pp. 94–6; Ken Albala, *Eating Right in the Renaissance* (Berkeley 2002), pp. 237–8.

37 David Gentilcore, *Pomodoro! A History of the Tomato in Italy* (New York, 2010), pp. 1–2, 10, 11, 25.

38 Caroline Dodds Pennock, '"A Remarkably Patterned Life": Domestic and Public in the Aztec Household City', *Gender & History*, 23.3 (2011), pp. 528–46; *Florentine Codex*, 6: 31: 172; 8: 16: 49.

39 "젓는 막대에 대한 많은 언급"이 있음을 인지하면서도, 소피와 마이클 코는 몰리니요는 "16세기에 스페인에서 도입된 것이 틀림없다"고 결론지었다. *The True History of Chocolate*, p. 88. 한편 폴 크리스털은 어떠한 증거도 없이 케치인들의 방문 이후 스페인 인들이 이를 더 달게 만들기 위해서 사탕수수를 넣고, 거품을 내기 위해서 몰리니요를 발명했다고 주장하고 있다. *The History of Sweets* (Barnsley, 2021), p. 93. Miguel León-Portilla, 'Otro testimonio de aculturación hispano-indígena: Los nahuatlismos en el castellano de España', *Revista Española de Antropología*, XI (1981), p. 235; Marcy Norton, 'Tasting Empire: Chocolate and the Internalization of Mesoamerican Aesthetics', *American Historical Review*, 11.3 (2006), p. 683.

40 Karen Dakin and Søren Wichmann, 'Cacao and Chocolate: An Uto-Aztecan Perspective', *Ancient Mesoamerica*, 11.1 (2000), pp. 55–75.

41 Tuhiwai Smith, *Decolonizing Methodologies*, p. 190.

42 Leanne Simpson, *Dancing on Our Turtle's Back: Stories of Nishnaabeg Re-creation, Resurgence and a New Emergence* (Winnipeg, 2011), pp. 49–63.

43 *Viajes por España de Jorge de Einghen del Baron Leon de Rosmithal de Blatna, de Francisco Guicciardini y de Andrés Navajero*, ed. D. Antonio María Fabié (Madrid, 1889), pp. 272–4; Tuhiwai Smith, *Decolonizing Methodologies*, p. 92.

44 Cortés, *Letters From Mexico*, p. 86.

45 Lewis Hyde, *The Gift: How the Creative Spirit Transforms the World* (Edinburgh, 2006), pp. 3–4.

46 Léry, *History of a voyage to the land of Brazil*, pp. 102–3, 재닛 와틀리의 친절한 허가 덕분에 인용했다. Raoni Metuktire, 'We, the peoples of the Amazon, are full of fear. Soon you will be too', *Guardian*, 2 September 2019, https://tinyurl.com/3zbb557y.

제5장 외교

1 테나마스틀레의 이야기는 카시케라는 그의 지위까지를 포함해 논쟁의 여지가 있다. 그러나 왕실은 그의 주장을 따라 귀족 지위에 걸맞은 예우와 대접을 했던 것으로 보인다. José-Juan López-Portilla, *'Another Jerusalem': Political Legitimacy and Courtly Government in the Kingdom of New Spain (1535–1568)* (Leiden, 2018), p. 214; AGI, Indiferente, 425, l. 23, f.

215v; Indiferente, 425, l. 23, f. 227v(1); Indiferente, 425, l. 23, f. 239r.
2. Brickhouse, *The Unsettlement of America*; Camilla Townsend, 'Mutual Appraisals: The Shift ing Paradigms of the English, Spanish, and Powhatans in Tsenacomoco, 1560–1622', in Douglas Bradburn and John C. Coombs (eds), *Early Modern Virginia: Reconsidering the Old Dominion* (Charlottesville, 2011), pp. 57–89; 'Don Luís de Velasco / Paquiquineo (fl . 1561–1571)', *Encyclopedia Virginia,* https://tinyurl.com/zdw6e97h; Puente Luna, Andean Cosmopolitans, especially pp. 124–33, 141–7, 152; Archivo Histórico Nacional, OM-EXPEDIENTILLOS, n. 140.
3. AGI, Indiferente, 425, l. 23, f. 215v; Indiferente, 425, l. 23, f. 227v(1); Indiferente, 425, l. 23, f. 239r; Contaduría, 1050, f. 420; 'Documento 19. Tenamaztle: La voz de los chichimecas sobre la ética de la guerra (1555)', in Alberto Carrillo Cázares, *El debate sobre la Guerra Chichimeca, 1531–1585* (Zamora, 2000), vol. 2, pp. 513–35; Lawrence A. Clayton, *Bartolomé de Las Casas: A Biography* (Cambridge, 2012), pp. 438–40; Miguel León-Portilla, *Francisco Tenamaztle: Primer guerrillero de América, Defensor de los derechos humanos* (Mexico City, 2005), pp. 175–6.
4. León-Portilla, *Francisco de Tenamaztle*, pp. 175–6에서 인용했다.
5. AGI, Indiferente, 425, l. 23, f. 249r(2); Indiferente, 425, l. 23, f. 253v. 6 Lewis Hanke, The Spanish Struggle for Justice in the Conquest of America (Philadelphia, 1949), p. 89. I cannot access the original source, but have taken the liberty of changing the word 'negroes' to 'negros', which is the likely Spanish term.
6. Lewis Hanke, *The Spanish Struggle for Justice in the Conquest of America* (Philadelphia, 1949), p. 89. 원본을 확인할 수는 없지만, 자의적으로 "negroes"를 스페인식 용어라고 생각되는 "negros"로 바꾸어 해석했다.
7. Rafael Varón Gabai, *Francisco Pizarro and His Brothers: The Illusion of Power in Sixteenth-Century Peru* (Norman, 1997), pp. 102–3.
8. María Rostworowski de Diez Canseco, *Doña Francisca Pizarro: Unailustre mestiza 1534–1598* (Lima, 1992), pp. 38, 44, 62, 128–37; Rafael Varón, 'The Pizarro Family Enterprise in Sixteenth-Century Peru' (UCL, PhD thesis, 1994), p. 155; Karen Vieira Powers, *Women in the Crucible of Conquest* (Albuquerque, 2005), pp. 80–81.
9. Varón Gabai, *Francisco Pizarro and His Brothers*, p. 293; Rostworowski de Diez Canseco, *Doña Francisca Pizarro*, pp. 51–3, 73–4.
10. María Castañeda de la Paz and Miguel Luque-Talaván, 'Privileges of the "Others": The Coats of Arms Granted to Indigenous Conquistadors', in Simon McKeown (ed.), *The International Emblem: From Incunabula to the Internet: Selected Proceedings of the Eighth International Conference of the Society for Emblem Studies, 25th July – 1st August, 2008*, Winchester College (Cambridge, 2010), pp. 283–316. 카스타녜다 데 라 파스와 루크 탈라반은 페드로의 문장이 1570년 그가 사망할 때까지 수여되지 않았다고 주장했다. 그러나 실제로는 1539년 10월 15일에 문장 수여가 승인되었고, 적어도

1570년 9월 11일에는 스페인에서 발송되었다. Donald Chipman, *Moctezuma's Children: Aztec Royalty under Spanish Rule, 1520–1700* (Austin, 2005), pp. 85, 162, n. 39.

11 AGI, Mexico, l. 1, ff . 38r-40r; Baber, 'Empire, Indians, and the Negotiation for the Status of City in Tlaxcala, 1521–1550', pp. 34, 37–8, 42–3; Bartolomé de Las Casas, *Historiadores de Indias: Tomo I – Apologética Historia de las Indias* (Madrid, 1909), p. 589; Charles Gibson, *Tlaxcala in the Sixteenth Century* (Stanford, 1952), p. 165; Camilla Townsend, *Here in this year: Seventeenth-century Nahua Annals of the Tlaxcala-Puebla Valley* (Stanford, 2009), no page numbers online.

12 AGI, Indiferente, 422, l. 16, f. 201r; Patronato, 275, r. 41; *Actas de Cabildo de Tlaxcala, 1547–1567*, ed. Eustaquio Celestino Solis, Armando Valencia R. and Constantino Medina Lima (Tlaxcala, 1984), pp. 125, 128, 194, 196; Gibson, *Tlaxcala in the Sixteenth Century*, pp. 164–9, 229–34; Éric Taladoire, *De América a Europa: Cuando los indígenas descubrieron el Viejo Mundo (1493–1892)* (Paris, 2014), pp. 54–6; Luis Fernando Herrera Valdez, 'Origen y significado del escudo de Tlaxcala', *Potestas*, 8 (2015), pp. 83–104; 'Fragmento de la visita hecha á don Antonio de Mendoza', in Joaquin García Icazbalceta (ed), *Colección de documentos para la historia de México* (México, 1866), vol. 2, p. 87.

13 Gibson, *Tlaxcala in the Sixteenth Century*, p. 165; AGI, Patronato, 275, r. 41; *Actas de cabildo de Tlaxcala, 1547–1567*, p. 289; Las Casas, *Historiadores de Indias*, p. 590.

14 *Actas de cabildo de Tlaxcala*, p. 433; 상세한 맥락을 통해서 그 그림을 재구성하고자 한다면 다음을 참조하라. 'Lienzo de Tlaxcala', *Mesolore*, https://tinyurl.com/2rtf5s8k.

15 *Actas de cabildo de Tlaxcala, 1547–1567*, pp. 125/321, 128/324, 150/347, 162–3/360.

16 Gibson, *Tlaxcala in the Sixteenth Century*, pp. 163–9; Charles Gibson, 'The Identity of Diego Muñoz Camargo', *Hispanic American Historical Review* 30.2 (1950), pp. 195–208; 'Historia de Tlaxcala', Glasgow University Special Collections (January 2003), https://tinyurl.com/ysuendd4.

17 Sean F. McEnroe, *A Troubled Marriage: Indigenous Elites of the Colonial Americas* (Albuquerque, 2020), pp. 165–73. 행정가와 법적 중재자로서의 스페인 왕실의 이중적인 역할의 중요성에 대한 설명은 다음을 참조하라. John Lynch, 'The Institutional Framework of Colonial Spanish America', *Journal of Latin American Studies*, 24, Supplement S1 (1992), pp. 69–81.

18 Pedro Carrasco, 'Don Juan Cortés, Cacique de Santa Cruz Quiché', *Estudios de Cultura Maya*, VI (1967), pp. 253–4; Stephanie Wood, 'The Social vs Legal Context of Nahuatl Títulos', in Elizabeth Hill Boone and Tom Cummins (eds), *Native Traditions in the Postconquest World* (Washington, DC, 1998), pp. 201–31; Allan Greer, *Property and Dispossession: Natives, Empires and Land in Early Modern North America* (Cambridge, 2018), pp. 138–41.

19 Allen J. Christenson, *The Burden of the Ancients: Maya Ceremonies of World Renewal from the Pre-Columbian Period to the Present* (Austin, 2016), pp. 84–5; *Popol Vuh*, pp. 195, 315, n. 179.

20 Juan Rodríguez Freyle, *Conquista y descrubrimiento del nuevo Reino de Granada . . .* (Bogota, 1890), pp. 8–9.
21 Luis Fernando Restrepo, 'Narrating Colonial Interventions: Don Diego de Torres, *Cacique* of Turmequé in the New Kingdom of Granada', in Alvaro Félix Bolaños and Gustavo Verdesio (eds), *Colonialism Past and Present: Reading and Writing about Colonial Latin America Today*, p. 99. 돈 디에고의 상세한 삶은 다음을 참조하라. Joanna Rappaport, 'Buena sangre yhábitos españoles: repensando a Alonso de Silva y Diego de Torres', trans. Mercedes López, *Anuario Colombiano de Historia Social y de la Cultura*, 39.1 (2012), pp. 20–48; Luis Fernando Restrepo, 'El cacique de Turmequé o los agravios de la memoria', *Cuadernos de Literatura*, 14.28 (2010), pp. 14–33; Hernán Alejandro Olano García, 'La defensoría del pueblo: ¿Una institución escandinava o chibcha?', *Díkaion*, 6 (1997), pp. 51–83.
22 가령 다음을 보라. Gloria Helena Rey, 'COLOMBIA: The Chibcha Culture – Forgotten, But Still Alive', *Inter Press Service*, 30 November 2007, https://tinyurl.com/mup69xzj.
23 Restrepo, 'El cacique de Turmequé', p. 23.
24 이 소송의 상세한 내용은 María Paula Corredor Acosta, 'Entre el laberinto jurídico de la monarquía hispánica: El caso de un cacique del Nuevo Reino de Granada (1571–1578)', Universidad del Rosario repository (2017), https://tinyurl.com/ewjn72u8를 참조하라.
25 'El *Memorial de Agravios* de don Diego de Torres, cacique de Turmequé, 1584', ed. Jorge Orlando Mejo, https://tinyurl.com/3euhy8nm; AGI, MP-PANAMA, 8. 또한 MP-PANAMA, 7. Restrepo, 'El cacique de Turmequé', p. 23도 참조하라.
26 AGI, Indiferente, 741, n. 16. 또한 Indiferente, 1952, l. 2, f. 73; Indiferente, 527, l. 1, f. 83v; Indiferente, 426, l. 29, f. 54r; Indiferente, l. 28, f. 6v; Indiferente, 426, l. 27, f. 158r(1); Indiferente, 426, l. 27, f. 171r; Indiferente, 426, l. 27, ff. 134v-135r; Indiferente, 426, l. 27, f. 139r; Indiferente, 426, l. 27, ff. 164v-165r; Indiferente, 426, l. 27, f. 152r; Indiferente, 426, l. 28, ff. 25r-25v도 참조하라.
27 AGI, Indiferente, 741, n. 197. 1633년, 죽은 디에고의 아내 후아나 데 오로페사는 1628년 법원에 의해 엔코미엔다가 된 그라나다 왕국의 소라카 인디오로부터 받았어야 할 조공 대신 연간 300페소씩을 수령했다. AGI, Santa Fe, 168, n. 44; Contratación, 959, n. 19.
28 Eufrasio Bernal Duffo, 'Diego de Torres y Moyachoque, cacique de Turmequé', *Geografía Cultura de Boyacá*, https://tinyurl.com/mttcm8pk.
29 AGI, Quito, 211, l. 2, ff. 111r, 112v, 113r; Indiferente, 426, l. 26, f. 63v(2); Lauri Uusitalo, 'An Indigenous lord in the Spanish royal court: The transatlantic voyage of Don Pedro de Henao, Cacique of Ipiales', in Jenni Kuuliala and Jussi Rantala (eds), *Travel, Pilgrimage and Social Interaction from Antiquity to the Middle Ages* (Manchester, 2019), pp. 297–8.
30 Carla Rahn Phillips, 'Visualizing Imperium: The Virgin of the Seafarers and Spain's Self-Image in the Early Sixteenth Century', *Renaissance Quarterly*, 58 (2005), p. 826.
31 Uusitalo, 'An Indigenous lord in the Spanish royal court', p. 305.
32 AGI, Indiferente, 1952, l. 2, ff. 171r-171v; Quito, 211, l. 2, f. 130v; Quito, 211, l. 2,

ff. 131r-131v; Quito, 211, l. 2, f. 133r; Quito, 211, l. 2, ff. 132r-132v; Quito, 1, n. 16; Uusitalo, 'An Indigenous lord in the Spanish royal court', pp. 300–301; José Carlos Pérez Morales, 'Un encargo escultórico de malograda fortuna: Pedro de Henao y el ornato de la iglesia de Ipiales (Colombia) a fi nes del siglo XVI', *Revista digital del Seminario de Escultura* (2008), pp. 26–39.

33 AGI, Quito, 211, l. 2, ff. 156r-156v; Indiferente, 426, l. 27, f. 128r; Quito, 211, l. 2, f. 162r. 우시탈로는 1월에 통행권을 반납했지만, 1586년 2월 15일에 선단의 통행권과 경비를 하사받았다. 이는 세비야로의 여행 경비를 지원받은 지 1개월 후의 일이다. Indiferente, 1957, l. 4, ff. 126v-127r; Uusitalo, 'An Indigenous lord in the Spanish royal court', p. 301.

34 Pérez Morales, 'Un encargo escultórico de malograda fortuna', pp. 26–39.

35 Puente Luna, *Andean Cosmopolitans*, pp. 176–7, 87.

36 Uusitalo, 'An Indigenous lord in the Spanish royal court', pp. 305–6.

37 Pedro de Cieza de Leon, *The Discovery and Conquest of Peru: Chronicles of the New World Encounter*, ed. and trans. Alexandra Parma Cook and Noble David Cook (Durham, 1998), p. 223; John TePaske, *A New World of Gold and Silver* (Leiden, 2010), p. 142.

38 AGI, Indiferente, 741, n. 133; Puente Luna, *Andean Cosmopolitans*, pp. 139, 153; Uusitalo, 'An Indigenous lord in the Spanish royal court', p. 306.

39 Basil Morgan, 'Hawkins, William', *Oxford Dictionary of National Biography* (2004); 'A voyage to Brasill, made by the worshipfull *M. William Haukins of Plimmouth, father to sir Iohn Haukins, Knight, now liuing, in the yeere* 1530', in Clements R. Markham (ed.), *The Hawkins Voyages during the Reigns of Henry VIII, Queen Elizabeth, and James I* (London, 1878), pp. 3–4. Spelling lightly modernised.

40 'The Old War Office Building: A History' (Ministry of Defence), p. 27, https://tinyurl.com/48efv7p5; Hansard, HL Deb. vol. 160, cols. 853–4, 15 February 1949, https://tinyurl.com/4fmcmstj.

41 Olive Patricia Dickason, 'The Sixteenth-Century French Vision of the Empire: The Other Side of Self-Determination', in Germaine Warkentin and Carolyn Podruchny (eds), *Decentring the Renaissance: Canada and Europe in multidisciplinary perspective, 1500–1700* (Toronto, 2001), pp. 87–109. 'A voyage to Brasill', in Markham (ed.), *The Hawkins Voyages*, p. 4. Spelling lightly modernised.

42 'A voyage to Brasill', in Markham (ed.), *The Hawkins Voyages*, p. 4. Spelling lightly modernised.

제6장 진기한 볼거리

1 *C'est la deduction du sumptueux ordre plaisantz spectacles et magniques théâtres dresses et exhibés par les citoiens de Rouen, ville métropolitaine du pays de Normandie, A la Sacrée Majeseté du Treschristian Roy de France, Henry second leur souverain*

Seigneur, Et à Tres illustre dame, ma Dame Katherine de Medicis, La Royne son éspouse ... (Rouen, 1551), image 81.

2 "Naturelz sauvages", 진짜, 타고난 혹은 진정한 "야만인." 같은 책. 인종 비하의 위험을 피하면서도 본래의 의도를 더 잘 드러내기 위해서 프랑스어 표기를 그대로 밝힌다.

3 이보다 오래된 설명들이 몇몇 있다. *L'Entrée du Roy nostre sire faict en sa ville de Rouen... (Rouen, 1550); L'Entrée du très Magnanime très Puissant et victorieux Roy de France Henry deuxism de ce nom en sa noble cite de Rouen Bibliothèque Municipale de Rouen, MS.Y.28; and Les Pourtres e Les Pourtres et Figures du sumpteux Ordre Plaisantz spectacles, et magnifiques Theatres, dresses et exhibés par les citoiens de Rouen... (1557).*'

4 *C'est la deduction*, images 81–2. Michael Wintroub, 'Civilizing the Savage and Making a King: The Royal Entry Festival of Henri II (Rouen 1550)', *Sixteenth Century Journal*, XXIX.2 (1998), esp. p. 469; Ferdinand Denis, *Une Fête Brésilienne célèbrée à Rouen en 1550* (Paris, 1851), p. 10.

5 *C'est la deduction*, image 81. 이는 유럽 신화에 등장하는 "숲에 사는 사람"에 대한 언급일 수도 있다. 그는 털북숭이 야수로, 초기 탐험기에서 종종 아메리카인과 혼동되었다. 그러나 투피남바족이 프랑스의 동맹이자 무역 상대였다는 점을 감안하면, 그 가능성은 낮아 보인다. "털이 바짝 섰다"는 표현은 실제 브라질 마을 사람들의 머리와 머리카락을 장식한 깃털을 이야기하는지도 모른다. 그러나 개인적으로는 낯선 추위에 떠는 그들의 모습이 더 인간적으로 느껴진다. 자료에 드러나 있든 그렇지 않든, 이는 매우 가능성이 높은 이야기이다. 이 문제를 두고 활발하게 토론해주고 참고 문헌을 찾아주며 전문적인 조언을 해준 프랑수아 소이어, 마셜 스타우브, 찰스 웨스트에게 감사드린다.

6 John M. Monteiro, *Blacks of the Land: Indian Slavery, Settler Society, and the Portuguese Colonial Enterprise in South America*, ed. and trans. James Woodard and Barbara Weinstein (Cambridge, 2018), pp. 7–39.

7 *Eusebii Cesariesis Episcopi Chronicon . . . Ad quem & prosper & Matths Palmerius/& Matthias Palmerius . . .* (Henricvs Stephan, 1512), f. 174; Daniel J. Weeks, *Gateways to Empire: Quebec and New Amsterdam to 1664* (Lanham, 2019), pp. 21–2; Jack D. Forbes, *The American Discovery of Europe* (Urbana, 2011), pp. 75–6; Vincent Masse, 'Les "sept hommes sauvages" de 1509: fortune éditoriale de la première séquelle imprimée des contacts franco-amérindiens', in Andreas Motsch and Grégoire Holtz (eds), *Éditer la Nouvelle-France* (Québec, 2011), p. 90.

8 Olive Patricia Dickason, 'The Brazilian Connection: A Look at the Origin of French Techniques for Trading with Amerindians', *Revue française d'histoire d'outre-mer*, 71.264–265 (1984), pp. 133–4; Th. Pompeu Sobrinho, 'Línguas Tapuias desconhecidas de nordeste', *Boletim de Antropologia*, 2.1 (1958), pp. 12, 18; Cameron J.G. Dodge, 'A Forgotten Century of Brazilwood: The Brazilwood Trade from the Mid-Sixteenth to Mid-Seventeenth Centuries', *e-journal of Portuguese History*, 16.1 (2018); Beatriz Perrone-Moisés, 'L'alliance normando-tupi au XVIe siècle: la celebration de Rouen',

Journal de la société des américanistes, 94.1 (2008), p. 48; Olive Patricia Dickason, 'Dyewood to Furs: The Brazilian Origins of French-Amerindian Trade', *Yearbook (Conference of Latin Americanist Geographers)*, 10 (1984), p. 24.

9 Hans Staden, *Hans Staden's True History: An Account of Cannibal Captivity in Brazil*, ed. and trans. Neil L. Whitehead and Michael Harbsmeier (Durham, 2008), p. 119; *C'est la deduction*, image 82.

10 Surekha Davies, *Renaissance Ethnography and the Invention of the Human: New Worlds, Maps and Monsters* (Cambridge, 2016), pp. 133–4.

11 Amy J. Buono, 'Representing the Tupinambá and the Brazilwood Trade in Sixteenth-Century Rouen', in Regina R. Félix and Scott D. Juall, *Cultural Exchanges between Brazil and France* (West Lafayette, 2016), pp. 22–6; E.-T. Hamy, 'Le Bas Relief de l'Hotel du Brésil au Musée Départemental d'Antiquités de Rouen: Notes et fi gures réunies', *Journal de la Société des américanistes*, Nouvelle Série, 4 (1907), pp. 1–6.

12 Denis, *Une Fête Brésilienne célèbrée à Rouen*, pp. 25–7. 많은 학자들이 이 축제의 세부 사항과 관련하여 드니스의 연구를 참조한다. 그러나 나는 이 19세기 연대기 작가의 자료에 특별한 권위가 있다고 보기는 어렵다고 생각한다. Michael Wintroub, *The Voyage of Th ought: Navigating Knowledge across the Sixteenth-Century World* (Cambridge, 2017), pp. 8–62; Davies, *Renaissance Ethnography and the Invention of the Human* pp. 112–13; Michael Wintroub, *A Savage Mirror: Power, Identity, and Knowledge in Early Modern France* (Stanford, 2006), p. 38; *L'entrée du Roy à Bordeaux, avecques les carmes latins qui luy on esté presentez & au Chancelier* (Paris, 1565), p. 5; Philippe Desan, 'Le simulacre du Nouveau Monde: à propos de la rencontre de Montaigne avec des Cannibales', *Montaigne Studies*, XXII (2010), p. 108.

13 'The Great Chronicle of London', in R. A. Skelton and James A. Williamson, *The Cabot Voyages and Bristol Discovery under Henry VII* (Cambridge, 1962), p. 220. 현대식 표기로 수정하되 원본의 대문자 표기는 그대로 두었다. 다양한 판본에 대한 논의는 다음을 참조하라. Vaughan, *Transatlantic Encounters*, pp. 263–4, n. 31.

14 퀸은 이유를 설명하지 않은 채 이 사람들이 "정체를 알 수 없지만 에스키모는 분명히 아니고 아마 뉴잉글랜드 정도로 먼 남쪽에서 온 인디언이 확실하다"라고 했다. 그러나 나는 트러시의 의견에 동의한다. David B. Quinn, *Sources for the ethnography of northeastern North America to 1611* (Ottawa, 1981), p. 12; Thrush, *Indigenous London*, p. 2.

15 "1481년 9월 3일, 브라스틀에서 열린 심문에서……", in Skelton and Williamson, *The Cabot Voyages and Bristol Delivery*, p. 189; and Skelton and Williamson, *The Cabot Voyages and Bristol Delivery*, p. 15.

16 William Shakespeare, *The Tempest*, Act 2, Scene 2; Thrush, *Indigenous London*, p. 80.

17 Jacqueline Fear-Segal, 'Buff alo Bill's Lakota "Indians" in 1887', *Beyond the Spectacle blog*, https://tinyurl.com/bdf3nm3c; Linda Scarangella McNenly, 'Foe, Friend, or Critic: Native Performers with Buff alo Bill's Wild West Show and Discourses of Conquest and

Friendship in Newspaper Reports', *American Indian Quarterly*, 38.2 (2014), pp. 160, 162.

18 조제 알레샨드리누 드 소자 필류와 필립 드장은 몽테뉴가 1562년 루앙에서 "식인종"을 만날 수 없었을 것이며, 1565년 4월 9일 샤를 9세의 입회하에 보르도에서 그들과 조우한 것이 틀림없다고 주장했다. 몽테뉴가 일부러 연대기를 바꾸거나 자신의 생각을 브라질인들의 생각처럼 썼을 수는 있지만, 그렇다고 해서 이것이 다른 인디저너스 여행자들이 보이는(혹은 보일 법한) 정확한 반응이라는 사실은 바뀌지 않는다. 아울러 (당시 15세였던) 왕이 "어린아이"로 보였을 가능성도 낮아 보인다. 다음을 참조하라. José Alexandrino de Sousa Filho, 'Le <<Conte Cannibale>> de Montaigne: Réalité Historique et Représentation Littéraire', in *La France et le Monde Luso-Brésilien: Échanges et Représentations (XVIe-XVIIIe Siècles – Études réunies et présentées par Saulo Neiva* (Clermont-Ferrand, 2005), pp. 111–40; Philippe Desan, 'Le simulacre du Nouveau Monde: à propos de la rencontre de Montaigne avec des Cannibales', *Montaigne Studies*, XXII (2010), pp. 101–18. 또다른 회의적인 의견으로는 Alphonse Grün, *La Vie publique de Michel de Montaigne – Étude biographique* (Paris, 1855), pp. 144–5이 있다.

19 이 유명한 작품에 대한 접근 가능한, 최신의 번역본으로는 다음을 참조하라. Michel de Montaigne, 'On the Cannibals', trans. Ian Johnston, from *Les Essais* (1595), https://tinyurl.com/2p8mcvt2.

20 *Catlin's Notes of Eight Years Travels and Residence in Europe with his North American Collection with Anecdotes and Incidents of the Travels and Adventures of Three Different Parties of American Indians whom he introduced to the Courts of England, France and Belgium* (New York, 1848), Volume II, p. 143.

21 Denys Delâge, *Bitter Feast: Amerindians and Europeans in Northeastern North America, 1600–64*, trans. Jane Brierley (Vancouver, 1993), p. 126.

22 Maungwudaus, *Account of the Chippewa Indians, who have been travelling among the whites, in the United States, England, Ireland, Scotland, France and Belgium . . .* (Boston, 1848).

23 Montaigne, 'On the Cannibals'.

24 Arinos de Melo Franco, *O Índio brasileiro*, p. 51; Léry, *History of a Voyage to the Land of Brazil*, p. 42.

25 Claude Haton, *Mémoires de Claude Haton contenant le récit des événements accomplis de 1553 à 1582 principalement dans la Champagne et la Brie* (Paris, 1857), Vol. 1, p. 40.

26 Martyr d'Anghera, *De Orbe Novo*, Vol. II, Fifth Decade, pp. 191, 195–8, 202–4.

27 Kurly Tlapoyawa, *We Will Rise: Rebuilding the Mexikah Nation* (Indiana, 2000), pp. 147–53; Caroline Dodds Pennock, 'Mass Murder or Religious Homicide: Rethinking Human Sacrifice and Interpersonal Violence in Aztec Society', *Historical Social Research*, 37.3 (2012), pp. 276–302.

28 Mary W. Helms, 'Essay on objects: Interpretations of distance made tangible', in Stuart B.

Schwartz (ed.), *Implicit Understandings: Observing, Reporting, and Reflecting on the Encounters between Europeans and Other Peoples in the Early Modern Era* (Cambridge, 1994), p. 373.

29 *Thomas Platter's Travels in England 1599*, ed. and trans. Clare Williams (London, 1937), pp. 171–3; Detlef Heikamp, *Mexico and the Medici* (Florence, 1972), 인용은 Mary W. Helms, 'Essay on objects: Interpretations of distance made tangible', in Stuart B. Schwartz (ed.), *Implicit Understandings: Observing, Reporting, and Reflecting on the Encounters between Europeans and Other Peoples in the Early Modern Era* (Cambridge, 1994), p. 371.

30 Dan Hicks, *The Brutish Museums: The Benin Bronzes, Colonial Violence and Cultural Restitution* (London, 2020), 인용은 p. 185; Blackbird and Dodds Pennock, 'How making space for Indigenous peoples changes history', p. 249.

31 Lia Markey, *Imagining the Americas in Medici Florence* (University Park, Penn., 2016), 인용은 p. 161. "아메리카 대륙의 발명"이라는 용어는 다음에서 유래했다. Edmundo O'Gorman, *The Invention of America: An Inquiry into the Historical Nature of the New World and the Meaning of its History* (Bloomington, 1961); 또한 이 자료도 참조하라. José Rabasa, *Inventing America: Spanish Historiography and the Formation of Eurocentrism* (Norman, 1993).

32 Stuart Campbell et al., 'The mirror, the magus and more: reflections on John Dee's obsidian mirror', *Antiquity* (2021), pp. 1–18. 파리에 있는 "잉카의 거울"에 대해서는 Thomas Calligaro, Pierre-Jacques Chiappero, François Gendron and Gérard Poupeau, 'New Clues on the Origin of the "Inca Mirror" at the *Museum National d'Histoire Naturelle in Paris*', *Latin American Antiquity*, 30.2 (2019), pp. 422–8.

33 Lia Markey, *Imagining the Americas in Medici Florence* (University Park, Penn., 2016), pp. 13, 38, 52; Marten Jansen and Gabina Aurora Pérez Jiménez, 'Renaming the Mexican Codices', *Ancient Mesoamerica*, 15.2 (2004), p. 270.

34 Alan Riding, 'A Stolen Relic is a Problem for Mexicans', *New York Times*, 29 August 1982, https://tinyurl.com/4k8crvux; Ian Mursell, 'The extraordinary story of the *Tonalamatl de Aubin* (3)', *Mexicolore*, https://tinyurl.com/yv7ee472.

35 'Request for repatriation of human remains to New Zealand: Minutes of meeting of the Trustees – April 2008', *The British Museum*, https://tinyurl.com/fx3up7tr; 두 번째 인용문은 '2.2 Summary of meeting with representatives from Te Papa Tongarewa 17.11.04 (pdf)', 위 페이지의 링크를 통해 들어갈 수 있다. 'Request for repatriation of human remains to the Torres Strait Islands, Australia', *The British Museum*, https://tinyurl.com/4mn3793h; info from '2.4 The briefing note on the skulls provided for the meeting on 30 June 2011 by N McKinney including two Bioarchaeological Reports by D Antoine (BM)'.

36 Sadiah Qureshi, *Peoples on Parade: Exhibitions, Empire, and Anthropology in Nineteenth-Century Britain* (Chicago, 2011); P. Blanchard et al. (eds), *Human Zoos:*

Science and Spectacle in the Age of Colonial Empires (Liverpool, 2008); Nina Jablonski, *Living Color: The Biological and Social Meaning of Skin Color* (Berkeley, 2012).

37 Simão de Vasconcellos, *Chronica da Companhia de Jesv do Estado do Brasil . . .* (Lisbon, 1663), p. 11; Arinos de Melo Franco, *O Índio brasileiro*, p. 38; Masse, 'Les "sept hommes sauvages" de 1509', pp. 86–8.

38 W.C. Sturtevant, Mattheus Francker and Hans Wolf Glaserr, 'The first Inuit depiction by Europeans', *Études/Inuit/Studies*, 4.1/2 (1980), pp. 47–9.

39 Michael Lok, 'East India by the Northwestw[ard]', in Richard Collinson (ed.), *The Three Voyages of Martin Frobisher, in search of a Passage to Cathaia and India by the North-West, A.D. 1576–8* (London, 1867), p. 87. English modernised. George Best, *A true discourse of the late voyages of discouerie, for the finding of a passage to Cathaya, by the Northwest, vnder the conduct of Martin Frobisher . . .* (London, 1578), p. 50; W. C. Sturtevant and D. B. Quinn, "This New Prey: Eskimos in Europe in 1567, 1576 and 1577", in Christian F. Feest (ed.), *Indians in Europe. An Interdisciplinary Collection of Essays*, (Lincoln, 1989), p.73; Dorothy Harley Eber, *Encounters on the Passage: The Inuit Meet the Explorers* (Toronto, 2008), p. 4.

40 Neil Cheshire, Tony Waldron, Alison Quinn and David Quinn, 'Frobisher's Eskimos in England', *Archivaria*, 10 (1980), p. 24. Sturtevant and Quinn, 'This New Prey', p. 72. 현대식 영어로 표기했다. 전체 설명은 다음을 참조하라. William Brenchley Rye, *England as Seen by Foreigners in the Days of Elizabeth and James I . . .* (London, 1865), pp. 205–6, n. 40.

41 Best, *A trued discourse*, pp. 11, 19–21, 23, 25; Eber, *Encounters on the Passage*, p. 6; Dionyse Settle, 'A True Reporte of Martin Frobisher's Voyage, 1577' (London, 1577), pp. 33–5; Vaughan, *Transatlantic Encounters*, p. 262, n. 14.

42 존 화이트가 그린 이누이트들의 의복에서 보이는 차이는 그들이 서로 다른 이누이트 부족 출신이었음을 시사한다. Cheshire et al., 'Frobisher's Eskimos in England', p. 24. Best, *A true discourse*, pp. 23–6, 30.

43 Edward Dodding, 'Reporte of the Sicknesse and Death of the Man at Bristoll *which* Capt. Furbisher brought from the North-west' (8 November 1577), in Cheshire et al., 'Frobisher's Eskimos in England', p. 42.

44 Dodding, 'Reporte of the Sicknesse and Death', in Cheshire et al., 'Frobisher's Eskimos in England', p. 42; Sturtevant and Quinn, 'This New Prey', pp. 115–16. 또한 Vilhjalmur Stefansson (ed.), *The Three Voyages of Martin Frobisher in search of a passage to Cathay and India by the north-west, A.D. 1576–8* (London, 1938), Vol. II, pp. 235–6도 참조하라; 아드리안 쿠넌의 그림에 적힌 네덜란드어의 번역은 Sturtevant and Quinn, 'This New Prey', p. 137; Cheshire et al., 'Frobisher's Eskimos in England', p. 30; *Adams's Chronicle of Bristol* (Bristol, 1910), p. 115; Evan T. Jones (ed.), 'Bristol Annal: Bristol Archives 09594/1' (version 30 Sept. 2019), https://tinyurl.com/2p9xuvky; 'Annals of

Bristol', in W. Tyson (ed.), *The Bristol Memorialist* (Bristol, 1823), pp. 117–18. 뒤의 2개 자료는 다음에서 찾았다. Samuel Seyer, *Memoirs Historical and Topographical of Bristol and It's [sic] Neighbourhood from the earliest period down to the present time* (Bristol, 1823), p. 247.

45 Sturtevant and Quinn, 'This New Prey', pp. 80, 88–9; Jennifer L. Morgan, '"Some Could Suckle over Their Shoulder": Male Travelers, Female Bodies, and the Gendering of Racial Ideology, 1500–1770', *WMQ*, 54.1 (1997), pp. 167–92; Vaughan, *Transatlantic Encounters*, pp. 6–8.

46 Edward Dodding, 'Reporte of the Sicknesse and Death', in Cheshire et al., 'Frobisher's Eskimos in England', pp. 40–42.

47 Cheshire et al., 'Frobisher's Eskimos in England', p. 30. 기록이 완벽할 가능성과 두 이누이트인이 기독교식 이름으로 묻혔을 가능성까지 염두에 두고 여러 사람들이 교구의 기록을 확인했지만, 그들의 이름은 없었다.

나가며

1 James Welch, *The Heartsong of Charging Elk* (New York, 2000), pp. 97–8.
2 Ben Knight, 'German "Wild West" museum to repatriate Native American scalp', *DW*, 24 November 2020, https://tinyurl.com/2a5u2bwf; Brenda Haas, 'Karl May Museum returns Native American human scalp', *DW*, 13 April 2021, https://tinyurl.com/ycy3dtbc.
3 David Stirrup, 'From 1736 to 2006: Cycles of Native Presence in London', *Beyond the Spectacle blog* (25 October 2017), https://tinyurl.com/2p87cn63; 'Burying A Chief, 270 Years Later', *CBS News*, 22 November 2006, https://tinyurl.com/4uy6ey9w; 'Our Vision', *Mohegan Tribe*, https://tinyurl.com/4kymcn83.
4 'Shrunken heads', *Pitt Rivers Museum*, https://tinyurl.com/22mbv3dy.
5 Alison K. Brown and Laura Peers, 'The Blackfoot Shirts Project: *Our Ancestors Have Come to Visit*", in Annie E. Coombes and Ruth B. Phillips (ed.), *Museum Transformations. Decolonization and Democratization* (Oxford, 2015), pp. 1–21.
6 Blackbird and Dodds Pennock, 'How making space for Indigenous peoples changes history', p. 247

역자 후기

라틴아메리카의 지역학을 공부하고 가르치는 사람으로서 학기 초에 가장 먼저 하는 일은 학생들이 이미 알고 있던 "콜럼버스의 발견"에 대한 오류를 정정하는 것이다. 콜럼버스가 왜 서쪽으로 가야 했는지, 그가 발견한 땅은 어디였는지, 그가 발견한 땅이 왜 하필 스페인 왕실의 소유가 되었는지, 그리고 그의 항해가 정화의 항해에 비해서 얼마나 초라한 것이었는지를 설명함으로써 당시의 세계가 오늘날 우리가 당연하다고 여기는 세상과 얼마나 다른지 말하면서 한 학기를 시작하고는 한다. 출판사로부터 처음 이 책의 번역을 의뢰받았을 때, 부담스러워 고사하고 싶었지만, 매우 탐이 났다. 책의 주제와 내용에 대한 간단한 설명만으로도 저자의 의도와 수고스러움이 느껴졌기 때문이다. 그리고 이 책을 번역하는 내내, 나는 학기 초 놀라움과 호기심에 가득 차 있던, 내 수업의 학생들이 된 것 같았다. 이 책의 번역은, 그 시기의 세계에 대해 내가 얼마나 무지했는지를 깨닫는 작업이었다.

　이 책에도 당시 유럽의 왕들과 정복자들, 아메리카의 왕족들이 등장하지만, 대부분은 이야기의 주인공이 아니다. 이 책에는 자신의 억울함을 끝까지 주장한 수많은 인디저너스 노예, 정복자들 뒤에서 통역을 하던 중재자, 그리고 낯선 이들 앞에서 호기심 어린 시선을 견뎌야 했던 인디저너스들이 이야기를 한다. 그러나 저자는 이들이 오로지 피해자이기만 했던 것은 아님을 강조한다. 노예가 되었던 인디저너스는 재판을 통해서 자유를 얻고 유럽 사회에 정착했으며, 아메리카의 부족은 자신들의 미래를 위해서 적극적인 외교를 펼치기도 했고, 많은 이들이 성숙한 인간으로서 자신들에게 닥친 위기를 극복해 나아갔다. 저자는 역사에 아주 작은 흔적만을 남긴 이들의 평범한 삶을 매우 섬세하고도 끈질기게 추적했고, 그들의 입장에서 이야기를 서술했다. "그들의 입장"이라는 다소 편파적일 수 있는 저자의 시각은, 그들을 "아메리카 원주민"이라는 동일한 정체성을 지닌, 수동적이고 무능한 피해자로 여겼던 우리의 역사관과 세계관을 고려할 때 외려 객관적인 시각이라고 할 수 있을 것이다. 저자는 평범한 사람들의 인생과 일상을 통해서 당시 대서양을 건너 새로이 형성된 세계의 정치, 경제, 사회의 본질을 매우 명료하게 알려주며, 콜럼버스의 발견 이후의 유럽 중심의 세계에 대해 우리가 가지고 있던 편견과 오류를 자연스럽게 깨뜨린다. 글을 쓰는 사람으로서 너무나 부러운 점이 아닐 수 없다.

이 책의 번역은 상상력을 동원해야 하는 작업이었다. 콜럼버스가 스페인 궁정에 가져간 유물의 모양부터 초콜릿 거품을 내는 인디저너스 여성의 몸짓, 그리고 런던의 화가들 앞에서 자세를 취하던 이누크인의 모습 등은 대서양을 가로질러 이루어진 유럽과 아메리카의 관계에서 대부분 언급되지 않던 장면들이었기 때문이다. 그러나 그와 관련된 상세한 상황을 사료와 다양한 자료를 통해서 고증해낸 저자의 노고 덕분에 그 상상은 그리 어렵지 않았다. 붓을 들고 유적지를 발굴하는 연구진처럼, 저자는 얼마 남지 않은 희미한 흔적을 따라 섬세하고 조심스레, 그러면서도 매우 끈질기게 그들의 자취를 좇았다. 그 작업이 얼마나 지난하고 고통스러웠을지는 짐작만 할 뿐이다. 그의 수고 덕분에 수백 년 전 머나먼 타국 땅에서 삶과 죽음의 경계를 넘나들었을 평범한 사람들의 이야기가 오늘날 우리에게 전해졌다.

라틴아메리카를 공부해서 생계를 이어가는 사람으로서,『야만의 해변에서』는 세계사의 주요한 패러다임을 전환시키는 노작勞作이라고 칭하고 싶다. 이 책은 오늘날 우리가 당연하게 여기는 "유럽 중심의 세계"가 사실은 그렇지 않았음을, 인간과 짐승의 경계에 선 존재로 여겨지던 원주민이 실은 고유의 문화와 사회, 역사를 지닌 정치적 공동체의 당당한 일원이었음을, 스페인을 비롯한 유럽 주도의 대서양 교류에서 원주민은 적극적이고도 주요한 행위자였음을 여러 사례를 통해서 입증하고 있다. 특히 아메리카와 지리적으로 거리도 멀고 문화적으로도 낯선 우리 사회의 인식 속에서 아메리카의 원주민은 문명이나 부유함과는 거리가 멀고, 결단코 독립적이거나 문화적인 존재도 아니다. 우리가 아는 아메리카 원주민은 바다 너머에서 건너온 이들을 하얀 피부에 푸른 눈을 지닌 신이라고 여기는 순진한 사람들이자 유럽의 정복에 쉽게 굴복해버린 이들이었다. 혹은 서부 영화에 등장하는 아파치족이나 TV 다큐멘터리에 등장하는 아마존 조에족, 지하철 역사에서 팸플릿을 불며 CD를 팔던 사람들이었다. 이 책은 이러한 우리의 무지와 편견에 대한 친절한 반론이다.

저자는 방대한 자료를 마치 하나의 이야기처럼 잘 꿰어 우리가 쉽게 이해할 수 있도록, 멋진 문장으로 만들어주었다. 그러나 학문적으로나 언어 측면에서 부족한 역자는 그 문장을 좇아가기도 힘들었음을 고백한다. 따라서 오역이 있을 수 있으며, 이는 전적으로 역자의 부족임을 알린다. 그럼에도 이토록 멋진 책을 가장 처음 볼 수 있게 기회를 주신 까치글방의 박후영 대표님께 감사드리며, 허접한 번역문을 유려하게 다듬어주신 편집자 김미현 선생님께 깊은 감사의 말씀을 전한다.

2025년 봄
김희순

인명 색인

가르시아 García, Diego 89
가스파르(혼혈 가정의 입양아) Gaspar 193-194
가우크라파우카르(안데스 지역 카시케) Gaucrapaucar, don Felipe 276
게레로 Guerrero, Gonzalo 132, 138
고메스 Gómez, Antonio 106
고이스 Góis, Damião de 88-89
과리오넥스(타이노 카시케) Guarionex 121
과카나가리(타이노 족장) Guacanagarí 71-72, 74
구아이빔파라(혹은 파라구아수, 브라질의 캐서린, 투피남바 인디저너스) Guaibimpará 178-185
궤하르(세비야에 거주한 인디오) Güejar, Juan de 273
그랑슈 Granches, Catherine des 180
그렌빌 Grenville, Richard 151, 157-158
그리할바 Grijalva, Juan de 212
그린블랫 Greenblatt, Stephen 117

나모아(카리호 인디저너스) Namoa 172
나바제로 Navagero, Andrea 238-239
네사우알테콜로틀 Nezahualtecolotl, Martín Cortés 62
노브레가 Nóbrega, Manuel da 178
노엘 Noël, Jacques 133
누탁(이누크 인디저너스) Nutaaq 322-323, 326-329, 331, 334, 336

다브빌 d'Abbeville, Claude 282
데닝 Dening, Greg 132
도나코나(스타다코나 족장) Donnacona 125-126
도딩 Dodding, Edward 324-325
도마가야(스타다코나 인디저너스) Domagaya 125
두랑 Durão, Santa Rita 183
뒤러 Dürer, Albrecht 44, 49
듀센 Deusen, Nancy van 83, 100, 192, 194
드레이크 Drake, Francis 157, 325

디 Dee, John 308-310
디아스 델 카스티요 Díaz del Castillo, Bernal 41, 140
디에스 칸세코 Diez Canseco, María Rostworowski de 249

라가포 Ragapo, Leonard 163-165, 167-168
라스 카사스 Las Casas, Bartolomé de 43, 69, 73, 76, 95, 243, 254-255, 263, 268
라 자냐예 La Jannaye, Etienne Chaton de 133
라 크루스(나우아 인디저너스 의사) La Cruz, Martín de 215
라혼탕 Lahontan, Baron de 209
래니언 Lanyon, Anna 187
레드셔츠(오글라라 라코타 족장) Red Shirt 297
레리 Léry, Jean de 178, 241, 293, 303
레무스 Lemos, Gaspar de 314
레센데스 Reséndez, Andrés 82-83, 112
레인 Lane, Ralph 152-153
레칼데 Recalde, Juan López de 35
로렌소(틀락스칼라의 지도자) Lorenzo de Tlaxcala 52, 253, 330
로렝코(메스티소) Lourenço 193-194
로로냐 Loronha, Fernão de 88
로저스 Rogers, Claudia 132
(그레고리오)로페스 López, Gregorio 81, 96
(이니고)로페스 López, Iñigo 105
로페스 데 고마라 López de Gómara, Francisco 41, 203
록 Lok, Michael 316
롤리(앨곤퀸 인디저너스) Raleigh 157-158, 330, 334
(베스)롤리 Raleigh, Bess 160

(월터)롤리 Raleigh, Walter 45-47, 143, 145-147, 151, 154-156, 158-161, 163-169
루나 Luna, José Carlos de la Puente 244
루포 디 포를리 Ruffo di Forli, Giovanni 31, 38-39, 43
르블롱 Leblond, Jean 174
르페브르 Lefèvre, Guillaume 177
리 Leigh, Charles 160-161
리나레스 Linares, Dorothée de 176
리베라 Ribera, Juan de 304-305
리에바나 Liebana, Francisco Hernández de 113

마그달레나(멕시코 인디저너스 노예) Magdalena 81, 196-197
마달레나(토고바가 인디저너스) Madalena 134-135
마르틴(멕시코 인디저너스 노예) Martín 81, 101-107
마르틴(통역사) Martín 170
마르틴(틀락스칼라의 유력 인사) Martín 254-255
(크리스토발 데 산)마르틴 Martín, Cristóbal de San 115
마리아 María(메스티사) 188
마리아 María(쿠에바 인디저너스) 195
마사소이트(왐파노아그 인디저너스) Massasoit 153
마웅우다우스(혹은 조지 헨리) Maungwudaus 300-301
마젤란 Magellan, Ferdinand 34, 110
마크리 Macri, Martha 220
마키 Markey, Lia 307
마토아카(혹은 포카혼타스) Matoaka 24, 133, 148
마티올리 Mattioli, Pietro Andrea 233
막식스카트신 틀릴키야우아트신(틀락

스칼라의 지도자) Maxixcatzin Tlil-
  quiyahuatzin, Diego de 254-255
만테오 Manteo 45, 143-156, 166, 169
말린친(혹은 말린체, 도냐 마리나) Ma-
  lintzin 62, 138-141, 170
맥넨리 McNenly, Linda Scarangella 297
메디시스 Médicis, Catherine de 183,
  285
메디치 Medici, Ferdinando de 310
메타콤(혹은 필립 왕, 왐파노아그 족장)
  Metacom 153
메툭티레 Metuktire, Raoni 241
멘도사 Mendoza, Antonio de 246, 255
모나르데스 Monardes, Nicolás 213
모랄레스 Morales, José Carlos Pérez
  274, 276
(레오노르 코르테스 데)목테수마 Moc-
  tezuma, Leonor Cortés de 199
(마르틴)목테수마 Moctezuma, Martín
  252
(이사벨)목테수마(혹은 테쿠익포트신)
  Moctezuma, Isabel 198-199
(프란시스코)목테수마 Moctezuma, Fran-
  cisco 252
(후안 카노 데)목테수마 Moctezuma,
  Juan Cano de 199
목테수마 2세(혹은 목테쿠소마 쇼코요
  친) Moctezuma II 29, 43, 50, 52, 59,
  62-63, 117, 137, 198, 203, 224, 240,
  252, 304
몬손 Monzón, Juan Bautista 264
몬치스 Montes, Henrique 189-190
몬테호 Montejo, Francisco de 23-24,
  28, 31, 35, 42-43
몰리뇌 Molyneux, Emery 155
몽테뉴 Montaigne, Michel Eyquem de
  298, 301-302

무뇨스 카마르고 Muñoz Camargo, Di-
  ego 257
물랭 Moulin, Marie 174
민츠 Mintz, Sidney 202

바디아노(나우아 인디저너스 저술가) Ba-
  diano, Juan 215
바스콘셀루스 Vasconcelos, Simão de
  179, 181-183, 314
바예 Valle, José Luis Castañeda del 311
바이디츠 Weiditz, Christoph 54-55
발데스 Valdés, Gonzalo Fernández de
  Oviedo y 53, 214
발라데스(메스티소 프란시스코회 신부)
  Valadés, Diego 128
발레라(메스티소 예수회 신부) Valera,
  Blas 128-129
배버 Baber, Jovita 253
버스비 Busby, Richard 149
베너 Venner, Tobias 233
베델 Wedel, Lupold von 144-145, 147-
  148
베라(쿠마나가토계 메스티사) Vera, Ju-
  ana de 192
베스트 Best, George 316, 320-322
베스푸치 Vespucci, Amerigo 86, 95, 272
베아트리스(멕시코 인디저너스) Beatríz
  114-115
베아트리스(쿠마나가토 인디저너스) Bea-
  tríz 191-192, 331
벨라스케스 Velázquez, Diego 28, 35, 56
벰보 Bembo, Pietro 290
보바디야 Bobadilla, Isabella de 134
볼스 Bowles, David 59
브릭하우스 Brickhouse, Anna 74
블랙버드 Blackbird, Leila K. 334
블랙엘크 Black Elk 297

비쇼르다 Bixorda, Jorge Lopes 88
비올란테(물라타) Violante 192-193
비토리아 Vitoria, Francisco de 207
빌 Bill, Buffalo 296-297, 329
빌레가뇽 Villegaignon, Nicolas Durand de 302-303

(로페 데)사베드라 Saavedra, Lope de 107
(후안 카노 데)사베드라 Saavedra, Juan Cano de 199
사비뇽(와이언도트 인디저너스) Savignon 300
사아군 Sahagún, Bernardino de 63, 98, 142, 214, 218
사우바도르 Salvador, Frei Vincente do 182
산체스 Sánchez, Christoval 109
산탕헬 Santángel, Luis de 201
(곤살로 데)살라사르 Salazar, Gonzalo de 101, 103-107
(에우헤니오 데)살라사르 Salazar, Eugenio de 68
살메론(틀락스칼라의 판사) Salmerón, Juan de 254-255
샹플랭 Champlain, Samuel de 300
세논티야(아이오와 인디저너스) Senontiyah 299
세틀 Settle, Dionyse 320
소자 Souza, Pero Lopes de 90
수니가 Zuñiga, Francisco de 277
슈타덴 Staden, Hans 89, 292-293
(린다 투히와이)스미스 Smith, Linda Tuhiwai 207, 239, 313
(마이클)스미스 Smith, Michael 308
(존)스미스 Smith, John 207
소토 Soto, Hernando de 134
시 폽 Si Pop, Sebastian 227
실바 Silva, Ana Paula da 33

아다미(이누크 인디저너스 원로) Adamie, Inookie 317, 320
아란다 Aranda, Juan de 110
아로스카(카리호 족장) Arosca 171-172, 174
아룬델 Arundell, John 152
아르낙(이누크 인디저너스) Arnaq 321-323, 325-326, 329, 331
아빌라 Avila, Christovão de 184
아빌라 모 이 폽(마야 족장) Avila Mo y Pop, don Diego de 223, 226, 229-230
아사쿠멧(아베나키 인디저너스) Assacumet 169
아타우알파 잉카(잉카 귀족) Atahualpa Inca, don Alonso 278-279
아통 Haton, Claude 303
아 폽 바트스(마야 족장) Aj Pop B'atz', don Juan 222-223, 225-227, 229-231
안드레스(멕시코 인디저너스 노예) Andrés 81, 196-197
안살두아 Anzaldúa, Gloría E. 132
알바라도 Alvarado, Pedro de 224
알바로(멕시코 인디저너스 노예) Alvaro 82, 196-197
알바 익스틀릴오치틀 Alva Ixtlilxochitl, Fernando de 50, 108
암푸에로 Ampuero, Francisco de 248, 250
앙고 Ango, Jean 177, 290, 293-294
앙리 2세 Henri II 183, 285-286, 303
앨프리드(남기스 인디저너스 원로) Alfred, Axu 208
에나오(안데스 지역 카시케) Henao, don Pedro de 268-279
에르모시요 Hermosilla, Pedro de 114-116
에소메릭(혹은 이샤-미림, 카리호 "왕자") Essomericq 171-177, 289

인명 색인

에스파르테로 Espartero, Antón García 110
에카트신 Ecatzin, Martín 62
에페나우(나우셋 인디저너스) Epenow 169
엘리자베스 1세 Elizabeth I 45, 145-147, 151, 159-160, 166, 280, 317, 325
(프란시스코 데)오레야나 Orellana, Francisco de 314
(후안 푸리에토 데)오레야나 Orellana, Juan Prieto de 265
오르테곤(키토 출신 인디저너스 판사) Ortegón, Diego de 277
오르티스 Ortiz, Felipe 255
오베르 Aubert, Thomas 290
오헤다 Ojeda, Alonso de 85-87
완체세 Wanchese 45, 143-154, 156, 169
요한 바오로 2세 Pope John Paul II 131, 215
우시탈로 Uusitalo, Lauri 277
우타마토마킨(혹은 토모코모, 포우하탄 인디저너스) Uttamatomakkin 148-149
워터(블랙풋 인디저너스 원로) Water, Andy Black 333
월폴 Walpole, Horace 308
위던 Whiddon, Jacob 158
윙기나(로어노크의 웨로언스) Wingina 152, 154
이사벨(페루 인디저너스) Isabel 193-194
(포르투갈의)이사벨 Isabel de Portugal 187-188
이사벨 1세 Isabel I 65-66, 69-70, 75, 77-79, 87

조비오 Giovio, Paolo 310

카르데나스 Cárdenas, Juan de 110

카르티에 Cartier, Jacques 124-126, 133, 177, 180-181
카를 5세 Karl V 28-29, 35-38, 43, 51-59, 80, 126-127, 247, 254, 304, 310
카를로스 잉카(잉카 귀족) Carlos Inca, don Melchor 245
카리요 데 소토 잉가(잉카 메스티소) Carillo de Soto Inga, don Pedro 277
카브랄 Cabral, Pedro Álvares 178, 314
카스티요 Castillo, Luis de 122
카요와로코(아로마이아 지역의 "왕자") Cayowaroco 159-160
카피쿠 Capico, Pero 90
칸디아롱크(와이언도트 족장) Kandiaronk 209
칼리초(이누크 인디저너스) Kalicho 322-326, 329, 331
캐너버(중재자) Canabre, Anthony 162-165
(세바스티안)캐벗 Cabot, Sebastian 89, 189-190
(존)캐벗(혹은 조반니 카보토) Cabot, John 25, 89, 296
케이브 Cave, Scott 134
케텔 Ketel, Cornelis 317-318
(에드워드)켈리 Kelley, Edward 308-309
(클라라)켈리 Kelley, Klara 205
(돈 후안)코르테스(마야 인디저너스) Cortés, don Juan 259-260
(레오나르도)코르테스 Cortés, Leonardo 255
(마르틴)코르테스(엘 메스티소) Cortés, Martín 139, 170, 185-189, 198, 267
(마르틴)코르테스(엘 크리오요) Cortés, Martín 185, 188, 198
(에르난)코르테스 Cortés, Hernán 23, 27-29, 31, 35, 39-43, 49, 52-56, 59,

62, 101-102, 108, 117, 131, 136-140, 170, 183, 185-188, 197, 199, 203, 239-240, 253, 267, 272, 308, 310
코르트 헤알 Corte Real, Gaspar 94
코사 Cosa, Juan de la 87
코커럼 Cockeram, Martin 281, 283
코프 Cope, Walter 306
코헤이아(혹은 카라무루) Correia, Diogo Álvares 179-184
콜럼버스 Columbus, Christopher 18, 20-21, 25-26, 34-35, 57, 65-75, 77-78, 84-86, 91, 102, 118-123, 125, 131-132, 135, 150, 186, 201-203, 206, 230, 232, 272, 277, 290
콜론(콜럼버스의 아들) Colón, Diego 125
콜론(타이노 카시케) Colón, Diego 72-73, 119, 121-123, 125
콜론(타이노 카시케 디에고의 아들) Colón, Diego 122-123, 125
쿠넌 Coenen, Adriaen 318
쿠네오 Cuneo, Michele da 85, 91
쿠에바 Cueva, Catalina de la 248-249
쿠에토 Cueto, Cristóbal de 96
쿨드레 Couldray, Pierre du 294
큐어 Cure, William 317
크로 Crow, William 318
크리스토발(누에바 에스파냐 인디저너스 노예 요리사) Cristóbal 113-114
클레멘스 7세 Clemens VII 185-186
키미스 Keymis, Lawrence 159
키슬러 Kistler, Ashley 222, 227, 231
킴머러 Kimmerer, Robin Wall 207

타이노아니(스타다코나 인디저너스) Taignoagny 125
타파리카(투피남바 모루비샤바) Taparica 178, 180

태스리 Tasserie, Joseph 294
테나마스틀레(사카스테스 남부 지역 카시케) Tenamaztle, Don Francisco 243-246, 330
테드록 Tedlock, Dennis 260
테레사(인디저너스 노예) Teresa 82, 196
테베 Thevet, André 177, 293
토레스 이 모야초케(투르메케 지역 카시케) Torres y Moyachoque, don Diego de 262-268
토피아와리(아로마이아 지역 지도자) Topiawari 159-160
(마리아 데)톨레도 Toledo, María de 279
(프란시스코 에르난데스 데)톨레도 Toledo, Francisco Hernández de 233
톰프슨 Thompson, Eric 221
트러시 Thrush, Coll 150
트리아스 Trias, Gerónimo 196
티스콴툼(혹은 스콴토) Tisquantum 133

파스 이 춘(마야 족장) Paz y Chun, don Miguel de 223
파키키네오(혹은 돈 루이스 데벨라스코, 인디저너스 귀족) Paquiquineo 245
퍼시 Percy, Henry 155
(아라곤의)페르난도(세례받은 타이노 인디저너스) Fernando de Aragón 71-72, 74
페르난데스 Fernández, Alejo 272-273
펠리피요(통역사) Felipillo 141, 170
포르토카레로 Portocarrero, Pedro Arias Dávila 251
(안토니오)폰세 Ponce, Antonio 234
(알론소)폰세 Ponce, Alonso 191-192, 331
폴미에 Paulmier, Jean 175-176
폴미에 드 고느빌 Paulmier de Gonneville, Binot 171-176, 289
푸아티에 Poitiers, Diane de 287

푸에르토카레로 Puertocarrero, Alonso Hernández 23-24, 28, 31, 35, 42-43
프란시스코(과테말라 인디저너스 노예) Francisco 96-99
프란시스코 오르테가 Francisco Ortega, J. 232
프랑수아 1세 François I 126, 287
프랜시스 Francis, Harris 204
프레일레 Freyle, Juan Rodríguez 259
프로보스트 Provost, John 159, 161
프로비셔 Frobisher, Martin 316-321, 326-327
플래터 Platter, Thomas 306
플로레스 Flores, Juan 195
피놀레테 Finolete, Isabel de 113-114
(에르난도)피사로 Pizarro, Hernando 250
(프란시스코)피사로 Pizarro, Francisco 131, 136, 141, 170, 247, 252, 278
피사로 유팡키(잉카 "공주") Pizarro Yupanqui, Francisca 247-252
피사로 잉키(잉카 메스티사) Pizarro Inquill, Inés 251
(앵글리아의 순교자)피터 Peter Martyr d'Anghiera 30, 38, 40, 43, 48, 71, 121, 304

핀손 Pinzón, Vicente Yáñez 86
하미레스 Ramírez, Melchor 190
하비 Harvey, Thomas 146
하이드 Hyde, Lewis 240
하코트 Harcourt, Robert 161-165
해리(카시케 출신 하인) Harry 165-168
해리엇 Harriot, Thomas 142-144, 146, 149-150, 153, 155
해클루트 Hakluyt, Richard 281
헤나레 Henare, James 238
헤드 Head, Frank Weasel 333
헨리(통역사) Henry 160
헨리 7세 Henry VII 295
헨리 8세 Henry VIII 24, 278-281
호크스 Hawkes, J. G. 231
호킨스 Hawkins, William 280-281, 283
화이트 White, John 153-156, 323
후아나(과테말라 인디저너스 노예) Juana 96-99
(카스티야의)후안(세례받은 타이노 인디저너스) Juan de Castillo 71, 74-75
휴스 Hues, Robert 155
히어 Heere, Lucas de 318
힉스 Hicks, Dan 306